LERNUMGEBUNGEN AN DER HOCHSCHULE

Waxmann Verlag GmbH
Steinfurter Straße 555, 48159 Münster
info@waxmann.com

TINA ŠKERLAK, HELEN KAUFMANN & GUDRUN BACHMANN (HRSG.)

LERNUMGEBUNGEN AN DER HOCHSCHULE
AUF DEM WEG ZUM CAMPUS VON MORGEN

Waxmann 2014
Münster • New York

Bibliografische Informationen der Deutschen Nationalbibliothek

Die Deutsche Nationalbibliothek verzeichnet diese Publikation in der Deutschen Nationalbibliografie; detaillierte bibliografische Daten sind im Internet über http://dnb.d-nb.de abrufbar

Medien in der Wissenschaft, Band 66

ISSN 1434-3436
ISBN 978-3-8309-3056-3

© Waxmann Verlag GmbH, 2014
www.waxmann.com
info@waxmann.com
Umschlaggestaltung: Pleßmann Design, Ascheberg
Umschlagfoto: Maxime Zenderoudi, Vitra AG
Satz: YAAY, Basel
Gedruckt auf alterungsbeständigem Papier, säurefrei gemäß ISO 9706

Printed in Germany

INHALT

TINA ŠKERLAK, HELEN KAUFMANN & GUDRUN BACHMANN

EDITORIAL

Wo und wie lernen Studierende und welche Hilfsmittel brauchen sie dazu? Warum bleiben auf dem universitären Campus studentische Arbeitsplätze an einem Standort leer, während die Bibliotheken an anderen Standorten an ihre Kapazitätsgrenzen stoßen? Sollen wir an unserer Universität E-Assessment einführen? Wäre das überhaupt möglich, und würde es sich lohnen? Was können wir vom Möbeldesign wie auch vom Game-Design für die Gestaltung von virtuellen und physischen Lehr- und Lernräumen lernen? Wie müssen Erholungs- und Begegnungsorte auf einem Campus aussehen, damit sie sich positiv auf die Fachkultur auswirken?

Diese und weitere mit der Gestaltung von Lernumgebungen an Hochschulen verbundenen Fragen stellen sich insbesondere vor dem Hintergrund der mit der Bologna-Reform einhergehenden Veränderungen und den laufenden Fortschritten im Bereich der Informations- und Kommunikationstechnologien. Ein zeitgemäßer Campus sollte erstens für die verschiedenen Bedürfnisse und Raumnutzungsformen der heutigen Studierenden[1] sowie für moderne Konzepte der Lehre ausgerüstet sein. Dasselbe gilt zweitens für die virtuellen Räume, also die IT-Plattformen, die Lehre und Lernen unterstützen. Beide Räume – die realen wie die virtuellen – bedürfen folglich Anpassungen. Eine moderne Lernumgebung für den Campus von morgen muss entsprechend drittens auf die gegenseitige Abstimmung zwischen physischen und virtuellen Räumen achten.

Mit einem Fokus auf den Raum bzw. die Räume, die Studierende und Dozierende für das Lernen und die Lehre nutzen, ist das Projekt ITSI «IT-Service Integration in Studium und Lehre – Moderne Lernumgebung für den Campus von morgen» der Universität Basel diesen Fragen nachgegangen. Ziel war es, gemeinsam mit internen und externen Expertinnen und Experten sowie den verschiedenen Nutzergruppen eine gemeinsame Idee für den Campus von morgen zu entwickeln und erste Empfehlungen für den Weg dorthin zu formulieren. Das vorliegende Buch ist aus diesem Projekt hervorgegangen und ist nach den im Projekt entwickelten und erkundeten Raumtypen strukturiert: Lehr- und Lernräume, Zwischenräume, Prüfungsräume und Spielräume. Mit unterschiedlichen Fragestellungen wurden diese Räume im Rahmen einer Workshop-Reihe und in verschiedenen Begleitstudien näher betrachtet. Je nach Raum lag dabei der Fokus mal mehr auf der Ebene der Hochschulentwicklung und Campusplanung und mal mehr auf der Ebene der Lehrentwicklung und den damit verbundenen didaktischen Fragestellungen. Mit diesem Buch werden sowohl die Beiträge der externen Expertinnen und Experten an der Workshop-Reihe sowie die aus den Workshops und Begleitstudien hervorgegangenen Ergebnisse und Erkenntnisse veröffentlicht. Über das Buch verteilt finden sich außerdem sechs Porträts von Studierenden der Universität Basel, die einen Einblick in die unterschiedlichen Lebenssituationen, Fachkulturen und Studienstufen ermöglichen. Die Studierenden wurden zudem gebeten, ihre Tätigkeiten an einem «typischen» Studientag aufzuzeichnen und jeweils auf damit verbundene Schwierigkeiten hinzuweisen.

---

1   Bei dieser Publikation wurde auf eine gendergerechte Sprache geachtet. Neutrale Formulierungen und Doppel-Nennungen wurden bevorzugt; in den übrigen Fällen haben wir uns – auch aus Gründen der Lesbarkeit – für das Binnen-I entschieden.

Den Anfang des Buches bilden Überlegungen zum *Campus von morgen* im Rahmen des Projekts ITSI der Universität Basel. Darin stellen die Projektleiterin *Gudrun Bachmann* und ihre Kolleginnen das Projektkonzept vor und geben einen Überblick über die durchgeführten Workshops und Begleitstudien. Die Projektergebnisse präsentieren sie in Form von sechs Thesen, die mögliche erste Schritte bei der Anpassung des Campus an die sich veränderten technologischen Möglichkeiten und curricularen Änderungen aufgrund des Bologna-Prozesses aufzeigen. *Sabina Brandt, Ursula Schwander* und *Tina Škerlak* zeigen anschließend anhand der drei Themen Diversity, Lifelong Learning und Sustainability, dass Hochschulen nicht nur im Einflussbereich bildungspolitischer Überlegungen stehen, sondern als Bildungsinstitution in einem gesellschaftlichen Kontext mit entsprechender Verantwortung sowohl auf lokaler und nationaler als auch auf globaler Ebene agieren. Lernumgebungen sollten also nicht nur «modern» sein im Sinne der technischen und infrastrukturellen Ausstattung, sondern auch zu den übergreifenden Werten und Zielen der Hochschule passen und künftigen Anforderungen gewachsen sein.

Lehr- und Lernräume sind Thema im zweiten Teil des Buches. Im Vordergrund steht der Perspektivenwechsel weg von der Lehre hin zum Lernen, und somit das Lernen der Studierenden. Im ersten Beitrag zeichnet *Gudrun Bachmann* auf der Basis der im Projekt ITSI durchgeführten Untersuchungen nach, wie Studierende heute lernen und was sie dafür nutzen und wünschen. Dabei identifiziert sie Punkte, an denen die Anforderungen und die aktuelle Ausstattung divergieren, verweist auf positive Beispiele von Räumen, die den studentischen Bedürfnissen bereits gut entsprechen, und zeigt Spannungsfelder auf, innerhalb derer sich die Hochschulen bei der Campusgestaltung bewegen müssen. Einen der zentralen Lernräume jeder Hochschule, die Bibliothek, stellt sodann *Bernhard Herrlich* vor. In seinem Beitrag diskutiert er die sich ändernden Anforderungen an Hochschulbibliotheken, beispielsweise wie durch mobile Technologien und online verfügbare Lernressourcen ein Bedürfnis nach einem Ort entstanden ist, an dem man andere treffen und sich austauschen kann. *Tobias Jenert* reflektiert den Einfluss der digitalen Medien auf die studentische Lernkultur und stellt fest, dass sie diese zwar beeinflussen, aber häufig in einem Bereich, den die Mediendidaktik (noch) nicht im Fokus hat. Ihr Potenzial, Lernverhalten positiv zu beeinflussen, dürfte in kleinen, beschränkten Anwendungen bestehen und nicht in großen Plattformlösungen. In einem Interview legen *Maria Clusa* und *Jürgen Dürrbaum* von der Vitra AG dar, wieso die Ausstattung von Lern- und Arbeitsorten an Bedeutung gewinnt, und ermöglichen einen Einblick in den Designprozess von Möbeln für den Hochschulbereich.

Der dritte Teil des Bandes ist den *Zwischenräumen* gewidmet und rückt damit Orte in den Vordergrund, die in der Campusplanung oft vergessen werden. Nach einer Definition von Zwischenräumen thematisiert *Sabina Brandt* in ihrem Beitrag die fehlende Anerkennung solcher Räume für interdisziplinären Austausch, informelle Begegnungen im realen und virtuellen Raum, studentische Partizipation und Identifikation mit der Universität. Sie diskutiert, was bei der Schaffung von Zwischenräumen zu beachten ist, und wie mit einer Balance zwischen Regulierung und Offenheit eine «gute Atmosphäre» entstehen kann. Im Zentrum der beiden anderen Beiträge dieses Abschnitts stehen Beispiele von bereits realisierten Zwischenräumen an Hochschulen. So stellt *Joanna Ball* den «Research Hive» vor, eine den Doktorierenden und weiter fortgeschrittenen Forschern und Forscherinnen vorbehaltene Abteilung der Universitätsbibliothek an der Universität Sussex, und berichtet von den positiven Erfahrungen mit dem damit verbundenen Managementkonzept, bei dem drei Doktorierende, die «Hive Scholars», den Raum für je ein Jahr mit Unterstützungs- und Weiterbildungsangeboten beleben. Die Forschungsgruppe um *Hartmut Schulze* stellt schließlich ein Experiment mit einem virtuellen Café vor: An zwei Standorten der Fachhochschule Nordwestschweiz wurde je eine Computerstation eingerichtet, die es erlaubte, mit Personen der anderen Station zu kommunizieren. Die Erfahrung dort zeigte, dass von der Möglichkeit computervermittelter informeller Kommunikation erst richtig Gebrauch gemacht wurde, als «ein verbindendes Drittes», in diesem Fall eine Spielkonsole, eingerichtet wurde, und dass bei künftigen Experimenten die «Vertraulichkeitsregulation» stärker berücksichtigt werden muss.

Der vierte Teil des Buches, *Prüfungsräume*, steht ganz im Zeichen des E-Assessments. Zuerst erwägt *Klaus Wannemacher* einige Möglichkeiten der Einführung von E-Assessments an der Universität Basel. Dabei diskutiert er technische Anforderungen, prüfungsdidaktische Aspekte und organisatorische Abläufe sowie räumliche Szenarien. *Alexander Schulz* und *Nicolas Apostolopoulos* berichten, wie computergestützte Prüfungen an der Freien Universität Berlin eingeführt wurden und welche rechtlichen und technischen Anforderungen zu beachten sind. Interessant sind ihre Angaben über die Zeitersparnisse bei den Korrekturen gegenüber traditionellen Prüfungen, denn sie zeigen, dass computergestützte Prüfungen eine Strategie im Umgang mit dem allgemein festgestellten höheren Prüfungsaufkommen sein können. Ebenfalls ein Projekt mit E-Assessment wertet ein Autorenteam um *Thomas Piendl* aus: Dort findet sich einerseits mit der Verwendung des Safe Exam Browsers eine Antwort auf durch große Prüfungszahlen bedingte Engpässe in der Infrastruktur, anderseits durch die Einrichtung einer Dienstleistung zu Online-Prüfungen ein Konzept, mit neuartigen, beispielsweise auf Kompetenzen ausgerichteten Prüfungen, umzugehen.

Der abschließende fünfte Teil des Buchs zu *Spielräumen* zeigt, welche Potenziale sich aus einem Ineinandergreifen des physischen und des virtuellen Raums für moderne Lernumgebungen ergeben können. Darüber hinaus setzen sich die drei Beiträge mit Spielen als Entwicklungsinstrument für die Zukunft wie auch mit konkreten digitalen Spielen auseinander. *Thomas Lehmann* eröffnet diesen Abschnitt mit Überlegungen, was «Gamification» für die Lehre und das Lernen an Hochschulen bedeuten kann. Insbesondere hebt er dabei die Kraft der spielerischen Annäherung hervor, das Gegebene zu hinterfragen und innovative (Denk-)Räume zu öffnen. *Cornelius Müller* diskutiert sodann spielimmanente Erfolgsfaktoren für sogenannte Applied Games und fasst sie in der Formel «GAME» zusammen. Anhand konkreter Beispiele der Zürcher Hochschule der Künste, wie z. B. MINT-Land, das speziell für Mädchen bis 13 Jahren entwickelt wurde, stellt er die Prinzipien vor, aufgrund derer digitale Spiele mit Lern- und Trainingsinhalten entwickelt werden. Im letzten Beitrag dieses Abschnitts äußert sich *Steffen P. Walz* in einem Interview über die spielerischen Aspekte der Kultur und des Lernens und beschreibt, warum er und seine Kollegen heute lieber von «Gamefulness» statt «Gamification» sprechen. Während er verschiedene Möglichkeiten erwägt, wie sich digitale Spiele in einen Hochschulbetrieb integrieren lassen, betont er auch, wie wichtig die räumliche Nähe der Studierenden untereinander und mit den Dozierenden während einer universitären Ausbildung ist.

DANKSAGUNG

Unser Dank gebührt zuerst allen Autoren und Autorinnen sowie den porträtierten Studierenden: für ihre Teilnahme am Projekt ITSI und die Verschriftlichung ihrer wertvollen Beiträge, aber auch für die gute Zusammenarbeit bei deren Überarbeitung sowie für ihre Geduld bis zur Publikation des Buches. Dann möchten wir Prof. Dr. Hedwig J. Kaiser, Vizerektorin Bildung, und Herrn Christoph Tschumi, Verwaltungsdirektor der Universität Basel, danken, dass sie das Projekt ITSI von Anfang an willkommen geheißen und stets wohlwollend unterstützt haben. Ein besonderes Dankeschön möchten wir an alle am Projekt ITSI beteiligten Personen für ihre Unterstützung und wertvollen sowie anregenden Diskussionsbeiträge richten, insbesondere an die Leiterinnen und Leiter der Workshop-Reihe und Begleitstudien. Vielen Dank auch an die Vitra AG, die das Projekt als Expertin für physische Räume und Raumkonzepte unterstützt und Mobiliar für Raumnutzungsexperimente bereitgestellt hat. Ferner geht unser Dank an das schweizerische Staatssekretariat für Bildung, Forschung und Innovation für die finanzielle Förderung des Projekts sowie an SWITCH, die als schweizerische Stiftung netzbasierte Dienstleistungen für Hochschulen entwickelt und betreibt, für die Koordination des Förderprogramms und die Unterstützung des Projekts. Für die gestalterische Umsetzung des Buchs möchten wir uns bei YAAY Visual Works aus Basel und beim Waxmann Verlag für die Unterstützung während des Produktionsprozesses bedanken. Schließlich möchten wir der GMW und insbesondere dem Editorial Board unter der Leitung von Dr. Klaus Wannemacher ganz herzlich für die Aufnahme des Buches in die Reihe «Medien in der Wissenschaft» danken.

Basel, den 17. Februar 2014

Tina Škerlak
Helen Kaufmann
Gudrun Bachmann

DER CAMPUS VON MORGEN

GUDRUN BACHMANN, SABINA BRANDT, HELEN KAUFMANN, HEIDI RÖDER,
URSULA SCHWANDER & TINA ŠKERLAK

MODERNE LERNUMGEBUNGEN FÜR DEN CAMPUS VON MORGEN
DAS PROJEKT ITSI

ZUSAMMENFASSUNG

Wie verändern sich virtuelle und physische Lernumgebungen vor dem Hintergrund mobiler Technologien und der stetigen Weiterentwicklung von Informations- und Kommunikationsmedien? Zusammen mit internen und externen ExpertInnen hat das LearnTechNet, das Kompetenznetzwerk für neue Medien in Studium und Lehre der Universität Basel, die Anforderungen an künftige Lernumgebungen im Rahmen des Projekts ITSI identifiziert und Umsetzungsmöglichkeiten aufgezeigt. Dabei wurden Schwerpunkte auf die Themen Lernen, Lehre, Prüfungen, Austausch und Innovation gelegt. Der vorliegende Beitrag beschreibt sowohl die konzeptionelle und methodische Herangehensweise als auch zentrale Ergebnisse aus dem Projekt, und leitet abschliessend Thesen für den Weg zum Campus von morgen ab.

1   EINLEITUNG

Räume prägen uns – durch ihre architektonischen Charakteristika, ihre Innenausstattung, aber auch durch unser subjektives Erleben in ihnen. Gerade Hochschulen sollten sich deshalb der Frage stellen, wie «Raum für Bildung»[1] aussieht und aussehen sollte, und wie verschiedene Disziplinen einen Beitrag für ein besseres Verständnis von Raum leisten können, beispielsweise Architektur und Psychologie, Design und Didaktik, Informatik und Pädagogik.

Dass die Frage der Campusgestaltung auch im Zusammenhang mit der Nutzung neuer Informations- und Kommunikationsmedien in Lehre und Studium eine wichtige Rolle spielt, zeigt die an der Universität Basel 2010/11 durchgeführte Studie zum Thema «IT-Service Integration in Studium und Lehre (ITSI)», die im Rahmen des Förderprogramms «AAA/SWITCH – e-Infrastructure for e-Science»[2] durchgeführt wurde. Ein zentrales Ergebnis der Studie war, dass sich sowohl die Studierenden als auch die Dozierenden eine Lernumgebung wünschen, die das Lehren und Lernen auf dem Campus unter Einbezug moderner IT-Angebote unterstützt, statt Lehren und Lernen in den virtuellen Raum zu verlagern. Ferner ist aus der Studie deutlich hervorgegangen, dass virtuelle Lernplattformen und IT-Werkzeuge für Studium und Lehre den physischen Universitätscampus nicht ersetzen können, sondern dass dieser für das Lernen sogar zunehmend wichtiger wird (vgl. Schwander, Miluška & Bachmann, 2011).

Dank mobiler Geräte wird mittlerweile prinzipiell an jedem Ort auf dem Campus gelernt. Doch wie genau kann eine solche integrierte, moderne Lehr- und Lernumgebung aussehen? Wie wachsen der virtuelle und der reale Lernraum zusammen? Dies waren die Grundfragen für das Projekt «ITSI – Moderne Lernumgebung für den Campus von morgen», das nachfolgend von der Konzeption über die Realisierung bis hin zu den Ergebnissen vorgestellt wird und Basis der vorliegenden Publikation ist.

---

1   Vgl. den gleichnamigen Band von Schröteler-von Brandt, Coelen, Zeising & Ziesche (2012).

2   Mit der Vision einer national zugänglichen IT-Infrastruktur an schweizerischen Hochschulen hat das Staatssekretariat für Bildung, Forschung und Innovation zwischen 2008 und 2013 das Förderprogramm «AAA/SWITCH – e-Infrastructure for e-Science» lanciert. Koordiniert wurde das Programm von SWITCH, einer schweizerischen Non-Profit-Stiftung, die zahlreiche Internet-Dienstleistungen für Hochschulen und Internetbenutzer erbringt.

2 KONZEPT

Ziel des Projektes «ITSI – Moderne Lernumgebung für den Campus von morgen» war es, gemeinsam mit internen Interessensgruppen und akademischen Diensten, die an der Gestaltung universitärer Lehr- und Lernumgebungen beteiligt sind, sowie externen Expertinnen und Experten in einer Workshop-Reihe ein Konzept für eine moderne Lernumgebung für den Campus von morgen zu entwerfen und für eine Volluniversität wie die Universität Basel passende sowie machbare Optionen für dessen Umsetzung aufzuzeigen. Sprechen wir dabei vom physischen Universitätscampus, dann denken wir in Basel nicht an eine geschlossene architektonische oder stadtgeografische Einheit, sondern an die Gesamtheit der traditionell über die Stadt verteilten Räume der Universität. Als gewachsene Stadt-Universität blickt die Universität Basel mit heute rund 12 000 Studierenden auf eine lange Tradition zurück. Im Jahr 2010 feierte die Volluniversität mit sieben Fakultäten ihr 550-jähriges Bestehen. Ihr über die Jahrhunderte gewachsener Campus besteht heute aus über 70 in der gesamten Stadt verteilten Standorten mit mehreren Zentren und Schwerpunkten.

Das Projekt ITSI dauerte von Dezember 2011 bis April 2013 und wurde von einem Projektteam aus dem LearnTechNet der Universität Basel unter der Koordination und Leitung der Bildungstechnologien durchgeführt. Projektpartner für physische Räume war die international tätige Firma Vitra AG mit Sitz in Birsfelden (CH), die Möbel und Konzepte für Büros, private und öffentliche Räume entwickelt.

Aktuelle Bildungstrends sowie praktische Folgen der Umsetzung der Bologna-Reform bildeten den Ausgangspunkt für das Projekt und werden im nachfolgenden Unterkapitel (2.1) näher vorgestellt. Gegenstand des zweiten Unterkapitels (2.2) ist das daraus resultierende Projektkonzept.

2.1 Veränderungen im Bildungsbereich

Wenn moderne Informations- und Kommunikationstechnologien überall vorhanden sind und das Internet den Hochschulalltag durchdringt, stellt sich die Frage, wie die physischen Gegebenheiten und die virtuellen Angebote aufeinander abgestimmt werden müssen. Hochschulen müssen dabei nicht nur die bestehenden IT-Werkzeuge und Dienstleistungen besser miteinander verknüpfen, sondern sich grundlegend Gedanken über das Verständnis und die Entwicklung akademischer Lernumgebungen in der Zukunft machen. Daneben bringen die durch den Bologna-Prozess angestossenen

Veränderungen einige neue Herausforderungen im Bereich Studium und Lehre. Aus diesen und den gleichzeitig zum Bologna-Prozess ablaufenden Fortschritten im Bereich der IT wurden vier Entwicklungen als besonders bedeutsam für die Konzeption eines «Campus von morgen» identifiziert. Diese Entwicklungen sind im Folgenden mit den im europäischen Kontext verwendeten englischen Begriffen betitelt, da sie nicht so sehr lokale Entwicklungen widerspiegeln, sondern vielmehr international zu den Merkmalen einer modernen Hochschule gehören:

From Teaching to Learning: Selbststudium, Gruppen- und Projektarbeit gewinnen an Bedeutung

Neben der Schaffung eines Europäischen Hochschulraumes durch vergleichbare Studienstrukturen und verbesserte Mobilitätsbedingungen steht die Bologna-Reform auch für einen Perspektivenwechsel «vom Lehren weg, zum Lernen hin» («Shift From Teaching to Learning», vgl. Wildt, 2004; Welbers & Gaus, 2005). Dieser Paradigmenwechsel geht mit einer verstärkten Ausrichtung auf den Lernprozess und die Lernergebnisse («learning outcomes») einher. Dabei spielen nicht nur die formalen, von Dozierenden angeleiteten Lehrangebote eine wichtige Rolle, sondern auch die Phasen des Selbststudiums, der Gruppen- oder der Projektarbeit. Diese Elemente sind mit der Einführung des Kreditpunktesystems formalisierte Bestandteile der Studienangebote und den Kontaktstunden der Präsenzveranstaltungen gleichwertig. Die Zeit, die für Selbststudium, Gruppen- oder Projektarbeit aufgewendet wird, fliesst ebenso in die Berechnung der Kreditpunkte mit ein und ist damit curricular verankert. Wie für die Präsenzlehrveranstaltungen müssten deshalb auch für die selbstständigen, studentischen Lernaktivitäten entsprechende Räumlichkeiten und Infrastrukturen bereitgestellt werden.

Assessment: Lernergebnisse prüfen und Kompetenzen erheben

Der Wandel weg von einer inputorientierten Lehre hin zu einem ergebnisorientierten Lernen hat auch Implikationen auf die Gestaltung von Prüfungen. Um kontinuierlich zu überprüfen, inwiefern die jeweiligen Lernziele erreicht sind, wurden anstelle grosser Abschlussprüfungen studienbegleitende Prüfungen eingeführt. Dies hat vielerorts zu einer Vervielfachung des Prüfungsaufkommens geführt und manche Hochschule so an räumliche und personelle Kapazitätsgrenzen stossen lassen. Auch aus didaktischer Sicht wirkt sich die Bologna-Reform auf die Prüfungsgestaltung aus. So ist mit der Ergebnisorientierung auch eine stärkere Ausrichtung auf Kompetenzen als

Lernergebnisse vorgesehen (vgl. Huber, 2008; Kaiser, 2005). Sowohl die didaktischen als auch die organisatorischen Aspekte studienbegleitender und kompetenzorientierter Prüfungen stellen andere Anforderungen an Lernumgebungen und Werkzeuge – quantitativ, durch ein höheres und stärker über das Semester verteiltes Prüfungsaufkommen, sowie qualitativ, durch eine grössere Variabilität didaktisch adäquater Prüfungsformen.

Mobile Learning: Der gesamte Campus wird zum Lernort

Der physische Universitätscampus verliert trotz virtueller Lernplattformen nicht an Bedeutung, sondern wird im Gegenteil zunehmend wichtig. Dank mobiler Geräte beschränkt sich das individuelle Lernen nicht mehr auf einen spezifischen, physischen (meist privaten) Raum oder die traditionelle Bibliothek, vielmehr wird mittlerweile zwischen Präsenzveranstaltungen quasi überall auf dem Campus gelernt. Dies hat nicht nur Auswirkungen auf die Ausstattung von Lehr- und Lernräumen, sondern auch auf die Gestaltung des gesamten universitären Campus mit allen Räumlichkeiten (Bibliotheken, Mensen, Aufenthaltsräume, Aussenbereiche etc).

Virtual Learning Environment: Die virtuelle Komponente wird integraler Bestandteil der Lernumgebung

Lernen lässt sich nicht sinnvoll in ein Lernen «mit E» (E-Learning) und in ein Lernen «ohne E» aufteilen (vgl. Baumgartner, 2012; Bachmann, Bertschinger & Miluška, 2009). Vielmehr ist die virtuelle Komponente mittlerweile ein integraler Bestandteil des Lernens auf dem Campus: in der Präsenzlehrveranstaltung, in Lerngruppen, beim Selbststudium in der Bibliothek oder in der Prüfung. Die Vielfalt der dafür zur Verfügung stehenden Medien und Technologien wird laufend grösser. Als integraler Bestandteil einer modernen Lern- und Arbeitsumgebung muss der virtuelle Raum ebenso wie die physischen Räumlichkeiten geplant, gestaltet und auf diese abgestimmt werden, um Studierenden und Dozierenden eine integrierte und einfach zu bedienende IT-Umgebung bieten zu können.

2.2 Raummetapher und Vorgehen

Aus den vorgestellten Entwicklungen im Bildungsbereich und den Fortschritten im Bereich der IT resultieren neue Nutzungsbedürfnisse für und Ansprüche an universitäre Räume, die im Rahmen des Projekts ITSI untersucht wurden. Um diesen zu genügen, benötigt der Campus von morgen also verschiedene Typen von Räumen:

- *Lehrräume* für die Durchführung und Organisation der Lehrveranstaltungen
- *Lernräume* für selbstgesteuertes Lernen, allein oder in Gruppen
- *Zwischenräume*, in denen sich Studierende erholen, mit anderen austauschen und verpflegen können
- *Prüfungsräume* für die Durchführung der zahlreicher gewordenen und oft zeitgleichen Prüfungen
- *Spielräume*, um innovative Lehr- und Lernformen zu entwickeln und umzusetzen

Zusammen konstituieren die verschiedenen Raumtypen den universitären Campus, was in der Gestaltung des Projektlogos zum Ausdruck kommt (Abb. 1). Alle diese Räume umfassen sowohl physische oder materielle als auch virtuelle oder digitale Komponenten. Sie sollten mit aufeinander abgestimmten Infrastrukturen und Technologien realisiert bzw. ausgestattet sein, die adäquat und förderlich für die jeweilige Studiensituation, für alle verfügbar und einfach zu bedienen sind. Zudem sollten sie den Ansprüchen der übergreifenden Konzepte Diversität, Lebenslanges Lernen und Nachhaltige Entwicklung genügen.[3] Dabei ist es eine Frage der Perspektive und der jeweiligen Nutzungsform, was die Qualität solcher Räume ausmacht und wie die Anpassung an zeitgemässes Lernen erreicht werden kann.

Das Projekt hat gemeinsam mit Nutzerinnen und Nutzern universitärer Räume sowie Gestalterinnen und Gestaltern universitärer Lernumgebungen einen Blick auf «den Campus von heute» geworfen und gemeinsame Thesen «für den Campus von morgen» formuliert. Dabei wurden die Rolle und der Beitrag des Campus mit seinen physischen und virtuellen Komponenten als ein Teil der Lernumgebung betrachtet.[4] Im Rahmen von fünf eintägigen Workshops wurden entlang der Raumtypen verschiedene Perspektiven auf den Campus vertieft, Problemfelder identifiziert und Zukunftsszenarien skizziert. Parallel zu den Workshops wurden Begleitstudien zur Vertiefung einzelner Perspektiven durchgeführt. Zudem wurden durch Exkursionen an andere Universitäten wertvolle Erfahrungen gewonnen.

An den Workshops und den Begleitstudien nahmen ausgewählte interne Stakeholder sowie externe ExpertInnen und Peers teil. Die Zusammensetzung dieser Gruppe orientierte sich an der grösstmöglichen Vielfalt verschiedener Fachrichtungen, Zielgruppen, beruflicher Identitäten und

---

3   Vgl. nachfolgende Beiträge von Sabina Brandt, Ursula Schwander und Tina Škerlak.
4   Vgl. Beitrag von Gudrun Bachmann in diesem Buch, Kap. 1.1 und 3.1.

ITSI
MODERNE LERNUMGEBUNG
FÜR DEN CAMPUS VON MORGEN

1   Projektlogos
für verschiedene
Raumtypen sowie
den universitären
Campus (Gestaltung:
NMC, Basel)

LEHRRÄUME

LEHRRÄUME
LERNRÄUME

LERNRÄUME

LERNRÄUME
ZWISCHENRÄUME

ZWISCHENRÄUME

ZWISCHENRÄUME
SPIELRÄUME

PRÜFUNGSRÄUME

LEHRRÄUME
PRÜFUNGSRÄUME

SPIELRÄUME

LERNRÄUME
SPIELRÄUME

Expertisen, damit die verschiedenen Szenarien vielschichtig und multiperspektivisch diskutiert und gestaltet werden konnten (Tab. 1). Diese Mischung aus interner und externer Expertise erwies sich als sehr fruchtbar und brachte vor allem auch Universitätsangehörige mit ihren jeweils sehr unterschiedlichen Perspektiven miteinander ins Gespräch. Eine weitere positive Folge der Partizipation von Mitarbeitenden und Studierenden war, dass ITSI innerhalb der Universität bald nach dem Projektstart auch ohne gross angelegte Informationskampagne wahrgenommen wurde und das Thema über den Teilnehmendenkreis hinaus stärkere Aufmerksamkeit erhielt.

Die Workshop-Reihe und die Begleitstudien wurden zwar vor dem Hintergrund einer zentralen Fragestellung durchgeführt; diese wurde jedoch bewusst offen formuliert, um die Sensibilisierung und den Diskurs der Projektbeteiligten in den Vordergrund zu stellen. Für die Entwicklung einer Vision für den Campus von morgen bot sich deshalb eine qualitativ-explorative Vorgehensweise an (vgl. Bortz & Döring, 2006). Als projektbegleitende Kommunikationsmassnahme wurde ein Weblog eingerichtet, der nebst Informationen über die Projektanlässe und -aktivitäten auch Präsentationen, Fotos, Berichte und Ergebnisse der Workshops und Studien enthält (http://itsi.ltn.unibas.ch). Im Rahmen der ITSI-Studie wurden auch fotografische Dokumentationen erstellt, um sowohl Räumlichkeiten an sich als auch verschiedene Nutzungssituationen festzuhalten und die Fotos später als Basis für Gruppenarbeiten einzusetzen. Klar ist, dass die so entstandenen Bilder wie auch Interviews und gesammelte Zitate weniger objektive als vielmehr subjektive Aussagekraft haben.

INTERESSENSGRUPPE	INSTITUTIONELLE VERANKERUNG	AN-ZAHL
Interne Projektpartner Partnerinstitutionen im LearnTechNet (ltn.unibas.ch), Kompetenznetzwerk für neue Medien in Studium und Lehre	BBiT – Bildungstechnologien (Projektleitung)	5
	NMC – New Media Center	1
	URZ – Universitätsrechenzentrum	4
	UB – Universitätsbibliothek	5
	StudS – Student Services	3
	Kommunikation & Marketing	1
Hochschulleitung	Vizerektorin Bildung	1
	Verwaltungsdirektor	1
Weitere akademische Dienste und zentrale Einrichtungen	Facility Management	1
	Hochschuldidaktik	2
	Nachhaltigkeit	2
	Qualitätsmanagement	1
	Raumplanung und -ausstattung	2
	Rechtsdienst	1
	Sozialberatung/Barrierefreiheit	1
	Studiengangentwicklung	1
	Weiterbildung	1
Studierende 16 Fachbereiche aus 5 Fakultäten	Bachelor	8
	Master	7
	Doktorat	2
	Studierendenorganisation skuba	2
	Studentische Initiativen	5
Fakultäten	Dozierende	7
	Mitarbeitende der Studiendekanate	8
Externe ExpertInnen	ReferentInnen	15
	FachkollegInnen an Schweizer Hochschulen	8
	Firmenpartner Vitra AG	3
Total beteiligte Personen		98

Tab. 1 Überblick über die am Projekt ITSI beteiligten Personen

3   WORKSHOP-REIHE

In diesem Kapitel werden die Workshop-Reihe, die sich an der vorgestellten Raummetapher orientiert, sowie zentrale Ergebnisse vorgestellt. Ein Kasten fasst jeweils die Eckdaten der Workshops zusammen.

3.1   Workshop Lehrräume: Usability physischer und virtueller Lehrumgebungen

Ziel des Workshops «Lehrräume» war es, den Teilnehmenden einen Einblick in die Vielfältigkeit der physischen und virtuellen Lehrumgebungen an der Universität Basel zu vermitteln und ihnen anhand von Analyseleitfäden eine eigene Beurteilung der Usability dieser Umgebungen zu ermöglichen. Dazu gaben Expertinnen und Experten zunächst theoretische Inputs zu Usability aus ihrer jeweiligen Perspektive und bereiteten die Teilnehmenden auf den anschliessenden Analyserundgang vor. Darin wurden physische und virtuelle Lehrumgebungen in zwei Gruppen untersucht und Verbesserungsmöglichkeiten identifiziert (Abb. 2). Im abschliessenden Plenum wurden die Ergebnisse der beiden getrennten Analysen integriert und Empfehlungen zur Optimierung physischer und virtueller Lehrräume formuliert.

Der Workshop machte deutlich, dass Lehrräume und Lehre isoliert von Lernen, Austausch, Erholung, Rückzug und Verpflegung nicht sinnvoll betrachtet werden können. Von allen Arbeitsgruppen wurden folgende Defizite identifiziert:

- mangelnde Atmosphäre
- Räume sind nicht «selbstredend»; es ist nicht klar, was wo erwünscht, erlaubt oder möglich ist
- es gibt wenig Möglichkeiten für den Austausch und die Kommunikation
- die Raumgestaltung ist nicht flexibel
- Stau- bzw. Speicherraum fehlt
- Räume und Infrastruktur werden oft nicht den Aufgaben angemessen eingesetzt

Von den Teilnehmenden kritisiert wurde die getrennte Analyse von physischem und virtuellem Raum. Interessant war jedoch, dass die getrennte Betrachtung ähnliche Defizite aufdeckte und vergleichbare Wünsche formuliert wurden.

2 Analyse eines physischen Lehr-raums (Labor) aus der Sicht einer/s Dozierenden

WORKSHOP LEHRRÄUME: USABILITY PHYSISCHER UND VIRTUELLER LEHRUMGEBUNGEN

Datum
21. September 2012

Ort
Pharma- und Biozentrum

Leitung
Heidi Röder
BBiT, Universität Basel

Dokumentation
Online verfügbar [11.02.2014]:
http://itsi.ltn.unibas.ch/downloads/lehrraume

Fragestellung
- Was sollte sich ändern in den Lehrräumen?
- Wie können die vorhandenen physischen und virtuellen Lehrräume besser genutzt werden?
- Wo sollten sie besser aufeinander abgestimmt werden?

Inputreferate
- Lehrräume: From Teaching to Learning
  *Maria Clusa und Jürgen Dürrbaum, *Vitra AG*
- Usability Engineering: Aspekte und Methoden
  Prof. Dr. Fred van den Anker, Hochschule für Angewandte Psychologie, Fachhochschule Nordwestschweiz (FHNW)

*vgl. Interview in diesem Buch

3.2 Workshop Lernräume: Die Sicht der Studierenden

Im Workshop «Lernräume» standen die Studierenden und deren Lernen im Fokus. «Lernraum» wurde dabei nicht nur als Ort, an dem Lernen stattfindet, verstanden; in die Betrachtung flossen auch die zeitlichen, curricularen, medialen oder methodischen Komponenten ein, die ihn mitkonstituieren. Anhand eines typischen Studientags[5] wurden Lernräume vorgestellt, in denen sich die Studierenden heute bewegen. Ausserdem wurden Problemfelder aufgezeigt, die sich auch vor dem Hintergrund veränderter Kontexte ergeben, wie beispielsweise Bologna-konforme Studienstrukturen, mobile Technologien oder veränderte Lebensentwürfe. Ziel des Workshops war es, gemeinsam mit den Studierenden beispielhaft Lösungen zu entwerfen (Abb. 3), die den aktuellen Entwicklungen gerecht werden und gelebte Lernkulturen unterstützen.

Hauptergebnisse des Workshops waren erstens, dass Studierende ihre Lernorte im Tagesverlauf mehrmals wechseln («lernwandern») und dass der Campus derzeit dafür nicht optimale Voraussetzungen bietet. Als wichtiges Bedürfnis wurden Orte identifiziert, die den Studierenden während «Leerzeiten» zwischen Lernphasen oder Lehrveranstaltungen Rückzugsmöglichkeiten bieten: Ecken und Nischen, um schnell etwas zu lesen und zu bearbeiten oder einfach um sich zu erholen. Dies sollte bei der künftigen Campusplanung mit berücksichtigt werden. Zweitens ist die Distribution von digitalen Materialien, die derzeit über viele verschiedene Plattformen läuft, weiterhin ein ungelöstes Problem (vgl. Schwander et al., 2011): Gewünscht wird eine koordinierte Distribution, am liebsten in Verbindung mit dem Campus Management System, über das Lehrveranstaltungen angekündigt und belegt werden.

Die Prämierung als erstes, schnell anzugehendes Projekt zur Lösung der identifizierten Probleme am Workshoptag gewann die Idee eines «Free Room Finder», einer Plattform, die den Studierenden unkompliziert und schnell einen Überblick über alle momentan nutzbaren Räume der Universität Basel und deren Ausstattung gibt, und über die eine Buchung des Raums möglich ist. Als Lieblingsidee, die weiterverfolgt werden sollte (unabhängig von der Realisierbarkeit), gewann zudem das Projekt «Erholungsräume für die Lernwanderer», das ein zentrales Studierenden-Café, Stühle und Tische im Innenhof eines zentralen Gebäudes und bequemere Stühle in Ecken und Nischen in den grösseren Räumen an der Universität vorsieht.

---

5   Vgl. dazu die sechs Studierendenporträts in diesem Buch.

3 Workshop-Teilnehmende diskutieren die in Gruppen erarbeiteten Lösungsvorschläge für die Verbesserung von «Lernräumen»

WORKSHOP LERNRÄUME: DIE SICHT DER STUDIERENDEN

Datum
31. Oktober 2012

Ort
Universitätsbibliothek Basel

Leitung
Dr. Gudrun Bachmann
BBiT, Universität Basel

Dokumentation
Online verfügbar [11.02.2014]:
http://itsi.ltn.unibas.ch/downloads/
lernraume/

Fragestellung
- Welche Sicht auf Lernräume haben Studierende?
- Wie lernen sie und welche Art von Unterstützung wünschen sie sich für die Zukunft?

Inputreferate
- Enttäuschte Hoffnungen und trotzdem Potenzial?! Über mögliche Rollen von Technologie in virtuellen und realen Lernräumen
  *Dr. Tobias Jenert, Institut für Wirtschaftspädagogik, Universität St. Gallen
- Was brauchen Studierende der Uni Basel? Erste Ergebnisse aus verschiedenen ITSI-Studien
  *Dr. Gudrun Bachmann, Universität Basel
- Sechs Studierende der Universität Basel stellen sich und ihre Lerngewohnheiten vor

*vgl. Beitrag in diesem Buch

3.3 Workshop Zwischenräume: Choreographien des Informellen

Der Workshop «Zwischenräume» thematisierte die «Planung des Unplanbaren» und war gleichzeitig als Beispiel für das Geschehen in Zwischenräumen konzipiert: Der Fokus lag nicht auf formellen Vorträgen, sondern auf Gelegenheiten zu informellen Gesprächen in verschiedenen Zwischenräumen der Universität Basel.

Nach einer Einführung in die möglichen Funktionen universitärer Zwischenräume[6] tauschten sich die Teilnehmenden in Gruppen über ihre Erfahrungen mit Zwischenräumen im jeweils eigenen Arbeitsumfeld aus und starteten danach in kleineren Gruppen zu einer Expedition in die Zwischenräume der Universität Basel. An thematischen Stationen boten Experten und Expertinnen zudem einen Einblick in Basel und anderswo bestehende physische und virtuelle Zwischenräume:

Ein Beispiel war ein «Zuhause für Forschende» auf dem Campus, das die University of Sussex eingerichtet hat, um den interdisziplinären Austausch unter Doktorierenden zu fördern. Eine andere Station stellte virtuelle Zwischenräume vor, etwa ein Blog-Projekt, eine Austauschplattform für Studierende einer Fernuniversität oder ein «virtuelles Sofa» für die informelle Kommunikation über räumliche Distanzen hinweg (Abb. 4). Den Aspekt studentischen Engagements, das in Zwischenräumen wachsen kann, stellten VertreterInnen verschiedener Gruppen vor: von der offiziellen Vertretung der Studierenden an der Universität über das Engagement für das Thema Nachhaltigkeit bis hin zu studentischen Initiativen, die Dienstleistungen für Studierende anbieten. Unterwegs lernten die Workshop-Teilnehmenden auch Angebote des Unisports, der Mensa etc. aus der Zwischenraum-Perspektive kennen.

In der anschliessenden Plenumsdiskussion stellte sich das Spannungsfeld zwischen Planung und Definition eines Raumes einerseits und Offenheit für spontane Kommunikation und verschiedene individuelle Nutzungsformen andererseits als zentral heraus. Auch wurde das Potenzial der Zwischenräume für die Identifikation mit der Institution und als Orte der Kommunikation über Wissenschaft und Universität hervorgehoben. Beobachtet wurde schliesslich, dass in den Zwischenräumen der Universität Basel noch viel mehr «passieren» könnte als bisher. «Zwischenräume sollten nicht nur aus der Not entstehen», lautete eine Rückmeldung auf den Workshop.

---

6   Vgl. Beitrag von Sabina Brandt im dritten Teil dieses Buchs.

4 Das «virtuelle Sofa» der Hochschule für Gestaltung und Kunst (HGK) ermöglicht informelle Kommunikation, auch über räumliche Distanzen hinweg

WORKSHOP ZWISCHENRÄUME: CHOREOGRAPHIEN DES INFORMELLEN

Datum
7. Dezember 2012

Ort
Kollegienhaus, Juristische Fakultät und Orientalisches Seminar

Leitung
Sabina Brandt
BBiT, Universität Basel

Dokumentation
Online verfügbar [11.02.2014]:
http://itsi.ltn.unibas.ch/downloads/
zwischenraume/

Fragestellung
- Was sind Zwischenräume und wie «funktionieren» sie?
- Welchen Beitrag können sie zu Lernumgebungen, zur Kultur der Universität und zur Identifikation mit der Hochschule leisten?

Thematische Stationen
- Interdisciplinary Exchange: The Sussex Research Hive
  *Joanna Ball *and Frank Verano, University of Sussex, U. K.*
- Forschungsprojekt «Virtuelle Begegnungsräume»
  *Prof. Dr. Hartmut Schulze, *Hochschule für Angewandte Psychologie, FHNW*
- Blogs der Freien Universität Berlin
  Stefan Cordes, socialLab/FU Berlin
- Die «BiWi-Lounge» der Fernuniversität Hagen
  Ursula Schwander, Universität Basel bzw. Fernuniversität Hagen
- Studentische Körperschaft der Universität Basel (skuba)
- Students for Sustainability at the University of Basel (SDUBS)
- Dinx-shop der Universität Basel

*vgl. Beitrag in diesem Buch

3.4 Workshop Prüfungsräume: E-Assessment an der Universität Basel?

Aufgrund der zunehmenden Studierendenzahlen einerseits und der durch Bologna veränderten Rahmenbedingungen andererseits ist ein erhöhtes Prüfungsaufkommen zu verzeichnen. Dies stellt die Hochschulen vor immer grössere organisatorische und technische Herausforderungen. Im Workshop «Prüfungsräume» stellten deshalb externe Experten mögliche Szenarien zur computergestützten Erhebung studentischer Leistungen vor:

- Szenario 1: Temporäres Testcenter (Prüfungen in bestehenden Computerräumen oder anderen mit Notebooks und Tablets ausgestatteten Räumlichkeiten)
- Szenario 2: Statisches Testcenter (Prüfungen in speziell dafür eingerichteten Räumlichkeiten oder einem separaten Neubau)
- Szenario 3: Prüfungen mit einem Learning Management System der Hochschule (und einer abgesicherten Prüfungsumgebung)

Darüber hinaus konnten die vorgestellten Prüfungsplattformen an Notebooks und Tablets getestet werden, wobei die Experten für Fragen der Teilnehmenden zur Verfügung standen. Das Potenzial der vorgestellten Lösungen für die Universität Basel wurde in möglichst heterogen zusammengesetzten Gruppen (Dozierende, Studierende, Prüfungsverantwortliche, DidaktikerInnen, Technikverantwortliche etc.) erarbeitet und im anschliessenden Plenum gemeinsam diskutiert (Abb. 5). Ziel der Veranstaltung war auch, internen Stakeholdern einen informierten Umgang mit den verschiedenen Formen der Leistungsüberprüfung (diagnostisch, formativ, summativ) zu ermöglichen und ihnen geeignete Werkzeuge sowie deren Einsatz im Prüfungskontext aufzuzeigen.

Ein Hauptergebnis dieses Workshops war das E-Assessment-Wunschszenario für die Universität Basel: ein grosses, statisches Testcenter, welches zentral gemanagt wird und mobile Lösungen wie beispielsweise Tablets oder studentische Laptops für einzelne Fachbereiche bereithält. Welches E-Assessment-Szenario sich für die Universität Basel am besten eignet, wurde anschliessend in einer gutachterlichen Stellungnahme in enger Zusammenarbeit mit der daraufhin gegründeten Special Interest Group «E-Assessment» erarbeitet (vgl. Wannemacher, 2013).[7]

---

7   Ausgewählte Resultate des Gutachtens werden im Beitrag von Klaus Wannemacher in diesem Buch präsentiert.

5　Im Plenum stellten die Gruppen ihr E-Assessment-Wunschszenario vor

WORKSHOP PRÜFUNGSRÄUME: E-ASSESSMENT AN DER UNIVERSITÄT BASEL?

Datum
21. Mai 2012

Ort
Wirtschaftswissenschaftliche und Juristische Fakultät

Leitung
Ursula Schwander
BBiT, Universität Basel

Dokumentation
Online verfügbar [11.02.2014]:
http://itsi.ltn.unibas.ch/downloads/prufungsraume/

Fragestellung
• Welchen Beitrag zur Qualitäts- und Effizienzsteigerung der Lehre können computergestützte Prüfungen leisten?
• Soll die Universität Basel E-Assessment einführen – und falls ja, in welcher Form?

Inputreferate und Teststationen
• E-Examinations at a Glance: Computergestützte Prüfungen an der FU Berlin
  *Alexander Schulz, *Center für Digitale Systeme (CeDiS), Freie Universität Berlin*
• Organisation und Durchführung von Online-Prüfungen an der ETHZ
  *Dr. Thomas Piendl, *Lehrentwicklung und -technologie (LET), ETH Zürich*
• Online-Prüfungen mit dem Safe Exam Browser (SEB)
  Daniel Schneider, LET, ETH Zürich
• Prüfungen mit dem LPLUS-System®
  Lutz Pleines, LPLUS GmbH
• E-Assessment mit iPads
  Dr. Andreas Briese, eduToolbox@Bri-C GmbH

*vgl. Beitrag in diesem Buch

3.5 Workshop Spielräume: Wenn Spiele neue Räume erobern

Der Workshop «Spielräume» wollte erfahrbar machen, welches Innovationspotenzial Spiele und Spielmechaniken in der Vermittlung und Einübung von Wissen bieten, insbesondere in der Lehre. Er ermunterte gleichzeitig aber auch zu einer kritischen Auseinandersetzung mit dem Begriff «Gamification», welcher den Einsatz spieltypischer Elemente in spielfremden Bereichen bezeichnet. Nach einer Einführung in die Thematik[8] und Inputreferaten von Experten aus der Spielentwicklung konnten die Teilnehmenden das Thema anhand eines Spieleparcours gleich praktisch erleben (Abb. 6). In Gruppen mussten an verschiedenen Stationen Aufgaben gelöst und in einer vorgegebenen Zeit so viele Punkte wie möglich gesammelt werden:

(A) *Spiele als Informationssysteme:* ein Spiel mit einer Auswahl an Material und unter bestimmten Einschränkungen erfinden
(B) *Emission Impossible:* durch clevere Entscheidungen in diesem Computerspiel möglichst wenig Treibhausgas auf dem Bauernhof produzieren
(C) *MINT-Land:* auf der einsamen Insel in diesem Computerspiel den Strom durch Sammeln von Energiesternen wiederherstellen
(D) *Pervasive Games:* eine Spielidee für einen Raum erfinden, die seinen Kontext reflektiert – in diesem Fall eine zum Lernraum umgebaute Kirche
(E) *iPad-Spiele:* in der Kaffeepause ein Fast-Food-Restaurant am iPad möglichst gewinnbringend managen
(F) *Social Games:* sein Verhalten beim Würfelspiel «little Max» gemäss des Spielertypus «Achiever», «Explorer», «Socializer» oder «Killer» anpassen

Sowohl die Inputreferate als auch die Spielstationen zeigten die zahlreichen Einsatzmöglichkeiten von Spielen und spieltypischen Elementen auf. Deutlich wurde, dass sich der Erfolg von Spielen u. a. dadurch auszeichnet, dass sich die Spielenden meist freiwillig damit beschäftigen und dadurch intrinsisch motiviert sind. Gleichzeitig wurde auch klar, dass Spiele in der Lehre das Erreichen von Lernzielen zwar unterstützen können, die Konzeption dieser Spiele jedoch zeitintensiv ist und von einem interdisziplinären Team durchgeführt werden sollte.

---

8   Vgl. Beitrag von Thomas Lehmann in diesem Buch.

6 Aufgabe dieser Spielestation war es, unter bestimmten Einschränkungen ein neues Spiel zu erfinden

WORKSHOP SPIELRÄUME: WENN SPIELE NEUE RÄUME EROBERN

Datum
17. Januar 2013

Ort
Botanisches Institut und Kollegienhaus

Leitung
Dr. Thomas Lehmann
NMC, Universität Basel

Dokumentation
Online verfügbar [11.02.2014]:
http://itsi.ltn.unibas.ch/downloads/
spielraume/

Fragestellung
• Wie können Spiele und Spielmechanismen helfen, Innovationen an Universitäten zu fördern?
• Inwiefern bietet der Diskurs «Gamification» interessante Anknüpfungspunkte für Hochschulen?

Inputreferate
• The Gameful University: The Use(fulness) Of Game Design Elements For Learning, Teaching and Researching
Assoc. Prof. Dr. Steffen P. Walz, RMIT University, Australia & GEElab Europe, Karlsruhe
• Das kannst du besser – versuch's gleich noch einmal! Applied Games und ihre Entwicklung
Cornelius Müller, Zürcher Hochschule der Künste (ZHdK)

*vgl. Interview bzw. Beitrag in diesem Buch

4   BEGLEITSTUDIEN

Parallel zur Workshop-Reihe wurden zur Vertiefung spezifischer Aspekte und zur Vorbereitung einzelner Workshops verschiedene Begleitstudien und Exkursionen durchgeführt, die in diesem Kapitel vorgestellt werden.

4.1   Studierendenworkshop «Unterwegs zum Campus von morgen»

Zusammen mit der Vitra AG führte das ITSI-Projektteam einen Workshop durch, an dem Studierende verschiedener Fachrichtungen Ideen für den Campus von morgen entwickelten, Trends identifizierten und erste Thesen formulierten (Abb. 7, S. 40). Bei der Auswahl der TeilnehmerInnen wurde darauf geachtet, dass Studierende aller Studienstufen (von Bachelor bis Doktorat), Fakultäten sowie in verschiedenen Lebenssituationen vertreten sind.

Der Wunsch nach Vielfalt und Unterstützung unterschiedlicher Fach- und Lernkulturen sowie Lebens- und Arbeitsrhythmen war eines der Hauptergebnisse. Als wichtige Bedürfnisse wurden zudem die Zugehörigkeit bzw. die Identifikation mit der Institution, mehr interdisziplinärer Austausch sowie flexiblere und bedarfsgerechte Strukturen, die den Wechsel und die Auswahl von Lernorten auf dem Campus ermöglichen, identifiziert. Daraus wurden erste Thesen abgeleitet: Es braucht «Lernwelten der Optionen», die Vielfalt unterstützen und ermöglichen sowie «Lernorte für Menschen», an denen man nicht nur lernt, sondern sich auch wohlfühlen und erholen kann. Ferner werden die Studierenden der Zukunft sich selbstverständlich als «Lernwanderer» begreifen, die daran gewöhnt sind, ihre Arbeitsmaterialien jederzeit und überall verfügbar zu haben und sich jeweils das optimale Lern- und Arbeitsambiente für jede Tätigkeit zu suchen.

4.2   Studierendenworkshop «Meine virtuelle Lernumgebung»

Während bei der Begleitstudie «Unterwegs zum Campus von morgen» die physische Komponente des Campus im Vordergrund stand, wurden bei der Studie «Meine virtuelle Lernumgebung», die gemeinsam mit SWITCH durchgeführt wurde, explizit die virtuellen Aspekte betrachtet. Studierende verschiedener Fachrichtungen stellten zunächst ihre persönlichen Portfolios genutzter digitaler und traditioneller Medien zusammen und beurteilten diese. Anschliessend gestalteten sie ihre «persönliche Lernumgebung» und formulierten damit verbundene Wünsche. Wie erwartet ist die Kombination genutzter Internetplattformen und technischer Infrastrukturen individuell

STUDIERENDENWORKSHOP «UNTERWEGS ZUM CAMPUS VON MORGEN»

Datum
10./11. Juli 2012

Ort
Vitra Campus, Weil am Rhein (D)

Leitung
Maria Clusa und Jürgen Dürrbaum,
Vitra AG

Dokumentation
Online verfügbar [11.02.2014]:
http://itsi.ltn.unibas.ch/category/
workshopvitra/

Fokus
Anforderungen an physische Lernräume

Beteiligte
12 Studierende verschiedener Fachrichtungen, 7 Mitarbeitende der Universität

STUDIERENDENWORKSHOP «MEINE VIRTUELLE LERNUMGEBUNG»

Datum
2. Oktober 2012

Ort
Universitätsbibliothek, Basel

Leitung
BBiT in Zusammenarbeit mit Rolf
Brugger, SWITCH

Dokumentation
Online verfügbar [11.02.2014]:
http://itsi.ltn.unibas.ch/category/
workshopswitch/

Fokus
Ist-Analyse zu und Anforderungen an
virtuelle Lernräume

Beteiligte
6 Studierende verschiedener
Fachrichtungen

sehr verschieden und heute fester Bestandteil des Studienalltags. Manches funktioniert reibungslos, vieles ist jedoch nach wie vor umständlich. Besonders bemängelt wird, dass bei den Lehrveranstaltungen zu viele Aktivitäten unkoordiniert auf verteilten Plattformen stattfinden. Die identifizierten Defizite betreffen jedoch nicht nur die Werkzeuge selbst, sondern auch den Umgang mit Werkzeugen; hier wünschen sich die Studierenden eine bessere Medienkompetenz der Dozierenden durch Schulungen oder Leitfäden. Schulungsangebote, z. B. Einführungskurse zu den neuen Medien oder Kurse zu anderen überfachlichen Kompetenzen, wünschen sie sich aber auch für sich selbst.

Für die Kommunikation, die ihr persönliches Lernen und den Austausch mit den Mitstudierenden betrifft, und die Kommunikation, die im Zusammenhang mit einer konkreten Lehrveranstaltung steht, nutzen und wünschen die teilnehmenden Studierenden unterschiedliche Kommunikationskanäle. Studierende ziehen demnach eine klare Grenze zwischen Lehrveranstaltung/formaler Lehre und individuellem Lernen.

4.3 Lern- und Zwischenräume an der Universität Basel: Eine qualitative Vorstudie

Wo und wie lernen Studierende an der Universität Basel? Was nutzen sie und was wünschen sie sich? Was bieten die Fächer an und inwieweit entsprechen die Angebote den Bedürfnissen der Studierenden? Und: Braucht es überhaupt spezifische Lernräume oder findet Lernen an nicht dafür spezifizierten Orten statt? Darauf erste Antworten zu finden und Hypothesen zu entwickeln, auch zur Vorbereitung der Workshops «Lernräume» und «Zwischenräume», war Ziel dieser Vorstudie. Insgesamt wurden neun Personen, darunter drei Studierende, vier Fachvertreter und je ein/e VertreterIn der Universitätsbibliothek und der Studentischen Körperschaft der Universität Basel (skuba) in Leitfadeninterviews befragt. An sechs verschiedenen Standorten wurden studentische Arbeitsplätze und Aufenthaltsräume für Pausen und den informellen Austausch fotografisch dokumentiert.

Mit den Raumangeboten selbst zeigten sich die meisten GesprächspartnerInnen zufrieden, auch wenn es wie erwartet Optimierungsmöglichkeiten gibt. Probleme bergen vielmehr unterschiedliche Erwartungen und Nutzungskulturen, nicht geteiltes Wissen bezüglich bestehender Angebote oder die Auswirkungen saisonaler Schwankungen. Diese Schwankungen haben sich gemäss Angaben der Anbieter von Lernräumen seit der Umstellung auf das Bologna-System verstärkt. Am meisten genutzt werden die studentischen Arbeitsplätze an den untersuchten Standorten in den Prüfungszeiten (Dezember–Januar und Mai–Juni), während sie direkt danach am wenigsten ausgelastet sind. So beträgt die geschätzte Auslastung der Arbeitsplätze in einer Fachbibliothek der Universität Basel während der Sommersemesterferien nur noch 20 %. Am Ende des Semesters kommt es entsprechend zu einem «Prüfungsmarathon», und zwar nicht nur für die Studierenden, sondern auch für Dozierende, Studienadministration und Raumdisposition.

4.4 Intervention im Zwischenraum

Auslöser für das «Intervention» genannte Experiment in zwei Zwischenräumen der Universität war, dass mehrere Studierende unabhängig voneinander sagten, es gäbe zu wenig Orte, an denen man in «Leerzeiten» und Pausen kurz verweilen kann – zur Erholung, zum Austausch oder zum Lernen. Für zwei Wochen stellte die Vitra AG Mobiliar zur Verfügung, das unkommentiert und nicht spezifisch arrangiert an zwei Orten im Hauptgebäude der Universität Basel, dem Kollegienhaus, platziert wurde. Einer der Orte wurde mit beque-

QUALITATIVE STUDIE: LERN- UND ZWISCHENRÄUME AN DER UNIVERSITÄT BASEL

Datum 3. bis 29. August 2012	**Ort** Sechs verschiedene Standorte der Universität Basel
Leitung Dr. Helen Kaufmann, freie Mitarbeiterin BBiT	**Dokumentation** Online verfügbar [11.02.2014]: http://itsi.ltn.unibas.ch/category/ studiekaufmann/
Fokus Interviews zur Nutzung von Lern- und Zwischenräumen, Fotodokumentation	**Beteiligte** 9 Studierende und Raumanbieter sechs verschiedener Standorte

INTERVENTION IM ZWISCHENRAUM

Datum 26. November bis 10. Dezember 2012	**Ort** Zwei Foyers im Kollegienhaus, Universität Basel
Leitung BBiT in Zusammenarbeit mit Vitra AG	**Dokumentation** Online verfügbar [11.02.2014]: http://itsi.ltn.unibas.ch/category/ intervention/
Fokus Beobachtung der Nutzung von flexiblem Mobiliar, Fotodokumentation	**Beteiligte** Das Mobiliar wurde sowohl von Studie- renden als auch Mitarbeitenden genutzt

men Sesseln und Hockern ausgestattet (Abb. 8). Am anderen Ort wurden mehrere Exemplare des «Tip Ton», eines neigbaren Stuhls, bereitgestellt. Alle Möbel waren mobil und konnten nach Bedarf arrangiert werden. Die Nutzung wurde jeweils dreimal am Tag mit Fotos dokumentiert, so dass verschiedene Nutzungsformen je nach Tageszeit beobachtet werden konnten.

Das Experiment zeigte, dass das Mobiliar von Anfang an rege und vielseitig genutzt wurde: für individuelles Lernen, Gruppenarbeiten, Besprechungen von Mitarbeitenden der Universität, Pausen und informelle Gespräche. Entgegen vieler kritischer Stimmen wurde das Mobiliar weder beschädigt, noch «wanderte» es aus den dafür vorgesehenen Nutzungszonen in Fluchtwege oder an sonstige ungünstige Orte. Gefehlt hat am Ende nichts. Die Dokumentation zeigt einen wertschätzenden Umgang mit dem Mobiliar, und die Gelegenheit zum Feedback nach Ende des Experiments wurde intensiv genutzt, um Bedauern über das nun wieder fehlende Mobiliar auszudrücken.

7 Studierenden-
workshop auf dem
Vitra Campus in
Weil am Rhein (D)

8 Je nach Bele-
gung der nahe-
gelegenen Hörsäle
wurde der Zwi-
schenraum der
«Intervention» mal
intensiv, mal gar
nicht genutzt

9 An der TU Delft
wurde ein ehe-
maliger Innenhof
zu einem zentral
gelegenen und
flexibel nutzbaren
Lichthof mit
Lernplätzen, Aus-
stellungsfläche
und Tribüne
umfunktioniert

EXKURSIONEN AN ANDERE UNIVERSITÄTEN

Datum	Ort
5. Mai und 3. Dezember 2012	TU Delft, Universität Utrecht und PH Zürich

Leitung	Dokumentation
Jürgen Dürrbaum, Vitra AG und Franziska Zellweger, PH Zürich	Online verfügbar [11.02.2014]: http://itsi.ltn.unibas.ch/category/ exkursion/

Fokus	Standorte
Kennenlernen neuer Campus- und Raumkonzepte	Fakultät für Architektur (TU Delft), Bibliothek Utrecht, Campus PH Zürich

4.5 Exkursionen an andere Universitäten

Eine wichtige Perspektive auf den Campus von morgen lieferten Exkursionen an andere Universitäten, die im Rahmen von Umbauten oder Umzügen neue Raum- und Campuskonzepte umsetzen konnten. Durch diesen komplementären Zugang zum Thema Campusplanung wurden Einsichten erlangt, mit denen die in den Workshops und Begleitstudien identifizierten Probleme, geäusserten Wünsche, entwickelten Ideen und prognostizierten Trends differenzierter gespiegelt und reflektiert werden konnten.

Ein grundlegend neues Campuskonzept hat beispielsweise die Fakultät für Architektur der TU Delft entworfen. Nachdem das Fakultätsgebäude im Mai 2008 vollkommen niederbrannte, mussten innerhalb eines halben Jahres historische Räumlichkeiten umgebaut und bezogen werden. Der neue Campus, so das Ziel, sollte Designfabrik und Forschungsumgebung für die Studierenden werden: kreativ, inspirierend, gemeinschaftlich, transparent, flexibel und innovativ. Diese Werte wurden architektonisch durch das neue Campuskonzept «Bouwkunde City» (BK City) umgesetzt (Abb. 9). Im Rahmen der Exkursion fanden auch Gespräche mit dem Facility Management der Hochschule statt. Zusätzlich konnte die zentrale Bibliothek der TU Delft sowie die Universitätsbibliothek Utrecht besucht werden.

Weitere Einblicke in ein neu gestaltetes Campusareal bot eine Führung durch die PH Zürich, die am 17. September 2012 von verteilten Standorten auf ein gemeinsames Areal umgezogen ist.[9]

---

9   Vgl. https://www.phzh.ch/de/ueber_uns/Kommunikation/Aktuelles/Angekommen-a8617.html [11.02.2014].

5   SECHS THESEN FÜR DEN WEG ZUM CAMPUS VON MORGEN

Auf der Basis der Ergebnisse aus der Workshop-Reihe und den Begleitstudi-
en wurden anschliessend sechs Thesen und erste Empfehlungen für den Weg
zum Campus von morgen abgeleitet.[10] Diese wurden bei einer öffentlichen
Abschlussveranstaltung einem breiteren Publikum zugänglich gemacht und
über den Kreis der Projektbeteiligten hinaus mit rund 200 Teilnehmenden,
sowohl Angehörigen der Universität Basel als auch Vertretern anderer
Schweizer Hochschulen, diskutiert (vgl. Kasten und Abb. 10).

Um den Dialog um die Vision des universitären Campus von morgen
auf dem Podium und mit dem Publikum anzuregen, wurden die im Folgenden präsentierten Thesen bewusst eher provokant formuliert. Daneben wurden vom Projektteam zur Vorbereitung der Veranstaltung Empfehlungen
erarbeitet, um die Diskussion auch auf einer konkreten Ebene zu führen.

These 1: Der Campus dient nur dem «halben» Lernen.
Akademisches Lernen besteht nur zu einem Teil aus der Aneignung von Wissen, Fertigkeiten und Konzepten. Als zweiter, ebenso wichtiger Teil gehört
dazu, Studierende als Nachwuchswissenschaftlerinnen und Nachwuchswis-
senschaftler ihres Fachs an Forschung und Diskurs teilhaben zu lassen: Lernen
durch «Hineinwachsen» in die Wissenschafts- und Fachkultur, im Kontakt
miteinander und mit (Fach-)Kolleginnen und Kollegen verschiedener Karrierestufen. Der Campus ist heute einseitig auf das Lernen als Aneignung ausgerichtet – zur Balance fehlen Angebote und Räume für das Lehren und Lernen
durch Enkulturation und Partizipation. Auch die Prüfung im Sinne eines wissenschaftlichen Diskurses zwischen Prüfling und Prüfenden erfordert eine
andere physische und virtuelle Umgebung als das Abfragen von Wissen.

Empfehlungen für die Universität Basel:
* Räume sollten das Lehren und Lernen durch Enkulturation/Partizipation
  unterstützen. Gebraucht werden mehr und bessere Infrastrukturen für
  Gruppenarbeit und informelle Begegnung – physisch und virtuell. Häufig
  sind auch Grenzen wichtig: etwa Räume exklusiv für Angehörige eines
  Fachs, um den Einbezug der Studierenden in die Community zu erleichtern. Hier sind z. B. eine universitätsweite Öffnung und eine fachüber-
  greifende Zusammenführung von Angeboten nicht immer sinnvoll.

---

10   Die Herleitung der Thesen 1 und 2 wird im Beitrag von Gudrun Bachmann im zweiten
Abschnitt dieses Buchs näher erläutert.

10 Diskussion der sechs Thesen zwischen Projektbeteiligten (links) und nicht involvierten Universitätsangehörigen (rechts)

WIE GESTALTEN WIR DIE ZUKUNFT?
AUF DEM WEG ZUM CAMPUS VON MORGEN

Datum
12. April 2013

Ort
Kollegienhaus, Aula

Moderation
Dr. Koni Osterwalder
Lehrentwicklung und -technologie,
ETH Zürich

Dokumentation
Online verfügbar [11.02.2014]:
http://itsi.ltn.unibas.ch/downloads/itsi/

Fragestellung
- Halten die sechs Thesen des Projektteams einer Diskussionsrunde zwischen Projektbeteiligten und nicht involvierten Universitätsangehörigen stand?
- Ist das Projektteam mit den formulierten Empfehlungen auf dem richtigen Weg?

Inputreferate
- Eröffnung: Warum denken wir an einen Campus von morgen?
  Prof. Dr. Hedwig J. Kaiser, Vizerektorin Bildung
- Projektergebnisse und erste Thesen für den Campus von morgen
  Sabina Brandt und Tina Škerlak, Bildungstechnologien, Universität Basel
- Designing Spaces – Creating Places
  Prof. Dr. Les Watson, Educational consultant, Visiting Professor at the University of Lincoln in Learning environment Development
- Auf den Punkt gebracht – Erste Schritte auf dem Weg zum Campus von morgen
  Prof. Dr. Heiko Schuldt, Studiendekan der Philosophisch-Naturwissenschaftlichen Fakultät

43

- Studien zeigen, dass das Lehr-/Lernverständnis der Dozierenden nicht nur die Wissensvermittlung umfasst, sondern die Enkulturation der Studierenden als NachwuchswissenschaftlerInnen ins eigene Fach eine mindestens ebenso wichtige Rolle spielt (vgl. Wegner & Nückles, 2013). Dozierende müssen deshalb in ihrem Verständnis von einer partizipativen Lehr-/Lernkultur durch Räume, aber auch durch eine entsprechende Beziehung der Organisation zum universitären Lehren und Lernen, stärker unterstützt werden.
- Studierende sind Angehörige der Universität und sollten nicht als Gäste betrachtet werden. Als Teil der Organisation sollten ihnen Räume zur Verfügung gestellt werden, die sie selbst gestalten und verwalten können (in einigen Fachbereichen ist das bereits Realität). Lern- bzw. Gruppenräume (möglicherweise auch Lehrräume jenseits der Nutzungszeiten der formalen Lehre) sollten sie fest für sich buchen können. Generell sollten Studierende nicht mit Verboten von aussen belegt, sondern vertrauensvoll in die Verantwortung genommen werden. Dazu gehört auch, dass Studierende als Mitglieder der Universität per Schlüssel oder Badge Zugang zu den für sie wichtigen Räumen und Ressourcen haben – damit machen einzelne Fachbereiche bereits jetzt sehr gute Erfahrungen.
- Das «Ankommen» aller Studierenden an der Universität entscheidet zentral über den Studienerfolg. Ein Ausbau von «First Year»-Angeboten, die die Orientierungsphase unterstützen und zu denen auch das Kennenlernen des ganzen universitären Umfelds und der Lernumgebung gehört, würde den Studierenden helfen, an der Universität «anzukommen» und die Unterstützungsmöglichkeiten der Universität kennenzulernen (z. B. die Einführung in digitale Plattformen und Werkzeuge, Online-Tutorials zu bestimmten Themen, Mentoring, universitäre Beratungsstellen).
- Administrativkräfte «nah an den Studierenden» wie z. B. Hausmeister haben einen starken Einfluss auf die Nutzungskultur und damit auf die Lernkultur. Die Sensibilisierung und Information dieser Personengruppen, z. B. im Hinblick auf die Bedürfnisse von Studierenden, ist zentrale Voraussetzung für die Schaffung geeigneter Lernumgebungen und Lernkulturen.

These 2: Auf Lernwanderer ist die Universität nicht eingerichtet.
Die Bedürfnisse der Studierenden haben sich verändert: Verdichtete Studienpläne und die Verbreitung mobiler Geräte tragen dazu bei, dass sie mehr Zeit auf dem Campus verbringen, und sie wechseln dort zum Teil während eines Studientags mehrmals den Ort. Die Universität ist zum Lern- und

Lebensort geworden. Zugleich durchdringt das Lernen andere Räume und die Freizeit immer stärker: Neue Medien und Technologien mit der Möglichkeit zu mobilem Zugriff auf Lernmaterialien und Studienorganisation schaffen die Grundlage für ein Lernen «unterwegs». Die «Lernwanderer» stellen zusätzliche Anforderungen etwa an die Ausstattung und die flexible Nutzbarkeit physischer und virtueller Räume – darauf muss sich die Universität einrichten. Zudem ist es wichtig, die Mitarbeitenden und Dozierenden für das sich wandelnde Lernverhalten der Studierenden zu sensibilisieren und deren «Commitment» für die Unterstützung der «Lernwanderer» zu bekommen.

Empfehlungen für die Universität Basel:
- Lehr-/Lernmaterialien sollten daraufhin geprüft werden, ob sie mit mobilen Geräten nutzbar sind; Studierenden wie Dozierenden muss eine gemeinsame Plattform für die Distribution solcher Unterlagen mit entsprechenden Schnittstellen zu anderen zentralen Anwendungen zur Verfügung stehen, z. B. zu den Online-Self-Services der Studierenden.
- Sämtliche digitale Plattformen und Werkzeuge sollten auf die Nutzbarkeit mit mobilen Geräten hin überprüft und ggf. angepasst werden. Daneben sind zunehmend Online-Services nötig, damit die «Lernwanderer» jenseits der Büroöffnungszeiten ihr Studium flexibler organisieren können (z. B. Abgabe von Seminararbeiten).
- Die flächendeckende Ausrüstung mit Steckdosen sowie der Zugang zum WLAN-Netz muss an allen Standorten der Universität gewährleistet sein. In und vor Lehr- und Lernräumen muss eine ausreichende Zahl an Schliessfächern (auch solche mit Steckdosen für das Aufladen der mobilen Geräte) und genügend Platz für Gepäck zur Verfügung stehen.
- Lernwanderer benötigen flexibler einsetzbares Mobiliar, sodass z. B. Tische leicht verschoben und für Gruppen- und Projektarbeit genutzt werden können. Da beim Lernen meistens Bücher, Ordner, Hefte und Technik (Laptop, Smartphone, Tablet o. ä.) parallel eingesetzt werden, aber auch Verpflegung dazu gehört, braucht es daneben grössere, vor allem aber tiefere Tischflächen.
- Zwischenräume wie Foyers, Aufenthalts- und Verpflegungsräume werden heute zum Lernen genutzt, sowohl individuell als auch in Gruppen – oft trotz grösseren Lärms und verfügbarer Alternativen in Bibliotheken, die allerdings Ruhe verlangen. Für Zwischenräume sollten daher sowohl die Regeln (die Nutzung zu Lernzwecken also willkommen zu heissen, was v. a. in Verpflegungsräumen nicht selbstverständlich ist) als auch die

Ausstattung (grosse Tische, verbesserte Lichtverhältnisse) angepasst werden. Zudem ist die Nähe zu anderen Dienstleistungen wichtig (z. B. Drucken, Scannen, Verpflegung, Schliessfächer).

- Informations- und Diskussionsveranstaltungen mit Dozierenden und Mitarbeitenden könnten zur Sensibilisierung und zum Verständnis der «Zielgruppe Studierende» beitragen und dafür sorgen, dass aktuelle Lerntrends auf allen Ebenen der Lehr-/Lernorganisation berücksichtigt werden.

These 3: Vielfalt braucht Flexibilität.

Die Diversität innerhalb der Gruppe der Studierenden wächst und wird auch explizit gefördert (Stichworte: Internationalität, soziale Herkunft, Vereinbarkeit mit familiärem Engagement, Studienzugangswege, Alter, individuelle Einschränkungen). Das universitäre Angebot muss dieser zunehmenden Heterogenität von Bedürfnissen und Studiensituationen Rechnung tragen: organisatorisch, curricular und didaktisch. Zudem müssen die unterschiedlichen Kulturen und Bedürfnisse verschiedener Fächer stärker beachtet und berücksichtigt werden. Einheitliche Standards für alle Fachkulturen sind nicht immer zielführend und führen oft dazu, dass bereitgestellte Ressourcen nicht genutzt werden (können).

Empfehlungen für die Universität Basel:
- Das Mobiliar sollte spontane Variationen leicht und schnell zulassen, z. B. verschiedene Tischkonstellationen ermöglichen, um unterschiedliche Lehr- und Lernformen zu unterstützen. Wichtig sind auch «Leer-Räume» im Raum, um etwa auch einmal Sitzen auf dem Boden zuzulassen oder einer Poster-Ausstellung Platz zu bieten.
- Das Konzept der Affordanz (vgl. Schulz, 2008) ist bei der Planung und Pflege von Räumen zu beachten: Um die grössere Diversität zu «managen», bedarf es häufig eines klareren Aufforderungscharakters von Räumen und Ausstattungen, wenn eine ganz bestimmte Nutzung intendiert ist und andere Nutzungen ausgeschlossen werden sollen – und noch häufiger einer kommunizierten Toleranz dort, wo die Variation in der Nutzung möglich und willkommen ist.
- Studierende mit Beeinträchtigungen (dazu zählen auch chronische Erkrankungen) sind wertvolle Inputgeber: Ihre Bedürfnisse erweisen sich oft als die vieler anderer Studierender ohne Beeinträchtigungen, die Fehlendes oder Ungünstiges lediglich besser kompensieren können, z. B: schlechte Akustik, erschwerte Orientierung auf dem Campus, fehlendes

oder suboptimal gestaltetes Online-Material, fehlende Ruheräume, übermässig weite Wege zwischen Veranstaltungen.

- Innerhalb der Organisation helfen Sensibilisierungsmassnahmen, um die steigende Diversität positiv und konstruktiv aufzunehmen und als Bereicherung zu betrachten.
- In allen Phasen von Umbauten oder Planung und Ausstattung neuer virtueller und physischer Lehr- und Lernumgebungen spielen Diversität und Fachkulturen eine zentrale Rolle. Aktuelle und künftige Nutzerinnen und Nutzer sollten daher von Anfang an in Planungen einbezogen werden.
- Standards für die Gestaltung und Ausstattung von Lehr-/Lernräumen sind aus ökonomischer Sicht wichtig und richtig. Bestehende Vorgaben sollten aufgrund sich verändernder Rahmenbedingungen jedoch stets überprüft und weiterentwickelt werden, insbesondere, um den verschiedenen Fach- und Lernkulturen Rechnung tragen zu können.

These 4: «Problem erkannt, Problem gebannt!?»

An der Universität werden Probleme meist sehr gut identifiziert und anschliessend auch rasch «pfannenfertige» Lösungen zur Problembehebung realisiert. Doch zur Erarbeitung jeweils wirklich passender und nachhaltiger Lösungen wären häufig Zwischenschritte, sprich ein iteratives, systemisches und anwenderzentriertes Vorgehen, nötig: nach der Problemanalyse etwa eine Konzeptionsphase mit Feedback-Schleifen, ein früher Einbezug der NutzerInnen, Anpassungen an neue Kontexte (statt «copy-paste» erprobter Lösungen). Die Prozesse innerhalb der Organisation sind dafür nicht optimal: Gelegentlich werden zwar Feedback-Möglichkeiten und Expertise zu Einzelfragen aufgebaut – oft sogar parallel von mehreren Abteilungen. Diejenigen, die das Problem beobachten und verstehen, verfügen jedoch häufig nicht über genügend Einfluss oder die notwendigen Kommunikationswege. Scheinbar hat niemand diesen Einfluss; dies führt zu einer Art Solidarisierung in der Machtlosigkeit: Wir kennen das Problem und sind uns alle einig, was zu tun wäre, aber wir sind nicht zuständig dafür. Zu wenig Zeit für Planung, Durchführung und Kommunikation kann zu unbefriedigenden Lösungen und Frustration der Beteiligten und Betroffenen führen.

Empfehlungen für die Universität Basel:
- Die Planung von Neu- und Umbauten sowie Ausstattung sollte immer möglichst viele Beteiligte bzw. Perspektiven zur Diskussion und Beratung zusammenbringen. Im Auftrag von Planungsverantwortlichen müssten diese Koordinationsarbeiten verankert sowie Planungsprozesse mit Blick

auf die Kommunikationskanäle und Gremien entsprechend etabliert werden.
- NutzerInnen müssen in Planungen und Realisationen früh einbezogen und es müssen die stark verschiedenen Fachkulturen beachtet werden.
- Sofern Räume für Lehre und Studium betroffen sind, sind didaktische Überlegungen und Personen mit entsprechender Expertise einzubeziehen.
- Wo immer möglich, sollten «Feedback-Schleifen» und Anpassungen im Prozess ermöglicht werden, z. B. mit Prototypen, begleitenden Evaluationen. Erfolgreiche Lösungen dürfen nicht vorschnell per Copy-Paste auf andere Kontexte übertragen werden, sondern das spezifische Umfeld ist jeweils zu beachten.
- Wichtig ist die Begleitung der von Veränderungen Betroffenen nicht nur für eine optimale Passung zwischen Möglichkeiten und NutzerInnen-Bedürfnissen, sondern auch als Signal, dass die Organisation Lernende, Lehrende bzw. Forschende sowie Mitarbeitende in den Mittelpunkt ihrer Aufmerksamkeit stellt.

These 5: Innovation und Kreativität erfordern Freiräume.
Die Räume von Universitäten sind in einem hohen Masse ausgestaltet und ihre Nutzung stark vordefiniert, wie z. B. die klassischen Hörsäle und Seminarräume. Das gilt auch für die virtuellen Räume, die teilweise mit zu vielen Funktionalitäten ausgestattet und am Ende gerade dadurch unflexibel bzw. nicht mehr handhabbar werden. Studierende, Dozierende und Forschende wünschen sich auch weniger ausgestaltete und ausgestattete Lehr- und Lernumgebungen. Ein Bild dafür ist die sprichwörtliche «Garage», die zu innovativem Denken einlädt, ausprobieren lässt und nicht selten überraschende Ergebnisse zeigt. Ungeplantes, Unfertiges und Vorläufiges braucht in akademischen Kontexten einen Raum, «damit wir uns selbst erfinden» (Zitat Steffen P. Walz, Workshop «Spielräume»), Bewährtes in Frage stellen und neue Lösungen kreieren können.

Empfehlungen für die Universität Basel:
- «Weniger ist mehr»: Wichtig sind weniger ausgestaltete Räume sowie mobile Zwischenraummöbel (die auch improvisiert sein und wirken dürfen). Solche Räume gilt es im Rahmen der längerfristigen Raumplanung bewusst zu bewahren und nicht anlässlich des nächsten Bedarfs auszustatten und «umzunutzen».
- Das Prinzip «Weniger ist mehr» gilt ebenso für die virtuellen Räume. Der Trend geht zu einfach handhabbaren «kleinen» Werkzeugen mit jeweils

nur einer Funktion, die dann individuell im «noch leeren» virtuellen Raum frei kombiniert werden können.

- Seminarräume sollten bewusst auf Gestaltungselemente verzichten und Dozierenden wie Studierenden «Freiraum für Neues» eröffnen. Damit würden Nutzerinnen und Nutzer angesprochen, die z. B. die Wände von Seminarräumen gerne kreativer nutzen möchten.
- Unfertiges und nicht voll Ausgestaltetes in der Universität ist positiv und schafft Freiräume für Kreativität und Improvisation. Gerade die Universität als Ort der Innovation sollte sich das ins Bewusstsein rufen.

These 6: «Es ist ja vieles da, aber keiner weiss, was und wo.»
Viele Angebote der Universität sind potentiellen Nutzerinnen und Nutzern nicht ausreichend bekannt: Egal ob es um Räume geht, um (technische) Werkzeuge oder vielfältige Unterstützungsangebote, meist stossen Studierende (und oft auch Dozierende) eher zufällig auf wichtige Informationen. Kommunikationsmittel bleiben wirkungslos, wenn sie zum falschen Zeitpunkt eingesetzt werden – Informationen etwa über Angebote für Prüfungs- und Studienabschlussphasen gehen unter, wenn sie in der turbulenten Zeit des Studienbeginns mit aktuell relevanterem Material konkurrieren.

Empfehlungen für die Universität Basel:
- Informationen müssen online gut auffindbar sein. Wichtig ist, beim Online-Angebot verschiedene Zugänge zu unterstützen, d. h. den Zugriff nach Zielgruppen, Thema oder über konkrete Fragen zu ermöglichen.
- Informationen sollten stufen- bzw. phasengerecht (ggf. wiederholt) verbreitet werden, um sicherzustellen, dass sie zum richtigen Zeitpunkt zur Verfügung stehen.
- Zwischenräume dienen zur informellen Weitergabe von Information und Tradierung gelebter Kultur. Nach einem «Partizipationsmodell des Lernens» werden Studierende nicht zuletzt dort als NachwuchswissenschaftlerInnen mit der Kultur des Fachs und dem wissenschaftlichen Diskurs vertraut. Sie erhalten Einblicke in andere Fach- und Lebenswelten, Lernstile und Karrierestufen. Der informelle Austausch in Zwischenräumen sollte gestärkt werden: durch die Vermehrung solcher Räume sowie virtueller und physischer Austauschplattformen wie z. B. Schwarzer Bretter.
- Die Kommunikation sollte positiv gestaltet werden und sich darauf richten, was erlaubt ist. Eine Erfahrung in Basel ist die, dass in manchen «Zwischenräumen» nicht explizit Erlaubtes von Studierenden eher als verboten bzw. nicht erwünscht empfunden wird.

6   FAZIT: WIE GESTALTEN WIR DIE ZUKUNFT?

Ziel des Projekts ITSI war es, eine gemeinsame Idee für den «Campus von morgen» vor dem Hintergrund bildungspolitischer Veränderungen und technologischer Innovationen zu entwickeln. Es ging nicht darum, einen Anforderungskatalog mit Checkliste zu erarbeiten, sondern durch eine qualitativ-explorative Methode die Diskussion um die Campusplanung im Kontext der Gestaltung moderner Lernumgebungen an der Hochschule anzuregen.

Nach rund eineinhalbjähriger Projektlaufzeit können die Ergebnisse folgenden drei Bereichen zugeordnet werden:

- *Organisationsentwicklung*: Durch die Workshop-Reihe, Begleitstudien und Abschlussveranstaltung hat ITSI einen Reflexionsraum eröffnet und so wesentlich dazu beigetragen, dass die beteiligten Akteure miteinander ins Gespräch gekommen sind und bezüglich Anforderungen und Spezifika moderner Lernumgebungen sensibilisiert wurden.
- *Konkrete Massnahmen*: Aus dem Projekt heraus sind konkrete Massnahmen eingeleitet worden. So wird die Universität Basel in Zukunft eine verbindliche Plattform für die Distribution von Lehrmaterialien einführen, was ein grosses Anliegen von Seiten der Studierenden war. Für E-Assessment werden in einer entsprechenden Special Interest Group (SIG E-Assessment) verschiedene Szenarien entwickelt, um die Potenziale für die Universität Basel zu testen. Zudem wurde eine AG Lernräume gebildet, die fortan Projekte für Um- und Neubauten an der Hochschule mit Wissen aus dem Projekt ITSI begleitet. So soll Expertise zur Gestaltung zeitgemässer Lernräume aufgebaut, ausgetauscht und innerhalb der Universität verfügbar gemacht werden. In Pilotprojekten sollen «neue Lernorte» entwickelt werden, um daraus Erfahrungen mit anders gestalteten Lernumgebungen zu sammeln und Verbesserungspotenziale abzuleiten, sowohl hinsichtlich der Campusgestaltung als auch hinsichtlich der Zusammenarbeit der beteiligten Akteure in Planungsprozessen. In der Arbeitsgruppe vertreten ist die Studierendenvertretung (skuba) sowie die verschiedenen Abteilungen der Universität, welche die für die Gestaltung von Lernräumen erforderlichen Fachkenntnisse und Kompetenzen mitbringen: Immobilienplanung und Raumbewirtschaftung, Didaktik und Change Management sowie die Universitätsbibliothek, Campusmanagement und Rechenzentrum.
- *Entwicklungsperspektiven*: Da niemand die zukünftigen Bedürfnisse mit Sicherheit voraussagen kann, ging es beim Projekt ITSI v.a. darum, den

Weg zum Campus von morgen aufzuzeigen bzw. erste Schritte in diese Richtung einzuleiten und dafür adäquate Methoden vorzuschlagen. Dabei scheint das schrittweise Umsetzen von Pilotprojekten, bei denen iterativ ausprobiert, beobachtet und auf der Grundlage von Evaluationsergebnissen weiterentwickelt wird, ein vielversprechendes Vorgehen.

Zusammenfassend kann festgehalten werden, dass die Universität mehr «enabling spaces» (Peschl & Fundneider, 2012, S. 75), also Ermöglichungsräume braucht: Räume, die den Rahmen für die Kernaufgabe von Universitäten bieten, nämlich die (Aus-)Bildung von Menschen im Sinne der Wissensvermittlung, des kreativen Umgangs mit diesem Wissen, aber auch der Partizipation und Enkulturation in die Fachkultur. Der Campus von morgen ist ein Campus für das «ganze Lernen», der dem «Lernwanderer» auf seinem Bildungsweg einen geeigneten Rahmen bietet.

Als ersten Schritt auf dem Weg zum Campus von morgen sollten IT-Spezialistinnen, Didaktiker, Raumplanerinnen und Innenarchitekten bereits bei der Konzeption und nicht erst bei der Umsetzung an einen Tisch gebracht werden. Daneben müssen Nutzerinnen und Nutzer von Beginn an mit einbezogen werden. Die Lösung klingt simpel. Doch die dafür notwendigen Prozesse aufzubauen, ist vermutlich eine grosse Herausforderung. Pilotprojekte scheinen ein vielversprechendes Mittel, um neuartige Lernorte zu gestalten, die erlebbar sind und damit auch evaluierbar und verbesserbar werden. Sie können exemplarisch für die Weiterentwicklung des universitären Campus stehen und wichtige Informationen für die Raumplanung bei Um- und Neubauten liefern.

Der Campus von morgen

- unterstützt das Lernen und Lehren im Sinne der Partizipation und Enkulturation. Dies verlangt insbesondere nach Räumen für Gruppenarbeit, Fachdiskurs und informellen Austausch.
- wird als Lebens- und Lernort geplant, der angemessen auf die veränderten Bedürfnisse einer zunehmend mobilen und diversen Studierendenschaft reagieren kann.
- wird von einer Organisationskultur getragen, bei der Studierende als Angehörige der Universität eingebunden sind und Verantwortung mit übernehmen.
- wird möglich durch Planungsprozesse und Betriebskonzepte, welche die Aufnahme und Umsetzung neuer Entwicklungen und Anforderungen fördern.

LITERATUR

Bachmann, G., Bertschinger, A. & Miluška, J. (2009). E-Learning ade – tut Scheiden weh? In N. Apostolopoulos, H. Hoffmann, V. Mansmann & A. Schwill (Hrsg.), *E-Learning 2009. Lernen im digitalen Zeitalter, 51.* Münster/New York/München/Berlin: Waxmann.

Baumgartner, P. (2012). Didaktische Modellierung und der Begriff «E-Learning». *Zeitschrift für E-Learning, 4,* 46-56.

Bortz, J. & Döring, N. (2006). *Forschungsmethoden und Evaluation für Human- und Sozialwissenschaftler, 4.* überarbeitete Auflage. Berlin/Heidelberg: Springer Medizin Verlag.

Huber, L. (2008). ‹Kompetenzen› prüfen? In S. Dany, B. Szczyrba & J. Wildt (Hrsg.), *Prüfungen auf die Agenda! Hochschuldidaktische Perspektiven auf Reformen im Prüfungswesen* (S. 12-26). Bielefeld: Bertelsmann.

Kaiser, H. (2005). *Wirksame Ausbildungen entwerfen. Das Modell der konkreten Kompetenzen.* Bern: hep.

Peschl, M. F. & Fundneider, T. (2012): Räume bilden Wissen. Kognitive und epistemologische Grundlagen der Ermöglichung von Wissensgenerierung in Enabling Spaces. In H. Schröteler-von Brandt, T. Coelen, A. Zeising & A. Ziesche (Hrsg.), *Raum für Bildung. Ästhetik und Architektur von Lern- und Lebensorten* (S. 73-80). Bielefeld: transcript.

Schröteler-von Brandt, H., Coelen, T., Zeising, A. & Ziesche, A. (Hrsg.) (2012): *Raum für Bildung. Ästhetik und Architektur von Lern- und Lebensorten.* Bielefeld: transcript.

Schulz, B. (2008). Exkurs: Affordanzkonzept nach Gibson. In P. G. Richter (Hrsg.), *Architekturpsychologie. Eine Einführung, 3.* überarbeitete und erweiterte Auflage (S. 79-88). Lengerich: Pabst Science Publishers.

Schwander, U., Miluška, J. & Bachmann, G. (2011). Projekt IT-Service Integration in Studium und Lehre. Abschlussbericht. Online verfügbar: http://itsi.ltn.unibas.ch/downloads/itsi [11.02.2014].

Wannemacher, K. (2013). Gutachterliche Stellungnahme zur Implementierung von E-Assessments an der Universität Basel. HIS: Abschlussbericht. Online verfügbar: http://www.news.ltn.unibas.ch/content/2013/07/130411_U_Basel_Stellungnahme_zur_E-Assessment-Strategie_final.pdf [11.02.2014].

Wegner, E. & Nückles, M. (2013). Kompetenzerwerb oder Enkulturation? Lehrende und ihre Methapern des Lernens. *Zeitschrift für Hochschulentwicklung, 8 (1),* 15-29.

Welbers, U. & Gaus, O. (2005). *The shift from teaching to learning: Konstruktionsbedingungen eines Ideals.* Bielefeld: Bertelsmann.

Wildt, J. (2004). «The Shift from Teaching to Learning» – Thesen zum Wandel der Lernkultur in modularisierten Studienstrukturen. In H. Ehlert & U. Welbers (Hrsg.), *Qualitätssicherung und Studienreform. Strategie- und Programmentwicklung für Fachbereiche und Hochschulen im Rahmen von Zielvereinbarungen am Beispiel der Heinrich-Heine-Universität Düsseldorf* (S. 168-178). Düsseldorf: Grupello Verlag.

«Ich erlebe Forschung live»
BEATRICE, 24 Jahre

BEATRICE ist im 1. Jahr ihrer Master-Ausbildung in Molekularbiologie. Davor hat sie bereits Biologie bis zum Bachelor an der Universität Basel studiert. Im Bachelor-Studium hat sie die Vielfalt der Lernformen (Vorlesungen, Übungen, Seminare, Blockkurse) geschätzt, auch den intensiven Austausch mit Mitstudierenden und Dozierenden innerhalb des Blockkurses im 3. Jahr. Jetzt, auf Masterstufe, ist sie Teil einer Forschungsgruppe. Sie hat einen Arbeitsplatz mit Computer im Labor des Instituts sowie eine «bench», wo sie Experimente durchführen kann. Sie besucht die Seminare ihrer Forschungsgruppe und zusätzlich etwa eine Vorlesung pro Woche am Biozentrum. Im Labor arbeiten ungefähr 15 Personen: Masterstudierende, Doktoranden und Doktorandinnen, Postdocs und der Professor. Durch die Räumlichkeiten und das Gruppenseminar ergibt sich ein guter Austausch innerhalb der Gruppe und damit ein selbstverständliches «Hineinwachsen» in die Forschungsgemeinschaft. Manchmal vermisst Beatrice allerdings den Kontakt zu den Masterstudierenden ausserhalb ihrer Gruppe, insbesondere zu jenen, die mit ihr zusammen den Blockkurs besucht haben.

Beatrice wohnt bei ihren Eltern, die auch ihr Studium finanzieren, in einem Vorort von Basel. Sie fährt jeden Tag mit dem Fahrrad zur Uni (etwa 6,5 km pro Weg) und schätzt dabei die frische Luft und die Bewegung. Während sie am Anfang ihres Bachelorstudiums fast ausschliesslich zu Hause gelernt hat – an einem ruhigen Arbeitsplatz mit viel natürlichem Licht und Blick ins Grüne – ist sie jetzt jeden Tag von etwa 9 bis 18 Uhr am Institut. Zusätzlich arbeitet sie manchmal abends zu Hause, um konzentriert zu lesen oder eine Präsentation zu üben. Zum Labor hat sie einen Schlüssel, den sie vor allem dann braucht, wenn sie wegen der Experimente zuweilen auch am Wochenende arbeiten muss. Am Institut sind auch alle Unterlagen gut zugänglich, während Beatrice zu Hause immer wieder einmal Probleme mit dem VPN-Zugang und der fehlenden Geschwindigkeit des Servers hatte.

Die mit dem Studium ausgefüllten Tage entsprechen einerseits Beatrices Lernzeiten: Sie beginnt den Tag gerne früh morgens mit der Arbeit. Andererseits ist es schwierig, die vollen Studientage mit einem Nebenjob zu verbinden. Nachhilfestunden lassen sich zwischendurch erteilen, aber einfacher sind temporäre Arbeitsstellen in den Semesterferien nach den Prüfungen; so hat Beatrice beispielsweise mehrfach als qualifizierte Skileiterin in einem Schulskilager mitgewirkt. Erholung findet Beatrice beim Unisport, auf Ausflügen, beim Besuch von kulturellen Veranstaltungen und in ihrem (auch ausseruniversitären) Freundeskreis. Vor dem Studium in Basel hat Beatrice ein Jahr an der ETH Zürich

Ein Lernort von Beatrice: ihr Arbeitsplatz im Labor des Instituts

Chemie studiert und ihr Biologiestudium in Basel später um einen Aufenthalt an der Universität Århus in Dänemark (im Rahmen eines Erasmus-Austauschs) erweitert. An beiden Orten haben sie einzelne Lernorte besonders beeindruckt: in Århus das «Haus der Biologie» mit Aufenthaltsraum und Küche, in dem man Gruppenarbeitsräume reservieren konnte, und an der ETH neben der allgemein modernen Infrastruktur vor allem die Fachbibliothek mit Einzelarbeitsplätzen an den Fenstern und Gruppentischen daneben.

KÖNNTE BEATRICE DEN CAMPUS VON MORGEN GESTALTEN, dann würde sie ihren Arbeitsplatz «mitten in der Forschung» ergänzen mit einer ruhigeren Alternative, vor allem für Studierende, die keinen idealen Ruhe-Arbeitsplatz zu Hause nutzen können. Bei der Gestaltung von Arbeitsräumen würde sie dem Thema «Licht» grosse Aufmerksamkeit schenken und dafür sorgen, dass die Räumlichkeiten zu jeder Tageszeit nutzbar sind, auch abends. Ferner müsste das jeweilige Lernmaterial jederzeit flexibel verfügbar sein, um auch spontan, im Freien und mit verschiedenen Endgeräten darauf zugreifen zu können. Überhaupt würde sie die Aufenthaltsmöglichkeiten an der frischen Luft erweitern, beispielsweise die Grünflächen mit zusätzlichen Bänkchen ausstatten. Besonders für Studierende in Fächern, deren Studienplan zumindest zeitweise eine feste Klassenstruktur vorsieht, würde sie mehr interdisziplinäre Austauschmöglichkeiten schaffen. Allgemein würde sie das Angebot an Besprechungs-/Gruppenarbeitsräumen ausbauen und auf funktionale Inneneinrichtung achten.

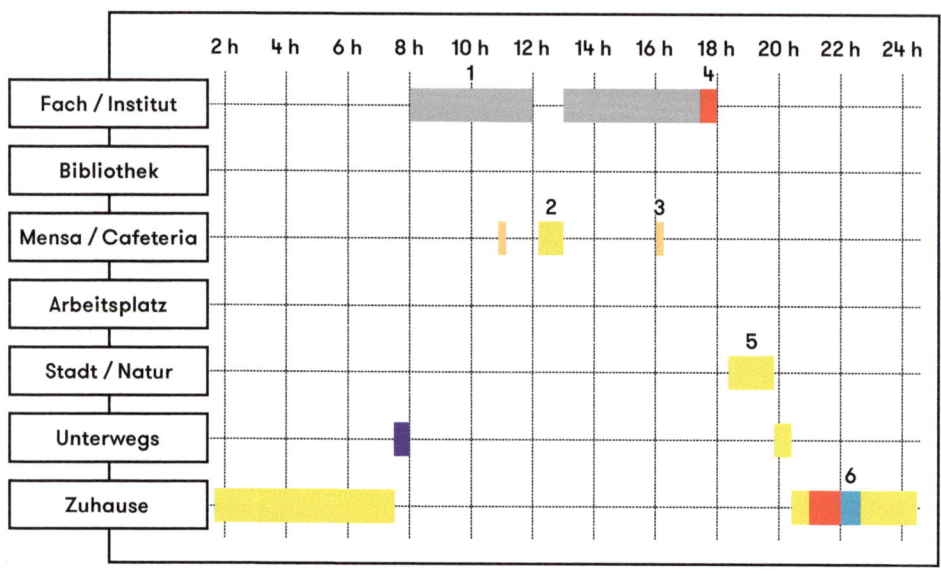

BEATRICES typischer Studientag*
Bachelor Biologie, 5. Semester

Fach / Institut

Bibliothek

Mensa / Cafeteria

Arbeitsplatz

Stadt / Natur

Unterwegs

Zuhause

LEGENDE
- Lernen
- Lehrveranstaltung
- Austausch
- Organisieren
- Nebenjob / Familie
- Leerzeiten
- Erholung / Freizeit

1
Blockunterricht (Vorlesung oder Praktikum):
Man ist immer im gleichen Raum, «man kommt nie raus», es hat keine sichere Garderobe und jeder Tag hat einen anderen Stundenplan (schwierig für Nebenjob).

2
Mittagessen in der Mensa oder selbst Mitgebrachtes:
Mikrowelle steht nicht allen zur Verfügung, hoher Lärmpegel.

3
Kaffee trinken:
Es wäre schön, draussen eine bequeme Aufenthaltsmöglichkeit zu haben.

4
Protokolle schreiben:
Öffnungszeiten Computerraum schränken zeitlich ein.

5
Unisport:
mehr Angebot am Wochenende und in den Semesterferien auch am Vormittag wäre toll.

6
Skripte ausdrucken:
kostet, wenn an der Uni gedruckt, leider kein Skripteservice.

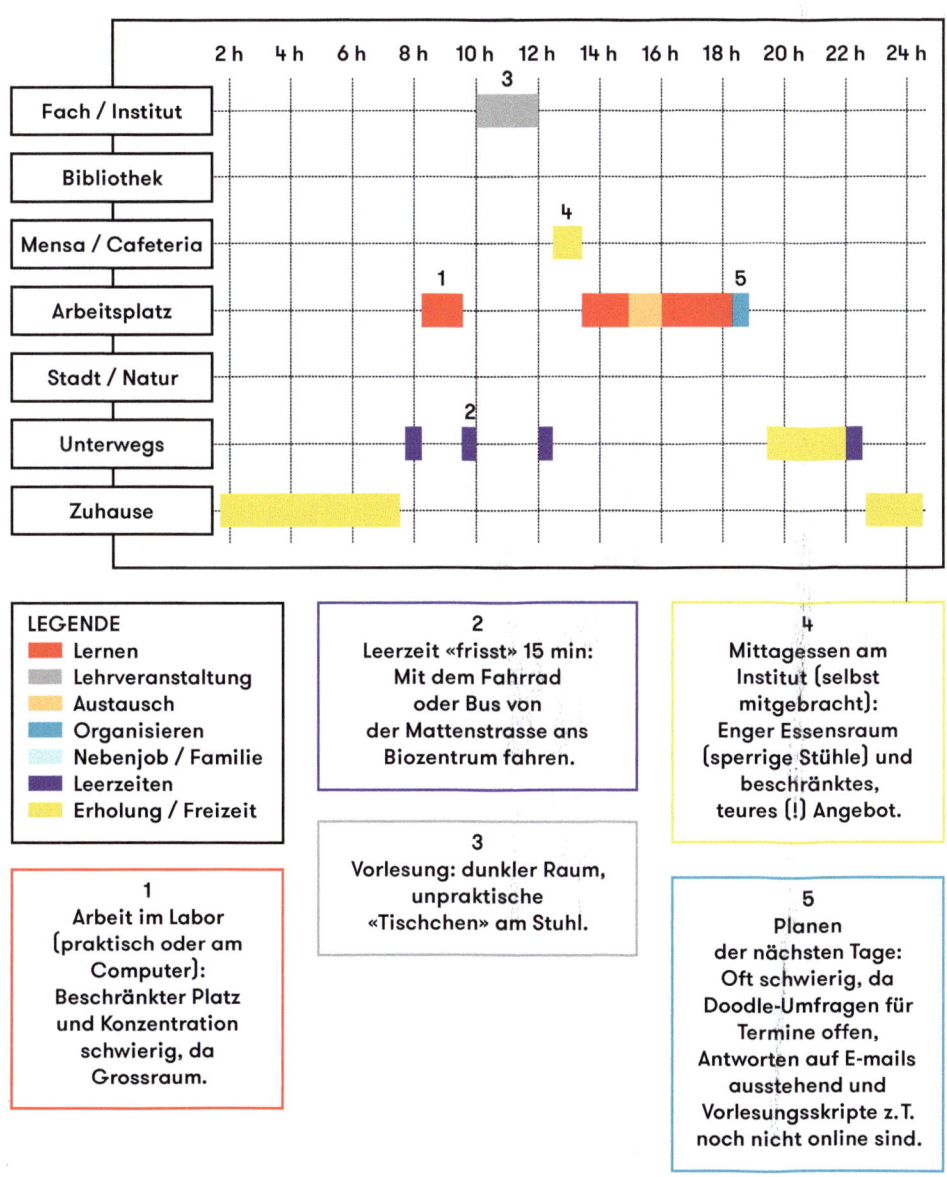

BEATRICES typischer Studientag*
Master Molekularbiologie, 2. Semester

| | 2 h | 4 h | 6 h | 8 h | 10 h | 12 h | 14 h | 16 h | 18 h | 20 h | 22 h | 24 h |

Fach / Institut — 3

Bibliothek

Mensa / Cafeteria — 4

Arbeitsplatz — 1, 5

Stadt / Natur

Unterwegs — 2

Zuhause

LEGENDE
- Lernen
- Lehrveranstaltung
- Austausch
- Organisieren
- Nebenjob / Familie
- Leerzeiten
- Erholung / Freizeit

1
Arbeit im Labor (praktisch oder am Computer): Beschränkter Platz und Konzentration schwierig, da Grossraum.

2
Leerzeit «frisst» 15 min: Mit dem Fahrrad oder Bus von der Mattenstrasse ans Biozentrum fahren.

3
Vorlesung: dunkler Raum, unpraktische «Tischchen» am Stuhl.

4
Mittagessen am Institut (selbst mitgebracht): Enger Essensraum (sperrige Stühle) und beschränktes, teures (!) Angebot.

5
Planen der nächsten Tage: Oft schwierig, da Doodle-Umfragen für Termine offen, Antworten auf E-mails ausstehend und Vorlesungsskripte z.T. noch nicht online sind.

*Beatrice wurde gebeten, ihre Tätigkeiten an zwei «typischen» Studientagen aufzuzeichnen und jeweils auf damit verbundene Schwierigkeiten hinzuweisen.

SABINA BRANDT

RÄUME FÜR VIELFALT
DIVERSITY AUF DEM CAMPUS VON MORGEN

ZUSAMMENFASSUNG

Lernumgebungen sollten nicht nur in Bezug auf Technik und Infrastruktur «modern» sein, sondern auch die übergreifenden Werte und Ziele der Hochschule und deren Entwicklung im gesellschaftlichen Kontext repräsentieren. Dazu gehört zentral, dass sich der Campus nicht an einem fiktiven «Normalstudenten» ausrichtet, sondern eine zunehmend heterogene Studierendenschaft in den Blick nimmt. Die Hochschulen stehen hier in einer gesellschaftspolitischen Verantwortung und zunehmend auch unter Erwartungsdruck: Der Einbezug bisher unterrepräsentierter Gruppen in die akademische Ausbildung ist ein Schlüssel zu Chancengerechtigkeit und Inklusion. Angesichts dessen muss Campusplanung einerseits Lösungsmöglichkeiten für eine Vielzahl von Einzelbedürfnissen und berechtigten Wünschen bieten, andererseits verstärkt auf Fragen der Integration verschiedener Gruppen zielen und die Ausbildung von Diversity-Kompetenz ermöglichen. Der vorliegende Beitrag zeigt auf, vor welchem Hintergrund der Hochschulcampus von morgen diversitätsgerecht gestaltet werden muss, wie der Weg dahin aussehen kann und welche Fragen besonders zu berücksichtigen sind.

1 FÜR WEN GESTALTEN WIR DIE UNIVERSITÄT?

Vielleicht war die Ausrichtung an einem «Normalstudenten» schon immer eine Illusion: Er wäre hier ein Schweizer oder Deutscher ohne familiäre Migrationsgeschichte, männlich, heterosexuell, zu Studienbeginn 18–20 Jahre alt, ohne Berufserfahrung, (noch) kinderlos, ohne Einschränkungen durch Behinderung oder chronische Erkrankung, mit akademisch gebildeten Eltern, entsprechendem Habitus und guter finanzieller Ausstattung. Die große Mehrheit der Studierenden wird sich in dieser Beschreibung nicht wiederfinden. Allzu häufig richten sich Dozierende und HochschulplanerInnen jedoch noch immer implizit an diesem Bild aus (vgl. Berthold & Leichsenring, 2012), während zugleich Maßnahmen zur Förderung benachteiligter und/oder bisher unterrepräsentierter Gruppen dafür sorgen, dass sich die Realität an den Hochschulen immer mehr von diesem Bild entfernt und zunehmend auch die Lehre entsprechend angepasst wird.[1]

Für wen gestalten wir die Universität? Wessen Bedürfnisse werden bei der Planung des Campus von morgen miteinbezogen, wer wird und wer soll ihn nutzen (können)? Und wie dient Campusplanung in diesem Sinne der Steuerung und Auswahl künftiger Studierender, Dozierender, Mitarbeitender?

2 GERECHTIGKEIT UND VIELFALT

Im Hinblick auf «Diversity» bzw. «Diversity Management» stehen zwei Argumente im Mittelpunkt: Zum einen der Gerechtigkeitsansatz, der – ethisch begründet – auf faire Teilhabe und möglichst weitgehende Chancengleichheit abzielt und besonders in der Diskussion um «Bildung als Bürgerrecht» (vgl. Dahrendorf, 1965) von Anfang an eine zentrale Rolle spielte. Vielfalt und Chancengerechtigkeit als übergreifende Werte sind von den Menschenrechtsabkommen der UN (Antidiskriminierungsabkommen) bis zur EU-Grundrechte-Charta in zahlreichen internationalen Vereinbarungen fest verankert und gelten nicht zuletzt als notwendige Bedingungen zur Lösung zahlreicher globaler Herausforderungen, gerade hinsichtlich des Zugangs zu Bildung. Zum anderen wird die «Vielfalts-These» betont, die – mit einem

---

1 Dieser sehr umfangreiche und wichtige Aspekt kann hier nur am Rande berücksichtigt werden; vgl. dazu u. a. Schulmeister (2004) und Spelsberg (2010), besonders auch die lernrelevanten Kulturdimensionen (Individualismus/Kollektivismus, Unsicherheitsvermeidung und Zeit) in der Darstellung durch Spelsberg (2010, S. 37–40) sowie als Beispiel für entsprechende Maßnahmen das von der Universität Fribourg angebotene Selbstevaluationstool für Lehrende: www.unifr.ch/didactic/eval [11.02.2014].

ursprünglich ökonomischen Ansatz – einen Gewinn durch den Einbezug verschiedener Perspektiven verspricht. Hinzu kommt gerade für Bildungsinstitutionen in der globalisierten Welt der Aspekt der «Diversity-Kompetenz», die entwickelt und eingeübt werden soll, im Hinblick auf eine steigende Vielfalt an Biografien und Lebensentwürfen bei stetig wachsender weltweiter Mobilität. Ganzheitliche Bildung umfasst aus dieser Sicht unter anderem auch

- die Fähigkeit zur Kommunikation und erfolgreichen Zusammenarbeit in heterogen wie auch in relativ homogen zusammengesetzten Gruppen,
- die wertschätzende Gestaltung von Aushandlungsprozessen zwischen Individuen sowie zwischen und innerhalb von Gruppen,
- die Reflexionsfähigkeit hinsichtlich des «Eigenen» und des «Fremden» bzw. des «Ähnlichen» und des «Anderen» und der eigenen Bewegungen, Handlungen und Reaktionen in diesem Feld.

Hier folge ich der nun verbreiteten, neueren Definition von R. Roosevelt Thomas (1996), der «Diversity» nicht mehr dualistisch auffasst (zwischen Norm und Abweichung, zwischen Zugehörigkeit zu einer Gruppe oder zur anderen), sondern explizit als dynamisches Feld aus Unterschiedlichkeiten und Gemeinsamkeiten versteht (vgl. u. a. auch Spelsberg, 2010, S. 27). Aus dieser Perspektive zeigt sich die Universität als Lern-Raum und zugleich auch als engagierte Akteurin bzw. Motor gesellschaftlicher Entwicklungen.

An den Hochschulen ist vor allem eine (auch rechtlich fundierte und geforderte) Gleichstellungspolitik relativ gut verankert, die zuallererst auf den Gender-Aspekt zielt. Häufig – und mit gutem Grund – konzentriert sich diese Politik vor allem darauf, hinsichtlich dieser einen (wichtigen) Diversity-Kategorie eine bisher nicht hinreichend verwirklichte Vielfalt und damit auch eine gerechtere Verteilung von Definitions- und Gestaltungsmacht auf allen Ebenen der Universität Realität werden zu lassen, etwa durch die Bemühungen zur Gleichstellung von Frauen in Leitungspositionen in Forschung, Lehre und Hochschulmanagement.[2] Dabei ist an vielen Universitäten zu beobachten, dass die Bemühungen im Themenfeld Vielfalt und Inklusion nur langsam auch aktiv und umfassend auf andere bisher unterrepräsentierte Gruppen ausgeweitet werden, trotz bestehender Bekenntnisse etwa zum Einbezug von Menschen mit Behinderung. Parallel dazu ist eine

---

2   Zum «Normativen Leitbild» und den resultierenden Widerständen gegen Gleichstellungspolitik vgl. Heitzmann & Klein (2012, S. 166 und 171).

wachsende Diversität in der Gruppe der Studierenden längst Fakt: durch immer heterogenere Bildungsbiographien und Lebensentwürfe, z. B. berufsbegleitend Studierende, in- und ausländische Studierende mit unterschiedlichem Hochschulzugangsweg, Teilzeit-Studierende mit familiären Verpflichtungen, durch die Inklusion von Studierenden mit Behinderung oder chronischer Erkrankung, gestiegene MaturandInnen- bzw. AbiturientInnen-Quoten, durch Zuwanderung sowie einen steigenden Anteil an Studierenden aus nicht-akademischem Elternhaus – die Liste ist nicht vollständig (und die Merkmale zudem kombinierbar).[3] All das spiegelt gesellschaftliche Entwicklungen und ist zugleich politisch ausdrücklich gewollt; dieser Wandel wird auch von den Hochschulen mehr oder weniger explizit unterstützt (vgl. Klein & Heitzmann, 2012; Heitzmann & Klein, 2012). Es werden zunehmend große Anstrengungen unternommen, damit die genannten Faktoren in Zukunft möglichst wenig Einfluss haben auf die Frage, ob jemand bei entsprechendem Interesse ein Studium aufnehmen und abschließen kann.

3 VERANTWORTUNG ÜBER DEN STUDIENZUGANG HINAUS

In den letzten Jahren ist eine grundlegende Änderung zu beobachten: Mehr und mehr sehen sich auch hiesige Universitäten nicht nur für den *Zugang* einer vielfältigen Studierendenschaft zum Studium, sondern auch für deren Studien*erfolg* verantwortlich. Aus dieser Perspektive muss die Qualität ihrer Angebote auf vielen Ebenen überprüft werden, wobei studienrelevante Merkmale der AdressatInnen im Fokus stehen, nicht die (auch affirmativ wirkende und deshalb problematische) Zuschreibung von Eigenschaften anhand der klassischen Kategorien.

3.1 Abschied von klassischen Diversity-Kategorien

Zukunftsweisend für den Blick auf die Bedürfnisse einer vielfältigen Studierendenschaft ist die Entwicklung spezifischerer Instrumente wie CHE-QUEST[4], die die klassischen Diversity-Kategorien mit neuen und hochschulspezifischen Kategorisierungen ergänzen (vgl. Berthold & Leichsenring, 2012). Die Frage nach «Formen der Adaption an die Studiensituation»

---

3 Vgl. dazu z. B. auch die Studierendenporträts in diesem Buch.
4 QUEST ist ein Befragungsinstrument speziell für Studierende und wurde von der Beratungsgesellschaft CHE Consult GmbH (CHE = Centrum für Hochschulentwicklung) in einem dreijährigen Forschungsprojekt entwickelt.

(ebd., S. 3) lenkt die Aufmerksamkeit auf Faktoren, die für den Studienerfolg relevant sind: u. a. Zielstrebigkeit, (Erfolgs-)Erwartung, Theorieaffinität, soziale Integration und Identifikation mit der Hochschule. Durch Clusteranalyse lassen sich Typen wie «Pragmatiker(innen)», «Lonesome Riders», «Pflichtbewusste», «Ernüchterte» oder «Nicht-Angekommene» identifizieren und jeweils Maßnahmen ableiten, um häufigen Problemen entgegenzuwirken, die den Lernerfolg der jeweiligen Studierenden-Typen behindern (ebd., S. 11f.). QUEST-Daten aus dem CHE-Projekt «Vielfalt als Chance» zeigen z. B. eindrucksvoll, «dass die Faktoren Erwartungen und Identifikation mit der Hochschule einen wirksamen Ansatzpunkt zur Verbesserung der Studien-Adaption insgesamt liefern, fachliche Erfolge also über nichtfachliche Hebel erzielt werden können» (Berthold & Leichsenring, 2012, S. 241; vgl. auch Fazey & Fazey, 2001).

3.2 Campusplanung für Partizipation

Auch für die Campusplanung ist zu unterscheiden, ob vor allem der *Zugang* zum Studium betrachtet wird oder (auch) der Studien*erfolg*, und damit die Frage, ob das Angebot der Universität den Bedürfnissen der aktuellen Studierenden hinreichend gerecht wird und wo sie aufgrund bestimmter Merkmale und Studiensituationen Nachteile erfahren.

Bei der Frage des physischen Zugangs, die beim Campusbau zunächst im Vordergrund steht, müssen insbesondere Studierende mit Einschränkungen wie Behinderung oder chronischer Erkrankung ausreichend berücksichtigt werden, für die bauliche Anpassungen oft notwendige Bedingung des Studierens an der jeweiligen Universität darstellen. Wo eine geeignete Ausgestaltung des Campus (mit Rampen, Aufzügen, Orientierungshilfen, Höranlagen etc.) fehlt, ist der Zugang zum Studium für sie buchstäblich versperrt.[5] Die möglichst umfassende Barrierefreiheit sowohl öffentlicher Einrichtungen als auch von Online-Angeboten (vgl. Reich & Miesenberger, 2013) ist häufig eine Frage der vielerorts noch unzureichenden Umsetzung bereits verbindlicher rechtlicher oder von den Universitäten verabschiedeter Standards[6]. Im Gespräch mit Betroffenen wird allerdings immer wieder deutlich, dass allzu oft entweder erst auf Insistieren Einzelner Lösungen gefunden

---

5   Vgl. dazu Initiativen wie www.hindernisfreie-hochschule.ch [11.02.2014].
6   U. a. SIA-Norm 500 «Hindernisfreie Bauten» (Schweiz) bzw. DIN 18040-1 «Barrierefreies Bauen» und DIN 32975 «Gestaltung von Informationen im öffentlichen Raum» (Deutschland) auf der Grundlage der jeweiligen Gleichstellungsgesetzgebung.

werden oder dass sich die Umsetzung der Standards auf das Notwendigste beschränkt: So haben z. B. schwer mobilitätseingeschränkte Studierende und Dozierende nach eigener Auskunft zwar meist Zugang zu Hörsälen und Seminarräumen, informelle Veranstaltungen im Rahmen des Studiums finden aber weiterhin oft in Räumen statt, die mit einem Rollstuhl nicht zu erreichen sind.

Nach einer aktuellen Datenerhebung der Deutschen Studentenwerke, für die im Jahr 2011 rund 16 000 Studierende an 160 Hochschulen befragt wurden, haben zudem nur 12 % der Studierenden mit einer Behinderung oder chronischen Krankheit Bewegungs-, Seh- und Hör-Beeinträchtigungen; die Mehrheit ist psychisch oder chronisch-somatisch erkrankt. Während Mindeststandards wie stufenlose Zugänge, Aufzüge und Behinderten-WCs von den Hochschulen meist eingehalten werden, ist es für mehr als zwei Drittel der Befragten besonders schwierig, die zeitlichen und formalen Vorgaben der Studien- und Prüfungsordnungen zu erfüllen. Anwesenheitspflicht, Modulabfolge und Prüfungsdichte überfordern sie. Auch der fehlende Zugang zu barrierefreien Dokumenten und fehlende Ruhemöglichkeiten werden kritisiert (vgl. Hackländer & Henzi, 2011; Hollenweger, Gürber & Keck, 2005). Die mittlerweile sehr weitgehende Inklusionspolitik im Bereich der schulischen Bildung wird mittelfristig auch Auswirkungen auf die Universitäten haben; sie werden sich künftig wohl in weit größerem Ausmaß mit dem Thema Barrierefreiheit auseinandersetzen und baulich, didaktisch, curricular etc. darauf verstärkt reagieren müssen.

3.3 Konkurrierende Bedürfnisse?

Doch auch wenn sich CampusplanerInnen bemühen, möglichst allen Bedürfnissen gerecht zu werden, sind immer wieder Entscheidungen zu treffen, etwa wo die Anforderungen verschiedener Gruppen zueinander in Konkurrenz stehen, und sei es nur deshalb, weil ein begrenztes Platzangebot nur entweder die Einrichtung eines Ruheraums, wie ihn z. B. viele chronisch kranke Studierende benötigen, oder eines Gebetsraums zulässt. Auch können z. B. virtuelle Angebote zwar mobilitätseingeschränkten Studierenden, Studierenden mit schubweise verlaufenden Erkrankungen oder solchen, die wegen beruflicher oder familiärer Verpflichtungen nicht regelmäßig physisch auf dem Campus präsent sein können, die Teilnahme am Studium erleichtern. Zugleich aber kann ein Online-Tool für das Lernen oder für Prüfungen etwa durch ein «Visuelles Zuviel» Sehbehinderte oder auch psychisch Kranke eher ausschließen; ebenso kann es für internationale Studierende entweder Erleichterungen (beispielsweise durch die Möglichkeit verschiedener Sprach-versionen) oder Nachteile in der Usability (etwa weil je nach Herkunfts-Kultur verschiedene Anwendungsweisen als «intuitiv» empfunden werden) bieten. Hier gilt es abzuwägen, in handhabbarem Rahmen anpassbare Ange-bote zu machen (z. B. auch, indem Räume für verschiedene Angebote deutlich getrennt werden, v. a. was die Regeln für Lautstärke betrifft), individuelle Nachteile auszugleichen, vielleicht langfristig auch Profile zu bilden.

Wo eine Universität vielleicht nicht für alle Gruppen optimale Bedin-gungen schaffen kann, ist eine Schwerpunktsetzung ein Weg, den z. B. die «Hörsensible Universität Oldenburg» geht, um die Studienbedingungen für alle zu verbessern und zugleich für hörbehinderte und gehörlose Studieren-de besonders attraktiv zu sein.[7] Demgegenüber steht der Wunsch nach größt-möglicher Inklusion, die wiederum bedroht wird, wenn sich Angebote allzu spezifisch an die Bedürfnisse einer einzelnen Gruppe richten (und damit zu Separierung und evtl. auch zu Stigmatisierung beitragen).

Diversity Management heißt im Sinne der Entwicklung von Diversi-ty-Kompetenz auch, gezielt zu thematisieren und erfahrbar machen, dass und wie Diversity-Themen auszuhandeln sind, etwa wie Bedürfnisse konkurrie-ren können, so dass mal allgemeinere, mal individuelle Lösungen gefordert sind. Diese Aushandlung fordert von jedem und jeder Einzelnen mal Durch-setzung, mal Zurückhaltung und immer Aufmerksamkeit für eigene und an-dere Bedürfnisse – das Einüben und Entwickeln dieser Fähigkeiten wird mehr und mehr zu einer zentralen Aufgabe der Bildungsinstitutionen.

4   «GRENZEN-MANAGEMENT»

Im Verlauf des Projekts ITSI[8] war anhand verschiedener Raumbeispiele zu beobachten, dass das Thema «Grenzen» oder «Grenzen-Management» in der Campusplanung eine große Rolle spielt und deutlich mehr Aufmerksamkeit und Sensibilität verdient als bisher: Darunter verstehen wir eine bewusste Planung von Grenzziehungen im Sinne von Ein- und durchaus auch Aus-schluss, etwa durch Raumallokation und -ausstattung oder durch Nutzungs-regeln und die Etablierung von Nutzungskulturen.

Jede Öffnung, so die These, schließt auch gewisse Gruppen, Themen und Verhaltensweisen wieder aus, während jede als geschlossen definierte oder empfundene Gemeinschaft wieder Inklusion und Integration ermög-

---

7   Vgl. http://www.uni-oldenburg.de/hoersensible-uni [11.02.2014].
8   Vgl. Beitrag zum Projekt ITSI in diesem Buch.

licht. Ein Beispiel dafür ist der «Research Hive» der Universität Sussex, der Studierenden bzw. jungen Forschenden erst ab Doktoratsstufe zugänglich ist, um den interdisziplinären Austausch zwischen den Nutzenden zu fördern und ihnen durch die Ähnlichkeit der Studiensituationen Anknüpfungspunkte und Gelegenheit zur Sozialisation als Forscherinnen und Forscher zu bieten.[9] Die Mensa des Fachbereichs Physik der Universität Basel dagegen wird aus Tradition und wegen ihrer etwas abgeschiedenen Lage fast ausschließlich von Studierenden, Doktorierenden, PostDocs und ProfessorInnen dieses einen Fachs genutzt, was zwar hinsichtlich Interdisziplinarität nachteilig scheint, aber die Kommunikation über die Grenzen der Qualifikationsstufen und Hierarchie hinweg stark belebt.

Zielgruppendefinitionen und Bedürfnis-Erhebungen sollten in der Campusplanung daher um Überlegungen zu gewünschten Effekten innerhalb der Zielgruppe erweitert werden. So können auch Zielkonflikte, etwa zwischen Zentralisierung und Interdisziplinarität einerseits und Stärkung von Fachkulturen andererseits, identifiziert und mit den künftigen Nutzenden bzw. Verantwortlichen in den Fächern diskutiert werden, um bewusste Entscheidungen zu treffen und in die Planung einzubeziehen.

Die Frage nach der Etablierung von Nutzungskulturen bedarf einer sorgfältigeren Betrachtung – verknüpft mit Fragen nach Transparenz der intendierten Nutzungsmöglichkeiten und Flexibilität bzw. Spielräumen: Häufig haben wir Räume beobachtet, in denen einander ausschließende Nutzungsweisen möglich schienen und deshalb der/die zuerst ankommende Nutzer/in vorgab, welche Optionen den anderen blieben; dies betrifft vor allem die Lautstärke für Still- oder Gruppenarbeit, Erholung oder informelle Kommunikation. Wenn die Nutzungsoptionen in Lern- oder Zwischenräumen nicht klar ersichtlich oder absichtlich nicht ausformuliert sind, der Raum selbst nicht eindeutig «spricht» oder festgelegte Regeln nicht eingehalten werden, ergeben sich Grenzen von selbst – nicht immer mit günstigem Ergebnis. So wird z. B. der Gruppenraum «Parlatorium» der Basler Universitätsbibliothek zum völlig stillen Raum, in dem sich Gruppen neben vielen still lernenden Studierenden nicht wohlfühlen.

Bewusste planerische Entscheidungen und deren Umsetzung in Nutzungskulturen sind nötig: zwischen Räumen mit eindeutigem Aufforderungscharakter und klaren Nutzungsvorgaben («Gruppen-Lernraum», «Lesesaal» etc.) und anderen, in denen Optionen flexibel wahrgenommen werden können und die Nutzung einer Art «Aushandlungsprozess» unterliegt. Die häufig

---

9   Vgl. Beitrag von Joanna Ball in diesem Buch.

sehr erfolgreiche angeleitete Erarbeitung von Nutzungsregeln («Golden Rules») durch die Nutzenden selbst stößt im universitären Umfeld ihrerseits an eine Grenze, da Studierende ihre Lernorte häufig wechseln und zudem nur wenige Jahre an der Universität verbringen, sich die Regeln also im Semesterverlauf und über die Semester hinweg an sich ständig wandelnde Nutzendengruppen richten. Entsprechend muss der Raum «mehr tun» und durch Kennzeichnung und Signale die Spielräume und ihre Grenzen besonders deutlich kommunizieren; zusätzlich sollte die Weitergabe (und ggf. Anpassung) gemeinsam entwickelter «Golden Rules» studentischer Räume an jeweils neue Studierenden-Generationen unterstützt werden.

5 DIVERSITÄTSORIENTIERTE CAMPUSPLANUNG DURCH PERSPEKTIVENVIELFALT

Weitere Empfehlungen für eine diversitätsorientierte Campus-Entwicklung scheinen evident: Es gilt, möglichst viele Perspektiven einzubeziehen und mitzudenken, um möglichst vielen verschiedenen Studierenden geeignete Lernangebote zu machen. Die bisher eingesetzten mehr oder weniger intensiven Nutzerbefragungen bergen im planerischen Alltag allerdings das Risiko, schon durch die Fragestellung bzw. die Befragungsinstrumente und die Auswahl der zu Befragenden den eigenen Blickwinkel einzuschränken und falsche Schlüsse zu ziehen – oder vor allem sozial erwünschte Antworten zu erhalten. Zudem treffen Befragungen und auch Workshops häufig auf das Phänomen, dass sich auch die Nutzenden mit der Formulierung von Bedürfnissen und innovativen Lösungen schwertun: «Fragt man ein Kind, welche Elemente es sich für einen Spielplatz wünscht, wird es antworten: Schaukel, Rutsche und Sandkasten – das, was es kennt.»[10] Kreativere Beobachtungsmethoden können den Blick weiten: etwa «Shadowing» bzw. die «Thinking-Aloud-Methode» für virtuelle Angebote, «Customer Journey Mapping», die «Persona-Methode» und andere (vgl. Stickdorn & Schneider, 2012).

Reiche Ernte an Hinweisen auf Stolpersteine jeder Art und Größe verspricht die Zusammenarbeit mit einzelnen RepräsentantInnen in besonderen Studiensituationen, z. B. mit Studienanfängerinnen und -anfängern oder mit Studierenden und Dozierenden mit einer Behinderung: Sie sind häufig die ersten, die z. B. unzureichende Orientierungssysteme, mangelhafte Beleuchtung oder schlechte Akustik bemerken – während andere Campus-NutzerInnen dies unter z. T. hohem Energieaufwand, aber dennoch meist unbewusst,

---

10   Jürgen Dürrbaum, Vitra AG, in einer Diskussion im Rahmen des Projekts ITSI, 2012.

kompensieren. Ähnliches gilt auf der Ebene von Unterstützungs- und Beratungsangeboten, die etwa das universitäre «Ankommen» Studierender aus sogenannten «bildungsfernen» Familien in der Studieneingangsphase erleichtern sollen (First Year Support, Kurse in akademischem Schreiben, Mentoring, verstärktes Bemühen um Enkulturation und Fachsozialisation etc.). So werden Angebote entwickelt, von denen – eine Öffnung für alle vorausgesetzt – ein Großteil der Studierenden auch jenseits der definierten «Zielgruppe» profitieren kann. Verbesserungen für scheinbar nur kleine Gruppen tragen damit zu einer insgesamt höheren Qualität von Campusgestaltung, Ausstattung und Studium bei.

LITERATUR

Berthold, Ch. & Leichsenring, H. (Hrsg.) (2012). Diversity Report. Gesamtbericht. Online verfügbar: http://www.che-consult.de/cms/?getObject=1129&getLang=de [11.02.2014].

Dahrendorf, R. (1965). *Bildung ist Bürgerrecht. Plädoyer für eine aktive Bildungspolitik*. Hamburg: Nannen.

Fazey, D. & Fazey, J. (2001). The Potential for Autonomy in Learning: perceptions of competence, motivation and locus of control in first-year undergraduate students. *Studies in Higher Education, 26 (3)*, 345–361.

Hackländer, N. & Henzi, G. (2011). Massnahmenvorschläge zur Gewährleistung von Zugang und Partizipation am Studienbetrieb für Studierende mit einer Behinderung oder chronischen Erkrankung. Gesamtbericht StoB, Studieren ohne Barrieren. Universität Basel: unveröffentlicht.

Heitzmann, D. & Klein, U. (Hrsg.) (2012). *Diversity konkret gemacht. Wege zur Gestaltung von Vielfalt an Hochschulen*. Weinheim und Basel: Beltz Juventa.

Hollenweger, J., Gürber, S. & Keck, A. (2005). *Menschen mit Behinderungen an Schweizer Hochschulen. Befunde und Empfehlungen*. Zürich/Chur: Rüegger.

Klein, U. & Heitzmann, D. (Hrsg.) (2012). *Hochschule und Diversity. Theoretische Zugänge und empirische Bestandsaufnahme*. Weinheim und Basel: Beltz Juventa.

Reich, K. & Miesenberger, K. (2013). Barrierefreiheit. Grundlage gerechter webbasierter Lernchancen. In M. Ebner & S. Schön (Hrsg.), *L3T. Lehrbuch für Lernen und Lehren mit Technologien*. Online verfügbar: http://l3t.tugraz.at/index.php/LehrbuchEbner10/article/view/34 [11.02.2014].

Roosevelt Thomas, R. Jr. (1996). *Redefining Diversity*. New York: Amacom.

Schulmeister, R. (2004). Diversität von Studierenden und die Konsequenzen für eLearning. In D. Carstensen & B. Barrios (Hrsg.), *Campus 2004. Kommen die digitalen Medien in die Jahre?* (S. 133–144), Medien in der Wissenschaft, 29. Münster/New York/München/Berlin: Waxmann.

Spelsberg, K. (2010). Diversität und neue Medien als didaktisches Prinzip. *Zeitschrift für Hochschulentwicklung, 5 (2)*, 25–46.

Stickdorn, M. & Schneider, J. (2012). Werkzeugkiste. Service Design Methoden für kundenzentriertes Change Management. *OrganisationsEntwicklung, 2/2012*, 38–40.

URSULA SCHWANDER

RÄUME FÜR LEBENSLANGES LERNEN

ZUSAMMENFASSUNG

Vor dem Hintergrund der mit dem gesellschaftlichen Wandel und der demographischen Entwicklung einhergehenden Individualisierung von Bildungsbiographien kristallisierte sich – parallel zum Diversitätsdiskurs – in den letzten Jahrzehnten ein eigenständiges Konzept heraus, das auf das Lernen im Lebenslauf fokussiert. «Lifelong Learning» bzw. «lebenslanges Lernen» avancierte zum Gegenstand sowohl wissenschaftlicher Forschung als auch einer Vielzahl bildungspolitischer Programme. Mit der 2008 von der EUA verabschiedeten «Charter on Lifelong Learning» positionieren sich die europäischen Hochschulen zu diesem Thema und umreissen ein Spektrum möglicher Handlungsfelder, das weit über gängige Angebote wissenschaftlicher Weiterbildung hinausreicht. Der vorliegende Beitrag beleuchtet die Herausforderungen, denen sich die Universitäten in der Schweiz stellen müssen, um zum attraktiven Ort lebenslangen Lernens zu werden und bildungswilligen Menschen unterschiedlichen Alters sowie mit unterschiedlichen Voraussetzungen und Lebensentwürfen eine zeitgemässe Lernumgebung zu bieten.

1   ZUM KONZEPT DES LEBENSLANGEN LERNENS

Dass Menschen über die gesamte Lebensspanne lernen, ist kein neues Phänomen. Mit den Veröffentlichungen der UNESCO und der OECD in den 1970er-Jahren wurde das lebenslange Lernen[1] (im Folgenden LLL) jedoch zum Konzept erhoben, dem nach Schuetze (2005, S. 63f., Hervorheb. U. S.) nicht weniger als vier Modelle zugrunde liegen:

- «ein *sozialpolitisch-emanzipatorisches Modell* – mit dem Schwerpunkt auf egalitäre [sic!] Bildungs- und Lebens-Chancen (‹Lernen für alle›);
- ein *non-utilitaristisches, kulturelles Bildungsmodell*, das Selbstverwirklichung, Erhöhung der eigenen Urteils- und Kritikfähigkeit und Teilhabe am kulturellen Leben der Gemeinschaft in den Mittelpunkt stellt (‹Lernen, um sich zu bilden›);
- ein *liberales oder post-modernes Modell*, das lebenslanges Lernen als ein adäquates Lernsystem für eine demokratische, egalitäre und multi-kulturelle Gesellschaft sieht, das im Prinzip allen Bürgern offen steht (‹Lernmöglichkeiten für alle, die lernen wollen und können›);
- ein *Humankapitalmodell*, in dem lebenslanges Lernen ausschließlich oder primär Weiterbildung und Entwicklung von beruflichen Qualifikationen bedeutet (‹Lernen für einen sich wandelnden Arbeitsmarkt›)»

Vor dem Hintergrund dieser Modelle lassen sich die zahlreich zu findenden Definitionen erklären, die je nach Interessenslage bzw. Zielen mehr oder minder variieren und nicht selten zu Verwirrung oder gar Unverständnis geführt haben (z. B. im Hinblick auf die immer noch anzutreffende Gleichsetzung von LLL und Weiterbildung). Insgesamt jedoch lässt sich ein Konsens über vier, sich gegenseitig ergänzende Ziele des Konzepts ausmachen: persönliche Entfaltung, aktive und demokratische Bürgerinnen und Bürger, soziale Eingliederung und Beschäftigungs-/Anpassungsfähigkeit (vgl. Europäische Kommission, 2002). In diesem Beitrag wird der Begriff LLL weit gefasst verwendet, als «alles Lernen während des gesamten Lebens, das der Verbesserung von Wissen, Qualifikationen und Kompetenzen dient und im Rahmen einer persönlichen, bürgergesellschaftlichen, sozialen bzw. beschäftigungsbezogenen Perspektive erfolgt» (ebd., S. 17), in der Hoffnung, dass alle genannten Ziele darin zum Ausdruck kommen.

---

1   Synonym wird in diesem Beitrag auch von «lebensbegleitendem Lernen» gesprochen.

2 LEBENSLANGES LERNEN UND DIE HOCHSCHULEN

Ein Bildungssystem, das ein derart facettenreiches Konzept aufnehmen möchte, kommt nicht ohne ein Umdenken und weitreichende Reformen aus. Dies gilt auch für den tertiären Bildungssektor. Die Frage, welche Rolle die Universitäten in LLL-Prozessen übernehmen können und welche Erwartungen in sie gesetzt werden, beantwortet Werner Lenz aus bildungswissenschaftlicher Perspektive wie folgt: «Will sich die Universität in dieses Konzept integrieren, Bestandteil und Unterstützerin des lebenslangen Lernens sein, so findet sie sich nicht mehr an der Spitze einer Hierarchie, sondern als interagierender Teil eines Gesamtbildungswesens, in dem sie sich durch Profil und Setzung von Schwerpunkten ihre Stellung verschafft» (Lenz, 2011, S. 91). Dadurch wird das traditionelle Selbstverständnis der Universitäten in Frage gestellt.

Die ersten Versuche, LLL in den Hochschulen zu etablieren, erfolgten auf bildungspolitischer Ebene. Unter dem Eindruck des im Jahr 2000 publizierten Memorandums für Lebenslanges Lernen (vgl. Europäische Kommission, 2000) nahmen sich die europäischen Bildungsminister dieses Themas an, das sich in seinen einzelnen Aspekten seither wie ein roter Faden durch die Folgekonferenzen[2] der 1999 verabschiedeten Bologna-Deklaration zog und zusehends an Bedeutung gewann. Bei den Hochschulen allerdings stiessen die formulierten Anforderungen zunächst auf wenig Gegenliebe. Erst in den letzten Jahren begannen auch sie, sich eingehender mit der Thematik auseinanderzusetzen und der Frage nachzugehen, welche Schwerpunkte sie für sich definieren und welche Aufgaben sie sich zuweisen wollen.

Ein Ergebnis dieses Diskurses ist die von der European University Association (EUA) 2008 veröffentlichte European Universities' Charter on Lifelong Learning. Die folgenden zehn, in Form von Selbstverpflichtungen verfassten Punkte (EUA, 2008, S. 5ff.) sollen den Universitäten als Leitfaden für die Gestaltung von Lifelong-Learning-Prozessen dienen: «Universities commit to:

1. Embedding concepts of widening access and lifelong learning in their institutional strategies. [...]

---

2   Bspw. 2001 in Prag: Verbesserung der sozialen Kohäsion, Chancengleichheit und Lebensqualität durch LLL, 2003 in Berlin: Anerkennung früher erworbener Kenntnisse durch die Hochschulen und 2005 in Bergen: Notwendigkeit der Abstimmung des Qualifikationsrahmens des Europäischen Hochschulraumes mit dem damals noch in der Entstehung begriffenen Europäischen Qualifikationsrahmen für LLL.

2. Providing education and learning to a diversified student population. [...]
3. Adapting study programmes to ensure that they are designed to widen participation and attract returning adult learners. [...]
4. Providing appropriate guidance and counselling services. [...]
5. Recognising prior learning. [...]
6. Embracing lifelong learning in quality culture. [...]
7. Strengthening the relationship between research, teaching and innovation in a perspective of lifelong learning. [...]
8. Consolidating reforms to promote a flexible and creative learning environment for all students. [...]
9. Developing partnerships at local, regional, national and international level to provide attractive and relevant programmes. [...]
10. Acting as role models of lifelong learning institutions.»

Mit diesen Empfehlungen steht den Hochschulen eine breite Palette an möglichen Handlungsfeldern zur Verfügung. Trotz der daraus resultierenden vielfältigen Gestaltungsmöglichkeiten konnte sich LLL als eigenständiges, ganzheitliches Konzept an den meisten Universitäten bislang immer noch nicht durchsetzen (vgl. Hörig & Brunner, 2011). Die Gründe dafür liegen auf der Hand: Zum einen wird eine Funktionalisierung der Universitäten für ökonomische Interessen befürchtet (vgl. Schnabl & Gasser, 2011; Schrittesser, 2011), zum anderen mangelt es an staatlich geregelten Rahmenbedingungen und entsprechenden finanziellen Förderungsmöglichkeiten.

An vielen Hochschulen existiert jedoch parallel zum regulären Veranstaltungsangebot und zu Programmen der wissenschaftlichen Fort- und Weiterbildung eine Reihe von LLL-Aktivitäten, teilweise ohne dass diese explizit als solche wahrgenommen werden: Universitätsbibliotheken schaffen mit Angeboten zur Vermittlung von Informationskompetenz zentrale Voraussetzungen für lebensbegleitendes Lernen[3], Kooperationen mit Unternehmen fördern den Austausch zwischen universitärer Forschung und Wirtschaft, Alumniorganisationen wirken als Bindeglied zwischen Universität und Gesellschaft. Darüber hinaus suchen die Hochschulen immer wieder den Kontakt zur Bevölkerung, sei es über Veranstaltungen, Vorträge und Ringvorlesungen, die sich an die breite Öffentlichkeit richten, oder über allgemeinbildende Programme für bestimmte Zielgruppen (Kinder, Senioren u. a.). All diejenigen, die sich für Veranstaltungen aus dem regulären Studienangebot interessieren, können sich als Hörer oder Hörerin einschreiben und – zumeist

---

3   Vgl. Beitrag von Bernhard Herrlich in diesem Buch.

gegen Bezahlung einer Gebühr – besonders gekennzeichnete Vorlesungen besuchen. Zugangsbeschränkungen gibt es für diese Angebote kaum, allerdings in der Regel auch keine Möglichkeit, Kreditpunkte oder universitäre Abschlüsse zu erwerben.

Dieser kleine Streifzug durch die bereits vorhandenen Formate zeigt, dass an den Hochschulen bereits viele Elemente des LLL-Konzepts umgesetzt sind und gelebt werden. Wird davon ausgegangen, dass damit der Ist-Zustand beschrieben ist, stellt sich schnell die Frage, inwieweit es noch «Luft nach oben» gibt.

3 RAUM SCHAFFEN FÜR LEBENSLANGES LERNEN

Sich auf den Weg zu machen, vom «Ist» zum «Soll» zu kommen, setzt die Formulierung eines Anspruchs voraus, der unter Berücksichtigung der lokalen Gegebenheiten und des Profils der jeweiligen Hochschule in konkrete und erreichbare Ziele übersetzt wird. Solcherlei wird im Allgemeinen strategisch verankert, doch universitätsweite LLL-Strategien gibt es an den meisten Schweizer Universitäten (noch) nicht (vgl. CRUS, 2012). Damit lassen sie sich denjenigen Hochschulen zuordnen, die LLL – wie von der EUA-Studie «Trends 2010» untersucht wurde – als eine Reihe von qualitativ hochwertigen, aber weitgehend unverbundenen Angeboten ohne Bezug zu einer übergeordneten Strategie umsetzen (vgl. Sursock & Smidt, 2010). Wollen die Schweizer Hochschulen jedoch als Einrichtungen lebenslangen Lernens wahrgenommen werden, bedarf es zuvorderst einer strategischen Positionierung, die neben der bereits gut etablierten wissenschaftlichen Weiterbildung[4] auch andere Komponenten des LLL-Konzepts einbezieht und aus einer systemischen Perspektive betrachtet.

Für die Schwerpunktsetzung und inhaltliche Gestaltung einer solchen Strategie finden sich – mit Blick auf die Commitments in der European Universities' Charter on Lifelong Learning – genügend Ansatzpunkte.[5] Optionen,

---

4   In der Schweiz sind die Formate der Weiterbildungsstudiengänge einheitlich geregelt. Abhängig von Dauer und Workload des Studiums werden folgende Formate/Abschlüsse unterschieden: MAS (Master of Advanced Studies), DAS (Diploma of Advanced Studies) und CAS (Certificate of Advanced Studies).

5   Zu den Umsetzungsmöglichkeiten der in der LLL-Charta aufgeführten Punkte sei auf das EUA-Projekt SIRUS (Shaping Inclusive and Responsive University Strategies) verwiesen, das 29 europäische Universitäten bei der (Weiter-)Entwicklung, Ausformulierung und Implementierung ihrer hochschulspezifischen LLL-Strategien unterstützte (vgl. Smidt & Sursock, 2011).

auf die im Folgenden näher eingegangen wird, sind die Erweiterung des Zugangs zur Hochschulbildung, die Anerkennung bzw. Anrechnung früherer Bildungsleistungen, die Flexibilisierung der Studienbedingungen und die Wahrnehmung der Hochschulmitarbeitenden als Zielgruppe für LLL.

3.1 Öffnung des Hochschulzugangs

Eine grundlegende Voraussetzung für eine an LLL ausgerichtete Universität ist die Öffnung des Hochschulzugangs für «non-traditional students»[6]. Dennoch wird die Frage der Hochschulzugangsberechtigung immer noch kontrovers diskutiert, denn die Zulassung zum Studium ohne Maturität/Abitur ginge mit einer weitreichenden Reform der bestehenden Aufnahmegepflogenheiten einher.

Als Argumente gegen eine solche Anpassung wird zum einen die Befürchtung eines Massenansturms auf die Hochschulen angeführt (*Überfüllungshypothese*), zum anderen die Sorge geäussert, dass Studierende ohne Maturität durch mangelnde Vorbildung und Studierfähigkeit letztlich im Studium scheitern (*Defizithypothese*) (vgl. Teichler & Wolter, 2004). Ersteres dürfte angesichts der auch in der Schweiz prognostizierten rückläufigen Zahl von Personen im als «normal» angesehenen Studienalter eher unwahrscheinlich sein (vgl. Babel, Bende, Lang, Segura & Weiss, 2010), in Bezug auf Letzteres konnte empirisch bestätigt werden, dass «Studierende aus dem Beruf [...] im Studium insgesamt keine größeren Schwierigkeiten [haben] und keine geringeren Studienerfolge als ihre Kommilitonen mit Abitur. Studierverhalten und Studienerfolg werden deutlich stärker von der jeweiligen Studienfachzugehörigkeit und dem damit verbundenen Fachklima bestimmt als von der Art der Studienberechtigung» (Teichler & Wolter, 2004, S. 69f.).

Dass der «Königsweg» zur Hochschulzulassung, sozusagen als Garant für die Studierfähigkeit, über die Maturität/das Abitur führt, ist damit obsolet und auch die immer noch häufig anzutreffende Rhetorik vom «zweiten» oder gar «dritten» Bildungsweg will nicht mehr in eine Zeit passen, in der der ganzheitlich-biographisch orientierte LLL-Ansatz alle Bereiche der Gesellschaft durchdringt. In der Schweiz haben dies v.a. die Westschweizer Uni-

---

6   Laut Teichler und Wolter (2004) gehören zu dieser Gruppe Studierende, die (1) häufig nicht direkt nach dem Schulabschluss mit dem Studium beginnen, (2) nicht in der gewohnten Form des Vollzeit- und Präsenzstudiums, sondern in Teilzeit, am Abend und an Fernhochschulen studieren, weil sie z.B. einer umfangreichen Berufstätigkeit nachgehen oder Kinder bzw. andere Angehörige betreuen und/oder (3) oft nicht über eine reguläre Hochschulzugangsberechtigung verfügen.

versitäten bereits erkannt. Im Hinblick auf die Öffnung des Hochschulzugangs nehmen sie eine Vorreiterrolle ein, indem sie schon seit Längerem Verfahren anwenden, die eine Zulassung zum Studium auch ohne Maturität erlauben (vgl. CRUS, 2012). Solche Alternativen gibt es in der deutschsprachigen Schweiz bisher kaum.

3.2 Anerkennung früherer Bildungsleistungen

Eine nächste, eng mit der Erweiterung des Hochschulzugangs verbundene Herausforderung bezieht sich auf die Anerkennung bzw. Anrechnung früherer Bildungsleistungen (Recognition of Prior Learning). Eine Umsetzung dieses Anspruchs setzt die Entwicklung oder die Nutzung bereits zur Verfügung stehender, geeigneter Anrechnungsverfahren voraus, die die Möglichkeit bieten, formales, nicht-formales und informelles Lernen[7] zu bewerten, sodass die bereits erbrachten Bildungsleistungen sowohl bei der Hochschulzulassung als auch beim Studienabschluss mit einfliessen können.

Ein Blick zu den europäischen Nachbarn zeigt, dass v. a. Frankreich mit dem 2002 eingeführten nationalen Gesetz «Validation des Acquis de l'Expérience (VAE)» und England mit den Anrechnungsverfahren APEL (Accreditation of Prior Experiential Learning) und APCL (Accreditation of Prior Certificated Learning), die hauptsächlich die Selbstreflexion der in der (Hoch-)Schule, Ausbildung, Berufsarbeit, Familie und im Ehrenamt erworbenen und in einem Portfolio dokumentierten Kompetenzen fokussieren (vgl. Freitag, 2009), als Modelle für eine schweizspezifische Weiterentwicklung herangezogen werden können.

3.3 Flexibilisierung der Studienbedingungen

Die bisher genannten Möglichkeiten sind voraussetzungsreich und nicht von heute auf morgen umsetzbar. Mit ersten Anpassungen in Richtung einer Flexibilisierung der Studienbedingungen hingegen könnte bereits verhält-

---

7   Formales Lernen ist aus der Sicht der Lernenden zielgerichtetes Lernen, das im Allgemeinen in Bildungseinrichtungen stattfindet, zu anerkannten Abschlüssen führt und im Hinblick auf Lernziele, -zeit und -förderung strukturiert ist. Nicht-formales Lernen ist in Bezug auf Lernziele, -dauer und -mittel ebenfalls systematisches Lernen, findet aber üblicherweise ausserhalb von Bildungseinrichtungen statt und wird in den meisten Fällen nicht zertifiziert. Informelles Lernen kann intentional sein, ist aber eher inzidentell, nicht strukturiert, führt nicht zu einem Zertifikat und findet im Alltag der Lernenden an verschiedenen Orten statt (vgl. Europäische Kommission, 2000).

nismässig kurzfristig begonnen werden, indem zielgruppenspezifische Lernbedürfnisse stärker als bisher berücksichtigt und entsprechende Lernumgebungen entwickelt werden (vgl. Schnabl & Gasser, 2011). Hier könnten die Schweizer Hochschulen direkt an die Ergebnisse des Projekts ITSI[8] anknüpfen und ihre «Spielräume» kreativ nutzen.

Eines von mehreren Desideraten ist die Einführung offizieller Teilzeitstudiengänge, denn viele Studentinnen und Studenten studieren de facto in Teilzeit[9] und kommen mit den auf Vollzeitstudierende zugeschnittenen Programmen nur schwer zurecht. Ein gutes Beispiel dafür ist «Nora», die während ihres Studiums regelmässig zwischen 50 und 80 Prozent arbeitet.[10] Teilzeitangebote erfordern aber auch andere Lehrformate und eine didaktische Gestaltung, die das selbstgesteuerte Lernen unterstützt. Mediale Varianten für das Selbststudium, die Projektarbeit und das kooperative Lernen können die Studienorganisation erleichtern und schaffen, wenn sowohl synchrone als auch asynchrone Formen der Kommunikation genutzt werden, neben der zeitlichen eine räumliche Flexibilität (vgl. Kerres & Lahne, 2009). Dem stimmt auch «Björn» zu, der, wenn er den Campus von morgen gestalten könnte, zusätzlich die Präsenzpflicht in Veranstaltungen aufheben, den Studierenden einen besseren Zugang zu Gebäuden und Lernmaterialien verschaffen und die Öffnungszeiten der Studienadministration flexibilisieren würde.[11]

3.4 Hochschulmitarbeitende als Zielgruppe für LLL

Neben den Studierenden tragen die Hochschulen aber auch Verantwortung für eine weitere Zielgruppe: ihre Mitarbeiterinnen und Mitarbeiter, die als Paradebeispiele für lebenslang Lernende angesehen werden können. Der letzte Punkt der European Universities' Charter on Lifelong Learning (s. o.) befasst sich daher mit der Hochschule in ihrer Rolle als Arbeitgeberin und betont die Vorbildfunktion der Universitäten, wenn es darum geht, ihren eigenen Angestellten Möglichkeiten zu lebensbegleitendem Lernen zu geben (vgl. EUA, 2008). Dies gilt für das akademische und das administrativ-tech-

---

8   Vgl. Beitrag zum Projekt ITSI in diesem Buch.

9   Die Eurostudent-Studie IV 2008–2011 belegt, dass 72 % aller Schweizer Studierenden nicht zu Hause leben. Von diesen Studierenden wiederum gehen 73 % einer regelmässigen Beschäftigung nach. Das entspricht der höchsten Prozentzahl in Europa. Dementsprechend liegt die Zufriedenheit der Studierenden mit dem Zeitbudget unter dem europäischen Schnitt (vgl. Orr, Gwosc & Netz, 2011).

10   Vgl. Studierendenporträt von Nora in diesem Buch.

11   Vgl. Studierendenporträt von Björn in diesem Buch.

nische Personal, aber auch für die Beschäftigten im verhältnismässig jungen und oft vernachlässigten Third-Space-Bereich, zu dem diejenigen Mitarbeitenden zählen, die an der Schnittstelle zwischen Akademie und Administration arbeiten und für die Erfüllung ihrer Aufgaben sowohl eine akademische Sozialisierung als auch administrative Kompetenzen und Managementerfahrung benötigen[12] (vgl. Zellweger Moser & Bachmann, 2010).

4 FAZIT

Hochschulen sind heutzutage gefordert, Räume für lebenslanges Lernens zu öffnen, um damit sowohl den Bedürfnissen einer immer heterogener werdenden Studierendenschaft Rechnung zu tragen als auch bestmögliche Voraussetzungen für ihre Mitarbeitenden zu schaffen. Die Form, in der dies letztlich geschieht, sollte im Einklang mit dem Profil der Universität stehen, regionale Rahmenbedingungen berücksichtigen und flexibel genug sein, damit zumindest auf die absehbaren zukünftigen Entwicklungen angemessen reagiert werden kann. Anzustreben sind universitätseigene LLL-Strategien, denn diese bieten die Chance, die an den Hochschulen anzutreffenden und bereits gelebten, jedoch häufig noch unverbunden nebeneinander stehenden LLL-Aktivitäten zu bündeln und systematisch mit neuen Aspekten zu verknüpfen. In diesem strategischen Prozess können die vorgestellten Optionen als Ansatzpunkte für eine vertiefte Auseinandersetzung mit dem Thema Lifelong Learning dienen.

LITERATUR

Babel, J., Bende, G., Lang, L., Segura, J. & Weiss, A. (2010). *Panorama der Hochschulen 2010*. Neuchâtel: Bundesamt für Statistik.

CRUS, Conférence des Recteurs des Universités Suisses (2012). 2008–2011 Bologna-Monitoring. 2010/11 Zweiter Zwischenbericht. Bern: CRUS. Online verfügbar: www.crus.ch/dms.php?id=28266 [11.02.2014].

EUA, European University Association (2008). European Universities' Charter on Lifelong Learning. Brussels: EUA. Online verfügbar: http://www.eua.be/typo3conf/ext/bzb_securelink/pushFile.php?cuid=2715&file=fileadmin/user_upload/files/Publications/EUA_Charter_Eng_LY.pdf [11.02.2014].

Europäische Kommission (2000). Memorandum der Kommission vom 30. Oktober 2000 über Lebenslanges Lernen [SEC (2000) 1832 endg.]. Brüssel.

---

12 Dazu gehören neben der Hochschulleitung und den Mitarbeitenden in den zentralen Organisationseinheiten, wie z. B. Lehr-, Curricula- und Qualitätsentwicklung, auch Fakultäts- und StudiengangleiterInnen (vgl. Zellweger Moser & Bachmann, 2010).

Europäische Kommission (2002). Ein europäischer Raum des lebenslangen Lernens. Luxemburg: Amt für amtliche Veröffentlichungen der europäischen Gemeinschaften. Online verfügbar: http://bookshop.europa.eu/de/ein-europaeischer-raum-des-lebenslangen-lernens-pbNC4101785/ [11.02.2014].

Freitag, W. (2009). Hochschulen als Orte lebenslangen Lernens in Europa? Anrechnung von außerhalb der Hochschulen erworbenen Kompetenzen auf Hochschulstudiengänge. In P. Alheit & H. von Felden (Hrsg.), *Lebenslanges Lernen und erziehungswissenschaftliche Biographieforschung. Konzepte und Forschung im europäischen Diskurs* (S. 217-229). Wiesbaden: VS Verlag für Sozialwissenschaften.

Hörig, M. & Brunner, L. (2011). Lebenslanges Lernen als integrativer Bestandteil einer europäischen Forschungsuniversität. In N. Tomaschek & E. Gornik (Hrsg.), *The Lifelong Learning University* (S. 15-27). Münster/New York/München/Berlin: Waxmann.

Kerres, M. & Lahne, M. (2009). Chancen von E-Learning als Beitrag zur Umsetzung einer Lifelong-Learning-Perspektive an Hochschulen. In N. Apostolopoulos, H. Hoffmann, V. Mansmann & A. Schwill (Hrsg.), *Lernen im digitalen Zeitalter* (S. 347-357). Münster/New York/München/Berlin: Waxmann.

Lenz, W. (2011). Lebenslanges Lernen erforschen. Lifelong-Learning-Kolleg für Dissertant/inn/en. In N. Tomaschek & E. Gornik (Hrsg.), *The Lifelong Learning University* (S. 89-97). Münster/New York/München/Berlin: Waxmann.

Orr, D., Gwosc, C. & Netz, N. (2011). *Social and Economic Conditions of Student Life in Europe. Synopsis of indicators. Final report. Eurostudent IV 2008-2011*. Bielefeld: Bertelsmann.

Schnabl, C. & Gasser, C. (2011). Lifelong Learning – Anspruch und Wirklichkeit an österreichischen Universitäten. In N. Tomaschek & E. Gornik (Hrsg.), *The Lifelong Learning University* (S. 167-179). Münster/New York/München/Berlin: Waxmann.

Schrittesser, I. (2011). Lebenslanges Lernen: Bürgerrecht oder lebenslänglicher Zwang. In N. Tomaschek & E. Gornik (Hrsg.), *The Lifelong Learning University* (S. 29-41). Münster/New York/München/Berlin: Waxmann.

Schuetze, H. G. (2005). Weiterbildung und die Politik lebenslangen Lernens. In W. Jütte & K. Weber (Hrsg.), *Kontexte wissenschaftlicher Weiterbildung. Entstehung und Dynamik von Weiterbildung im universitären Raum* (S. 56-73). Münster/New York/München/Berlin: Waxmann.

Smidt, H. & Sursock, A. (2011). *Engaging in Lifelong Learning: Shaping Inclusive and Responsive University Strategies*. Brussels: European University Association.

Sursock, A. & Smidt, H. (2010). *Trends 2010: A decade of change in European Higher Education*. Brussels: European University Association.

Teichler, U. & Wolter, A. (2004). Zugangswege und Studienangebote für nicht-traditionelle Studierende. *die hochschule, 2/2004*, 64-80.

Zellweger Moser, F. & Bachmann, G. (2010). Editorial: Zwischen Administration und Akademie – Neue Rollen in der Hochschullehre. *Zeitschrift für Hochschulentwicklung, 5(4)*, 1-8.

TINA ŠKERLAK

RÄUME FÜR BILDUNG
NACHHALTIGKEIT AUF DEM CAMPUS VON MORGEN

ZUSAMMENFASSUNG

Im Kontext einer nachhaltigen Entwicklung kommt einer Universität als Bildungseinrichtung eine zentrale Rolle zu: (Junge) Menschen werden zu zukünftigen Entscheidungsträgerinnen und Entscheidungsträgern in Politik und Wirtschaft ausgebildet und tragen Wissen als Multiplikatoren in die Gesellschaft. Insofern ist die Frage, welche Weltsicht, welche Normen und Werte – kurz, welche Art von Bildung – Hochschulen fördern möchten, von grundlegender Wichtigkeit. Die Weltsicht der Studierenden wird dabei nicht nur von den Lerninhalten geprägt, sondern, wie aus dem Projekt ITSI der Universität Basel deutlich wird, auch zu einem grossen Teil von der Gestaltung der Lernumgebung und der sie prägenden Organisationskultur. Nachhaltigkeit als Thema, das «den Jungen gehört», stellt Hochschulen vor die Herausforderung, die neue Generation von Studierenden kennenzulernen und den konstruktiven Dialog über das «Moderne» an Lehr- und Lernumgebungen zu eröffnen. Wie das Leitbild einer «nachhaltigen Entwicklung» in die Campusgestaltung einfliessen kann, soll nachfolgend skizziert werden.

1   DAS LEITBILD «NACHHALTIGE ENTWICKLUNG»

Spätestens seit den Verhandlungen der Vereinten Nationen auf dem Weltgipfel in Rio de Janeiro 1992 ist das Konzept einer nachhaltigen Entwicklung weithin als Leitbild für eine zukunftsfähige, gesellschaftliche Entwicklung bekannt. Das Konzept trägt dem Umstand Rechnung, dass grenzenloses Wachstum in einer begrenzten Welt weder möglich noch – vor dem Hintergrund internationaler Menschenrechte – wünschenswert ist. Die Weltkommission für Umwelt und Entwicklung bezeichnet in ihrem Perspektivbericht «Our Common Future» (Brundtland Report) eine Entwicklung dann als nachhaltig, wenn die Bedürfnisse der jetzigen Generation befriedigt werden können, ohne dabei die Möglichkeit künftiger Generationen einzuschränken, ihrerseits ihre Bedürfnisse zu befriedigen (vgl. Hauff, 1987).

Die Erhaltung der natürlichen Umwelt ist Voraussetzung für menschliches Leben, weshalb der Bereich Ökologie im Nachhaltigkeitsdiskurs oft als zentral wahrgenommen wird. «Nachhaltige Entwicklung» ist aber ein umfassender zu denkendes normatives Leitbild, das den Menschen und seine Werte ins Zentrum stellt. Die Frage nach einer gerechten Verteilung von Ressourcen innerhalb und zwischen Generationen orientiert sich insgesamt an der länderübergreifenden ethischen Norm, dass alle Menschen Recht auf ein (gutes) Leben haben. Dabei ist es Verhandlungssache der internationalen Staatengemeinschaft, Inhalte von und Voraussetzungen für ein «gutes Leben» zu definieren – und wie viele Ressourcen für dessen Erfüllung nötig sind. Dabei wäre im Sinne der nachhaltigen Entwicklung zu gewährleisten, dass alle Menschen gleichermassen befähigt sind, zumindest durch eine Stellvertretung, an diesem Dialog teilzunehmen.

In der Agenda 21, einem der nicht verpflichtenden Abschlussdokumente der Rio-Konferenz, ist ein breites Spektrum an Massnahmen zur Annäherung an diese Vision einer «nachhaltigen Entwicklung» vorgesehen – insbesondere auch die Stärkung relevanter gesellschaftlicher Akteure. Dabei spielen (Bewusstseins-)Bildung, Aus- und Weiterbildung nebst anderen Bereichen wie finanzielle Ressourcen, Technologie- und Wissenstransfer oder internationale Zusammenarbeit eine zentrale Rolle. Die formale und nicht-formale Bildung sei «eine unerlässliche Voraussetzung für die Förderung der nachhaltigen Entwicklung [und sei] von entscheidender Bedeutung für die Schaffung eines ökologischen und eines ethischen Bewusstseins, von Werten und Einstellungen, Fähigkeiten und Verhaltensweisen, die mit einer nachhaltigen Entwicklung vereinbar sind, sowie für eine wirksame Beteiligung der Öffentlichkeit an der Entscheidungsfindung» (UN, 2003, S. 329).

2 FREIRÄUME FÜR GESTALTUNGSKOMPETENZ

Zur Stärkung der internationalen Bestrebungen im Bildungsbereich haben die Vereinten Nationen die Jahre 2005–2014 zur UN-Dekade «Bildung für Nachhaltige Entwicklung» (im Folgenden BNE) ausgerufen. Im Schweizerischen Bildungssystem war die Verankerung von BNE vorerst nur für die obligatorische Schule[1] geplant. In den nächsten Jahren sollen die Bestrebungen allerdings sukzessive ausgeweitet und insbesondere an Schweizerischen Hochschulen verstärkt werden (vgl. Schweizerischer Bundesrat, 2012). Das Förderprogramm «Sustainable Development in Teaching and Research at Swiss Universities» der Schweizerischen Universitätskonferenz (SUK) unterstützt entsprechend in den Jahren 2013–2016 Projekte in den Bereichen Lehre, Forschung und Studentisches Engagement.[2]

Im Zentrum der Diskussion um Bildung für nachhaltige Entwicklung steht die Frage, was Lernende können sollten, um an der Gestaltung einer nachhaltigeren Gesellschaft mitzuwirken. Nebst der Diskussion um geeignete Lehrgrundsätze und -inhalte (vgl. z. B. de Haan, 2002; Schmidt, 2009) geht es im Lehrziel einer BNE um die Entwicklung und Anwendung fächerübergreifender Kompetenzen, die in Bildungsinstitutionen jenseits der Wissensvermittlung und rein kognitiver Fähigkeiten gefördert werden sollen. Die Forderungen einer BNE knüpfen daher eng an die von der OECD erarbeitete Zusammenstellung von Schlüsselqualifikationen, die Lernende brauchen, «um sich den anspruchsvollen Herausforderungen der heutigen Welt stellen zu können» (Rychen & Salganik, 2005, S. 6).[3] Über *Gestaltungskompetenz* verfügt, wer Folgendes kann (vgl. de Haan, Kamp, Lerch, Matignon, Müller-Christ & Nutzinger, 2008, in Anlehnung an die Tabelle auf S. 188):

1. weltoffen und neue Perspektiven integrierend Wissen aufbauen
2. vorausschauend Entwicklungen analysieren und beurteilen

---

1   Die obligatorische Schulbildung in der Schweiz setzt sich aus Kindergarten, Primarstufe und «Sek I», die die 7.–9. Klasse umfasst, zusammen (vgl. http://www.edk.ch/dyn/16600.php [11.02.2014]).

2   Vgl. http://transdisciplinarity.ch/e/sd-universities/ [11.02.2014]. An der Universität Basel sind bisher acht Projekte geplant, davon fünf studentische Nachhaltigkeitsprojekte und drei, die den Aufbau von Kursangeboten für nachhaltige Entwicklung und/oder den Miteinbezug des Themas in bestehende Kurse anstreben.

3   Entsprechend überrascht es nicht, dass das Thema Nachhaltigkeit auch in den Nachfolgekonferenzen um die Vereinheitlichung des Europäischen Hochschulraums Einzug gefunden hat (vgl. Europäische Hochschulminister, 2009).

3. interdisziplinär Erkenntnisse gewinnen und handeln
4. Risiken, Gefahren und Unsicherheiten erkennen und abwägen
5. gemeinsam mit anderen planen und handeln
6. Zielkonflikte bei der Reflexion über Handlungsstrategien berücksichtigen
7. an kollektiven Entscheidungsprozessen teilhaben
8. sich und andere motivieren kann, aktiv zu werden
9. die eigenen Leitbilder und die anderer reflektieren
10. Vorstellungen von Gerechtigkeit als Entscheidungs- und Handlungs-grundlage nutzen
11. selbstständig planen und handeln
12. Empathie für andere zeigen

Bei einer solch umfassenden Liste von fächerübergreifenden «Querschnitts-Kompetenzen» ist klar, dass es nicht einfach darum gehen kann, an Hochschulen ein Fach «Gestaltungskompetenz» mit entsprechenden Lernzielen einzuführen. Vielmehr müssen Bildungsinstitutionen Lernenden «Möglich-keit[en] offerieren, Gestaltungskompetenz zu erwerben» (de Haan, 2002, S. 15) und Freiräume einplanen, in denen die vorhandenen Kompetenzen erweitert werden können. Entsprechend ist einer zu starken Verschulung von Studiengängen – wie im Zuge der Bologna-Reform häufig kritisiert wurde – vorzubeugen, damit die Selbstständigkeit und Selbstverantwortung von Studierenden gefördert wird. Der Wissenschafts- und Bildungsforscher Wolff-Dietrich Webler formuliert dies provokanter und fordert von Hochschulen: «Gebt den Studierenden ihr Studium zurück!» (Webler, 2011, S. 110).

3   LERNUMGEBUNGEN FÜR BILDUNG

Sollen Lernumgebungen die Ideen einer Bildung für nachhaltige Entwicklung stärken, geht es darum, geeignete Rahmenbedingungen zu schaffen, damit Studierende sich möglichst autonom bilden können – oder anders formuliert: «Persönliche Bildung und die Fähigkeit zu einem gesellschaftlich nützlichen Leben können nur in einem Klima gedeihen, in dem die Studierenden möglichst autonome Subjekte ihrer eigenen, selbst gestalteten und verantworteten Bildung und nicht abhängige Objekte eines ihnen fremden Systems sind, an denen Ausbildung fremdgesteuert vollzogen wird» (Webler, 2011, S. 113). So meint auch der Philosoph und Schriftsteller Peter Bieri in einer Festrede: «Bildung ist etwas, das Menschen mit sich und für sich machen: Man bildet sich. Ausbilden können uns andere, bilden kann sich jeder nur selbst» (Bieri, 2005, S. 1).

Wie also müssen moderne Lernumgebungen an Hochschulen gestaltet sein, damit sie einen Beitrag zu nachhaltiger Entwicklung leisten? Und welche Bedeutung kommt den im Rahmen des ITSI-Projekts[4] behandelten Lehr-, Lern-, Zwischen-, Prüfungs- und Spielräumen zu? Diese Fragen sollen nachfolgend – auch auf Basis der Beiträge in diesem Buch – reflektiert und in einem Fazit für den nachhaltigen Campus von morgen zusammengefasst werden.

3.1 Lehr- und Lernräume

Möchte eine Hochschule die Chance struktureller Veränderungen durch die Bologna-Reform im Sinne einer Ausrichtung auf Nachhaltigkeit nutzen, muss sie «Hochschule neu denken», wie eine interdisziplinäre Gruppe von Hochschullehrern in ihrem Memorandum schreibt: «So wie die Humboldt' sche Reform den universell gebildeten Menschen anstrebte, schafft die neu gedachte Hochschule den fachkompetenten, interdisziplinär ausgebildeten Menschen, der in seinem Studium gelernt hat, die komplexen Zusammenhänge von Globalität und Nachhaltigkeit zu verstehen und sie in verantwortliches Handeln umzusetzen» (Gruppe 2004, 2004, S. 5). Für diese anspruchsvolle Aufgabe muss an Hochschulen eine Lehre gestärkt werden, die Orientierungs- und Systemwissen anregt, Partizipation und gesellschaftliche Teilhabe fördert, Mut und Lust auf neue Denkräume macht und sich stets selbst reflektiert und weiterentwickelt (vgl. Schneidewind, 2009).

Neue Medien können hier einen Beitrag leisten, indem sie innovative Lehr- und Lernformen unterstützen. Allerdings sind Hoffnungen, dass neue Medien grundlegende Innovationen in Lehr- und Lernprozesse bringen, mit einer nötigen Zurückhaltung zu formulieren.[5] Technische Innovationen eröffnen in der Lehre und beim Lernen zwar neue Möglichkeiten, sie ersetzen aber nicht die menschlichen Lernprozesse, für welche ein *ganzheitliches Lernen*, also ein Lernen mit allen Sinnen, nötig ist. Bei der Einführung von «E-Learning Innovationen» muss im Sinne der Nachhaltigkeit also immer die didaktische Dimension im Mittelpunkt stehen, denn letztlich müssen mediengestützte Lernumgebungen sich an der Frage messen lassen, «inwieweit sie die ausgewiesenen fachlichen und überfachlichen Lernziele erreichen, und dies zudem besser als dies mit weniger aufwändigen Lernszenarien möglich wäre» (Seufert, 2004, S. 158). Die Orientierung hin zum Leitbild

---

4   Vgl. Beitrag zum Projekt ITSI in diesem Buch.
5   Vgl. Beitrag von Tobias Jenert in diesem Buch.

der nachhaltigen Entwicklung könnte wie ein «Motor für engagierte Lehre» (Schneidewind, 2009, S. 185) wirken. Dies setzt allerdings voraus, dass der *Stellenwert der Lehre und der Lehrqualität* an Hochschulen durch entsprechende Anreizsysteme[6] gefördert wird und gute Lehre bei der Auswahl von Universitätsprofessuren zur Pflicht und nicht nur zur Kür gehört (vgl. Hiller, 2012).

3.2 Zwischenräume

Zur Vermittlung nachhaltigkeitsbezogener Themen und insbesondere für den Erwerb der oben beschriebenen Gestaltungskompetenzen ist das Lernen aus Erfahrung im «sozialen Raum oder in der natürlichen Umwelt» (AG Informelles Lernen, 2006, S. 1), also in einem ungezwungenen informellen Rahmen jenseits der formalen Lehre, besonders wichtig. Räume wie die Zwischenräume[7] an Universitäten bieten dafür viele Möglichkeiten. In einer weit gefassten Definition fördern sie beispielsweise *universitäre Teilhabe*, indem sie Raum für Engagement, Raum für Initiative und somit Raum für Mitgestaltung bieten.

In studentischen Initiativen können laut Schneidewind (2009) viele der Schlüsselkompetenzen für BNE optimal entwickelt werden. Möchte sich eine Universität also in Richtung einer nachhaltigeren Universität entwickeln, muss sie dafür geeignete Rahmenbedingungen bieten. Dies betrifft neben curricularen Aspekten, indem studentisches Engagement beispielsweise als Leistung im Komplementärbereich eines Studiengangs anrechenbar wird, und infrastrukturellen Aspekten, indem genügend Räume für Gruppen- und Projektarbeiten zur Verfügung gestellt werden, auch organisationskulturbezogene Aspekte, indem durch informelle Anerkennung oder Unterstützung entsprechende Leistungen gewürdigt und so implizit gefördert werden.

Auch für die im Bereich der nachhaltigen Entwicklung geforderte *Interdisziplinarität* eröffnen Zwischenräume zahlreiche Möglichkeiten. In einem informellen Rahmen treffen sich hier nämlich Universitätsangehörige verschiedener Bereiche, Fächer und Hierarchiestufen; ein optimaler Rahmen also, um voneinander zu lernen und Ideen für bestehende oder neue Projekte zu gewinnen. Sollen speziell Doktorierende in der Nachhaltigkeitsforschung gefördert werden, könnten Ansätze wie der «Research Hive» der

---

6 Beispielsweise die Verleihung des «Credit Suisse Award for Best Teaching» an der Universität Basel.

7 Vgl. Beitrag von Sabina Brandt im dritten Teil dieses Buchs.

Universität Sussex oder die «Research Grids» an der Universität Warwick vielversprechend sein – Räume, die speziell für die Bedürfnisse von Doktorierenden verschiedener Disziplinen ausgerichtet sind.[8]

Zwischenräume sind für die Unterstützung des Lernprozesses zentral, indem sie Möglichkeiten für *Dialog, Rückzug und Erholung* bieten. Damit fördern sie sowohl die gemeinsame Reflexion, als auch die individuelle Vertiefung und Verarbeitung der Studienthemen und bieten (Zeit-)Raum für die Regeneration der Aufnahmefähigkeit. Lernumgebungen, die körpergerecht gestaltet und menschliche Grundbedürfnisse berücksichtigen, gehören in das Pflicht-Planprogramm eines nachhaltigen Campus von morgen.

3.3 Prüfungsräume

An Hochschulen wird vorwiegend noch summativ geprüft, also am Ende des Semesters zur jeweiligen Lehrveranstaltung. Das kann bei Studierenden zu einer unerwünschten Ballung des Lernaufwands gegen Semesterende führen, wie beispielsweise das Studierendenporträt von «Nora» in diesem Buch eindrücklich belegt. Meist kommt es dann zu einer Überforderung und viele Lerninhalte sind nach der Prüfung gleich wieder vergessen – eine Lernweise also, die als «Bulimie-Lernen» bezeichnet wird und sich nicht gerade mit «nachhaltig» beschreiben lässt. *Formative Prüfungen* könnten diesen Schwankungen im Semesterzyklus entgegenwirken, indem sie das Überprüfen von Lernzielen in Etappen anstreben und so den Studentinnen und Studenten kontinuierlich eine Rückmeldung zum Lernerfolg und damit die Möglichkeit zur Verbesserung aufzeigen. Geht es zudem um das Prüfen von Kompetenzen, sind alternative und innovative Prüfungsformen wie etwa E-Portfolios gefragt.

Computergestützte Prüfungen werden an vielen Hochschulen bereits erfolgreich eingesetzt. Eine Förderung von E-Assessment-Szenarien nur aus Gründen der Effizienz und Kosteneinsparung würde im Sinne des Konzepts einer nachhaltigen Entwicklung hingegen zu kurz greifen. Vielmehr stellt sich die Frage nach einer Verbesserung der *Prüfungsqualität* und damit der Effektivität von Prüfungen. So können durch das sichere Hinzuschalten von Drittapplikationen in computergestützten Prüfungsszenarien[9] beispielsweise Rechercheaufgaben im Internet gelöst oder Statistikprogramme einge-

---

8   Vgl. Beitrag von Joanna Ball in diesem Buch.
9   Beispielsweise durch den Safe Exam Browser; siehe Beitrag von Thomas Piendl et al. in diesem Buch.

setzt werden – damit prüft man, je nach Fach, näher an der Realität als bei einer Prüfung mit Bleistift und Papier. Durch den Einsatz von Tablets können zudem Prüfungen «im Feld», wie beispielsweise in der Medizin üblich, einfacher und praxisnah durchgeführt werden.

Entschliesst sich eine Hochschule für die Einrichtung eines grossen E-Assessment-Centers, wie beispielsweise die FU Berlin[10], sollte im Sinne der Nachhaltigkeit neben einer umweltfreundlichen Bauweise auf eine gute Auslastung des Centers jenseits der Prüfungsphasen geachtet werden. Kooperationen mit Schulen, der Stadt, kulturellen Einrichtungen oder anderen Institutionen (z. B. eine Nutzung als Kongresszentrum) würden in diesem Zusammenhang auch zu einer besseren Integration der Hochschule in ihre regionale Umgebung führen. E-Assessment-Szenarien eröffnen also viele Chancen zur Qualitätssteigerung von Prüfungsformen in der Lehre und sollten bei der Planung moderner Lernumgebungen in die Überlegungen miteinbezogen werden.[11]

3.4 Spielräume

Folgt man der Argumentation, dass wir spielend lernen und lernend spielen[12], müssten Spiele im universitären Alltag bereits fest integriert sein. Spielende denken sich in verschiedene Charaktere und Welten mit eigener Systemlogik hinein und folgen einer Geschichte oder zielgerichteten Aufgabe. Dabei werden verschiedenste Fähigkeiten benötigt: das Beurteilen von Risiken, das Abwägen des nächsten cleveren Spielzugs, das neugierige Entdecken und Ausprobieren verschiedener Lösungen oder das Motivieren von TeamkollegInnen. Fähigkeiten, welche in Spielen verstärkt oder entwickelt werden, tragen also zur Gestaltungskompetenz bei, deren Förderung im Diskurs um Bildung für nachhaltige Entwicklung zentral ist.

Wesentliche Erfolgsfaktoren des Spielens sind auch die intrinsische *Motivation*, mit der sich Spielende an neue Aufgaben heranwagen, und die mit Spielen verbundenen positiven sowie negativen *Emotionen*. Spielen ist etwas zentral Menschliches und wird deshalb beispielsweise im Fähigkeiten-Ansatz aus der Wohlfahrtsforschung auch als eine der Kernfähigkeiten, die Menschen ermöglichen, ein (gutes) Leben zu führen, genannt (vgl. Nussbaum, 2008, S. 80).

---

10 Vgl. Beitrag von Alexander Schulz und Nicolas Apostolopoulos in diesem Buch.
11 Vgl. Beitrag von Klaus Wannemacher in diesem Buch.
12 Vgl. Interview mit Steffen P. Walz in diesem Buch.

Spiele sind eigene kleine Welten mit eigener Logik und festgelegten Spielregeln. Im übertragenen Sinne ermöglichen Spiele also die *Reflexion* darüber, welche Mechanismen und Logiken die reale Welt steuern und wie man sie verändern müsste, um einem bestimmten Ziel näherzukommen. Spiele können so zu einem besseren Verständnis von Ursache-Wirkungs-Zusammenhängen beitragen und konkrete Handlungsanweisungen für die Praxis geben, wie das Spiel «Emission Impossible»[13] zeigt: Landwirtschaftsschülerinnen und -schüler lernen hier Möglichkeiten der CO_2-Reduktion in der Landwirtschaft spielend kennen. Ebenfalls sehr eindrucksvoll sind die Möglichkeiten, Spiele zur Lösung realer, gesellschaftsrelevanter Problemstellungen einzusetzen (vgl. McGonigal, 2011) oder in Hochschulumgebungen zu integrieren. Als Ort der Wissensarbeit und Innovation sind Hochschulen geradezu prädestiniert, Spielelemente und -mechanismen für den universitären Alltag nutzbar zu machen.

4   DER «NACHHALTIGE CAMPUS VON MORGEN»

Für Hochschulen ist die Beschäftigung mit Nachhaltigkeitsaspekten und der Schaffung eines Rahmens für «Bildung für Nachhaltige Entwicklung» eine grosse Herausforderung. Wie das Basler Modell verdeutlicht, haben Hochschulen in diesem Kontext nämlich zwei Rollen: Sie gestalten Zukunft, indem sie gesellschaftsrelevantes (Handlungs-)Wissen produzieren, und sie sind Vorbild, indem sie Prinzipien einer nachhaltigen Entwicklung als (Non-Profit-)Organisation vorleben. Dazu muss das Thema Nachhaltigkeit an der Universität sowohl strategisch als auch strukturell verankert sein und es braucht eine universitäre Nachhaltigkeitskultur, welche die Strategie und damit verbundene Bestrebungen fördert (vgl. Bienz Septinus, 2011). Genauso wie die internationale Staatengemeinschaft mit einem Aktionsplan, der Agenda 21, schrittweise dem Leitbild einer nachhaltigen Entwicklung näher kommt, brauchen auch Universitäten eine Vision für Ziel und Zweck der Hochschule im 21. Jahrhundert[14] – und eine Agenda dafür, wie die Lern- und Arbeitsumgebung schrittweise in diese Richtung mitgestaltet werden kann.

Planungsprozesse rund um die Campusgestaltung sind, genauso wie internationale Verhandlungen bezüglich Nachhaltigkeitsthemen, optimalerweise Aushandlungsprozesse zwischen Vertreterinnen und Vertreter ver-

---

13   Vgl. Beitrag von Cornelius Müller in diesem Buch.
14   Vgl. http://itsi.ltn.unibas.ch/wp-content/uploads/2012/11/Designing-Spaces-Creating-Places.pdf [11.02.2014].

schiedener Anspruchsgruppen an Universitäten. Genauso wie Spezialistinnen und Spezialisten verschiedener Fachbereiche im Diskurs um eine nachhaltige Entwicklung gefragt sind, braucht es für die Gestaltung moderner Lernumgebungen sowohl Expertinnen und Experten aus den Bereichen Bauplanung, Architektur und Innenausstattung als auch aus den Bereichen der Didaktik und IT. Aber auch Studierende sind Spezialistinnen und Spezialisten für neue und innovative Ideen. Implizit bringen sie bereits viel Wissen im und Engagement für den Bereich Nachhaltigkeit mit und sind dank neuer Technologien bestens vernetzt. Viele kaufen ihre Gebrauchsgegenstände nicht neu, sondern finden Bücher, Fahrräder, Möbel, Kleider etc. auf Online-Tauschbörsen, realisieren Sozialprojekte durch Crowdfunding und lernen mit YouTube-Tutorials, wie man auf dem Balkon Tomaten, Salat und Kräuter für den Eigenverbrauch anpflanzt. Fachwissen rund um das Thema Nachhaltigkeit und die Gestaltung von Lern- und Arbeitsumgebungen ist an der Universität also in verschiedensten Bereichen vorhanden. Die CampusplanerInnen stehen nun vor der Herausforderung, dieses Wissen zu mobilisieren, zu verknüpfen und in Gestaltungsprozesse einfliessen zu lassen.

Die grösste Herausforderung für Hochschulen auf dem Weg zu einem «nachhaltigen Campus von morgen» könnte die Etablierung einer organisationalen Kultur sein, in der die Exploration ins Ungewisse genauso geschätzt wird wie «fahrplanmässiges» Arbeiten, bei der Freiräume nicht Ängste, sondern Neugierde und Experimentierlust auslösen, in der Probleme durch Selbstreflexion erkannt und durch fliessende Anpassungen in kleinen Schritten angegangen werden und in der Universitätsangehörige in die Gestaltung künftiger Lern- und Arbeitsumgebungen miteinbezogen werden. Denn wird bei der Campusplanung der Mensch, der sich darin bilden, bewegen und wohlfühlen soll, vergessen, wird der mit modernsten Technologien ausgestattete, mit umweltfreundlichsten Materialien gebaute und architektonisch ausgefeilteste Campus unnachhaltig.

LITERATUR

AG Informelles Lernen (2006). Die Bedeutung von informellem Lernen für verschiedene Arbeitsfelder. Grundlagenpapier II vom 26.11.2006 im Rahmen der UN-Dekade Bildung für Nachhaltige Entwicklung. Online verfügbar: http://www.bne-portal.de/un-dekade/un-dekade-deutschland/arbeitsgruppen/ag-informelles-lernen/ [11.02.2014].

Bienz Septinus, D. (2011). Nachhaltige Universität Basel. Abschlussbericht und Empfehlungen an das Rektorat der Universität Basel. Online verfügbar: http://nachhaltigkeit.uni-bas.ch/fileadmin/nachhaltigkeit/user_upload/redaktion/Abschlussbericht_Nov_11.pdf [11.02.2014].

Bieri, P. (2005). Wie wäre es, gebildet zu sein? Festrede vom 4. November 2005 an der Pädagogischen Hochschule Bern. Online verfügbar: http://www.hwr-berlin.de/fileadmin/downloads_internet/publikationen/Birie_Gebildet_sein.pdf [11.02.2014].

Europäische Hochschulminister (2009). Bologna-Prozess 2020 – der Europäische Hochschulraum im kommenden Jahrzehnt. Kommuniqué der Konferenz der für die Hochschulen zuständigen europäischen Ministerinnen und Minister, Leuven/Louvain-la-Neuve, 28. und 29. April 2009. Online verfügbar: http://www.bmbf.de/pubRD/leuvener_communique.pdf [11.02.2014].

Gruppe 2004 (2004). Hochschule neu denken. Neuorientierung im Horizont der Nachhaltigkeit. Memorandum. Online verfügbar: http://www.uni-lueneburg.de/gruppe2004/seiten/memo.htm [11.02.2014].

Haan, G. de (2002). Die Kernthemen der Bildung für eine nachhaltige Entwicklung. *Zeitschrift für internationale Bildungsforschung und Entwicklungspädagogik, 25 (1)*, 13–20.

Haan, G. de, Kamp, G., Lerch, A., Matignon, L., Müller-Christ, G. & Nutzinger, H. G. (2008). *Nachhaltigkeit und Gerechtigkeit. Grundlagen und schulpraktische Konsequenzen.* Berlin/Heidelberg: Springer.

Hauff, V. (Hrsg.) (1987). Unsere gemeinsame Zukunft. Der Brundtland-Bericht der Weltkommission für Umwelt und Entwicklung. Greven: Eggenkamp. Original online verfügbar: http://www.un-documents.net/wced-ocf.htm [11.02.2014].

Hiller, G. G. (2012). Anreize zur Etablierung einer neuen Lehr-Lernkultur an Hochschulen. *Zeitschrift für Hochschulentwicklung, 7 (3)*, 1–15.

McGonigal, J. (2011). *Reality is broken: why games make us better and how they can change the world.* New York: Penguin Press.

Nussbaum, M. C. (2008). *Women and Human Development: The Capabilities Approach.* Cambridge: Cambridge University Press.

Rychen, D. S. & Salganik, L. H. (Hrsg.) (2005). Key Competencies for a Successful Life and a Well-Functioning Society. Göttingen: Hogrefe & Huber. Zusammenfassung (de) online verfügbar: http://www.deseco.admin.ch/bfs/deseco/en/index/03/04.hmtl [11.02.2014].

Schmidt, Ch. (2009). *Nachhaltigkeit lernen? Der Diskurs um Bildung für nachhaltige Entwicklung aus der Sicht evolutionstheoretischer Anthropologie.* Opladen & Farmington Hills, MI: Budrich.

Schneidewind, U. (2009). *Nachhaltige Wissenschaft. Plädoyer für einen Klimawandel im deutschen Wissenschafts- und Hochschulsystem.* Marburg: Metropolis-Verlag.

Schweizerischer Bundesrat (Hrsg.) (2012). Strategie Nachhaltige Entwicklung 2012–2015. Online verfügbar: http://www.are.admin.ch/themen/nachhaltig/00262/00528/index.html?lang=de [11.02.2014].

Seufert, S. (2004). MEDIDA-PRIX und Nachhaltigkeit. In Ch. Brake, M. Topper & J. Wedekind (Hrsg.), *Der Medida Prix. Nachhaltigkeit durch Wettbewerb* (S. 153-163), Medien in der Wissenschaft, 31. Müster/New York/München/Berlin: Waxmann.

UN, Vereinte Nationen (2003). AGENDA 21. Bericht der Konferenz der Vereinten Nationen für Umwelt und Entwicklung, Rio de Janeiro (Brasilien), überarbeitete deutsche Übersetzung online verfügbar: http://www.un.org/depts/german/conf/agenda21/agenda_21.pdf [11.02.2014].

Webler, W.-D. (2011). Studierende als Leitbild der Studienreform? Erinnerungen an die Grundidee von Studium, an Abweichungen und ihre Folgen – Ein Plädoyer. In M. Eger, B. Gondani & R. Kröger (Hrsg.), *Verantwortungsvolle Hochschuldidaktik. Gesellschaftliche Herausforderungen, Nachhaltigkeitsanspruch und universitärer Alltag* (S. 94-116). Berlin: LIT Verlag.

LEHR- UND LERNRÄUME

GUDRUN BACHMANN

PASST DER TRADITIONELLE CAMPUS ZUM STUDIEREN VON HEUTE?

ZUSAMMENFASSUNG

Wie lernen Studierende heute und was brauchen sie dafür? Unter dieser Fragestellung wurde im Projekt «ITSI – Moderne Lernumgebung für den Campus von morgen» in verschiedenen Studien mit unterschiedlichem Fokus die Sicht der Studierenden eingefangen. Dabei haben sich Themenfelder herauskristallisiert, die auf Handlungsbedarf bei der Campusgestaltung hinweisen. Hochschulen stehen dabei vor der Herausforderung, sich innerhalb von Spannungsfeldern unterschiedlicher Bedürfnisse bewusst bewegen zu müssen. Zentral haben sich aus den Beobachtungen zwei Schlussthesen ergeben: (1) *Auf Lernwanderer ist der Campus nicht eingerichtet,* (2) *Der Campus dient nur dem «halben» Lernen.* Im vorliegenden Beitrag wird die Herleitung dieser Thesen aufgezeigt und anschliessend in den mit der Bologna-Reform assoziierten Paradigmenwechsel «von der Lehre zum Lernen» eingebunden.

1 EINLEITUNG UND VORGEHEN

Bei der Unterrichtsplanung spielen Rahmenbedingungen wie Raum, Zeit und Institution eine wichtige Rolle (vgl. z. B. Berliner oder Hamburger Modell in Peterssen, 2001). Auch bei der Einführung von Bildungsinnovationen sind Räumlichkeiten und Infrastruktur als eine Gestaltungsbedingung mitzuberücksichtigen (vgl. Euler & Seuffert, 2005). Es erstaunt deshalb, dass gerade bei der Umsetzung der Bologna-Reform, die durchaus auch den Anspruch einer didaktischen Innovation hat, die Gestaltung des Campus als ein Teil der Lernumgebung bislang nur eine marginale Rolle spielt. Dieser Beitrag richtet das Augenmerk auf universitäre Lern- und Lehrräume und deren Gestaltung, sowie deren Potenzial universitäres Lehren und Lernen wie auch die Institution als Ganzes zu unterstützen. Dabei wird auf zwei Perspektiven fokussiert: Die Sicht der Studierenden einerseits und die Sicht der Institution andererseits. Denn erst aus der zweiten Perspektive, der Sicht der Institution, ergibt sich die Breite des Handlungsspielraums, die raumgestalterischen Entscheidungen einen Rahmen gibt.

1.1 Der Campus als ein Teil der Lernumgebung

Zentral in diesem Beitrag sind die räumlichen Komponenten der Lernumgebung: der *physische und virtuelle Raum* und die *Organisation* des Lernens. Dabei wird der Begriff «Raum» nach Harrop und Turpin (2013) in Anlehnung an die Ausführung von Bernhard Herrlich in diesem Buch verwendet. Darunter verstanden wird sowohl der Raum als physisches Objekt, d. h. die Architektur, die Ausstattung und das Mobiliar oder die Technik und Beleuchtung, als auch der Raum als abstraktes Subjekt, das durch Menschen und ihre Interaktion mit dem Raum gestaltet wird, d. h. die funktionale Nutzung durch die Universitätsangehörigen. Am Rande betrachtet werden aber auch andere Faktoren, die eine Lernumgebung mit konstituieren, wie beispielsweise die zeitliche Organisation des Lernens, die curricularen Aspekte, benutzte Medien, Unterstützung und Lernbegleitung oder Lern- und Fachkulturen.

1.2 Zugrundeliegende Studien

Das in diesem Beitrag gezeichnete Bild des heutigen Studiums entstand auf Basis einer gesamtuniversitären Ist-Analyse und Bedarfserhebung zum Thema IT-Services in Studium und Lehre (vgl. Schwander, Miluška & Bachmann, 2011) sowie der Ergebnisse mehrerer Workshops und Begleitstu-

RAUM ALS PHYSISCHES/VIRTUELLES OBJEKT	RAUM ALS ABSTRAKTES SUBJEKT
Raumtyp Individuelle oder Gruppenarbeitsplätze, Seminar- oder Vorlesungsraum, Flur, Foyer, Cafeteria, Innenhof, Lern-, Distributions- oder Kommunikationsplattform etc.	**Nutzungskultur** Umgang mit Räumen, Verbote und Gebote, Informationen zur Nutzung, Zugänglichkeit, Verantwortlichkeiten, Raum- bzw. Infrastrukturbetreuung etc.
Ausstattung und Infrastruktur Technische Ausstattung, Möblierung, Funktionalitäten etc.	**Nutzungsform** <ul><li>Lernen: individuell/in Gruppen</li><li>Lehre: mit Bezug zu einer formalen Lehrveranstaltungen</li><li>Austausch: zwischen Studierenden oder mit Dozierenden, Tutoren, Studienberatung, Sekretariate etc.</li><li>Organisation: Stundenpläne, Kreditpunktekonto, Kurse belegen, Plattformen/Ressourcen etc.</li><li>Erholung/Freizeit: Rückzug, Entspannung, Freizeitaktivitäten</li><li>Nebentätigkeiten: Job, Familie etc.</li></ul>
Qualität und Atmosphäre Aussehen, Lichtverhältnisse, Akustik, Funktionalität, Ästhetik, Usability, Ergonomie, Bequemlichkeit etc.	
Verfügbarkeit Lage von Orten, Einbettung in den Campus, Nähe zu anderen Räumen, Auslastung von Räumen etc.	

Tab. 1   Dimensionen und Kategorien, entlang derer die verschiedenen ITSI-Studien ausgewertet wurden

dien im Rahmen des ITSI-Projektes an der Universität Basel.[1] Den verschiedenen Studien gemeinsam ist das induktive Vorgehen mittels empirisch-qualitativer Exploration mit dem Ziel, die Anforderungen von Studierenden an eine moderne Lernumgebung beschreiben zu können. Insbesondere wurden in Vorbereitung für den Workshop «Lernräume» repräsentativ ausgewählte Studierende befragt und in zwei Studierendenworkshops zur Mitentwicklung von Zukunftsszenarien eingeladen.

Entsprechend des Raumbegriffs nach Harrop und Turpin (2013) wurden die Rohmaterialien und Ergebnisse aus den verschiedenen Studien entlang der Dimensionen «Raum als physisches Objekt» und «Raum als abstraktes Subjekt» strukturiert (Tab. 1). Mithilfe der in Tabelle 1 erläuterten Kategorien (Raumtyp, Ausstattung und Infrastruktur, Qualität und Atmosphäre,

---

1   Die zugrundeliegenden Studien sind in den Kapiteln 3.1, 3.2 sowie 4.1–4.5 im Beitrag zum Projekt ITSI in diesem Buch beschrieben. Die sechs Studierendenporträts in diesem Buch basieren einerseits auf den Kategorien in Tabelle 1 und lieferten andererseits, nach ausfüllen durch die Studierenden, neue Informationen zu deren Lerngewohnheiten und Lernorten.

Verfügbarkeit sowie Nutzungskultur und Nutzungsform) wurden die vielen, zunächst als individuelle Vorlieben erscheinenden Einzelaussagen zu kollektiv relevanten Themenbereichen mit Handlungsbedarf gebündelt. Das folgende Kapitel zeichnet entlang dieser Themenfelder ein Bild des Campus aus Studierendenperspektive und stellt aus organisationaler Sicht die damit verbundenen Spannungsfelder dar.

2 «LERNWANDERER» – ZUM LERNEN UNTERWEGS

Ich bin ein Lernwanderer. So bezeichnete ein Student sein Studierverhalten am Studierendenworkshop «Unterwegs zum Campus von morgen». Treffender hätte er den Kern aktueller Entwicklungen nicht benennen können. So spricht Sage (2009) nach vergleichbaren Beobachtungen von «nomadischen Studenten». Im Projekt ITSI wurde die Bezeichnung «Lernwanderer» zur Metapher über die Studierenden von heute: Sie sind zum Lernen unterwegs auf dem Campus und auch ausserhalb, falls die Ressourcen woanders besser sind oder andere Lebensbereiche andere Orte nahelegen (z. B. Nebenerwerb, Kinderbetreuung, Sport etc.). Als Lernwanderer suchen sie sich die für die jeweilige Tätigkeit optimale Umgebung. Lernwanderer sind sie einerseits dank mobiler Geräte, digitaler Literatur und Online-Lernmaterialien, andererseits verbringen sie aber auch wegen ihres dichten Stundenplans den Studienalltag vermehrt auf dem Campus und wechseln die physischen und virtuellen Orte zwischen Lehrveranstaltungen, Lernzeiten und «Leerzeiten» häufig.[2]

Abbildung 1 zeigt, aus welchen Perspektiven dieses Lernwandern der Studierenden im Folgenden betrachtet wird: *Lernen auf dem Campus, Lernen in wechselnden Kontexten, Lernen an der Universität, Lernen im Fach, Lernen mit anderen* und *Lernen wie zu Hause?* Diese Themenfelder ergaben sich bei der Datenanalyse. Jedes Themenfeld wird zuerst aus der Sicht der Studierenden anhand von Beispielen erläutert. Darauf folgt jeweils ein Perspektivenwechsel auf die Ebene der Organisation. In den je zweiten Teilen der folgenden Unterkapitel werden die Spannungsfelder des Handlungsspielraums aus institutioneller Sicht aufgefächert. Jedes Themenfeld wird mit einem Zitat der verschiedenen Teilnehmenden aus den ITSI-Studien eingeleitet.

---

2 Ähnliche Entwicklungen sind auch auf dem Arbeitsmarkt zu beobachten (vgl. Projekt «Office in Motion», Amstutz et al. 2013). Durch flexible Arbeitszeitmodelle (z. B. Jahresgleitzeit) oder die Möglichkeit des Arbeitens von zuhause aus («Home Office») verkleinert sich die Grenze zwischen Arbeit und Freizeit zunehmend. Unternehmen nutzen die Mobilität ihrer Angestellten auch zur Effizienzsteigerung von Arbeitplätzen, indem sie weniger fixe Plätze anbieten, die dann geteilt werden (sog. «Shared Desks»).

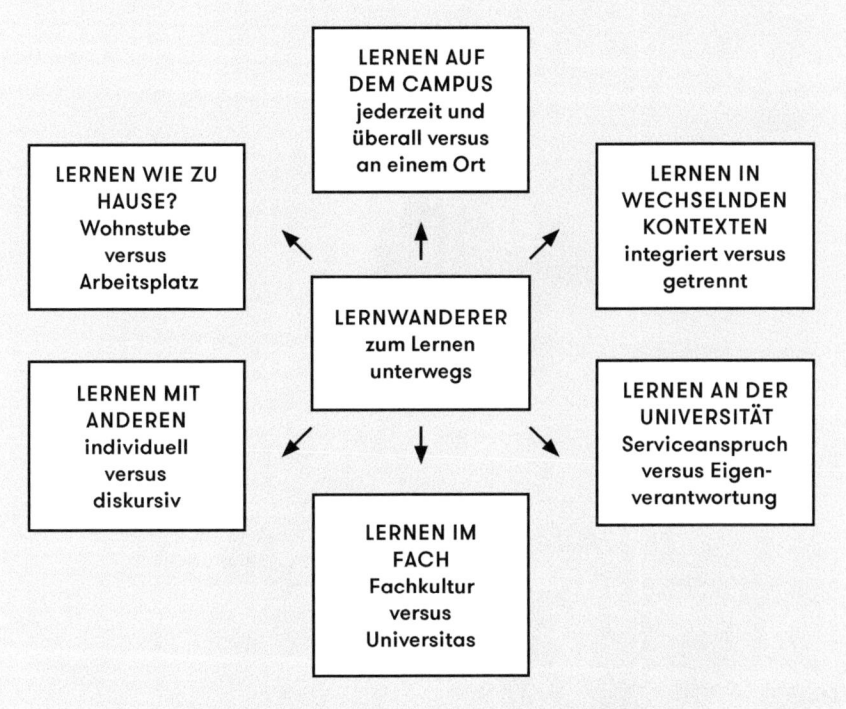

1 Studieren heute: Relevante Themenfelder mit Handlungsbedarf

2.1 Lernen auf dem Campus: Orte und Infrastruktur

Obwohl ich oft an ganz verschiedenen Orten an der Uni lerne, wünsche ich mir manchmal einen persönlichen Schreibtisch am Institut, an dem ich mein Material einfach mal liegenlassen kann (Studierende/r, Qualitative Vorstudie Lern- und Zwischenräume).

Lernwanderer haben alles, was sie für ihren Alltag brauchen, stets mit dabei; nicht nur Lernmaterialien und Lerninfrastruktur, sondern auch das restliche Tagesgepäck wie Jacken und Verpflegung, Sportsachen oder Instrumente, Fahrradhelme oder Regenschirme (Abb. 2–4). Irgendwo muss das Gepäck untergebracht werden, und unsere Beobachtungen haben gezeigt, dass in der Regel nur begrenzt Stauraum (z.B. Schliessfächer, Garderoben) vorhanden ist und dass z.B. auch Arbeitstische recht schmal sind, wenn neben dem Laptop auch noch Bücher, ein Skript oder Ordner Platz haben sollen (Abb. 5–7).

2-4 «Lernwande-
rer» auf dem Cam-
pus: an der Fakultät
für Architektur,
TU Delft (oben &
Mitte) und an der
Pädagogischen
Hochschule Zürich
(unten)

5-7 Arbeitstische bieten oft nicht genügend Platz für das «mobile Büro». Beispiele von der PH Zürich (oben & Mitte) und der Fakultät für Architektur, TU Delft (unten)

Mit dem hier gezeichneten Bild des Lernens auf dem Campus als Lernwanderer werden die meist genannten Bedürfnisse deutlich: Platz für Kommunikation und Konzentration, Platz für das mobile Büro, Informationen darüber, wo generell gelernt werden kann und wo aktuell Platz dafür ist, sowie mehr Steckdosen, mehr Stauraum und WLAN auf dem ganzen Campus. Obwohl die Studierenden ihren Studienalltag als tägliche Lernwanderung beschreiben, wünschen sich viele trotzdem einen festen Arbeitsplatz auf dem Campus, an dem sie sich einrichten und ihre persönliche «Lerninfrastruktur» liegen lassen können.

Interessant in diesem Zusammenhang ist, die räumliche Organisation des Lernens auf dem Campus auch vor dem Hintergrund der zeitlichen Strukturierung zu betrachten. Letztere wurde im Projekt «Zeitlast» von Rolf Schulmeister und Christiane Metzger (2011) näher analysiert. Das Projekt hat die Studierbarkeit von Bachelorstudiengängen untersucht. Ein zentrales Ergebnis ist, dass (A) die Lernzeit der Studierenden unter den von Bologna geforderten Werten liegt und (B) sich die Studierenden dennoch überlastet fühlen: Subjektive Wahrnehmung von Lernzeit und tatsächlich investierter Lernaufwand fallen auseinander. Schulmeister und Metzger machen dafür auch die Studienstrukturen und die Lehrorganisation verantwortlich, unter anderem die zu grosse Themenvielfalt pro Zeiteinheit und der zu kleinschrittige Wochenrhythmus der Lehrveranstaltungen. Betrachtet man vor diesem Hintergrund die «räumliche» Organisation des Studienalltags dann führt dies insbesondere bei Hochschulen, deren Campus über die ganze Stadt verteilt ist, zu enormen «Reisewegen» der Studierenden, was die typischen Studientage der sechs Studierendenprofile, die in diesem Buch vorgestellt sind, sehr schön illustrieren. Die Zeit der Lernorganisation nimmt zu Lasten der echten Lernzeit einen sehr grossen Raum ein und das führt bei vollen Stundenplänen dann zu einer echten und nicht nur gefühlten Überlastung.

Spannungsfeld «jederzeit und überall» versus «an einem Ort»

Die Wünsche bezüglich Lernen auf dem Campus befinden sich in einem Spannungsfeld zwischen «Lernen jederzeit und überall» einerseits und «Lernen an einem Ort», einer Art «home-base» andererseits. Ein fester Arbeitsplatz für Studierende würde in der Umsetzung für die Hochschulen sicherlich eine sehr grosse Herausforderung darstellen. Zudem lässt sich berechtigt nachfragen inwieweit, in welchem Umfang und ab welcher Studienstufe die Hochschulen solchen Bedürfnissen überhaupt gerecht werden können oder sollten. Das Bedürfnis sowohl jederzeit und überall zu lernen als auch einen festen Ort dafür zu haben verdeutlicht jedoch, dass viele Studierende ihren

Lebensmittelpunkt zunehmend auf den Campus verlegen. Es geht nicht darum, die beiden Wünsche gegeneinander auszuspielen oder die Studierenden durch ein einseitiges Angebot zu einem bestimmten Lernverhalten zu drängen, sondern ein ausgeglichenes, situationsangepasstes Angebot zu schaffen oder zu erhalten.

2.2 Lernen in wechselnden Kontexten: Grenzen und Übergänge

Es braucht IT-freie Zonen und Räume mit guter IT-Infrastruktur: aber bitte klar getrennt! (Studierende/r, Studierendenworkshop Unterwegs zum Campus von morgen)

Privates und Studium mischen sich, formale Lehrsituationen gehen in informellen Austausch über, konzentrierte Lernphasen wechseln sich mit Erholungsphasen ab. In diesem Zusammenhang stellt sich die Frage nach den Grenzen und Übergängen zwischen den verschiedenen Kontexten, in denen sich Studierende bewegen: Wo sind sie gewünscht oder sogar erforderlich, wo überflüssig oder hinderlich? Die folgenden Beispiele sollen dies illustrieren.

Im Studierendenworkshop «Meine virtuelle Lernumgebung» hatten die Studierenden die Aufgabe, Programme und Elemente, die sie sich beim Starten ihres Computers auf dem Desktop wünschen, zu visualisieren. Abbildung 8 zeigt das Ergebnis einer Gruppe: Rechts oben haben die Studierenden die Werkzeuge gebündelt, die sie für private Zwecke oder für den Austausch mit Kommilitoninnen und Kommilitonen verwenden. Links sind die Plattformen und Tools gruppiert, die sie sich im Zusammenhang mit Lehrveranstaltungen wünschen. Interessant sind die Werkzeuge, die sie jeweils für die Kommunikation nutzen möchten: Facebook für Privates und den Austausch untereinander, ein Learning Management System (LMS) für die Kommunikation mit den Dozierenden der Lehrveranstaltungen. Die Studierendengruppe, die diese virtuelle Lernumgebung visualisierte, trennt klar zwischen den Kommunikationswerkzeugen für formale Lehrveranstaltungen und denen für das individuelle Lernen.

Analog zu diesem Beispiel aus der virtuellen Kommunikation nutzt der Student «Andreas»[3] beispielsweise bewusst unterschiedliche Orte für die verschiedenen Lernaktivitäten wie Artikel lesen, Prüfungen vorbereiten oder die Gruppenarbeit. Andere Studierende scheinen dagegen für verschiedene Tätigkeiten ein und denselben Ort zu benutzen. Ein solcher Ort ist zum Bei-

---

3   Vgl. Studierendenporträt in diesem Buch.

8 Studierende wünschen sich getrennte Kommunikationswerkzeuge für den Austausch untereinander (Facebook, rechts oben) und mit ihren Dozierenden (LMS, links Mitte)

spiel die Cafeteria in der Universitätsbibliothek, in der vom konzentrierten Arbeiten, über Gruppenarbeiten, informellen Austausch bis hin zur reinen Verpflegung alles stattfinden kann.

Ähnlich wie Daniela Eichholz und Alexa Maria Kunz (2012) in einer Studie zu studentischen Raumnutzungsmustern beschreiben, kann man unterschiedliche Typen von Studierenden beobachten. Die «Separierer», die klar zwischen verschiedenen Aktivitäten unterscheiden und sich dafür getrennte Orte und Infrastrukturen wünschen, und andererseits die «Integrierer», die verschiedenes Tun – auch Freizeit und Erholung – besser miteinander verbinden können und dies auch wünschen. Eichholz und Kunz (vgl. ebd., 2012, S. 68) unterscheiden insgesamt zwischen fünf verschiedenen Typen von Campus-Nutzern:

- Homies: Der Campus ist *Informationsort*, gelernt wird zu Hause.
- Separierer: Die Universität ist *Arbeitsort*, der Rest (Verpflegung, Freizeit, Erholung) findet zu Hause statt.
- Integrierer: Campus und Zuhause sind *Arbeitsort* und *Lebensraum*; Studium, Verpflegung und Erholung findet dort statt, wo man gerade ist.
- College: Der Campus ist der *Lebensraum*, alles findet dort statt.
- Flanierer: Der Campus ist *Freizeitort*, gelernt wird zu Hause.

Nicht immer werden klare Grenzen wie im Fall der virtuellen Kommunikationsräume für den informellen Austausch untereinander und die formale Studierenden-Dozierenden-Kommunikation gezogen, und die Bedürfnisse von Studierenden stehen häufig in einem Zielkonflikt.

9 Lernraum mit Mischnutzung: Einzelarbeitsplätze (vorne), Computerarbeitsplätze (links), Gruppenarbeitsplätze (rechts) und Plätze für informellen Austausch (hinten)

Spannungsfeld «integriert» versus «getrennt»

Aus der Perspektive der Universität stellt sich die Frage, inwieweit die integrierte Mischnutzung (sei es virtuell oder physisch) gewünscht wird und wo der Trennung den Vorzug gegeben wird. In diesem Spannungsfeld «integriert» versus «getrennt» geht es darum, die Grenzen und Übergänge zwischen Lehr- und Lernräumen, Lern- und Zwischenräumen, Studierenden und Dozierenden, Konzentration und Kommunikation, Universitärem und Privatem, Lernen und Erholung, Fachdisziplin und Interdisziplinarität usw. bewusst zu gestalten. Zwei Beispiele sollen dies illustrieren:

Zum Einen können manchmal Übergänge erst durch klar definierte Grenzen entstehen: Das Beispiel des Research Hive der Universität Sussex[4] kann man so interpretieren, dass der Austausch zwischen den Disziplinen (Übergänge) unter den Doktorierenden gerade durch die Begrenzung des Raums auf eine akademische Gruppierung gefördert wird.

Andererseits erlauben gerade Mischnutzungen viel Flexibilität, zumindest vordergründig. Abbildung 9 zeigt einen physischen Lernraum, in dem Arbeitsplätze für das konzentrierte Lernen, die Arbeit am Computer, das gemeinsame Arbeiten in Gruppen und Möglichkeiten für den informellen Austausch in einem Raum kombiniert sind. Das bietet den Vorteil, dass der Raum flexibel für unterschiedliche Tätigkeiten genutzt werden kann, hat aber den Nachteil, dass sich verschiedene Aktivitäten auch gegenseitig stören können. Wer zuerst da ist, wird die Nutzungsform prägen: Eine Lerngruppe wird andere Lerngruppen anziehen. Konzentriertes Selbststudium einzelner

---

4   Vgl. Beitrag von Joanna Ball in diesem Buch.

Personen wird weitere konzentrierte Lernende anziehen. Die Frage, wie flexibel oder spezifisch eine Umgebung, ein Raum oder ein Werkzeug sein muss oder darf, lässt sich nicht abschliessend beantworten, sondern muss stets neu gestellt werden, auch unter Einbezug der künftigen Nutzerinnen und Nutzer. Die Lösungen müssen auch nicht immer baulicher oder technischer Natur sein. Häufig reichen bereits gemeinsam ausgearbeitete und explizit gemachte Nutzungsregeln aus.[5]

2.3 Lernen an der Universität: Nutzungskulturen

Der Hauswart müsste die ‹nicht keimfreie› Atmosphäre akzeptieren - und die Nutzenden müssten mehr Verantwortung dafür übernehmen, den Raum wieder ‹bearbeitbar› zu hinterlassen (Hochschulprofessionelle/r, Workshop Lehrräume).

Studierende verbringen häufig den ganzen Tag auf dem Campus. Sie kommen nicht nur zum Besuch einer Veranstaltung auf den Campus und gehen dann wieder nach Hause. Doch häufig werden sie so behandelt, als ob sie genau dies täten: nicht als Angehörige der Institution, sondern als Besucher. Und selbst zu letzteren zählen sie nicht in allen Fällen, was das folgende Beispiel zeigt (Abb. 10-11). Die bequeme Sitzgelegenheit lädt zum informellen Austausch ein, ist jedoch nur für Gäste vorgesehen. Studierende sind nicht erwünscht. Dieses Beispiel bringt zum Ausdruck, was manche Studierende in den verschiedenen Studien des ITSI-Projektes auch äusserten: Sie fühlen sich weder willkommen noch dazugehörig. Oft werden sie mittels Verbotsschildern zum richtigen Verhalten aufgefordert, während positiv formulierte Nutzungsgebote rar sind.

Manchmal ist aber auch nicht klar, was Studierende dürfen und was nicht. Dies wird am folgenden Beispiel deutlich: Im Rahmen der Exploration und Analyse physischer Räumlichkeiten im Workshop «Lehrräume» ist das Foto in Abbildung 12 entstanden. Zu sehen sind mehrere Tische an einer Wand und ein Stuhlstapel. Keiner und keinem der Workshopteilnehmenden war bei diesem Arrangement klar, dass Studierende sich die Stühle nehmen dürfen, um an den Tischen zu lernen und das Mobiliar genau zu diesem Zweck bereitgestellt wird. Das Arrangement vermittelte eher, dass die Möbel

---

5   Zum Thema «Grenzen-Management» siehe auch den Beitrag von Sabina Brandt im ersten Teil dieses Buchs, Kap. 4, sowie, aus der Perspektive der «universitären Zwischenräume», ihren Beitrag im dritten Teil dieses Buchs, Kap. 6.3.

zum Abtransport bereitstehen. Nach dem Workshop hat der Leiter des Facility Managements des Gebäudes, der am Workshop teilgenommen hatte, die Möbel umgestellt (Abb. 13). Dieses Bild spricht für sich: Hier sind Lerngruppen willkommen. Das zeigt, wie wenig es braucht, um aus Räumen «Lernorte» zu machen.[6] Ursprünglich war das Mobiliar für die tägliche Reinigung des Foyers optimiert.

Mancherorts haben die Studierenden die Möglichkeit, einen fachbereichseigenen Lernraum selbst zu gestalten und tragen dort auch die Verantwortung für dessen Nutzung. Ein Beispiel ist der Fachschaftsraum der Informatik, den die Studierenden selbst eingerichtet haben. Infrastruktur wie Mobiliar, Computer oder andere Geräte wurden ihnen bereitgestellt bzw. finanziert. Ebenso gewährleistet ist der Betrieb, z. B. Reinigung und Heizung. Selbst organisiert haben sich die Studierenden den «Töggelikasten» (Tischfussball) und eine kleine Bibliothek (Abb. 14). Aus dem Raum heraus sind auch fachbezogene Initiativen wie ein 3-D-Drucker (Abb. 15) entstanden. Den Bausatz dafür haben sich die Studierenden auf eigene Initiative, extracurricular und über eigene finanzielle Mittel beschafft. Eine besondere Herausforderung lag in der Programmierung der Ansteuerung des Geräts, was sie ebenfalls ohne externe Anleitung gelöst haben. Mitverantwortung wird den Studierenden auch an anderen Orten übertragen, an denen sie mit einem Schlüssel oder Badge das Gebäude ausserhalb der Öffnungszeiten betreten können. Das ist in vielen kleinen Fachbereichen der Fall und wird von den Studierenden als Idealsituation dargestellt. Hier signalisieren die Fachbereiche klar, dass die Studierenden zum Fach dazugehören und ein Teil der Community sind.

Unter dem Stichwort Nutzungskulturen lässt sich zusammenfassen, dass die Studierenden oft nicht wissen, welche Rolle ihnen zugeschrieben wird – sind sie Gäste oder Angehörige oder keines von beidem? Je nach Standort, Fach und Gebäudebetreuung variieren die gelebten Kulturen zwischen Fremd- und Eigenverwaltung. Unklar bleibt häufig auch, was Studierende dürfen und was nicht. Zudem erschliessen sich die intendierten Nutzungsmöglichkeiten von Räumlichkeiten und Infrastrukturen oft nicht intuitiv. Räume und deren Gestaltung «kommunizieren» oft nicht, was erlaubt oder sogar erwünscht ist und was nicht.[7] So stellen die oben erwähnten Arbeitsplätze mit den verteilten Stühlen eine Einladung zum Lernen dar, während die gestapelten Stühle suggerieren, dass die Gebäudereinigung wichtiger ist

---

6   Zur «Sprache des Raumes» siehe auch die Diskussion um den Begriff «Affordanz» im
     Interview mit Maria Clusa und Jürgen Dürrbaum von der Vitra AG in diesem Buch.
7   Vgl. «Selbsterklärungsfähigkeit» im Affordanzenkonzept; Richter, 2008.

10 Sitzgruppe im Foyer eines Gebäudes an der Universität Basel

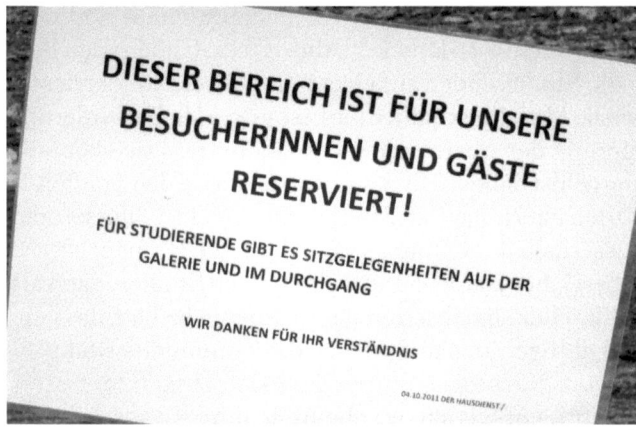

11 Aufschrift auf dem Glastisch aus Abb. 10: Studierende sollen sich hier nicht setzen

12 Lernplätze im Zwischenraum: aufgrund der Positionierung der Tische und Stühle (auf einem separaten Stapel) nicht intuitiv als solche zu erkennen

13 Nach Umstellung der Möbel in Abb. 12 «spricht» der Raum: hier darf gelernt werden

14 Von den Studierenden selbst gestalteter und verwalteter Lernraum im Departement Mathematik und Informatik

15 Selbst initiiertes, studentisches Projekt im eigenen Lernraum (3-D-Drucker)

als studentisches Lernen. In diesem Beispiel hatte die Entscheidung des Facility Managements für das Praktische einen unbeabsichtigten, hemmenden Effekt auf die Nutzung des Raums als Lernraum. Das zeigt, welchen Einfluss das Facility Management auf Lehr-/Lernkulturen haben kann.

Spannungsfeld «Serviceanspruch» versus «Eigenverantwortung»

Aus institutioneller Sicht ergibt sich daraus ein Spannungsfeld zwischen «Serviceanspruch» von Studierenden als Kunden und deren «Eigenverantwortung» als Angehörige der Institution; ein Balanceakt, der im Zusammenhang mit der Bologna-Reform auch in anderen Kontexten beobachtet wird (vgl. Gómez Tutor, Hobelsberger & Menzer, 2011).

Die verschiedenen Nutzungskulturen in den Gebäuden haben einen Einfluss auf die Lernkulturen im jeweiligen Fach. Von Studierenden selbst gesteuerte Projekte und Initiativen werden durch eine eigenverantwortliche Nutzungskultur unterstützt. Dafür sollten sowohl fachspezifisch als auch fächerübergreifend entsprechende Räumlichkeiten zur Verfügung gestellt werden. Andererseits ist es kaum möglich und auch nicht sinnvoll, vor allem in grossen Fächern, ausschliesslich auf Eigenverantwortung zu setzen. Gerade im Wettbewerb mit anderen kann sich eine Hochschule durchaus auch so positionieren, dass sie besonders gut auf den Serviceanspruch von Studierenden eingehen will.

Auch bei diesem Spannungsfeld geht es nicht darum, sich als Hochschule für die reine Kundenorientierung oder die ausschliessliche Eigenverantwortung zu entscheiden, sondern ein für das eigene Profil angemessenes «Sowohl-als-auch» zu ermöglichen: d.h. die Studierenden sowohl als Kunden zu respektieren, als auch als Angehörige einzubinden. Dabei gilt es im Auge zu behalten, dass sich die Studierenden häufig selbst in eine nicht förderliche Kundenposition bringen, indem sie die Dozierenden zu Dienstleistern machen. Die Studierenden vergessen dabei, dass es in einer akademischen Ausbildung nicht nur darum geht, dass Dozierende Wissen vermitteln, sondern auch darum, dass sie dieses selbst mit erarbeiten und damit auch mit gestalten.

2.4 Lernen im Fach: (Fach-)Sozialisation

Die Umgebung prägt ungemein das Referenzsystem und die Weltsicht, die jeder Studierende aus seinem Studium individuell entwickelt. Braucht es also andere Räume für einen Chemiker als für einen Historiker? (Hochschulprofesionelle/r, Workshop Lehrräume)

In verschiedenen Kontexten betonten die Studierenden, dass es für sie wichtig sei, dort lernen zu können, wo auch ihre eigene Disziplin angesiedelt ist. Studierenden ist die Identifikation mit dem Fach (genauso wie die Identifikation mit der Institution Universität) ein wichtiges Anliegen. (Lern-)Räume im Fachbereich und der Zugang zu solchen können das Zugehörigkeitsgefühl dabei massgeblich beeinflussen. Drei Beispiele:

Eine Studentin lernte erst am Ende ihres Bachelorstudiums den Standort des eigenen Studienfachs richtig kennen, da die meisten Vorlesungen im Hauptgebäude der Universität, das von mehreren Disziplinen genutzt wird, stattfanden. Erst dann lernte sie spezifische Fachressourcen, wie beispielsweise die Fachbibliothek, zu nutzen und hatte das Gefühl, der Disziplin anzugehören. Davor waren sie und ihre KommilitonInnen einfach «Studierende». Eine andere Studentin beklagte, dass in ihrem Fach die Fachbibliothek geschlossen würde, da die Literatur zunehmend online verfügbar sei. Damit würden die einzigen Lernplätze beim Fach wegfallen. Ein Professor äusserte, er vermisse Orte, an denen sich seine Studierenden im Anschluss an die Lehrveranstaltung über die vermittelten Inhalte austauschen und den Fachdiskurs üben könnten. Die Gebäude böten dafür momentan keinen Raum und Studierenden bleibe nichts anderes, als andere Orte aufzusuchen oder wieder nach Hause zu gehen. Meist sei der Impuls, sich noch über die Lehrveranstaltung auszutauschen, dann längst vorbei.

Umgekehrt wünschten die Studierenden explizit auch Orte für den interdisziplinären Austausch. Im Rahmen eines Workshops wünschte sich ein Teilnehmer einen Raum der Interdisziplinarität als Ort für eine offene Kommunikation, ohne Hürden auch zwischen Studierenden und ProfessorInnen – einen Ort, an dem er jeden ansprechen könne. Die Cafeteria der Universitätsbibliothek und des Hauptgebäudes sowie die Mensa sind derzeit die einzigen Orte, die dafür Gelegenheit bieten. Doch ohne Verzehr von Speisen und Getränken gibt es dort nur wenige Möglichkeiten für den Austausch.

Spannungsfeld «Fachkulturen» versus «Universitas»

Für die Universität ergibt sich ein Spannungsfeld zwischen «Fachkulturen» und «Universitas». Idealerweise identifizieren sich Studierende sowohl mit ihrem Fach bzw. ihren Fächern als auch mit der Universität als Ganzem. Wie können also sowohl Fachkulturen wie auch interdisziplinärer Austausch gefördert werden? Ergibt sich Fachdiskurs am ehesten in facheigenen Lernräumen? Wie organisiert sich eine Fachgemeinschaft überhaupt räumlich? Wie wirken sich Studiengänge, die mehr als ein Fach vorsehen, auf die Identifikation der Studierenden mit Fach und Universität und auf die Fachkulturen aus? Wichtig dabei ist, dass es sowohl dezentraler Lernräume bei den Fächern als auch zentraler Lernräume bedarf, und dass das eine nicht auf Kosten des anderen ausgebaut werden sollte.

2.5 Lernen mit anderen: Austausch und Diskurs

Müsste ich sagen, wo ich persönlich am meisten lerne, dann teilt es sich so auf: Auf dem dritten Rang steht die Lehrveranstaltung, auf dem zweiten das individuelle Selbststudium und auf dem ersten Rang das Gespräch mit KommilitonInnen (Studierende/r, Podium der ITSI-Abschlussveranstaltung).

Studierende sind nicht nur für die Lehrveranstaltung oder das konzentrierte Arbeiten auf dem Campus. Sie brauchen und wünschen sich auch Orte für die Gruppenarbeit, den fachlichen Diskurs und den informellen Austausch (Abb. 16). Die verschiedenen ITSI-Studien zeigen, dass die Universität Basel zu wenige spezifisch für den Austausch und die Gruppenarbeit gestaltete Räume bietet, was die Studierendenporträts von «Andreas», «Nora», «Beatrice», «Barbara» und «Ruth» in diesem Buch exemplarisch veranschaulichen. Wenn möglich weichen die Studierenden deshalb auf andere Orte aus, wie zum Beispiel Cafés oder die eigene WG. Diese bieten jedoch meist nicht die ideale Umgebung für Gruppenarbeiten: Dort fehlt die benötigte Infrastruktur, es gibt zu wenig Platz oder es ist schlicht zu laut, um sich auf die Gruppenarbeit zu konzentrieren.

Die angebotenen Lernräume und Arbeitsplätze sind meist für das konzentrierte Selbststudium konzipiert (Abb. 17–18). Die hier dargestellten Arbeitsplätze zeichnen beinahe ein «behavioristisch» anmutendes Bild des Lernenden als «Lernmaschine», der sich das Wissen in Einzelklausur einpaukt. Und dort wo explizit Räume für die Gruppenarbeit angeboten werden, wie beispielsweise in der Universitätsbibliothek, ist das Angebot wenig genutzt, weil es bei den meisten Studierenden nicht bekannt ist. Ein ähnliches Bild zeigt sich bei den Lehrräumen. Sie sind in der Regel frontal für die Instruktion ausgerichtet und bieten wenig Flexibilität für die Gruppenarbeit oder den Austausch im Plenum. Nicht nur, dass die Möbel zu schwer und sperrig und damit der Aufwand für Dozierende meist zu gross ist, um in 15 Minuten zwischen zwei Lektionen grundlegend andere Arrangements umzusetzen, die Räume sind meist auch zu vollgestellt und lassen damit wenig verschiedene Situationen zu (Abb. 19). Um beispielsweise Gruppenarbeiten spontan auf den Boden zu verlegen, wie dies die Studierenden beim Workshop «Unterwegs zum Campus von morgen» auf dem Vitra Campus in Weil am Rhein (D) gemacht haben (vgl. Titelbild dieses Buchs), braucht es auch freie Flächen in den Lehrräumen, die meist nicht vorhanden sind.

Individuelles Lernen und eher frontal ausgerichteter Unterricht sind zweifelsohne wichtige Elemente des universitären Lehrens und Lernens und brauchen entsprechende Infrastrukturen. Doch das sollte nicht auf Kosten der ebenso wichtigen Elemente, des diskursiven Lernens und dialogischen Lehrens, geschehen.

Spannungsfeld «individuell» versus «diskursiv»

Aus institutioneller Sicht ergibt sich hier ein Spannungsfeld zwischen «individuell» und «diskursiv». Beide Lernformen durch entsprechende Räume angemessen zu unterstützen dürfte das Ideal sein. Traditionelle, über lange Zeiten gewachsene Universitäten haben eher zu wenig Räume und Orte für das Gruppenlernen, den Fachdiskurs und den informellen Austausch. Hier besteht ein Nachholbedarf, der idealerweise mit zusätzlichen Lernräumen abgedeckt werden sollte, und nicht auf Kosten von individuellen studentischen Arbeitsplätzen. Ein Nachholbedarf besteht zudem bei Orten für den informellen Austausch, an denen sich Studierende (auch mit ihren Dozierenden) ungezwungen austauschen können.[8]

2.6 Lernen wie zu Hause?: Atmosphäre und Verpflegung

Wollen wir einen Ort wo studiert wird (und sonst gar nichts) oder eine Art Zweitwohnung für die Studierenden? Oder etwas dazwischen? (Dozierende/r, Workshop Lernräume)

Verbringen Studierende den ganzen Tag auf dem Campus, dann wird dieser zu ihrem Lebensraum. Unter dem Titel «An der Uni zuhause» werden auf einem Studierendenblog der Universität Basel Orte auf dem Campus vorgestellt, «an denen man es sich gemütlich machen kann».[9] *Verpflegung, Aussicht, Atmosphäre, Natur* sind die vier Gesichtspunkte, unter denen jeweils ein Ort an der Uni vorgestellt wird. Bei einem der genannten Orte handelt es sich um den Lernraum der Theologiestudierenden, der auch im Rahmen der qualitativen Vorstudie zu den Lern- und Zwischenräumen näher unter die Lupe genommen wurde (Abb. 20). Wie beim Beispiel aus dem Departement Mathematik und Informatik oben und der von den Studierenden als

---

8   Vgl. Beitrag von Sabina Brandt im dritten Teil dieses Buchs.
9   Vgl. http://beast.unibas.ch/an-der-uni-zuhause/ [11.02.2014].

16 Für das Lernen im Austausch mit anderen brauchen Studierende entsprechend eingerichtete Räume

17 Mit Sichtschutz abgetrennte Einzelarbeitsplätze für Studierende in einer Fachbibliothek

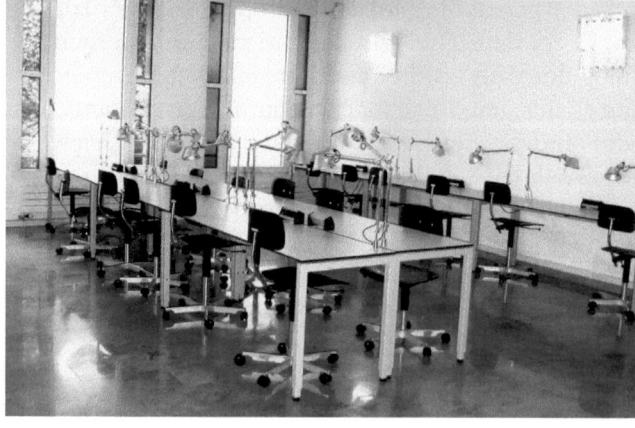

18 Einzelarbeitsplätze für Studierende in einem für sie eingerichteten Lern- und Arbeitsraum

19 Die Umsetzung
diskursiver Lehr-/
Lernsettings im
frontal ausgerich-
teten Lehrraum
ist mühsam

20 Von den Studie-
renden selbst
gestalteter und
selbst verwalteter
Lernraum an
der theologischen
Fakultät der
Universität Basel

21 Die «Stube»:
ein weiterer, von
den Studierenden
selbst gestalteter
Lern- und Aufent-
haltsraum an der
PH Zürich

«Stube» bezeichneten Lern- und Aufenthaltsraum an der PH Zürich (Abb. 21), wurde dieser Raum von den Studierenden selbst gestaltet. Ebenso können die Studierenden auch in diesem Fach selbst über den Raum verfügen. Sie haben beschlossen, den Raum über die Raumbelegungsplattform der Universität auch anderen Universitätsangehörigen zugänglich zu machen. Die beiden Abbildungen veranschaulichen, dass Atmosphäre und Verpflegung für diese Fachgruppe eine wesentliche Rolle spielen.

Vergleichbar mit einer gesunden «Work-Life-Balance» scheint den Studierenden eine ausgewogene «Learn-Life-Balance» wichtig. Dabei spielt auch frische, gesunde, abwechslungsreiche und günstige Verpflegung eine bedeutende Rolle, was eine Initiative Basler Studierender zu einer fleischfreien Mensa verdeutlicht.[10] Heutige Studierende möchten sich bewusst und gesund ernähren. Viele bringen ihr Essen deshalb selber mit, vermissen allerdings die Möglichkeit, es aufwärmen zu können und Orte, wo der Verzehr willkommen ist. Ein positives Beispiel ist die Cafeteria am Standort der Wirtschaftswissenschaftlichen und Juristischen Fakultät. Hier kann Essen in der Mikrowelle aufgewärmt werden und die Tische können von Personen mit mitgebrachtem Essen ebenso und gemeinschaftlich genutzt werden mit denen, die ihre Verpflegung in der Cafeteria beziehen.

Dass Verpflegung kein nebensächliches Thema, sondern im (Studierenden-)Leben zentral ist, zeigt auch die Studie «My Campus Karlsruhe» von Eichholz und Kunz. Es gab Studierende, die ihren gesamten Tagesablauf rund um die Nahrungsaufnahme organisieren und entsprechend Orte, an denen die Verfügbarkeit guter Nahrungsmittel gewährleistet ist, aufwerten (vgl. Eichholz & Kunz 2012).

Spannungsfeld «Wohnstube» versus «Arbeitsplatz»

Aus institutioneller Sicht lohnt es sich, gemäss den vorigen Ausführungen, das Thema «Essen» nicht zu unterschätzen. Das Spannungsfeld, das sich im Zusammenhang mit Verpflegung und Atmosphäre[11] für die planende Hochschule ergibt, könnte als «Wohnstube» versus «Arbeitsplatz» bezeichnet werden. Hier stellt sich die Frage, inwieweit eine Hochschule den Wünschen nach Gemütlichkeit, guter Atmosphäre und gesundem Essen gerecht werden sollte bzw. will, und wo hier die Grenzen zu setzen sind. Andererseits kann man auch fragen, warum der Wohlfühlfaktor gerade an Bildungsinstitutio-

---

10   Vgl. http://campus.nzz.ch/suche?search=basler+mensa [11.02.2014].
11   Atmosphäre und ihr Zusammenhang zur Organisationskultur wird im Beitrag von Sabina Brandt im dritten Teil dieses Buchs, Kap. 3, beleuchtet.

nen oft negativ konnotiert ist. Muss Lernen «wehtun»? Die Lernforschung deutet auf das Gegenteil hin: In positiv erlebten Umgebungen lernt es sich besser.[12] So gesehen ist nicht einzusehen, warum bei Lehr- und Lernräumen Effizienz und Facility Management an erster Stelle stehen sollten, und nicht der (wie auch immer zu bestimmende) Wohlfühlfaktor. Im Sinne einer nachhaltigen Universität müsste neben effizientem Wirtschaften und ökologischer Verträglichkeit auch das Wohlbefinden der sich darin bewegenden Menschen ein zentrales Anliegen sein.[13]

2.7 Studieren heute: Implikationen für die Campusgestaltung

Ausgehend von Beobachtungen aus studentischer Sicht haben sich sechs Themenfelder herauskristallisiert:

- *Orte und Infrastruktur:* Heutige Studierende sind «Lernwanderer». Sie wandern zwischen Lehrveranstaltungen, Pausen, individuellen Lernzeiten und Gruppenarbeiten und sind oft mit ihrem Tagesgepäck von morgens bis abends auf dem Campus.
- *Grenzen und Übergänge:* Das Studium findet in wechselnden Kontexten statt, wobei manche Studierende Aktivitäten wie Selbststudium, Gruppenarbeit und Erholung sowie die dafür genutzten physischen und virtuellen Räume klar trennen. Andere bleiben lieber für alles am gleichen Ort und wünschen sich flexiblere und vielfältigere Umgebungen.
- *Nutzungskulturen:* Studierende fühlen sich als Angehörige der Universität, möchten Räume entsprechend nutzen dürfen und können verantwortlich zum Betrieb beitragen.
- *(Fach-)Sozialisation:* Die Identifikation mit der Uni und ihrer «akademischen Heimat» (Studienfach) ist den Studierenden ein zentrales Anliegen.
- *Austausch und Diskurs:* Der Campus ist für sie ein wichtiger Ort für Gruppenarbeit und den Austausch mit Kommilitoninnen und Kommilitonen.
- *Atmosphäre und Verpflegung:* Das Wohlbefinden auf dem Campus ist für die Studierenden kein nebensächlicher, sondern ein wesentlicher Aspekt.

Aus diesen Beobachtungen hat das ITSI-Projektteam eine zentrale These für die Universität Basel abgeleitet: *Auf Lernwanderer ist die Universität nicht*

---

12   Vgl. z. B. Konzept der grundlegenden psychologischen Bedürfnisse (Krapp, 2005) oder Konzept der positiven Verstärkung (Edelmann & Wittmann, 2012).
13   Vgl. dazu den Beitrag von Tina Škerlak in diesem Buch.

eingerichtet. In den genannten Themenfeldern besteht auf der Basis unserer Beobachtungen Handlungsbedarf für die Hochschule. Allerdings wird es hier vermutlich kaum «pfannenfertige» Lösungen geben, die den unterschiedlichen Bedürfnissen gerecht werden können. Vielmehr sollten Konzepte für einen Campus von morgen vor dem Hintergrund der oben vorgestellten Spannungsfelder reflektiert werden. Dabei geht es nicht um ein «Entweder-oder», sondern vielmehr um ein «Sowohl-als-auch»: Die beiden Pole der Spannungsfelder spannen dabei den jeweiligen Gestaltungsspielraum auf und sind als sich ergänzende Gegenwerte zu betrachten (siehe dazu Bachmann, Dittler & Tesak, 2004). In diesem Sinne sollte der Campus von morgen

- zeit- und ortsunabhängiges Lernen ermöglichen und gleichzeitig einen festen Lernort bieten *(Spannungsfeld: jederzeit und überall versus an einem Ort),*
- Übergänge für flexible Nutzungsformen schaffen und wo nötig Grenzen definieren *(Spannungsfeld: integriert versus getrennt),*
- die Studierenden als Kunden respektieren und als Angehörige der Universität mit einbinden *(Spannungsfeld: Serviceanspruch versus Eigenverantwortung),*
- fachspezifische Lösungen ermöglichen und gesamtuniversitäre Angebote schaffen *(Spannungsfeld: Fachkultur versus Universitas),*
- Räume sowohl für das individuelle Selbststudium, als auch für die Gruppenarbeit und den informellen Austausch anbieten *(Spannungsfeld: individuell versus diskursiv)* und
- einen Arbeitsort bieten, der gleichzeitig Teil des Lebensraums ist *(Spannungsfeld: Wohnstube versus Arbeitsplatz).*

3 CAMPUSGESTALTUNG IM KONTEXT BILDUNGSPOLITISCHER ENTWICKLUNGEN UND DIDAKTISCHER ANSPRÜCHE

Nun lässt sich fragen, inwieweit die hier gemachten Beobachtungen eine allgemeine, über die Universität Basel hinausgehende Bedeutung für die Gestaltung von Lehr-/Lernräumen an Hochschulen im engeren und die Hochschulentwicklung im weiteren Sinne haben. Im Folgenden werden deshalb die Ergebnisse der Studien vor dem Hintergrund bildungspolitischer Entwicklungen und didaktischer Ansprüche betrachtet und diskutiert. Zum einen aus Sicht des mit der Bologna-Reform intendierten Paradigmenwechsels vom Lehren zum Lernen, bei dem das Lernen der Studierenden in den Fokus rückt. Zum anderen wird dann ein vertiefter Blick auf das Lernen und damit verbundene Konzepte geworfen und analysiert, welche Schlüsse daraus für die Campus- bzw. Hochschulentwicklung gezogen werden können.

3.1 Vom Lehren zum Lernen

«The shift from teaching to learning» bringt eine der Kernideen der Bologna-Reform zum Ausdruck. Dieser Paradigmenwechsel sieht vor, dass sich das Studium weg von einer inputorientierten Lehre hin zu einem studierendenzentrierten Lernen mit Outcome-Orientierung bewegt. Eigentlich ist dieser «shift» älter als die Bologna-Deklaration der Europäischen Bildungsminister (1999), obwohl er in diesem Kontext erst 2009 im Leuvener Communiqué erwähnt wurde (vgl. Europäische Hochschulminister, 2009). Der viel zitierte Ausdruck «from teaching to learning» geht nämlich auf eine gleichlautende Arbeit von Robert B. Barr und John Tagg aus dem Jahr 1995 zurück. Dort wurde bereits ein Wechsel vom «Instruction Paradigm» zum «Learning Paradigm» postuliert: «In the Learning Paradigm [...] a college's purpose is *not to transfer knowledge* but *to create environments* and experiences that bring students to discover and construct knowledge for themselves, to make students members of communities of learners that make discoveries and solve problems» (Barr & Tagg, 1995, S. 15, Hervorheb. i. O.). Die Gestaltung der Lernumgebung spielt demnach beim Wechsel zu einem studierendenzentrierten Paradigma eine zentrale Rolle, und es stellt sich die Frage, warum die Lehr- und Lernräume bzw. der Campus bei der Umsetzung der Bologna-Reform bislang nur wenig berücksichtigt wurde.

Damit ein Paradigmenwechsel vom inputorientierten Lehren zum studierendenzentrierten Lernen gelingen kann, müssen die Räume, in denen Lernen stattfindet, anders aussehen. In welche Richtung eine Weiterentwicklung des Campus gehen könnte wird im nächsten Abschnitt mit einem näheren Blick auf das Lernen erörtert.

3.2 Vom «halben» zum «ganzen» Lernen

Grundlage der folgenden Überlegungen liefert eine Arbeit der Hochschuldidaktikerin und Mathematikerin Anna Sfard (1998) mit dem Titel «On Two Metaphors for Learning and the Dangers of Choosing Just One». Ihr Verständnis von universitärem Lernen basieren auf zwei Metaphern: dem Erwerb von Wissen und Fähigkeiten einerseits («Aneignungsmetapher») und der Enkulturation, d. h. das Hineinwachsen in die Wissenschafts- und Fachkultur, andererseits («Partizipationsmetapher») (vgl. deutsche Übersetzung

	LERNEN ALS «ANEIGNUNG»	LERNEN ALS «PARTIZIPATION»
Studienziel	individuelle Bereicherung	Teilnahme an der Fach-Community
Lernen	sich etwas zu eigen machen	Teilnehmende/r werden
Studierende	rezipieren (konsumieren), (re-)konstruieren	nehmen peripher teil, als «Lehrling»/wiss. Nachwuchs
Lehrende	vermitteln, stellen zur Verfügung	nehmen als ExpertInnen teil, führen und sichern Fachdiskurs
Wissen	ist individueller Besitz, «Substanz»	ist eine Aktivität, Partizipation, Kommunikation

Tab. 2 Zwei Metaphern des Lernens (nach Sfard, 1998, S. 7)

von Wegner & Nückles, 2013). Je nach Perspektive sind die verschiedenen Aspekte des Lernens unterschiedlich ausgeprägt (Tab. 2).

Ähnlich wie bei den oben beschriebenen Spannungsfeldern, geht es auch hier nicht um ein Entweder-oder im Sinne der Förderung von einzig dem Erwerb von Fähigkeiten oder nur dem Hineinwachsen in das wissenschaftliche Denken einer Fachgemeinschaft. Es braucht beides. Lernen als «Aneignung» und Lernen als «Partizipation» sind hier die sich ergänzenden Gegenwerte und in diesem Sinne die zwei Hälften des Lernen. Sfard (1998) bezeichnet die beiden Metaphern als Linsen, durch die universitäres Lernen betrachtet werden kann (vgl. auch Wegner & Nückles, 2013, S. 17). Blickt man durch diese beiden Linsen auf den Campus fällt auf, dass er für ein Lernen als «Aneignung» sehr gut funktionierende Räume und gute Infrastrukturen bereitstellt, hingegen für ein Lernen als «Partizipation» keine ideale Umgebung ist. *Der Campus dient* – im Sinne von Sfard – nur *dem «halben» Lernen*, eine weitere zentrale These des Projektes. Und dies gilt sowohl für den Campus als physisches Objekt, als auch für den Campus als abstraktes Subjekt, d. h. für Nutzungskulturen und -formen.

Interessant ist in diesem Zusammenhang auch das Ergebnis einer Studie zum Thema «Orte des Selbststudiums» von Bernd Vogel und Andreas Woisch (2013). Zwar liegt der Fokus der Studie auf dem individuellen Selbststudium. Doch bei der Frage nach den Motiven für die Wahl des dafür genutzten Ortes wird zwar der Arbeitsplatz zu Hause für das Selbststudium von vielen als Präferenz genannt, für die Gruppenarbeiten und den fachlichen Diskurs wird hingegen die Hochschule als geeigneter eingeschätzt. Der Campus scheint der Ort zu sein, an dem Lernen im Sinne der Partizipation statt-findet. Auch das Lehr-/Lernverständnis der Dozierenden umfasst nicht nur die Wissensvermittlung. Die Enkulturation der Studierenden als Nachwuchs-wissenschaftlerinnen und -wissenschaftler ins eigene Fach spielt eine min-destens ebenso wichtige Rolle (vgl. Wegner & Nückles, 2013).

Studierende und Dozierende sollten deshalb in ihrem Verständnis nach partizipativer Lehr-/Lernkultur auch durch Räume und Organisation un-terstützt werden. Im Sinne von Anna Sfard geht es dabei um ein Sowohl-als-auch: nicht darum, bestehende Lehrräume und individuelle Lernplätze durch Orte für Fachdiskurs, informellen Austausch oder Gruppenarbeit zu ersetzen, sondern darum, beides zu ermöglichen, damit der Campus künftig dem «ganzen» Lernen dient.

4   FAZIT

Die Zukunft der Universität als moderne Einrichtung hängt von ihrer Be-ziehung zum Lehren und Lernen ab. Die Qualität einer Universität ist be-stimmt durch die Qualität des Umgangs mit dem Personal und den Studie-renden der Universität (Pellert, 2000, S. 10).

Der Campus, so wie er gewachsen ist, spiegelt eine von der Wissensvermitt-lung geprägte Beziehung zum Lehren und Lernen. Dabei verstehen Wissen-schaftlerinnen und Wissenschaftler unter universitärem Lernen auch das diskursive Lernen und Hineinwachsen in die Wissenschaftskultur. Um auch diesem Lernverständnis Platz einzuräumen, sollten die Hochschulen auf dem Weg zum Campus von morgen dafür die entsprechenden Rahmenbedingun-gen schaffen. Gerade auf dem physischen Campus sind Präsenzuniversitäten wie die Universität Basel hier gefordert, in Lehren und Lernen im Sinne von Partizipation und Enkulturation zu investieren, denn im Standort liegen ihre Stärken, gerade wenn sich die Wissensvermittlung weiter in die virtuelle Welt verschieben sollte, wie dies beispielsweise der aktuelle Trend der Massive Open Online Courses (kurz MOOCs) suggeriert. Damit die Universität der Zukunft dem «ganzen Lernen» dienen kann, sollte sie dabei ihre Studierenden als Angehörige der Akademie in die Gestaltung der Hochschule von morgen miteinbinden.

LITERATUR

Amstutz, S., Schwehr, P., Schulze, H. & Krömker, H. (2013). Office in Motion: Arbeitswelten für die Wissensarbeitenden von morgen. Interner Schlussbericht. Fachhochschule Nordwestschweiz/Hochschule Luzern.

Bachmann, G., Dittler, M. & Tesak, G. (2004). Didaktik und Lernen. *Uni Nova, Wissenschaftsmagazin der Universität Basel, 98/2004*, 15–17.

Barr, R. B. & Tagg, J. (1995). From teaching to learning – a new paradigm for undergraduate education. *Change Magazine, 27 (6)*, 12–25.

Edelmann, W. & Wittmann, S. (2012). *Lernpsychologie. 7*. vollständig überarbeitete Auflage. Weinheim: Beltz.

Eichholz, D. & Kunz, A. M. (2012). «My Campus Karlsruhe». Zur Rekonstruktion studentischer Raumnutzungsmuster mittels Logbuch-Verfahren. In H. Schröteler-von Brandt, T. Coelen, A. Zeising & A. Ziesche (Hrsg.), *Raum für Bildung: Ästhetik und Architektur von Lern- und Lebensorten* (S. 61–71). Bielefeld: transcript.

Euler, D. & Seuffert, S. (2005). Change Management in der Hochschullehre: Die nachhaltige Implementierung von e-Learning-Innovationen. *Zeitschrift für Hochschulentwicklung, 3*, 3–15.

Europäische Bildungsminister (1999). Der Europäische Hochschulraum. Gemeinsame Erklärung der Europäischen Bildungsminister, 19. Juni 1999, Bologna. Online verfügbar: http://www.bmbf.de/pubRD/bologna_deu.pdf [11.02.2014].

Europäische Hochschulminister (2009). Bologna-Prozess 2020 – der Europäische Hochschulraum im kommenden Jahrzehnt. Kommuniqué der Konferenz der für die Hochschulen zuständigen europäischen Ministerinnen und Minister, Leuven/Louvain-la-Neuve, 28. und 29. April 2009. Online verfügbar: http://www.bmbf.de/pubRD/leuvener_communique.pdf [11.02.2014].

Gómez Tutor, C., Hobelsberger, C. & Menzer, C. (2011). Zwischen Serviceanspruch und Eigenverantwortung – ein Balanceakt in Zeiten Bolognas. *Zeitschrift für Hochschulentwicklung, 6 (2)*, 238–249.

Harrop, D. & Turpin, B. (2013). A study exploring learners' informal learning space behaviors, attitudes, and preferences. *New Review of Academic Librarianship, 19 (1)*, 58–77.

Krapp, A. (2005). Das Konzept der grundlegenden psychologischen Bedürfnisse. Ein Erklärungsansatz für die positiven Effekte von Wohlbefinden und intrinsischer Motivation im Lehr-Lerngeschehen. *Zeitschrift für Pädagogik, 51(5)*, 626–641.

Pellert, A. (2000). Qualität der Lehre und Personalentwicklung an österreichischen Universitäten – Gegenwärtiger Stand und Entwicklungsmöglichkeiten. *Zeitschrift für Hochschuldidaktik, 2*, 10–16. Innsbruck/Wien/München: Studienverlag.

Peterssen, W. H. (2001). *Lehrbuch allgemeine Didaktik. 6*. Auflage. München: Oldenbourg.

Richter, P. G. (2008). *Architekturpsychologie: eine Einführung. 3*. überarbeitete und erweiterte Auflage. Lengerich: Pabst Science Publishers.

Sage, S. (2009). Räume reformieren. Großbildschirme, Präsentationstechniken und nomadische Studenten: Neue Lern- und Lehrformen erfordern neue Hochschulräume. *DAB Deutsches Architektenblatt, Ausgabe Baden-Württemberg, 11*, 10–13.

Schulmeister, R. & Metzger, C. (2011). *Die Workload im Bachelor: Zeitbudget und Studierverhalten. Eine empirische Studie*. Müster/New York/München/Berlin: Waxmann.

Schwander, U., Miluška, J. & Bachmann, G. (2011). Projekt IT-Service Integration in Studium und Lehre (ITSI), Abschlussbericht. Online verfügbar: http://itsi.ltn.unibas.ch/wp-content/uploads/2012/11/ITSI_Abschlussbericht.pdf [11.02.2014].

Sfard, A. (1998). On Two Metaphors for Learning and the Dangers of Choosing Just One. *Educational researcher, 2,* 4-13.

Vogel, B. & Woisch, A. (2013). Orte des Selbststudiums: Eine empirische Studie zur zeitlichen und räumlichen Organisation des Lernens von Studierenden. *HIS: Forum Hochschule 7/2013.* Hannover: HIS Hochschul-Informations-System GmbH.

Wegner, E. & Nückles, M. (2013). Kompetenzerwerb oder Enkulturation? Lehrende und ihre Methapern des Lernens. *Zeitschrift für Hochschulentwicklung, 8 (1),* 15-29.

«Was kann ein einzelner
Student denn schon bewirken?»
ANDREAS, 23 Jahre

ANDREAS studiert im 4. Jahr Soziologie und Ethnologie und steht damit kurz vor dem Bachelor-Abschluss. Er wohnt in einer Wohngemeinschaft, 10 Minuten von der Uni entfernt. Sein Studium ist ihm sehr wichtig, er engagiert sich sehr und wendet viel Zeit auf für Vor- und Nachbereitung von Vorlesungen und das Schreiben von Essays und Arbeiten. Oft wünscht er sich deutlich mehr Zeit und Raum für vertiefte Auseinandersetzung mit den Inhalten und empfindet das (Bachelor-)Studium als zu sehr «rationalisiert». Die Universität sieht er in Gefahr, zur «intellektuellen Massenproduktionsstätte» zu werden – er verfolgt die aktuellen Entwicklungen kritisch und hat ein grosses Interesse daran, seine Umgebung und die künftiger Studierender mitzugestalten.

Andreas lernt, je nach Lernauftrag und -art, an vielen verschiedenen Orten: in der Uni-Bibliothek (nur mit Laptop), in seiner WG oder im Elternhaus (jeweils sowohl an reinen Arbeitsplätzen als auch im Wohnzimmer auf dem Sofa) oder in Cafés (besonders für Gruppenarbeiten). Er hat favorisierte Orte etwa für das Lesen von Texten, für das Schreiben von Arbeiten, für das Lernen auf Prüfungen hin, für Literaturrecherche oder für Gruppenarbeiten. Für letztere findet er auf dem Campus bisher zu wenig geeignete Räume vor und weicht deshalb auf die WG oder in Cafés aus, wo intensives Arbeiten allerdings häufig durch Lärm und fehlende Infrastruktur erschwert wird. Andreas nutzt eine vielfältige (Lern-)Infrastruktur, arbeitet sehr gerne mit Stift und Papier und wünscht sich auch bei der Ausstattung von Vorlesungs- und Lernräumen die Wahlmöglichkeit zwischen elektronischen und analogen Werkzeugen und Kombinationen, d. h. ausreichend grosse Tische, genügend Steckdosen etc.

Für sein Studium arbeitet er an 6 Tagen in der Woche, vor allem zwischen 10 und 18 Uhr, häufig auch länger, da er abends besser arbeiten kann als tagsüber. Vor der Abschlussphase war seine Lernzeit durch einen Nebenjob um einen Tag pro Woche reduziert. Andreas' Lernzeiten sind recht flexibel, weshalb sie von festen Zeiten für Sport, Job, Pendeln, Vorlesungen etc. strukturiert werden. Mittags isst er in der Mensa oder zu Hause. Zum Austausch mit anderen Studierenden stehen für ihn neben E-Mail und SMS/OTT das persönliche Treffen im Vordergrund, etwa nach Vorlesungen, in der Cafeteria oder Cafés, auf dem Flur oder beim Uni-Sport.

Der regelmässige sportliche Ausgleich während des akademischen Arbeitens ist für ihn zentral. Um dies in den Alltag integrieren zu können, hat er häufig viel Gepäck bei sich – ein «notwendiges Übel». Seinen Freundeskreis hat sich Andreas weniger im fachlichen Kontext aufge-

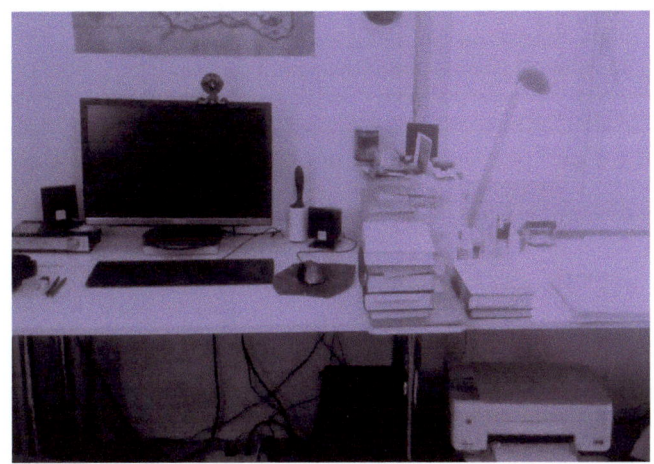

Ein Lernort
von Andreas:
sein Schreibtisch
zuhause

baut, sondern über den Uni-Sport. Dies trägt zusätzlich dazu bei, dass der Sport für ihn nicht aus dem universitären Alltag wegzudenken ist.

KÖNNTE ANDREAS DEN CAMPUS VON MORGEN GESTALTEN so wäre sein Hauptanliegen die bessere Ausstattung mit Gruppenräumen, in denen Aufgaben im Team gelöst, Referate vorbereitet und Themen diskutiert werden können. Bisher trifft er Mitstudierende zu diesem Zweck entweder zu Hause oder in Cafés, wo allerdings oft Ruhe, Platz und die geeignete Infrastruktur fehlen. Zentral wäre für ihn auch ein konsequenter und gut funktionierender Austausch zwischen GestalterInnen und NutzerInnen eines modernen Universitäts-Campus. Besonders wichtig ist ihm, dass Studierende sich bei diesem wie bei anderen Themen für ihre Belange einsetzen und die bestehenden Möglichkeiten wahrnehmen, Bedürfnisse anzumelden – auch dann, wenn sie zunächst vermuten mit ihren Anliegen einzigartig und exotisch zu sein oder (aufgrund der begrenzten Studiendauer) von Veränderungen vielleicht gar nicht mehr selbst profitieren können. Andreas erlebt bei Studienkolleginnen und -kollegen und sich selbst oft Zweifel am eigenen Einfluss und wünscht sich dazu Mut und Interesse von beiden Seiten: von den Studierenden und der Universität.

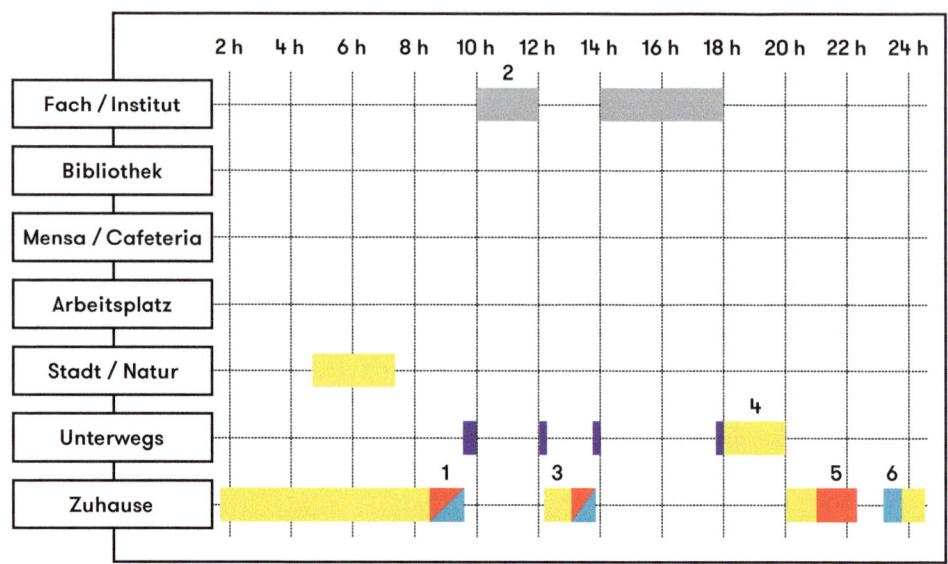

ANDREAS' typischer Studientag*
Bachelor Soziologie und Ethnologie, 1. Semester

Fach / Institut
Bibliothek
Mensa / Cafeteria
Arbeitsplatz
Stadt / Natur
Unterwegs
Zuhause

LEGENDE
- Lernen
- Lehrveranstaltung
- Austausch
- Organisieren
- Nebenjob / Familie
- Leerzeiten
- Erholung / Freizeit

1
Vorbereitung der Vorlesung und Planung des Tages.

2
Bei Vorlesungen ist die Dokumentenbeschaffung teils umständlich.

3
Essen zu Hause: preiswerter und Möglichkeit kurz «abzuschalten».

4
Fitness.

5
Nach- und Vorbereitung der Vorlesung: Bei einem 30 KP Semester hat man kaum Zeit zum (seriösen) Lernen, wenn man einen Ausgleich zwischen kognitiver und körperlicher Leistung anstrebt.

6
Lernmaterial für den nächsten Tag vorbereiten, E-Mails checken, unterschiedliche Dinge organisieren.

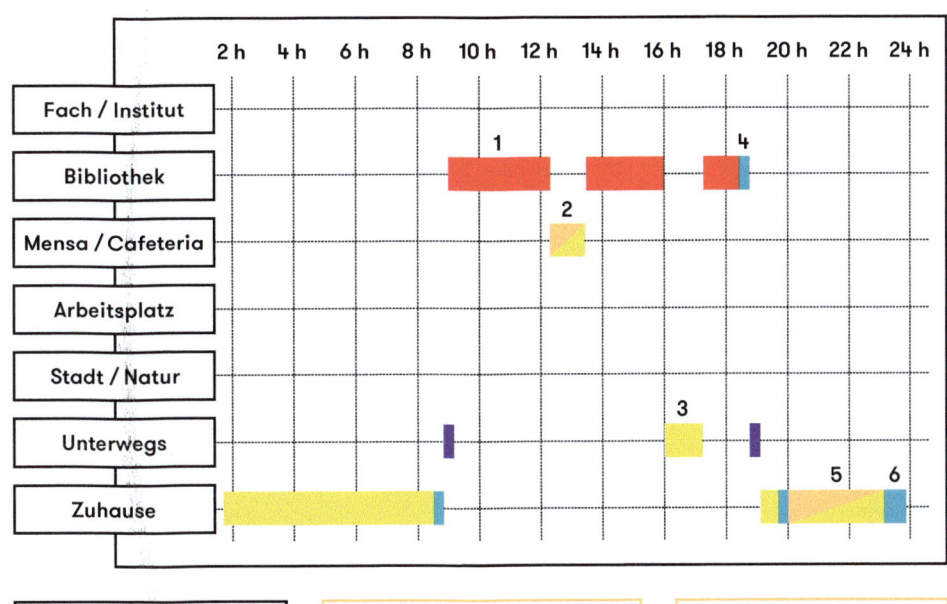

ANDREAS' typischer Studientag*
Bachelor Soziologie und Ethnologie, 7. Semester

| | 2 h | 4 h | 6 h | 8 h | 10 h | 12 h | 14 h | 16 h | 18 h | 20 h | 22 h | 24 h |

Fach / Institut

Bibliothek — 1, 4

Mensa / Cafeteria — 2

Arbeitsplatz

Stadt / Natur

Unterwegs — 3

Zuhause — 5, 6

LEGENDE
- Lernen
- Lehrveranstaltung
- Austausch
- Organisieren
- Nebenjob / Familie
- Leerzeiten
- Erholung / Freizeit

2
Essen und Austausch:
Ich gehe lieber früher als
spät, ansonsten ist das
Essen nicht mehr «frisch».

5
Unterwegs mit
Freunden, Freizeit.

3
Unisport:
Wenn man den ganzen Tag
an der Uni ist hat man
viel Gepäck dabei – und für
Sportutensilien kein
Stauraum an der Uni.

6
Materialien für den
nächsten Tag
vorbereiten, E-Mails
checken, unter-
schiedliche Dinge
organisieren.

1
Wegen der Steckdosen
lerne ich nur im
Lesesaal (oben) oder
im Doktorandenraum.

4
Inhaltliche Organisation
für den nächsten Tag.

*Andreas wurde gebeten, seine Tätigkeiten an zwei «typischen» Studientagen aufzuzeichnen
und jeweils auf damit verbundene Schwierigkeiten hinzuweisen.

BERNHARD HERRLICH

LERNUMGEBUNG HOCHSCHULBIBLIOTHEK BEITRAG, SELBSTVERSTÄNDNIS SOWIE AUSDRUCK IM DESIGN

ZUSAMMENFASSUNG

Das Selbstverständnis der wissenschaftlichen Bibliotheken an Hochschulen hat sich in den letzten hundert Jahren stark gewandelt und befindet sich weiterhin im Wandel. Der Beitrag verfolgt anhand der sich ändernden Aufgaben die Entwicklung von der bestandsorientierten hin zur benutzerorientierten Bibliothek. Es zeigt sich, dass das jeweils vorherrschende Bild der Bibliothek Ausdruck findet sowohl in Architektur und Design als auch in ihrer Organisationsstruktur. Anhand des aktuellen bibliothekswissenschaftlichen Diskurses wird gezeigt, dass sich die Bibliothek als Teil des Lernraums Hochschule versteht und als sozialer Raum zentral für die Kommunikation unter ihren Benutzerinnen und Benutzer sowie für die Identifikation mit der Hochschule ist. Auch wenn Bibliotheken seit jeher einen gewichtigen Beitrag zur Lernumgebung leisten, können nur gemeinsam mit anderen Einrichtungen der Hochschule diejenigen Bedingungen geschaffen werden, welche das Lernen in all seinen Facetten unterstützt.

1 EINLEITUNG

Der bibliothekarische Grundauftrag und das Grundverständnis des Sammelns, Ordnens und Verfügbarmachens von Information, welche sich über die letzten 5 000 Jahre nicht verändert haben (vgl. Naumann, 2011, S. 148), involvieren vor allem durch das Diktum der Verfügbarkeit des Bibliotheksguts die Berücksichtigung des Raums für die Benutzenden beim Bau einer Bibliothek – mit anderen Worten: Lernraum. Über diesen Lernraum sind Hochschule und ihre zugehörige Bibliothek eng verbunden. Wie eng zeigt sich daran, dass eine Betrachtung der «Bibliothek als Lernraum eigentlich immer nur im Rahmen einer Betrachtung der Hochschule als Lernraum funktioniert» (Eigenbrodt, 2010, S. 255). McDonald sieht die Bibliothek gar im Zentrum der Universität: «The library is the central academic focus of the university and plays a strong social rôle in the learning, teaching and research processes within the institution» (McDonald, 2006, nicht paginiert).

Dass Hochschulbibliotheken einen Beitrag zum Lernraum leisten dürfte als Allgemeinplatz weiterum unbestritten, der Konsens über die Konkretisierung dieses Beitrags schwieriger zu erreichen sein. Im Folgenden soll deswegen versucht werden erstens aufgrund der Aufgaben und zweitens des Selbstverständnisses von Hochschulbibliotheken herauszuarbeiten, welchen Beitrag die Bibliothek zum Lernraum Hochschule beisteuert und darauf aufmerksam zu machen, welcher Fundus an Wissen diesbezüglich im bibliothekswissenschaftlichen Raum schlummert. Denn: «University libraries have massive experience in providing and developing different learning spaces and, at the same time have the skills and expertise in their evaluation» (Walton & Matthews, 2013, S. 3). Vorab sind einige begriffliche Klärungen vorzunehmen, wobei es zuallererst um eine Annäherung an die Konzepte des Raums und des Lernens, aber auch um die für unsere Zwecke hinreichende Festlegung von Wissen und Information geht.

2 BEGRIFFLICHKEITEN: RAUM, LERNEN UND INFORMATION

Zentral für die folgenden Überlegungen sind die verwendeten Begriffe Raum, Lernen und Information. Alle drei sind schillernd, und deshalb erscheint es angebracht, die Verwendungen der Begriffe vorab zu klären. Einerseits gilt es, das Missverständnis zu verhindern, dass andere (zulässige) mit den Begriffen verknüpfte Konzepte zu Friktionen und Inkonsistenzen führen. Andererseits geht es darum, die Anschlussfähigkeit an den bibliothekswissenschaftlichen Diskurs zu erhalten.

2.1 Raum: Physisches Objekt und abstraktes Subjekt

Eine kurze Betrachtung der Verwendung des Ausdrucks Raum umfasst so unterschiedliche Dinge wie Ort, Aufenthaltsort, Stelle. Aber auch bereits mit Funktionen aufgeladene, in den drei Dimensionen verortbare Bereiche wie Lern- oder Lehrraum sind darunter zu verstehen. Und zumindest bei Letzterem wird klar, dass der gleiche Raum allein aufgrund des unterschiedlichen Blickwinkels von Lehrenden und Lernenden anders belegt werden kann. Ferner existiert neben dem physischen auch noch der virtuelle oder digitale Raum und in diesem wiederum der virtuelle Lern- und Lehrraum. Für die folgenden Zwecke geeignet scheint ein von Harrop und Turpin (2013) gewählter Ansatz der Klärung des Konzepts Raum, der aber um den Aspekt des Virtuellen zu erweitern ist. Die Autorinnen zeigen auf, dass Raum primär auf zwei Arten behandelt werden kann: als physisches Objekt einerseits und als abstraktes Subjekt andererseits.

Raum als physisches Objekt referiert dabei vor allem auf die Architektur. Er umfasst die Decken und Wände, Design, Möblierung, Beleuchtung, Akustik und Technik eines Gebäudes. Die Autorinnen stellen dabei fest, dass die Architektur eines Raums das Lernen und Lehren sowohl unterstützen als auch behindern kann (vgl. Harrop & Turpin, 2013). Als Planungsgrundlage für Bibliotheken als physische Objekte ist unter anderem der «DIN-Fachbericht 13, Bau- und Nutzungsplanung von Bibliotheken und Archiven» zu nennen.[1] Demgegenüber steht der *Raum als abstraktes Subjekt*, das durch Menschen und ihre Interaktion im und mit dem Raum gestaltet wird. Hier geht es darum, wie wir als Menschen den Raum in Beschlag nehmen, ihn gestalten, was wir mit ihm anstellen und wie wir ihn in Erinnerung behalten; zusammengefasst unter dem Begriff «Placemaking» (Harrop & Turpin, 2013, S. 60). Raum ist damit mehr als die Summe seiner Quadratmeter. Architekten sprechen denn auch von Raumqualitäten. Die beiden Ansichten des Raums sind natürlich aufs Engste miteinander verbunden und das Dilemma zwischen der Planung eines physischen Raums und seiner tatsächlichen Nutzung lässt sich letztlich in den Worten zusammenfassen: «You can't be sure how these spaces will be used. You are just creating the opportunities for things to happen» (Tom Finnigan, zitiert in JISC, 2006, S. 31).

Neben dem physischen Raum an sich und der subjektiven Erinnerung an ihn stehen gleichberechtigt noch die *virtuellen Räume* der Hochschule.

---

1   Siehe dazu und zu weiteren Planungsgrundlagen: http://www.bibliotheksportal.de/themen/architektur/planungsgrundlagen.html [11.02.2014].

Auch hier findet sich die architektonische Sichtweise solcher Räume: Sie trennt Innen und Aussen durch die Definition der Zielgruppe (besser: User), die diese Räume betreten darf. Ausserdem bestimmt das Design der virtuellen Umgebungen in hohem Masse, welche Möglichkeiten sich den Nutzenden in diesen Räumen bzw. auf diesen Plattformen bieten. Daneben steht gleichberechtigt der Raum als Subjekt und die Erfahrung, dass die virtuellen Kommunikationsangebote der Institutionen von den Usern ganz unterschiedlich oder nicht in dem Masse akzeptiert werden, wie sich Institutionen dies wünschen (vgl. Herrlich, 2013, S. 17f.).

Soweit im Folgenden nicht unterschieden wird, sind unter Lernräumen sowohl das physische Objekt als auch ihre funktionale Beschlagnahme durch die Menschen zu verstehen. Ferner ist mit Design nicht nur die Ausstattung und das Mobiliar, sondern auch die Architektur gemeint.

2.2 Lernen: Lernraum und die Lernenden als Benutzer

Der Begriff des Lernens ist ähnlich polyvalent wie der Begriff des Raums. Allgemein ist mit Lernen eine geistige Tätigkeit gemeint, bei welcher es um den Erwerb von Kenntnissen, Fähigkeiten und Fertigkeiten geht. Im Rahmen der Hochschulen stehen die Lernprozesse der Wissensaneignung und der Wissensproduktion im Vordergrund. Dabei kann Lernen nicht mit der reinen Aneignung von Wissen aus dem eigenen Fachbereich gleichgesetzt werden, sondern umfasst auch kulturelle, soziale und körperliche Komponenten (vgl. Eigenbrodt, 2010, S. 254).[2] Long und Ehrmann (2005) verknüpfen in ihrem Ansatz das Konzept des Lernens mit den Lernräumen und erstellen in Abhängigkeit von den verschiedenen Lernaktivitäten und -funktionen eine Typologie von Lernräumen[3]:

* Räume des Nachdenkens und Überlegens
* Räume für Gestaltung/Kreativität
* Präsentationsräume
* Räume für gemeinsames Arbeiten
* Räume für Debatten und Diskussionen
* Räume für Dokumentation
* Räume für Assoziation und Kombination
* Räume für die praktische Umsetzung

---

2   Vgl. dazu auch den Beitrag von Gudrun Bachmann in diesem Buch.
3   Vgl. Long & Ehrmann, 2005, S. 54f.; nach Eigenbrodt, 2010, S. 254.

- Räume des Überblicks
- Technische Räume

Sie weisen darauf hin, dass es wenig sinnvoll ist, wenn jeder Lernraum alle Aktivitäten und Funktionen der Typologie unterstützt; vielmehr kann es zweckmässiger sein, einzelne Einrichtungen für bestimmte Funktionen zu optimieren. Die Benutzerinnen und Benutzer haben so die Wahl, denjenigen Lernraum zu nutzen, der für ihre aktuellen Bedürfnisse am besten geeignet ist.

Allein aus der Anschauung dieser Lernraumtypologie drängen sich vier Einsichten von selbst auf: *Erstens* sind die über den Campus verteilten Lern- und Lehrräume an einer Hochschule als Lernumgebung zu denken. Keine Organisationseinheit der Universität besitzt hier Exklusivität; vielmehr entsteht der vollständige Lernraum im Zusammenspiel mehrerer Akteure. *Zweitens* variiert die Anzahl und Zusammensetzung der zur Verfügung gestellten Lernräume in Abhängigkeit der konkreten Ausrichtung der Hochschule. Ja sie muss variieren, wenn sie auf die konkreten Bedürfnisse vor Ort zugeschnitten sein soll. Denn selbstredend sehen Räume für die praktische Umsetzung für Studierende der Architektur anders aus als diejenigen, die im Fachbereich Informatik angeboten werden. *Drittens* ist damit auch formuliert, dass sich nicht alle Typen von Lernräumen an der Bibliothek resp. im lokalen Bibliotheksverbund finden. Denn soweit z. B. naturwissenschaftliche Erkenntnis- und damit Lernprozesse an Laborumgebungen gebunden sind, die in der Regel auf wiederholbare Beobachtungen angewiesen sind, macht es keinen Sinn, Labore in die Bibliothek einzubauen. *Viertens* lässt sich bei der Betrachtung der Raumtypen festhalten, dass Bibliotheken nicht alle, aber schon immer vielfältige Funktionen als Lernräume wahrgenommen haben. Wissenschaftliche Bibliotheken werden klassischerweise als Räume des Denkens und Nachdenkens, der Konzentration, der Assoziation und Kombination gesehen. Angesichts der hinzugekommenen Funktionen in den Bibliotheken fehlen eigentlich nur die Gestaltungsräume und die Räume der praktischen Umsetzung (vgl. Eigenbrodt, 2010, S. 255).

Aufgrund des bestehenden reichhaltigen Angebots an Lernraumtypen und ihres umfangreichen Erfahrungsschatzes nehmen Bibliotheken bei der Bereitstellung von Lernumgebungen eine zentrale Rolle innerhalb der Hochschule ein. Deshalb, und soweit sich der Bibliotheksbau in jüngster Vergangenheit vom Bestandsprimat befreit hat (vgl. Kap. 4.4), war es für die Hochschulbibliotheken naheliegend, die bereits bestehende Funktion den Benutzerbedürfnissen weiterzuentwickeln. Schlagworte hierfür sind im Bibliothekswesen das Lebenslange Lernen, Learning Library und damit auch die Wahrnehmung des Bibliotheksraums als abstraktes Subjekt. Aus Bibliothekssicht werden die Lernenden traditionellerweise als Benutzer resp. Benutzerin betrachtet: Benutzer der zur Verfügung gestellten Information, sei dies, um sich zu Beginn der akademischen Laufbahn Fachwissen anzueignen oder zu einem späteren Zeitpunkt, um am wissenschaftlichen Publikationsprozess teilzunehmen. Aus Bibliothekssicht ist der Benutzer damit untrennbar mit dem Konzept des Lernens verbunden, weshalb in den folgenden Betrachtungen unter Benutzer immer auch die Lernenden, Lehrenden und Forschenden zu verstehen sind.

2.3 Information: Informationsversorgung und die Bereitstellung von Informationskanälen

Naturgemäss finden sich in den Grundlagen der Informations- und Bibliothekswissenschaften Überlegungen dazu, was unter Information und Wissen zu verstehen ist. Dem pragmatischen Informationsbegriff folgend ist Information immer abhängig von einer Äusserung im Kontext und wird klar von Daten und Wissen unterschieden. In diesem Verständnis sind *Daten* «Einheiten, die durch Beobachtung von natürlichen bzw. konstruierten oder simulierten Gegenständen oder Ereignissen gewonnen und nach syntaktisch wohlgeformten Regeln in einem vereinbarten Zeichensystem dargestellt werden» (Kuhlen, 2004, S. 12). Die Daten einer Datenbank beispielsweise sind demnach, solange niemand eine Abfrage startet und niemand mit den daraus ermittelten Ergebnissen etwas anfängt, eben nur Daten, in diesem Fall virtuelle Daten mit dem Potenzial, zur Information zu werden.

Während das Potenzial zur Information für die Definition von Daten bezeichnend ist, ist für das Konzept des *Wissens* im hier verwendeten Verständnis die Subjektivität charakteristisch. Nach Kuhlen ist Wissen «die Gesamtheit von Wissensobjekten, die zu einem gegebenen Zeitpunkt als Aussagen über Objekte und Ereignisse der [...] Welt von einem *Individuum* erworben [oder] gelernt worden sind, [und] entsteht [...] durch Aufnahme von Informationen, die aus Daten dadurch zu Informationen geworden sind, dass sie in einem bestimmten Kontext oder aufgrund eines aktuellen Bedarf aufgenommen oder gezielt gefunden und durch Vergleich mit bestehendem Wissen interpretierbar und anwendbar wurden» (Kuhlen, 2004, S.14, Hervorheb. B. H.).

Demgegenüber konkretisiert sich *Information*, wie angetönt, immer nur innerhalb der Kommunikation, was ihrer pragmatischen Dimension zuzuschreiben ist und in Sätzen wie «Information ist Wissen in Aktion» resp. «Information ist Wissen im Kontext» zum Ausdruck kommt (vgl. Kuhlen, 2004; Plassmann, Rösch, Seefeldt & Umlauf, 2011). Während Wissen subjektiv ist, wird es also zur Information, wenn es durch Kommunikation dem intersubjektiven Raum der Sprache anheimgestellt wird.

Die so definierte Information liegt auch der *Informationsversorgung* zugrunde, eine Kernkompetenz der Bibliotheken. Dazu gehören die Erwerbung, die Erschliessung und die Bereitstellung von physischen und digitalen Medien und Informationen einschliesslich der Vermittlung von Anwendungskompetenz in der Nutzung dieser Medien. Demgegenüber ist die Technik der Vernetzung, die Bereitstellung der Hardware und der Support sowie die Vermittlung von Anwendungskompetenz zur Handhabung der Technik (letztlich das Handling von Daten) Kernkompetenz der Rechenzentren resp. IT-Abteilungen der Hochschulen (vgl. Naumann, 2004, S. 1406).

3   DIE MULTIFUNKTIONALITÄT VON HOCHSCHULBIBLIOTHEKEN

Wissenschaftliche Bibliotheken an Hochschulen nehmen eine ganze Reihe von Aufgaben wahr. Ihre Gewichtung variiert in Abhängigkeit von der konkreten Entwicklung der Hochschule vor Ort (Campusuniversität oder gewachsene Stadtuniversität mit lokalem Verbund), bleiben aber im Grossen und Ganzen dieselben. Viele dieser Aufgaben sind bekannt, andere ergeben sich erst bei genauerem Hinsehen, weshalb im Folgenden das breite Spektrum an Aufgaben als Übersicht vorangestellt wird, bevor insbesondere auf die «Teaching Library» und «Learning Library» und deren Beitrag zur Lernumgebung der Hochschule eingegangen werden soll.

3.1   Allgemeine Aufgaben wissenschaftlicher Bibliotheken

Grundsätzlich sammeln, bewahren und ordnen Bibliotheken veröffentlichte Informationsquellen, stellen diese bereit und vermitteln sie. Mit anderen Worten: Sie erwerben Informationsquellen planmässig, indem sie auswählen, die Überlieferung sicherstellen und sie erschliessen, sie gewährleisten die Zugänglichkeit zu diesen Informationsquellen und machen darauf aufmerksam, sie lösen Informationsprobleme der Benutzerinnen und Benutzer und schliesslich vermitteln Bibliotheken auch Informationskompetenz (vgl. Plassmann et al., 2011, S. 10).

Bibliotheken gehen aber in ihrem Angebot auch über die eigenen Bestände hinaus und stellen, insbesondere durch Bibliographien und Datenbanken, eine Synopsis des gesamten Informationsangebots dieser Welt her (vgl. Umstätter, 2011, S. 12).

Hochschulbibliotheken sind für die Versorgung der Universitätsgemeinschaft mit ihrem spezialisierten Bedarf an elektronischen und gedruckten wissenschaftlichen Informationen verantwortlich. Die Erschliessung des Informationsangebots und Bereitstellung via Websuchoberflächen gehört damit genauso zu ihren Wesenszügen wie ihre Einbindung in ein überregionales System der Informationsversorgung durch die Vernetzung der Informationsquellen im universitären, regionalen, nationalen als auch internationalen Rahmen. Wo sich umfangreiche historisch gewachsene Bestände (z. B. Handschriften, Inkunabeln, Nachlässe) in Hochschulbibliotheken finden, bewahren, erschliessen und vermitteln sie diese, beispielsweise durch die Unterstützung von Editions- und Forschungsprojekten. Durch die Einzigartigkeit der Bestände tragen sie zur Profilierung der gesamten Hochschule bei. Als Aufgaben neueren Datums sind das Engagement der Bibliotheken in der Open-Access-Bewegung, beim Forschungsdatenmanagement sowie der Betrieb von Open-Access-Repositorien zu nennen.

Je nach konkreter Ausgestaltung übernehmen die zentralen Hochschulbibliotheken im lokalen Bibliothekssystem der Hochschule die zentrale Koordination des Netzwerks, z. B. durch die Bereitstellung einheitlicher Erwerbungs-, Nachweis- und Benutzungssysteme. Sie besitzen bibliotheksfachliche Weisungsbefugnis, bieten Schulung und Beratung der dezentralen Bibliotheksmitarbeitenden an, führen dezentrale Bibliotheken im Auftrag einzelner Organisationseinheiten der Hochschule und stellen teilweise Personalpools für alle Arten von Projekt-, Sonder- und Hilfseinsätzen. Viele, wenn nicht alle Hochschulbibliotheken sind Ausbildungsbibliotheken für den bibliothekarischen Nachwuchs.

All diese Aufgaben sind Teil des Auftrags von Hochschulbibliotheken, der sich in der effizienten Versorgung mit der benötigten Information für Studierende, Lehrende und Forschende fassen lässt. Neben dieser gebrauchsorientierten Funktion der Bibliothek nimmt sie auch Bildungsfunktionen wahr (vgl. Fühles-Ubach, 2012a, S. 238). Hierzu gehört die Bibliothek verstanden als lehrende Bibliothek («Teaching Library»), die es den Lernenden ermöglicht, sich trotz (oder besser: aufgrund) des Medienwandels und der damit einhergehenden zunehmenden Komplexität der Informationsrecherche in der Informationsflut zurechtzufinden. Ergänzend dazu tritt die Bibliothek als lernende Bibliothek («Learning Library») auf, wenn sie ihren Benutzerinnen und Benutzern Arbeits- und Lernräume, sowie IT-Infrastruktur zur Verfügung stellt.

3.2 «Teaching Library»: Die Vermittlung von Informationskompetenz

Der Begriff «Teaching Library» umfasst diejenigen Aktivitäten, die sich mit der Vermittlung von Informationskompetenz befassen. Hierzu lässt sich die berechtigte Frage stellen, weshalb Bibliotheken – nach ihrem Selbstverständnis benutzerorientierte Institutionen – in ihrem Gebrauch nicht selbsterklärend sind. Auf diese Frage lässt sich auf zweierlei Arten antworten; zum einen mit Eco, der den Umgang mit dem Buch in der Bibliothek (heute müsste man die elektronischen Medien miteinbeziehen) als subtile Kunst, die gelehrt sein will, versteht, «denn die Bibliothek ist [...] eine Sache der Schule, der Gemeinde, des Staates. Sie ist eine Frage der Zivilisation, und wir haben keine Ahnung, wie unbekannt das Instrument Bibliothek den meisten noch immer ist» (Eco, 1987, S. 35). In einer Zeit, in der technische Bedienoberflächen selbsterklärend oder intuitiv benutzbar sind (oder zumindest sein sollten), vermag diese Antwort aber nicht mehr gänzlich zu befriedigen, so offensichtlich der Zusammenhang zwischen Bibliothek und Zivilisation – insbesondere Demokratie – auch sein mag.

Die andere Antwort lautet: Die Vermittlung von Informationskompetenz ist notwendig, weil die Versprechungen des Medienwandels nicht eingetroffen sind. Weder mutierte das Internet zu einer digitalen Bibliothek, denn das Auffinden von Information darin gestaltet sich oft schwierig, die Qualität der Information variiert beträchtlich und vertrauenswürdiger, professioneller Rat für die «Verwirrten und Verlorenen» (Kuny & Cleveland, 1998, S. 107) fehlt gänzlich, noch hat die zunehmende Anzahl professioneller, elektronischer Angebote von wissenschaftlicher Information die Orientierung erleichtert.

In Anbetracht der zunehmenden Informationsfülle werden die Bewertung und Einordnung von Inhalten von Informationsressourcen zur zentralen Herausforderung (vgl. Stang, 2012, S. 470). Die Vermittlung von Informationskompetenz kann dabei als Lösungsansatz verstanden werden, mit Hilfe dessen einige der Probleme der Informationsgesellschaft entschärft oder vielleicht gar gelöst werden können[4], darunter u.a. das exponentielle Wachstum der verfügbaren Informationsmenge, der wachsende Informa-

---

4   Unter einem anderen Betrachtungswinkel können die Bestrebungen in der Vermittlung der Informationskompetenz auch als Antwort auf Studien verstanden werden, die bei Studierenden mangelnde Kenntnisse und Fähigkeiten im Umgang mit wissenschaftlicher Information im Studium (vgl. Rauchmann, 2012, S. 196) sowie sinkende Bildungsstandards an Schulen aufgrund mangelhafter Fähigkeiten bei der Nutzung digitaler Medien (vgl. Plassmann et al., 2011, S. 243) festgestellt haben.

tionsbedarf und seine fortschreitende Spezialisierung vor dem Hintergrund einer allgemeinen Beschleunigung der Informationsprozesse (vgl. Plassmann et al., 2011, S. 28). Unter Informationskompetenz fallen in Anlehnung an die in den USA bereits 1989 durch das Presidential Committee der American Library Association (vgl. ACRL, 1989) formulierte Definition die Fähigkeiten,

- zu wissen, wann ein eigener Informationsbedarf besteht,
- die Information zu suchen und zu lokalisieren,
- die Information zu bewerten,
- und die so gefundene und bewertete Information effektiv zu nutzen.

Dieser Katalog an Fähigkeiten wird mancherorts noch um die aktive Informationskompetenz, gewonnene Erkenntnisse auch im digitalen Umfeld angemessen publizieren zu können, erweitert (vgl. Tappenbeck, 2006, S. 66), was zusammengenommen der Beherrschung des wissenschaftlichen Publikationsprozesses entspricht. So verstanden ist Informationskompetenz nicht nur innerhalb des universitären Rahmens hilfreich, sondern stellt auch innerhalb der Informationsgesellschaft eine Schlüsselkompetenz dar und ist eine Voraussetzung des Lebenslangen Lernens (vgl. z. B. Rauchmann, 2012, S. 194; Stang, 2012, S. 470).

Inzwischen hat sich die Vermittlung der Informationskompetenz als Aufgabe der Hochschulbibliotheken etabliert und wurde mancherorts bereits in das universitäre Curriculum übernommen. Diese bieten in unterschiedlichen Gefässen zielgruppenspezifische Angebote an, insbesondere Bibliotheksführungen und virtuelle Rundgänge sowie Informationsmaterial für den Erstkontakt mit Benutzenden. Veranstaltungen beispielsweise zur Nutzung von Bibliothekskatalogen und Datenbanken, zu Suchstrategien, zur Informationsbewertung, Literaturverwaltung und Vermeidung von Plagiaten sowie die individuelle Betreuung bei der Lösung eines konkreten Informationsproblems, runden das Angebot der Hochschulbibliotheken ab (vgl. Plassmann et al., 2011, S. 245f.; Rauchmann, 2012, S. 196f.).

3.3 «Learning Library»: Learning, Teaching und Research Grids sowie Information Commons

Die «‹Lernende Bibliothek› oder ‹Learning Library› referiert auf das Angebot an Möglichkeiten, die eine Hochschulbibliothek dem selbstständigen, selbstregulierten Lernen eröffnet, beispielsweise im Sinne eines Lernzentrums,

Learning Resources Centre oder der Informations Commons» (Sühl-Stroh-menger, 2012, S. 102). Die unterschiedlichen Bezeichnungen lassen sich dabei munter erweitern.

Eigenbrodt moniert zu Recht, dass heute die Konzepte der «digitalen, virtuellen, hybriden, intelligenten, vollautomatischen, elektronischen, ver-netzten, (betriebswirtschaftlich) effizienten, lernenden, lehrenden und in-teraktiven Bibliothek nebeneinander [stehen] und man [...] sich immer erst einmal vergewissern [muss], was das Gegenüber denn genau meint [...]. Damit verbunden ist gelegentlich auch die Umbenennung der ganzen Bibliothek in Mediothek, Medien-, Informations- oder Kommunikationszentrum» (Ei-genbrodt, 2006, S. 47). Ähnlich lässt McDonald verlauten:

> Although I have used the word ‹library›, and this continues to be a strong brand in society, institutions have chosen a number of different names for their new buildings. There are new learning centres, learning resource cen-tres, learning streets, learning hubs, learning malls, learning grids, idea stores, cultural centres, research villages and so on (McDonald, 2006, nicht paginiert).

Sinnvoller als der Streit um Namen dieser aktuell angepriesenen Lernräume ist erstens die Darlegung der ihnen zugrunde liegenden Überlegungen und zweitens die Typisierung des Lernraums nach unterschiedlichen Bedürfnis-sen der Benutzerinnen und Benutzer, denn die Neuheit dieser verschiedenen Konzepte ist allein durch die Namensgebung an sich nicht schon gegeben. Mit guten Gründen liesse sich z. B. dem Learning Grid der Universität War-wick unterstellen, dass es sich bei der Namensgebung um eine Marketing-massnahme handelt. Deswegen das ganze Konzept zu verwerfen wäre aber falsch, denn die *Learning Grids* gehen über längst fällige Anpassungen wie ein variiertes Angebot an unterschiedlichen Arbeitsplätzen und der Einfüh-rung von flächendeckendem WLAN hinaus, wenn es heisst, dass das Lear-ning Grid mit seinem Angebot das Ziel verfolgt, mit flexiblen, innovativen und integrierten Räumlichkeiten einschliesslich geschlossener Räume für formelle Lehraktivitäten das studentische Lernen auf neuartige Weise zu fördern – vor allem im Hinblick auch auf Präsentationen, die die Studieren-den in ihren Seminaren halten müssen. Neben dem flächendeckenden WLAN steht denn auch andere informationstechnische Infrastruktur wie Scanner, elektronische Whiteboards, Videokameras und Videoschnittplätze zur Verfügung (vgl. Sühl-Strohmenger, 2012, S. 108). Dabei soll das Learning Grid grundsätzlich die Teamarbeit, die Kreativität und Motivation sowie die Eigenverantwortung im Lernprozess fördern. Wesentliche Elemente des Konzepts sind nach Hohmann (2010):

- Ganzheitlicher Ansatz: Das Learning Grid sieht sich als «one-stop-shop» für studentisches Lernen. IT-Beratung, Lernmethoden- und Berufsberatung sind integrierter Bestandteil des Angebots. Es ist an sieben Tagen die Woche rund um die Uhr geöffnet.
- «Blended Learning»: Neben einem Referenzbestand an Büchern ist das Grid mit der allerneusten Informationstechnologie ausgestattet. Studierende können ihren Laptop an ein Smartboard anschliessen und gemeinsam ihre Arbeit besprechen, einen Film sehen oder im Internet browsen. Mehrere Arbeitsräume ermöglichen Meetings und erlauben, unterschiedliche Präsentationstechniken auszuprobieren.
- «Student Ownership» fördert die Aneignung des Raumes und die Übernahme von Verantwortung. Eine Nutzungsordnung für das Learning Grid existiert nicht. Ausser warmem Essen und Alkohol ist alles erlaubt. Trotz oder gerade wegen dieser Einstellung funktioniert der Raum auch in den Nachtstunden und ohne dass Material oder Einrichtung abgeschlossen werden müssten.

Den Konzepten liegt auch ein verändertes Bild der Lernenden zugrunde, und die zentrale Frage lautet: «Wie kann eigenverantwortliches Lernen gefördert werden?» (Hohmann, 2010, S. 164). Konsequent sind Aufbau und Angebote auch von Learning Ressource Centers primär auf die Bedürfnisse studentischen Lernens und Arbeitens ausgerichtet. Studierende sollen an einem Ort alle notwendigen und möglichen Dienstleistungen erhalten (vgl. Gläser, 2008, S. 174). Dazu gehört auch, dass das Servicemodell von der Bibliothek getragen wird, jedoch auch andere universitäre Einrichtungen erheblich partizipieren (vgl. Sühl-Strohmenger, 2012, S. 108). Ein vielversprechender Ansatz ist es, neben den Studierenden auch andere Benutzergruppen räumlich angemessen zu unterstützen.[5] So finden sich beispielsweise neben dem Learning Grid an der Universität von Warwick ein Research Grid und ein Teaching Grid (vgl. Hohmann, 2010, S. 166ff.).

Das sogenannte *Research Grid* bietet Räumlichkeiten für alle in der Forschung Beschäftigten. Zugrunde lagen dem Konzept auch die Ergebnisse einer Umfrage, die vor allem ein Gefühl der Isolation und den Wunsch nach sozialem, intellektuellem und auch interdisziplinärem Austausch der Forschenden aufzeigten. Das Research Grid ist zugeschnitten auf Masterstudierende, Doktorierende und forschende Dozierende. Regelmässig stattfindende Veranstaltungen weiten die Möglichkeit des interdisziplinären Austauschs

---

5   Vgl. auch den Beitrag von Joanna Ball zum Sussex Research Hive in diesem Buch.

weiter aus. Aufgrund des Erfolgs des Learning Grids forderten Dozenten ebenfalls ein *Teaching Grid*. Auch dieses sollte spezifische Dienstleistungen anbieten und unterschiedliche Funktionen für seine Nutzergruppe erfüllen. Es ist Rückzugsraum und sozialer Treffpunkt für die Lehrenden, und andererseits finden darin verschiedene Veranstaltungen und Workshops statt.

Was für die Grids gilt, gilt sinngemäss auch für die ebenfalls aktuell diskutierten Konzepte der *Information Commons* aus dem angloamerikanischen Raum, auch wenn diese nicht nach Zielgruppen unterscheiden. Gläser nennt folgende Elemente für die Information Commons (IC) konstituierend (vgl. Gläser, 2008, S. 177):

- Nutzerorientierung: IC orientieren sich am Bedarf der Studierenden zur Unterstützung der Lernprozesse.
- Raumkonzept: IC vereinen unterschiedliche Arbeitsplatztypen mit flexibler Möblierung.
- Virtuelles Konzept: Die IT-Ausstattung entspricht den aktuellen Standards und das Angebot an elektronischen Medien dem Bedarf.
- Helpdesk: Beratung und Unterstützung haben einen hohen Stellenwert.
- Continuum of Service: Servicegrenzen werden aufgehoben, um ein ganzheitliches Angebot mit wissenschaftlicher Information von der Recherche bis zur Produktion von Publikationen vorzuhalten.
- Integration und Kooperation: Die organisatorische und personelle Zusammenarbeit von bibliothekarischen und anderen Einrichtungen der Hochschule erweitern das Angebot – «one-stop-shop».
- Vermittlung von Informationskompetenz.
- Sozialer Ort: IC bieten informelle Lernorte, die als kommunikative Treffpunkte und/oder Erholungsbereiche fungieren.

Aber auch hier gilt: Viele dieser Anforderungen sind in den traditionellen wissenschaftlichen Bibliotheken bereits umgesetzt, z. B. die Benutzerorientierung, das Wissen um den Bedarf an verschiedenen Arbeitsplatztypen, die Vermittlung von Informationskompetenz. Auch sind die Bibliotheken als soziale Orte wiederentdeckt worden. Demnach ist Beagles (1999) Ansicht, die IC würden Bibliotheken quasi ablösen, weil diese entwicklerisch an ihre Grenzen gestossen seien, schlicht falsch.

Die Bibliotheken haben sich gerade im Medienwandel als äusserst anpassungsfähig erwiesen. Wenn sie in ihrem Anspruch als Learning Library wahrgenommen zu werden scheitern, so liegt dies vielmehr an harten Faktoren wie architektonischen Rahmenbedingungen, die keinen passenden

Raum hergeben, um die gewünschten sozialen Interaktionen und die abwechslungsreich gestalteten Lernlandschaften zu ermöglichen, oder an fehlenden finanziellen Ressourcen. Es ist denn auch bezeichnend, dass die in der Literatur genannten Beispiele der Centers, Commons und Grids durchweg Neubauten oder Umbauten betreffen.

Insgesamt sind die Tendenzen zu begrüssen, insbesondere die konsequente Unterstützung der Benutzerinnen und Benutzer in ihren Gesamtbedürfnissen als Lernende oder Publizierende durch Kooperation verschiedener Einrichtungen der Hochschule. Nicht zuletzt sind sie Ausdruck einer zunehmenden Nutzerorientierung.

4 SELBSTVERSTÄNDNIS UND ARCHITEKTONISCHER AUSDRUCK

Die Entwicklung des Bibliotheksbaus und damit auch der Lernumgebung ist aufs Engste mit dem jeweiligen zeitlich vorherrschenden Selbstverständnis der Bibliothek, bzw. ihres Trägers verknüpft. Dies findet darin Ausdruck, nach welchen Fixpunkten die Aktivitäten und die Organisation der Institution ausgerichtet werden und schlägt letztlich auch auf die konkrete Architektur durch. Ausgehend von der konstanten Dienstleistungsorientierung der Bibliotheken liegt im Folgenden der Shift von der Bestandszentrierung hin zur Nutzerorientierung und deren jeweiliger architektonische Ausdruck im Fokus der Betrachtung. Einen erheblichen Einfluss auf die Architektur hatten dabei auch das Aufkommen von virtuellen Bibliotheken einerseits und die Wiederentdeckung der Bibliothek als dritten Ort (vgl. Kap. 4.6) andererseits.

4.1 Grundsätzliche Dienstleistungsorientierung

Zumindest seit den von dem indischen Mathematiker und Bibliothekswissenschaftler Ranganathan 1931 formulierten (links) und durch Simpson vorsichtig auf die heutigen Gegebenheiten angepassten (rechts) fünf grundlegenden Gesetzen der Bibliothekswissenschaft verstehen sich Bibliotheken als Dienstleister. Die Gesetze lauten (Ranganathan, 1931, S. 1, 75, 300, 376, 383; Simpson, 2008, S. 6):

1. Books are for use	1. Media are for use
2. Every person his or her book	2. Every patron his information
3. Every book its reader	3. Every medium its user
4. Save the time of the reader	4. Save the time of the patron
5. The library is a growing organism	5. The library is a growing organism

Während heute in bibliothekarischen Kreisen Einigkeit über die Dienstleistungsorientierung besteht (vgl. Simon, 2006), dauert ein fundmentaler Wandel im Selbstverständnis an. Im Fokus steht die Frage, nach welchem archimedischen Fixpunkt die Dienstleistungen und das bibliothekarische Streben auszurichten sind. Dieser Wandel lässt sich als Paradigmenwechsel betrachten, den ich den Übergang vom Bestandsprimat zum Benutzerprimat nenne.

4.2 Die Bibliothek als Sammlung: Der Bücherspeicher

Miksa formuliert das Paradigma der Bibliothek als Sammlung folgendermassen: «A library, if anything, is a collection. If there is no collection, there is no library» (Miksa, 1989, S. 781). Nach diesem Paradigma steht die Sammlung, der Bestand der Bibliothek, klar im Zentrum. Eine Bibliothek, die diesem Bild Folge leistet, leitet all ihre Aktivitäten, Strukturen und Verhaltensweisen von dieser normativen Grundposition ab. Dies äussert sich in «der hohen Bedeutung, die dem Bestandsaufbau und der Bestandsverwaltung im Aktivitätsspektrum zukommt. Die Bibliotheken definieren ihren Wert über ihren Umfang und die Exklusivität ihrer Sammlung» (Simon, 2006, S. 72).

Diese Bestandsfokussierung findet auch in der Bibliotheksarchitektur ihren Ausdruck. Während bis ins Mittelalter ein Raum für das Sammeln und Bewahren, Ordnen und Erschliessen sowie das Nutzen der Bestände genügte, liessen die wachsenden Anforderungen an die Leistung der Bibliothek eine funktionale Trennung zweckmässig erscheinen. So sieht Leopoldo della Santa 1816 in seinem Entwurf erstmals eine Dreiteilung der Bibliothek in Flächen für das Magazin, die Benutzenden und die Verwaltung der Bibliothek vor (vgl. Fansa, 2012, S. 42; Naumann, 2011, S. 136). Neben den oft repräsentativen Lesesälen nimmt im 19. Jh. – aufgrund der rasch anwachsenden Buchproduktion und dem daraus resultierenden Erfordernis einer zweckmässigen, kompakten Lagerung sowie rationeller Lagerbewirtschaftung für die Bereitstellung der Medien – der Magazintrakt auf der Rückseite der Bibliothek ein immer grösseres Gewicht ein. Die grossen Bibliotheken werden Ende 19. Jh. zu Bücherspeichern, das Magazin damit zum bestimmenden Baukörper. Die gesamte Bibliotheksarchitektur wird zu einer Variablen der Magazinfunktion (vgl. Jochum, 2011, S. 162).

Vor dem Hintergrund des 5. Gesetzes von Ranganathan, dass die mit Archivauftrag versehene Bibliothek ein wachsender Organismus ist und der szientometrischen Einsicht, dass die wissenschaftliche Produktion in Form von Publikationen seit über 300 Jahren konstant um 3.5% pro Jahr wächst, was einer Verdopplung des Ausstosses alle 20 Jahre entspricht (vgl. Umstätter, 2004, S. 237), erstaunt diese Bestandsfixierung bis weit ins 20. Jh. nicht.

4.3 Die funktionale Bibliothek: Der vollflexible, gesichtslose Raum

Eine erste Relativierung dieses Bilds der Bibliothek als Sammlung und die Formulierung von neuen Anforderungen an den Bibliotheksbau erfolgt durch den Architekten Faulkner-Brown. Aufgrund der sich verändernden Rolle der Bildung und des Wachstums des Bildungssektors, neuer Formen der Kommunikation und des Zugangs zu Information sowie aufgrund der rasanten Entwicklung relevanter Technologien postuliert er, unabhängig von der Grösse der Institution, die folgenden Qualitätsanforderungen an eine Bibliothek (vgl. Faulkner-Brown, 1998, S. 258):

1. flexibel, mit einem Grundriss, einer Struktur und Dienstleistungen, die einfach anpassbar sind,
2. kompakt, um kurze Wege für Benutzer, Personal und Medien zu gewährleisten,
3. zugänglich, der Zugang zur Bibliothek sowie der Zugang zu den Dienstleistungen und die Orientierung im Gebäude ist leicht,
4. erweiterungsfähig, um zukünftige Erweiterungen mit möglichst geringen Eingriffen vornehmen zu können,
5. abwechslungsreich in der Bereitstellung der Bücher und Dienstleistungen, um dem Benutzer eine grosse Wahlfreiheit zu geben,
6. organisiert, damit sich der Kontakt zwischen Büchern und Benutzern praktisch von alleine aufdrängt,
7. komfortabel, um die Nutzung zu fördern,
8. konstant gegenüber Umwelteinflüssen, zum Schutz des Bibliotheksmaterials,
9. sicher, um das Verhalten der Benutzer zu kontrollieren und den Bücherschwund zu minimieren,
10. wirtschaftlich, um sie mit geringstmöglichen finanziellem und personellem Aufwand zu bauen und zu unterhalten.

Schaut man sich die von Faulkner-Brown formulierten «zehn Gebote» des Bibliotheksbaus genauer an, so gelingt es ihm im physischen Raum die bis anhin vorherrschende Dreiteilung der Bibliothek zu relativieren (vgl. Fansa, 2012, S. 45). Er verpasst es aber mehrheitlich, den Raum als abstraktes Subjekt, welches von den Menschen darin in Beschlag genommen wird, in seine Überlegungen einzubeziehen. So herrscht bei ihm das Bild der Benutzerinnen und Benutzer als potentielle Störenfriede und Diebe vor, die es zu kontrollieren gilt (Ziff. 9), und bei der Statuierung klimatisch konstanter Bedingungen dreht sich alles um die Sammlung ohne Rücksicht auf Bibliotheksmitarbeitende und Benutzende (Ziff. 8). Ebenfalls fehlen Überlegungen zur Integration neuerer Technik. Dies ist ein umso grösseres Manko, wenn man mit Long und Ehrmann (2005) annimmt, dass die Elektrik eines aktuell geplanten Gebäudes einmal, das Mobiliar mindestens zweimal und die Softwaresysteme zumindest fünfzehnmal in seiner Laufzeit ausgetauscht werden.

Ferner kritisiert Eigenbrodt das Faulkner-Brown'sche Ideal der grösstmöglichen Flexiblität aus soziologischer Sicht als «funktionalistische Sackgasse» (Eigenbrodt, 2006, S. 55), in der sich die ästhetische Monotonie negativ auf die Begegnungen im Raum auswirkt und «[d]ie Bibliothek als ein Ort unerwarteter Entdeckungen und Begegnungen (mit Büchern und Menschen) [...] verschw[indet]» (ebd., S. 58). Diese planerischen Defizite werden erst durch die auch im deutschsprachigen Raum rezipierten Überlegungen des englischen Architekten Andrew McDonald behoben.

4.4 Die nutzerzentrierte Bibliothek: Lernlandschaften

Der Wandel «From collections to users» (Niegaard, 2009, S. 323), auch als Befreiung in der Folge der Digitalen Revolution deutbar, hinterlässt Spuren in der Architektur, den Aktivitäten, Strukturen und Verhaltensweisen der Bibliothek. Der mit dem Wandel verbundene Brückenschlag zwischen Mensch und Information, der in den Konzepten Teaching und Learning Library im Zentrum steht, benötigt Raum, um – wie bisher – die Information auszuwählen, zu ordnen und bereitzustellen aber ebenso für die Recherche, die Vermittlung von und die Auseinandersetzung mit der Information (alleine oder in Gruppen), für die Wissensaneignung (Faktenwissen oder Sozialisierungswissen) oder die Produktion neuer Information.

Bibliotheken waren und sind dabei Anfang und Ende des wissenschaftlichen Publikationsprozesses: Anlaufstelle, Ort des Austauschs und der Erarbeitung des Wissens und Ort der Aufnahme der publizierten wissenschaftlichen Information. Bibliotheken stellen so den Kreislauf des Publikationsprozesses sicher. Dabei spielt für Bibliotheken weder das Trägermedium der zu Beginn des Publikationsprozesses benötigten oder der am Ende publizierten Information eine Rolle, noch, ob die Benutzerinnen und Benutzer die Bibliothek physisch aufsuchen oder den Bibliotheksraum nur virtuell betreten.[6] Die Aufgabe der Bibliothek bleibt im Kern unverändert: Den Benutzenden die benötigte Information sowie all jene kommunikativen Plattformen, welche die Aneignung und Produktion von Wissen unterstützen, zur richtigen Zeit am richtigen Ort zur Verfügung zu stellen. Dies ergibt sich im Übrigen auch aus Ranganathans zweitem Gesetz in Verbindung mit dem vierten (in der überarbeiteten Fassung): 2. Every patron his information, 4. Save the time of the patron. Die aus dem Paradigmenwechsel resultierenden architektonischen Anforderungen lassen sich mit den Überlegungen von McDonald einfangen und auf den Punkt bringen:

> *Planning new library space is essentially about people, or rather it is about creating the space in which people can interact with the collections, information technology and services they need. It is people who design libraries, people who deliver services and people who use them. Above all, the user should be at the centre of the whole process* (McDonald, 2006, nicht paginiert).

Hier grenzt sich McDonald explizit von Faulkner-Brown ab und rückt von Beginn weg die Benutzer mit ihren (auch zukünftig sich ändernden) Bedürfnissen und die Einbettung der Bibliothek in die gesamte Hochschullandschaft ins Zentrum seiner Überlegungen. Die von McDonald genannten Qualitätsanforderungen sind nicht nur Kriterien für die Beurteilung eines gelungenen Bibliotheksbaus, sondern kennzeichnen das Gebäude auch als integralen Bestandteil des Hochschulangebots. Durch die Erfüllung der Raumqualitäten werden diejenigen öffentlichen Plätze geschaffen, die für eine akademische Ausbildung erforderlich sind (vgl. Naumann, 2009, S. 31 und 33). Gemäss McDonald ist der «gute» Bibliotheksraum:

1. *funktional: gut funktionierender, gut aussehender und beständiger Raum*
   Darunter versteht McDonald ganz praktische Aspekte, denn die Bibliothek sollte einfach zu gebrauchen und effizient im Betrieb sein. Der Raum muss es der Bibliothek ermöglichen, ihre Rolle wahrzunehmen, um Dienstleistung in höchster Qualität zu erbringen, eine Balance zwischen den Bedürfnissen der verschiedenen Communities (Lehrende, Lernende und Forschende) herzustellen und auf neue Bedürfnisse zu reagieren. Das

---

6   Bibliotheken sammeln, ordnen und stellen sowohl digitale als auch analoge Information zur Verfügung. Die Benutzer suchen und finden die von Ihnen benötigte Information im virtuellen als auch im physischen Raum. Unterstützt werden sie dabei von Bibliothekaren, die zu Navigatoren in der Informationsflut avancierten, denn die aktuelle Herausforderung liegt weniger in der Verfügbarkeit von Information an sich, sondern besteht vielmehr im richtigen Einsatz geeigneter Informationsfilter, Suchstrategien und dem Wissen, wo sich qualitativ hochwertige Information findet.

Design muss demnach die ausschlaggebende Bedeutung von Menschen, Büchern und Informationstechnologie sowie die dynamische Beziehung und Interaktion unter diesen miteinbeziehen.

2. *anpassungsfähig: flexibler Raum, dessen Funktion leicht geändert werden kann*
Paradoxerweise besteht eine der wenigen Sicherheiten in der Planung in der Unsicherheit darüber, wie ein Gebäude zukünftig genutzt werden wird, insbesondere in Bezug auf Informationstechnologie, Organisationsstrukturen und Benutzerverhalten. Deshalb ist es wichtig, von Anfang an einen hohen Grad an Flexibilität des Gebäudes zu erreichen, um Änderungen mit dem geringstmöglichen Eingriff realisieren zu können.

3. *zugänglich: sozialer, einladender und einfach zu benutzender Raum, der die Unabhängigkeit der Benutzenden fördert*
Für McDonald ist die Bibliothek das akademische Herz der Universität. Deswegen sollte sie so einfach zugänglich sein wie möglich, um die Benutzerinnen und Benutzer zum vollen Gebrauch aller Dienstleistungen anzuregen und zu ermutigen. Die Bibliothek muss bereit sein für die wachsende Anzahl anspruchsvoller werdender Benutzerinnen und Benutzer und vielfältige Lern- und Forschungsformen einzulassen.

4. *variiert: Raum mit einer Auswahl an Lern- und Forschungsflächen und für unterschiedliche Medien*
Um die wachsenden Diversität der Benutzerinnen und Benutzer und deren unterschiedliche Lernstile zu unterstützen, ist eine Auswahl an unterschiedlichen Studierumgebungen bereitzustellen. Lerntempo und Lernzeiten sollten durch die Lernenden bestimmt werden. Der Raum sollte nicht nur das stille und unabhängige Lernen, sondern auch die Gruppenarbeit und das interaktive Lernen berücksichtigen. Die Arbeitsplatztypen reichen von Einzelarbeitsplätzen, Tischen für mehrere Personen über informelle Bestuhlung und Studierzimmer bis zu Infrastruktur für Gruppenarbeitsplätze, wobei die Akustik und Lautstärke auch durch Mobiliar weiter reguliert werden kann. Ferner muss die Bibliothek den Zugang zu traditionellen und elektronischen Medien sicherstellen und eine wachsende Fläche für IT-Dienstleistungen, technischen Support, Informationskompetenzvermittlung und Seminarräume vorsehen.

5. *interaktiv: ein wohlorganisierter Raum, der den Kontakt zwischen Benutzenden und Dienstleistungen unterstützt*

Dabei geht es McDonald um die Balance zwischen Sammlung, Dienstleistungen, Benutzerinnen und Benutzern und Informationstechnologie. Es geht nicht in erster Linie um die optimale Ausnutzung der Flächen, sondern primär um die Unterstützung der Interaktion zwischen Menschen.

6. *förderlich: ein qualitativ hochwertiger, motivierender und inspirierender Raum für Menschen*
Die Universitätsbibliothek als akademisches Herz der Universität sollte dem akademischen Arbeiten und der Reflexion zuträglich sein und alle Benutzer (Lernende, Lehrende und Forschende) ermutigen und inspirieren. Diese sollen sich wohl und geborgen fühlen. Als Mittel zum Zweck kommen architektonische Features, eine variierte interne Umgebungsgestaltung aber auch Kunstwerke aller Art in Frage. Kurz: Die Bibliothek sollte mehr sein als eine «Büffelstube» mit einer möglichst hohen Dichte an Arbeitsplätzen. Weiter muss die Akustik umso mehr berücksichtigt werden, je mehr Interaktion gefördert werden soll, da sie einen wesentlichen Beitrag zum Wohlbefinden im Raum leistet.

7. *der Umwelt angemessen: mit geeigneten Umweltbedingungen für Menschen, Bücher und Computer*
Neben der Gewährleistung unterschiedlicher Klimabedingungen geht es einerseits darum, diese mit den heutigen Anforderungen an die Energieeffizienz und Nachhaltigkeit des Gebäudes zu vereinen und andererseits das Licht und die Lichtverhältnisse im Gebäude den verschiedenen Anspruchsgruppen angemessen angedeihen zu lassen.

8. *sicher und geborgen: für die Menschen, die Sammlung, die Geräte, Ausstattung und das Gebäude*
Selbstredend sind die aktuellen gesetzlichen Vorschriften zur Personen- und Arbeitssicherheit einzuhalten, aber auch die Erkenntnisse zur Arbeitsergonomie sollten einfliessen. Die berechtigten und obligatorischen Sicherheitsmassnahmen können allerdings mit dem Komfort und der Ästhetik kollidieren, wie McDonald anfügt.

9. *effizient: ein ökonomischer Umgang mit Flächen, Personalressourcen und Unterhaltskosten*
Unter dem allgemeinen Kostendruck ist es planerisch sinnvoll, die Betriebs- und Wartungskosten möglichst tief zu halten. Statt eines Neubaus kann es für den Träger finanziell sinnvoller sein, die Erweiterung oder

Neueinrichtung der Bibliothek in Betracht zu ziehen. Gerade ältere Gebäude besitzen zudem einen hohen symbolischen, emotionalen und architektonischen Wert.

10. *IT-konform: mit flexibler Ausrüstung für Benutzende und Mitarbeitende*
Neuer Raum sollte es der Bibliothek und den Menschen darin erlauben, von den raschen Entwicklungen im IT-Bereich zu profitieren. Die Planung sollte eher die Technologie von morgen als die Technologie von heute reflektieren, z. B. RFID-Technologie oder elektronische Zutrittsregelungen, welche das Design von Eingangszonen stark verändern können.

11. *«Oomph»: Raum, der Menschen ergreift und den Geist der Universität verkörpert*
McDonald sieht dieses quasi undefinierbare Kriterium dann erfüllt, wenn fähige Architekten und Planer eine Balance zwischen allen vorangegangenen Raumqualitäten finden, und es ihnen zusätzlich gelingt, ein inspirierendes Gebäude mit aufregenden architektonischen Eigenschaften zu erschaffen.

Auch wenn McDonald zu Beginn seiner Betrachtungen explizit Bezug auf die Überlegungen von Faulkner-Brown nimmt, handelt es sich hier um einen neuen Ansatz: Der Lernraum Bibliothek wird konsequent als Ergebnis gedacht, bei welchem der Raum als physisches Objekt und abstraktes Subjekt integrativ zu denken ist. So beziehen sich seine Anforderungen bei der Planung von neuen oder Umgestaltung von bestehenden Bibliotheken nicht nur auf harte Faktoren wie finanzielle Möglichkeiten und zur Verfügung stehende Flächen, sondern beziehen immer auch den Erlebnisort Bibliothek mit ein.[7] Zudem geht McDonald weiter, wenn er die Bibliothek als Herz oder als Funktion der Universität und damit als integrativen und zentralen Teil des gesamten Lernraums der Hochschule versteht.

Als konkreter Ausdruck dieses Verständnisses der Bibliothek und der Bibliothek als wichtiger Teil der Universität lässt sich der in der Bibliothekswelt stattfindende Rollenwechsel der Bibliothekare zum *Liason Librarian*

---

7   Einen guten Überblick darüber, wie stark oder wie wenig diese Qualitätsanforderungen in den letzten Jahrzehnten in Deutschland beim Bibliotheksbau berücksichtigt wurden, finden sich im Bibliotheksbauarchiv: http://www.senatsbibliothek.de/index.php?de_bibliotheksbauarchiv [11.02.2014].

subsumieren. Insbesondere werden unter anderem folgende Aufgaben propagiert (vgl. Fühles-Übach, 2012b, S. 346):

- Engagement in Gremien und Bereichen innerhalb der Hochschule ausserhalb der Bibliothek, um näher an der Trägerinstitution und deren Gesamtausrichtung zu sein,
- vermehrte Entwicklung der Bestände in Absprache mit den Benutzenden (Stichwort: Patron Driven Acquisition),
- die Benutzenden in den Stand versetzen eigenständig mit den Bibliotheksdienstleistungen arbeiten zu können, stärkere und engere Kundenbindung zu Forschern und Studierenden,
- Wahrnehmung von Führungsaufgaben in Gremien auch ausserhalb der Bibliothek und somit,
- Stärkung der Vorreiterrolle bei allen Aspekten der Medien- und Informationskompetenz.

4.5 Die virtuelle Bibliothek: Der Medienwandel und seine Hinterlassenschaft in der Bibliothek

Wenn bereits im wissenschaftlichen Bereich alle 20 Jahre so viel publiziert wird, wie in all den Jahrhunderten davor (vgl. Umstätter, 2004, S. 237), mag es nicht erstaunen, dass in der zweiten Hälfte des 20. Jh. die bis dahin vorhandenen Kommunikationskanäle sowie die zur Verfügung stehenden Medien und Techniken des Informationsmanagements an ihre Grenzen stiessen. Doch zeichnete sich zu dieser Zeit in Form der Basisinnovationen der digitalen Speichermöglichkeit und der Möglichkeit der telekommunikativen Vernetzung eine Lösung ab. Allerdings führten dieser Medienwandel und Durchbruch der Informations- und Kommunikationstechnologien zusammen mit der Automatisierung in Teilen der Medienbearbeitung zunächst zu einer von aussen herangetragenen Krise der Bibliotheken und des Bibliotheksgebäudes. Im Zentrum der Diskussion stand dabei das mögliche Ende der Bibliothek, insbesondere des Bibliothekgebäudes.

Aus Bibliothekssicht tönt es mittlerweile aber anders:

Die immer wieder zu hörende und zu lesende Behauptung, die allgemeinen Such- und Navigationsinstrumente des Internets [...] würden alle anderen Formen der Informationsbeschaffung und -versorgung verdrängen, ist mit Sicherheit unrichtig. Intelligentes und professionelles Informationsmanagement ist im Gegenteil in der Informationsgesellschaft notwendiger denn je. [...] Frühzeitig haben Bibliotheken ihre bewährten klassischen Verfahren der

Sammlung, Bewahrung, Ordnung, Bereitstellung und Vermittlung auch auf digitale Medien und netzbasierte Angebote ausgeweitet. Gezielte Auswahl von Printpublikationen [...] ist etwa erweitert worden zur ebenso gezielten Auswahl von Web-Angeboten, die [...] über Web-Kataloge, Fachinformationsführer oder Subject Gateways erschlossen und kooperativ in der Form der ‹Virtuellen Bibliothek› zugänglich gemacht werden. Eine solche bibliothekarische Auswahl bietet im Idealfall eine Qualitätsgarantie, die einen nicht unwesentlichen Beitrag zur Orientierung im Informations-Chaos leistet (Plassmann et al., 2011, S. 28).

So wurden die Bibliotheken durch den Medienwandel nicht überflüssig (vgl. bereits Kuny & Cleveland, 1998), sondern erweiterten ihre Aufgaben, was sich pointiert mit Andrew McDonald formuliert:

Despite some hasty predictions about the imminence and inevitability of the virtual library, universities around the world continue to create new libraries, often, as it happens, with growing printed collections. Rather than become replaced by information technology, the technology has moved in to the libraries (McDonald, 2006, nicht paginiert).

Die neuen Medien und die wachsende wissenschaftliche Publikationsflut haben selbstverständlich ihre Spuren in den Bibliotheken hinterlassen, sie prägen z. B. die interne Organisation oder den physischen Raumanspruch. Architektonisch sind die Bibliotheken dabei aber nicht einem weiteren Funktionalismus – dem digitalen Funktionalismus – verfallen, sondern haben sich vielmehr als öffentlichen Ort wiederentdeckt (vgl. Fansa, 2012, S. 56f.). Ganz ähnliches konstatiert Watson im speziellen für den Lernraum an Hochschulen, dass das physische Vorhalten von Lernräumen in Zeiten möglicher virtueller Lernräume in Vergessenheit geriet:

Could it be that in our excitement about e-learning we forgot about buildings? With the advent of the personal computer and ubiquitous networks were we enticed into thinking that they would suffice and learning would follow removing the need for places and communities for learners? We now seem to have woken up, however, as there is an enormous resurgence of interest in new building in Universities, Schools and Colleges [...] a real opportunity to ‹build› our learning futures. But if the interest is just in building then it's an opportunity lost. However, if it is about transformation, place and community we could create the connected learning society, both physically and virtually, that we aspire to (Watson, 2007, Abstract).

Wie gross das Bedürfnis nach realem physischem Lernraum ist, zeigt sich gerade am Beispiel buchloser Bibliotheken, die das Bild der digitalen oder virtuellen Bibliothek radikal umsetzen. Selbst diese kommen nicht um die für die Benutzenden geeigneten Lern- und Kommunikationsräume aus (vgl. Kroski, 2013, nicht paginiert). So mutieren sie einerseits zu Lernlandschaften für die Benutzerinnen und Benutzer, bleiben andererseits aber auch Bibliothek – mit der Besonderheit, dass sie nur elektronische Bestände anbieten. Dieser Übergang «From collections to users» (Niegaard, 2009, S. 323) drückt sich auch in den hybriden Bibliotheken (mit analogen und elektronischen Ressourcen) im Verschwinden der regaldominierten Flächen zugunsten von Flächen für Benutzerinnen und Benutzer sowie Dienstleistungen aus. Daneben sieht Niegaard die Hauptansatzpunkte für die Bibliothek von morgen vor allem in den Bereichen Zugang, Raum und der Bibliothek als Ort. Namentlich sollte Bibliotheksraum das Treffen von Menschen, neue Erkenntnis, Lernen und Verstehen, Konzentration, Kontemplation, kulturelle Erlebnisse sowie Zugang zu und Bewusstsein für das kulturelle Erbe fördern (vgl. Niegaard, 2009, S. 324). Virtuelle und hybride Bibliotheken kommen mit planerischen Grössen und der Betonung der Technik alleine, ohne Einbezug des Verhaltens von Menschen im Raum und ihrer Bedürfnisse, nicht aus. Oder um es pointiert zu formulieren: So zentral die IT-Thematik in Bibliotheken ist, «mit Verlaub – sie allein bestimm[t] die Innovationskraft einer Bibliothek so viel und so wenig wie eine moderne Bühnentechnik die Leistungen eines Theaters» (Henning, 2004, S. 69).

4.6 Die Bibliothek als dritter Ort: Die Renaissance des Bibliotheksbaus

Trotz anderslautender Vermutungen entstehen immer noch (mehr) Bibliotheken. Dies untermauert ein Blick in das Deutsche Bibliotheksbauarchiv, aber auch in andere Webressourcen zum Thema.[8] Zu Recht kann deshalb von einer Renaissance des Bibliothekbaus gesprochen werden. Neue Bibliotheken erfreuen sich nicht zuletzt durch die Setzung neuer Schwerpunkte und der Erweiterung des Dienstleistungsspektrums (im physischen wie im virtuellen Raum) auch weiterhin steigender Beliebtheit bei den Benutzerinnen und Benutzern, was sich in der Besuchs- und Nutzungsintensität äussert (vgl. Fansa, 2012, S. 50). Gerade aufgrund der allgegenwärtigen und ortsunabhängigen Verfügbarkeit von Informationstechnologien ist mit Eigenbrodt anzunehmen, dass «bei Menschen mit der Abhängigkeit von digi-

---

8   Vgl. z. B. nur: http://www.senatsbibliothek.de/index.php?de_bibliotheksbauarchiv; http://www.librarybuildings.info/; http://www.landmark-libraries.com/en; http://www.designinglibraries.org.uk/; http://www.bibliotheksbauten.de/ [alle 11.02.2014]. Vgl. auch Niegaard (2007, S. 31) und McDonald (2006, nicht paginiert).

taler Kommunikation gleichzeitig das Bedürfnis nach physischer Präsenz anderer Menschen wächst» (Eigenbrodt, 2006, S. 51). Diese soziale Dimension firmiert im bibliothekswissenschaftlichen Diskurs unter dem Namen des «dritten Orts».

Dritte Orte sind gegenüber dem ersten Ort, dem Wohnort, und dem zweiten Ort, dem Arbeitsplatz, Orte der Identitätsstiftung im Herzen der Gemeinschaft (vgl. Fansa, 2012, S. 59). Nach Watson ist es die Aufgabe des Gebäudes, den Benutzerinnen und Benutzern inspirierenden Raum zur Interaktion, Konversation und Lernen zur Verfügung zu stellen (vgl. Watson, 2007, S. 262). Die konkreten Anforderungen an Design, Architektur und Inneneinrichtung, die aus dem Verständnis der Bibliothek als «dritter Ort» resultieren, und welche fach- und hierarchieübergreifenden kommunikativen und interaktiven Möglichkeiten den Benutzerinnen und Benutzern zur Verfügung zu stellen sind, damit sie ihre Lern- und Entwicklungsbedürfnisse stillen können, wurde anhand der Konzepte der Learning und Teaching Library dargestellt.

5 FAZIT

Unbestritten ist das Lernen, verstanden als Wissensaneignung, Sozialisation ins Fach aber auch als Teil des wissenschaftlichen Publizierens, ein sozialer Prozess. Diesen zu unterstützen durch das Angebot vielfältiger Kommunikationsmöglichkeiten der Lernenden untereinander ist, wie sich auch in den aktuellen Tendenzen zeigt, Aufgabe ganz unterschiedlicher Akteure der Hochschule, insbesondere aber der Bibliothek. Diese Einsicht wirkt sich in drei eng miteinander verknüpften Bereichen aus: Im Angebot an variablen, auf die Bedürfnisse der Benutzerinnen und Benutzer zugeschnittenen Lernräumen, in der Einbettung der Bibliothek im Lernraum Hochschule und im Design der Bibliotheken.

Die benutzerorientierte Bibliothek hat sich mit der abnehmenden Bestandsfokussierung von der Betrachtung des Raums als physischem Objekt gelöst und sich dem Raum verstanden als abstraktes Subjekt genähert. Sie ist «Meeting Place» (verstanden als Versammlungsort) und «Living Room» in einem, denn das Bedürfnis nach sozialen Kontakten im physischen Raum trotz oder gerade wegen der perfekten Vernetzung im virtuellen Raum lebt von der Spannung zwischen privater und öffentlicher Interaktion. Das Zusammentreffen von öffentlichem Versammlungsraum und privater Wohnzimmeratmosphäre schafft eine Umgebung, die individuelle Freiheit mit Kommunikations- und Identifikationsmöglichkeiten verbindet (vgl. Eigenbrodt, 2006). So wird die Bibliothek zum physischen Facebook ihrer Benutzerinnen und Benutzer, wie dies ein befreundeter Architekt treffend formulierte. Dabei steht der Ort als sozialer Raum im Fokus. Die Bibliothek prägt wohl neben den Vorlesungen, Seminaren und Prüfungen wie keine andere Organisationseinheit an der Hochschule die Erinnerung an die eigene Bildungsinstitution. Vor dem Hintergrund, dass die Benutzerinnen und Benutzer (Studierende, Lernende und Forschende) relativ viel Zeit darin verbringen, geht es letztlich auch darum, ihnen die Möglichkeit zu geben, die verschiedenen Facetten der menschlichen Bedürfnisse zu stillen: grundlegende wie Essen und Trinken oder das Bedürfnis nach Sicherheit, aber auch und insbesondere soziale sowie individuelle Bedürfnisse und das Bedürfnis nach Selbstverwirklichung – denn diese Bedürfnisse sind gleichzeitig auch Motivatoren (vgl. Maslov, 1943). So ist die Bereitstellung von umfassenden Lernplattformen an der gesamten Hochschule – gerade für die letztgenannten Bedürfnisse – notwendige Bedingung für ein erfolgreiches Studium sowie ausserordentliche Lehr- und Forschungsergebnisse.

Keine Einrichtung der Hochschule kann alleine alle Bedürfnisse der Studierenden und Publizierenden abdecken, weshalb die Betrachtung der Hochschule als Gesamt(lern)raum und die Einbettung der Bibliothek darin wichtig ist. Nur durch eine solche Betrachtungsweise ist es möglich, ein gemeinsames Verständnis der involvierten Akteure aus den verschiedenen Bereichen Bibliothek, Rechenzentrum, Hochschuldidaktik, Verwaltung, Facility Management, Immobilienplanung und Hochschulleitung für die vielfältigen Bedürfnisse der verschiedenen Benutzergruppen zu schaffen. Schritte, die sich auf diesem Weg abzeichnen, sind auf Bibliotheksebene die Vereinheitlichung von Öffnungszeiten und anderer Dienstleistungen im lokalen Bibliotheksverbund, und auf Ebene der Hochschule ein Bekenntnis zum Gesamtlernraum Hochschule, wodurch das gesamte Potenzial der verschiedenen Anbieter und unterstützenden Einheiten abgeschöpft werden kann. Dadurch rücken die aktuell propagierten «one-stop-shops», welche nicht nur eben die Informationsbedürfnisse der Benutzerinnen und Benutzer abdecken, in erreichbare Nähe. In diesen erhalten Benutzerinnen und Benutzer ohne lange Wege Unterstützung in Fragen zur Informationsversorgung, zum Curriculum, IT-Support und sie können vielfältige andere Dienstleistungen abrufen. Bedingung hierfür ist die Kooperation der verschiedenen Hochschuldienstleister, um an einem Ort ihre verschiedenen Dienstleistungen zu erbringen. Natürlich spielt auch die Finanzierbarkeit eine Rolle, und um zu vermeiden, dass kleinere, aber auch grössere Projekte von vornherein an diesem Argument scheitern, reichte auch eine Absichtserklärung unter Vorbehalt von Kostenfolgen im Bekenntnis zum Gesamt-lernraum aus. Bereits bestehender Ausdruck für die umfassende Berücksich-tigung der Benutzerbedürfnisse und der vertieften Kooperation von Seiten der Bibliothek sind einerseits die bestehenden Tendenzen hin zum genann-ten Liason Librarian mit dem Ziel, Bedürfnisse und Ansprüche der Benut-zerinnen und Benutzer aber auch der Trägerinstitution direkt abzuholen und andererseits die vielen Beispiele an neuen und geplanten Bibliotheken und die Entstehung der vorgestellten Lernlandschaften.

Das Selbstverständnis der Benutzerorientierung wirkt sich selbstre-dend auf die Architektur und Gestaltung der Bibliothek aus. Das Schwerge-wicht in der aktuellen und zukünftigen Bibliotheksplanung liegt nicht mehr wie bis anhin auf einzelnen die Bibliothek konstituierenden Faktoren, auch nicht mehr nur auf der Zuweisung der Räume für einzelne Funktionen, son-dern auf dem Erlebnis der Menschen in diesem Raum und der Befriedigung ihrer Informations- und Lernbedürfnissen als auch weiterer Bedürfnissen, die sich aus der Zugehörigkeit zur Hochschule ergeben. Die Bibliothek als akademisches Herz der Universität (vgl. McDonald, 2006) und als dritter Ort inspiriert die Nutzerinnen und Nutzer sowohl zum eigenverantwortlichen Lernen als auch zur fach- und hierarchieübergreifenden Kommunikation und Interaktion. Die grosse Erfahrung der Bibliotheken in der Zurverfü-gungstellung und Entwicklung verschiedener Lernräume (vgl. Walton & Matthews, 2013), die grosszügigen Öffnungszeiten und ihre angestammten Dienstleistungen prädestinieren die Bibliotheken als Ort innovativer Lern-umgebungen sowie als Versammlungsort weiterer, für die Lernenden rele-vanten Dienstleistungen im Sinne eines «one-stop-shops». Der naheliegen-de Ausbau ihrer Rolle im Lern- und Publikationsprozess bedingt umgekehrt die bereits genannte Anteilnahme und Kooperation mit den universitären Dienstleistern innerhalb des Gesamtlernraums der Hochschule. Denn zu-letzt geht es dabei immer um den Lernraum und darum, gemeinsam diejeni-gen Raumbedingungen zu schaffen, in welchen Menschen mit anderen Men-schen und den benötigten Informationen interagieren und die passenden Dienstleistungen abrufen können, um das Lernen zu unterstützen.

LITERATUR

ACRL, Association of College & Research Libraries (1989). Presidential Committee on Information Literacy: Final Report. Washington. Online verfügbar: http://www.ala.org/acrl/publications/whitepapers/presidential [11.02.2014].

Beagle, D. (1999). Conzeputalizing Information Commons. *The Journal of Academic Libra-rianship, 25* (2), 82–89.

Eco, U. (1987). *Die Bibliothek*. München: Carl Hanser.

Eigenbrodt, O. (2006). Living Rooms und Meeting Places – aktuelle Annäherungen an den Raum der Bibliothek. In P. S. Ulrich (Hrsg.), *Die Bibliothek als öffentlicher Ort und öffentlicher Raum* (S. 47–61). Berlin: BibSpider.

Eigenbrodt, O. (2010). Definition und Konzeption der Hochschulbibliothek als Lernort. *ABI-Technik, 30 (4)*, 252–260.

Fansa, J. (2012). Die Bibliothek als physischer Raum. In K. Umlauf & S. Gradmann (Hrsg.), *Handbuch Bibliothek; Geschichte, Aufgaben, Perspektiven* (S. 40–72). Stuttgart: J. B. Metzler.

Faulkner-Brown, H. (1998). Design criteria for large library buildings. *UNESCO, World Information Report 1997/98*, 257–267. Online verfügbar: http://unesdoc.unesco.org/images/0010/001062/106215e.pdf [11.02.2014].

Fühles-Ubach, S. (2012a). Die Bibliothek und ihre Nutzer. In K. Umlauf & S. Gradmann (Hrsg.), *Handbuch Bibliothek; Geschichte, Aufgaben, Perspektiven* (S. 228–245). Stuttgart: J. B. Metzler.

Fühles-Ubach, S. (2012b). Vom «embedded» zum «liaison librarian» – was versprechen die neuen Konzepte? In B. Mittermaier (Hrsg.), *Vernetztes Wissen – Daten, Menschen, Systeme: 6. Konferenz der Zentralbibliothek Jülich* (S. 337–350). Jülich: Forschungszentrum Jülich GmbH. Online verfügbar: http://hdl.handle.net/2128/4699 [11.02.2014].

Gläser, Ch. (2008). Die Bibliothek als Lernort – neue Servicekonzepte. *Bibliothek Forschung und Praxis, 32*, 171–182.

Harrop, D. & Turpin, B. (2013). A study exploring learners' informal learning space behaviors, attitudes, and preferences. *New Review of Academic Librarianship, 19 (1)*, 58–77.

Henning, W. (2004). Grosse Säle, kleine Welten: Bibliothekskonzepte und Bibliotheksbauten in Deutschland. *Büchereiperspektiven, 1*, 68–72.

Herrlich, B. (2013). Bibliothek 2.0 pragmatisch: Teilnahme garantiert keine Mitgestaltung. *027.7 Zeitschrift für Bibliothekskultur, 1*, 14–21.

Hohmann, T. (2010). Neue Lernorte: Learning und andere Grids an der Universität von Warwick. *Bibliothek Forschung Praxis, 34*, 163–170.

JISC (Hrsg.) (2006). Designing Spaces for Effective Learning. A guide to 21st century learning space design. Bristol. Online verfügbar: http://www.jisc.ac.uk/uploaded_documents/JISClearningspaces.pdf [11.02.2014].

Jochum, U. (2011). Von der Fürstenbibliothek zur digitalen Bibliothek. In W. Nerdinger (Hrsg.), *Die Weisheit baut sich ein Haus. Architektur und Geschichte von Bibliotheken* (S. 149–168). München: Prestel.

Kroski, E. (2013). 6 Bookless Libraries. Online verfügbar: http://oedb.org/blogs/ilibrarian/2013/6-bookless-libraries/ [11.02.2014].

Kuhlen, R. (2004). Information. In R. Kuhlen, Th. Seeger & D. Strauch (Hrsg.), *Grundlagen der praktischen Information und Dokumentation. Band 1: Handbuch zur Einführung in die Informationswissenschaft und -praxis*, 5. Aufl., (S. 3–20). München: Saur.

Kuny, T. & Cleveland, G. (1998). The Digital Library: myths and challenges. *IFLA Journal, 24 (2)*, 107–113.

Long, Ph. D. & Ehrmann, S. C. (2005). Future of the learning space: Breaking out of the box. *EDUCAUSE Review, 40 (4)*, 42–58.

McDonald, A. (2006). The Ten Commandments revisited: the qualities of good library space. *LIBER Quarterly, 16 (2)*, nicht paginiert.

Maslov, A. H. (1943). A theory of human motivation. *Psychological Review, 50 (4)*, 370–396.

Miksa, F. (1989). The future of reference II: A paradigm of academic library organization. *College and Resarch Library News, 50 (October)*, 780–790.

Naumann, U. (2004). Über die Zukunft der namenlos gemachten Bibliothek. *Bibliotheksdienst, 38 (11)*, 1399-1416.

Naumann, U. (2009). Grundsätze des Bibliotheksbaus: von den «zehn Geboten» von Harry Faulkner-Brown zu den «Top Ten Qualities» von Andrew McDonald. In P. Hauke & K. U. Werner (Hrsg.), *Bibliotheken bauen und ausstatten* (S. 14-37). Bad Honnef: Bock + Herchen.

Naumann, U. (2011). Universitätsbibliotheken. In W. Nerdinger (Hrsg), *Die Weisheit baut sich ein Haus. Architektur und Geschichte von Bibliotheken* (S. 131-148). München: Prestel.

Niegaard, H. (2007). Reinventing the Physical Library: Libraries in a New Context. In K. Latimer & H. Niegaard (Hrsg.), *IFLA Library Building Guidelines. Developements & Reflections* (S. 30-46). München: Saur.

Niegaard, H. (2009). Libraries for the future, an international perspective. In P. Hauke & K. U. Werner (Hrsg.), *Bibliotheken bauen und ausstatten* (S. 322-335). Bad Honnef: Bock + Herchen.

Plassmann, E., Rösch, H., Seefeldt, J. & Umlauf, K. (2011). *Bibliotheken und Informationsgesellschaft in Deutschland. Eine Einführung,* 2. Aufl. Wiesbaden: Harrasowitz.

Ranganathan, S. R. (1931). *The Five Laws of Library Science.* Madras: The Madras Library Association.

Rauchmann, S. (2012). Vermittlung von Informationskompetenz. In K. Umlauf & S. Gradmann (Hrsg.), *Handbuch Bibliothek; Geschichte, Aufgaben, Perspektiven* (S. 194-199). Stuttgart: J. B. Metzler.

Simon, Th. (2006). *Die Positionierung einer Universitäts- und Hochschulbibliothek in der Wissensgesellschaft. Eine bibliothekspolitische und strategische Betrachtung.* Frankfurt: Klostermann.

Simpson, C. (2008). Five Laws. *Library Media Connection, April/May.* Online verfügbar: http://www.carolsimpson.com/5laws.pdf [11.02.2014].

Stang, R. (2012). Lernarrangements in Bibliotheken – Support für informelles Lernen. In W. Sühl-Strohmenger (Hrsg.), *Handbuch Informationskompetenz* (S. 467-476). München: De Gruyter Saur.

Sühl-Strohmenger, W. (2012). *Teaching Library. Förderung von Informationskompetenz durch Hochschulbibliotheken.* München: De Gruyter Saur.

Tappenbeck, I. (2006). Vermittlung von Informationskompetenz: Perspektiven für die Praxis. In M. Bargheer & K. Ceynowa (Hrsg.), *Tradition und Zukunft – die Niedersächsische Staats- und Universitätsbibliothek Göttingen: Eine Leistungsbilanz zum 65. Geburtstag von Elmar Mittler* (S. 63-73). Göttingen: Universitätsverlag.

Umstätter, W. (2004). Szientometrische Verfahren. In R. Kuhlen, Th. Seeger & D. Strauch (Hrsg.), *Grundlagen der praktischen Information und Dokumentation. Band 1: Handbuch zur Einführung in die Informationswissenschaft und -praxis,* 5. Aufl. (S. 237-244). München: Saur.

Umstätter, W. (2011). *Lehrbuch des Bibliotheksmanagements.* Stuttgart: Hiersemann.

Walton, G. & Matthews, G. (2013). Evaluating university's informal learning spaces: role of the university library? *New Review of Academic Librarianship, 19,* 1-4.

Watson, L. (2007). Building the Future of Learning. *European Journal of Education, 42 (2),* 255-263. Abstract online verfügbar: https://www.zotero.org/jfprice924/items/itemKey/ZTMZBUW5 [11.02.2014].

TOBIAS JENERT

VERÄNDERN MEDIEN DIE LERNKULTUR? MÖGLICHE ROLLEN VON TECHNOLOGIE ZWISCHEN VIRTUELLEN UND PHYSISCHEN LERNRÄUMEN

ZUSAMMENFASSUNG

Bislang ist es kaum gelungen, studentisches Lernen durch digitale Medien in der Lehre so zu gestalten, dass daraus ein nachhaltiger und vor allem breitenwirksamer didaktischer Innovationsbeitrag an Hochschulen entstanden wäre. Gleichzeitig verändern digitale Medien studentisches Lernen ständig und vor allem dort, wo Didaktiker blind sind, nämlich in außercurricularen und informellen Lern- und Studiensituationen. Dieser Beitrag geht der Frage nach, welche Rolle digitale Medien heute im Studienalltag spielen und wie sich daraus Ansatzpunkte für die Gestaltung hochschulischer Lernräume ableiten lassen.

1 LERNEN IN VIRTUELLEN UND PHYSISCHEN RÄUMEN

Welche Rollen können digitale (Informations- und Kommunikations-)Medien in der Lehr- und Lernpraxis an Hochschulen einnehmen? Und wie hängt das Lernen in virtuellen Umgebungen mit jenem in physischen Räumen zusammen? Diese beiden Leitfragen bildeten den Ausgangspunkt für das Input-Referat zum Workshop «Lernräume»[1] an der Universität Basel. Zwei herausfordernde Fragen, die einiger begrifflicher Klärungen und Vorabbetrachtungen bedürfen. Um sich möglicher – und dabei keineswegs erschöpfender – Antworten auf diese Ausgangsfragen zu nähern, ist dieser Beitrag entlang von vier thematischen Blöcken strukturiert, die sich ihrerseits in Form von Fragen umreißen lassen:

- Was wird im Kontext dieses Beitrags unter dem Begriff «Lernräume» verstanden – vor allem, wenn es um die Verbindung von Virtuellem und Physischem geht? (Kap. 2)
- Welchen Beitrag haben digitale Medien bis heute zur Innovation hochschulischer Lernräume geleistet? (Kap. 3)
- Wo spielen digitale Medien im Alltag von Studierenden heute welche Rolle? (Kap. 4)
- Wie erreichen wir eine Passung zwischen (für Studierende) relevanten Problemen und den Möglichkeiten virtueller Lernräume? (Kap. 5)

Zum Charakter des Beitrags sei angemerkt, dass es sich hierbei nicht um einen wissenschaftlichen Beitrag im engeren Sinne handelt, sondern, wie oben angemerkt, um die schriftliche Version eines Input-Referates. Dementsprechend ist die Argumentation an vielen Stellen holzschnittartig und bewusst pointiert. Die Absicherung mit wissenschaftlichen Quellen erfolgt eher beispielhaft. Insofern ist der Artikel als Denkanstoß und Anregung zu einer differenzierteren Betrachtung des Themenbereichs zu verstehen.

2 WAS WIRD IM KONTEXT DIESES BEITRAGS UNTER DEM BEGRIFF «LERNRÄUME» VERSTANDEN?

Der Begriff «Lernraum» wurde im Rahmen der Diskussion zur Weiterentwicklung des Lernens und Lehrens an der Universität Basel bewusst gewählt, um sich von der Beschränkung auf «klassische», (hochschul-)didak-

---

[1] Vgl. Beitrag zum Projekt ITSI in diesem Buch, Kap. 3.2.

tische Kategorien zu lösen. Es sollten eben nicht nur Curricula, Veranstaltungsformate, Lehr-, Lern- und Prüfungsmethoden usw. betrachtet werden, sondern auch Aspekte, die zwar das Lernen beeinflussen, aber nicht unmittelbar im Blickfeld der didaktischen Gestaltung liegen. Dazu gehören unter anderem Aspekte wie die Zugänglichkeit verschiedener physischer (Ruhe-, Einzelarbeits-, Interaktions-)Räume, die Verfügbarkeit von Verpflegung, logistische Aspekte der Studienplanung und vieles mehr (siehe weitere Beiträge in diesem Buch; vgl. Jenert, 2011). «Raum» ist im Kontext dieses Projektes daher als Metapher für all jene Orte zu verstehen, an denen studentisches Lernen stattfindet und deren Gestaltung dieses Lernen beeinflusst.

Vor dem Hintergrund dieser Überlegungen soll der Begriff des «Lernraums» in diesem Beitrag – aus der Sicht eines/r Studierenden formuliert – wie folgt verstanden werden: Lernräume sind alle virtuellen, sozialen und materiellen Kontexte, in die mein Lernen an der Hochschule eingebettet ist. Dazu gehören (physische) Räumlichkeiten für Lehre und Selbststudium, meine Peers, Lerngruppen, außercurricularen Lernaktivitäten und virtuelle Informations- und Kommunikationskontexte.

Aus didaktischer Sicht bildet die Gesamtheit der Lernräume, auf die ein/e Studierende/r im Studium trifft, die jeweilige hochschulische Lernumgebung (vgl. Reinmann-Rothmeier & Mandl, 1999). Die Nutzungspraktiken, die in den jeweiligen Lernräumen vorherrschen, charakterisieren die Lernkultur einer Hochschule bzw. eines Hochschulbereichs (einer Fakultät, eines Faches; vgl. Jenert, Zellweger Moser, Dommen & Gebhardt, 2009). Umgekehrt bedeutet dies auch, dass sich die Lehr-/Lernkultur(en) einer Hochschule auch in der Gestalt und Nutzung der bestehenden Lernräume manifestiert und damit, zumindest teilweise, in ihnen sichtbar wird. Im folgenden Abschnitt wird der Frage nachgegangen, welche Rolle digitale Technologien bisher bei der Gestaltung hochschulischer Lernräume gespielt haben. Dabei wird auch die Frage gestellt, inwieweit sich die Erwartungen, die von Seiten der Gestaltenden an den Technologieeinsatz gestellt wurden, erfüllt haben.

3 WELCHEN BEITRAG HABEN DIGITALE MEDIEN BIS HEUTE ZUR INNOVATION HOCHSCHULISCHER LERNRÄUME GELEISTET?

Seit mehr als zwei Jahrzehnten wird immer wieder versucht, die Lehr- und Lernpraxis an Hochschulen über die Einführung neuer digitaler Technologien (allen voran Informations- und Kommunikationstechnologien) zu verändern bzw. zu innovieren. Diese technologieorientierten Innovationsversuche lassen sich rückblickend vielleicht ganz passend als Wellen beschreiben (in starker Analogie zu gängigen Innovationsmodellen; vgl. Hauschildt & Salomo, 2007): Am Anfang steht der explorative Einsatz der neuen Technologie, wobei die technischen Möglichkeiten stark im Vordergrund stehen. Dann folgt eine Phase, in der versucht wird, didaktische Szenarien zu entwickeln, um die vermuteten Potenziale der Technologie für das Lehren bzw. Lernen an der Hochschule nutzbar zu machen. Eine letzte Phase, sozusagen das Abebben der Welle, wird selten wissenschaftlich beschrieben: die Verbreitung (Diffusion) der Innovation innerhalb der Hochschule oder auch über mehrere Hochschulen hinweg. Spätestens an dieser Stelle ist allerdings zu fragen, inwieweit die jeweilige Technologie tatsächlich dazu beiträgt, eingangs formulierte Zielsetzungen bzw. Erwartungen zu erreichen.

3.1 Digitale Technologien in der Hochschule: Die Zielfrage

Um zu klären, welche Rolle digitale Technologien bisher bei der Gestaltung von Lernräumen an Hochschulen gespielt haben, sind zunächst die Ziele, die mit der Technologienutzung verfolgt werden, in den Blick zu nehmen. Denn hinter Schlagworten wie «E-Learning» oder «Technology-Enhanced-Learning (TEL)» verbergen sich bisweilen ganz unterschiedliche Zielvorstellungen und Gestaltungsmaximen. Im Wesentlichen lassen sich dabei zwei Entwicklungsrichtungen ausmachen: Die eine Richtung hat das Ziel, eine Effizienzsteigerung im Rahmen bereits bestehender Lehr-/Lernarrangements zu erreichen, die andere Richtung strebt die Veränderung der aktuellen Lehr-, Lern- und Prüfungspraxis an, mit dem Ziel einer qualitativen Weiterentwicklung der Lehr- bzw. Lernkultur an einer Hochschule.

Technologie zur Effizienzsteigerung

Im Bereich E-Learning bzw. TEL gibt es zahllose Beispiele für Ansätze, mit denen die Effizienz von Hochschullehre (d.h. Kosten- bzw. Zeitersparnis) gesteigert werden soll. So werden Learning-Management-Systeme im Bereich des Distance-Learnings (bzw. Fernstudiums) eingesetzt, um einerseits Material- und Versandkosten zu sparen (verglichen mit Papierunterlagen), andererseits wird durch die Nutzung interaktiver Elemente wie Foren, Chats oder Virtual Classrooms versucht, ein Gefühl sozialer Präsenz (vgl. Keller & Kopp, 1987) zu erzeugen, um die Qualitätsverluste im Vergleich zu Präsenzsettings möglichst gering zu halten. In Präsenzstudiengängen finden Videoübertragungen und -aufzeichnungen von Veranstaltungen zunehmend Verbreitung, ebenso wie E-Assessment-Werkzeuge, welche die Durchführung und Auswertung von Prüfungen automatisieren und so die Durchführungskosten verringern (vgl. Wannemacher, 2007). Auch hierbei wird versucht, negative Effekte der Effizienzsteigerung nach Möglichkeit zu vermeiden, z. B. indem E-Assessment-Werkzeuge komplexe Aufgabenformen jenseits einfacher Auswahl- und Wiedergabefragen ermöglichen. Grundsätzlich geht es den geschilderten Ansätzen also darum, bestehende Praktiken mithilfe von Technologien möglichst kostengünstig und gleichzeitig mit geringem Qualitätsverlust abzubilden.

Technologie als Katalysator eines Lernkulturwandels

Neben der Replikation des Bestehenden wurde und wird Technologien häufig das Potenzial zugeschrieben, die Lehr- und Lernpraxis an Hochschulen grundlegend zu verändern bzw. zu verbessern. So ist beispielsweise ein Themenbereich des Konferenzbandes 2009 der Jahrestagung der Gesellschaft für Medien in der Wissenschaft mit dem Titel «Neue Lehr-/Lernkulturen – Nachhaltige Veränderungen durch E-Learning» überschrieben (vgl. Apostolopoulos, Hoffmann, Mansmann & Schwill, 2009). Unter dieser Perspektive sollen neue Technologien also dazu beitragen, die Qualität akademischer Lehre bzw. studentischen Lernens entscheidend zu verändern. Anders ausgedrückt: Durch den Einfluss digitaler Technologien soll sich die Gestalt hochschulischer Lernräume grundlegend verändern. Vorstellungen davon, wie solche Veränderungen aussehen könnten und sollten, sind dabei von aktuellen Leitideen, gewissermaßen dem pädagogischen «Mainstream» der (Hochschul-)Didaktik geprägt. Im Mittelpunkt steht in aller Regel eine gemäßigt konstruktivistische Lehr-/Lernkonzeption mit dem Ideal eines aktiv-konstruktiven Lernenden, welcher von den Lehrenden im Sinne eines Coachs bei der Wissenskonstruktion begleitet und unterstützt wird (vgl. Reinmann, 2005). Entsprechend dieser Leitvorstellungen zielen technologieunterstützte Ansätze auf die Aktivierung von Lehrenden, sei es durch die Begleitung von Selbstlernphasen durch Blended Learning (vgl. z. B. ebd.), die Integration von Praxis- und Projektelementen ins Studium (vgl. Reinmann & Schulmeister, 2011) und – eng damit verbunden – die Anleitung von Reflexion über das eigene (Lern-)Handeln (z. B. mithilfe von E-Portfolios; vgl. Hornung-Prähauser, Schaffert, Hilzensauer & Wieden-Bischof, 2007).

Gerade die Verbindung virtueller und physischer Lernräume spielt hier also eine zentrale Rolle (Verbindung unterschiedlicher Lernorte, Reflexion realer Lernerfahrungen im virtuellen Raum). Insbesondere das Web 2.0, das Internet-Nutzenden die Möglichkeit gibt, viel stärker als bisher zu interagieren, Inhalte zu produzieren und auszutauschen, löste in diesem Zusammenhang einen wahren Boom entsprechender Ansätze in den Hochschulen aus.

Immerhin passt die Philosophie des «social web» ausgesprochen gut zu den Leitsätzen eines gemäßigt-konstruktivistischen Lehr- und Lernverständnisses. Die Euphorie reichte dabei mancherorts sogar so weit, dass angenommen wurde, die «Net Generation» des Web 2.0 brächte von sich aus das Potenzial, Lernkulturen an Hochschulen radikal zu verändern, weil die Praktiken und Kompetenzen der Informationssuche und -verarbeitung mit digitalen Technologien weit besser ausgeprägt seien als bei Lernenden vergangener Studierenden-Generationen (vgl. z. B. Oblinger & Oblinger, 2005).

Entsprechend der geschilderten Erwartungen hätten digitale Technologien also das Potenzial, einerseits die Hochschullehre effizienter zu machen, andererseits aber auch eine neue Qualität des Lehrens und Lernens an Hochschulen hervorzubringen. Wie aber gestalten sich virtuelle Lernräume und deren Integration in die physischen Strukturen des Hochschulstudiums? Hat Technologie die Lernkulturen Studierender tatsächlich entscheidend verändert?

3.2 Digitale Technologien: (K)eine Revolution der Lernräume?!

Sicherlich hat sich die Studienumgebung an zahllosen Hochschulen in den letzten ein, zwei Jahrzehnten durch die systematische Einführung digitaler und vor allem netzbasierter Technologien stark verändert. Fragen an Dozierende werden heute flexibel, zeitsparend und teilweise auch unüberlegt per E-Mail gestellt. Und ein Großteil der Hochschulen im deutschsprachigen Raum dürfte über ein oder verschiedene Learning Management System/e verfügen, die den Studierenden den Zugriff auf Lernmaterialien erleichtern. Die allgegenwärtigen PowerPoint-Folien ergänzen oder ersetzen dadurch die vormals notwendigen Mitschriften in Lehrveranstaltungen. In Massenstudiengängen kommen immer häufiger auch elektronische Prüfungsformen zum Einsatz, die nicht nur die Ressourcen der Hochschule schonen, sondern den Studierenden auch eine schnelle Rückmeldung hinsichtlich ihres Prüfungsresultats bieten. All diese technologischen Neuerungen sind beachtlich und haben die Studienwirklichkeit beträchtlich verändert. Allerdings bewegen sich diese in der Breite wirksamen Veränderungen zum allergrößten Teil im Zielbereich einer Effizienzsteigerung bereits bestehender Lehr- und Lernpraktiken. So werden Learning-Management-Systeme vorwiegend dazu genutzt, Materialien und damit Lerninhalte effizienter zu verteilen. Dies kommt zwar den Convenience-Bedürfnissen der Studierenden entgegen, verändert aber das Lehr-/Lernsetting, z. B. den Rahmen einer Vorlesung, nicht grundlegend.

Natürlich gibt es auch viele gelungene Beispiele dafür, wie Technologien dazu eingesetzt werden, Lehr-/Lernsettings an Hochschulen grundlegend zu innovieren und so einzelne Elemente einer neuen Lehr-/Lernkultur zu befördern. Ein Blick in die Konferenzbände der Jahrestagung der Gesellschaft für Medien in der Wissenschaft (GMW), die «Zeitschrift für e-Learning» oder die «Zeitschrift für Medienpädagogik» genügt, um allein im deutschsprachigen Raum zahllose Beispiele dafür zu finden, wie neue Technologien genutzt werden, um innovatives Lehr- bzw. Lernhandeln zu unterstützten. Wie bereits oben angedeutet, standen hier in den letzten Jahren die so genannten Web-2.0-Werkzeuge im Mittelpunkt: Weblogs und e-Portfolios zur Dokumentation und Reflexion verschiedener (vor allem auch informeller und praxisnaher) Lernerfahrungen, Online Social Networks zur Unterstützung von Lernenden-Communities oder – aktuell häufig im Fokus – mobile Endgeräte und Applikationen, die Lernen noch orts- und zeitunabhängiger machen sollen (vgl. z. B. Bachmair, Pachler & Cook, 2011).

Bei der Durchsicht entsprechender Publikationen fällt auf, dass so gut wie nie von flächendeckenden Implementationen berichtet wird; in der Regel werden Konzepte im Rahmen einzelner Lehrveranstaltungen, allenfalls noch innerhalb eines Studiengangs mit einer überschaubaren Anzahl von Studierenden, erprobt. Dies hat natürlich eine vergleichsweise geringe Durchdringung der Hochschullehre mit solchen innovativen, mediengestützten Lehr-/Lernkonzepten zur Folge. Darüber hinaus mangelt es an systematisch aufgearbeiteten und dokumentierten Implementationskonzepten und Strategien zum Umgang mit typischen Umsetzungsproblemen (organisationale Widerstände und Wandelprozesse, Ressourcenknappheit u. v. m.). Es stellt sich nun die Frage, weshalb wirklich innovationsorientierte mediendidaktische Konzepte eine derart geringe Breitenwirkung entfalten. Wenngleich diese kritische Frage hier nicht umfassend diskutiert werden kann, möchte ich meine Beobachtung anhand von zwei Referenzen aus der Forschung substantiieren und zeigen, weshalb es nicht nur bisher kaum gelungen ist, sondern auch grundsätzlich schwierig sein dürfte, (hochschul-)didaktische Innovationen über den Einsatz neuer Medien nachhaltig einzuführen.

Als *erste Referenz* beziehe ich mich dabei auf die Ausführungen von Schulmeister (2010a) im Kontext der Net-Generation-Debatte. Im Mittelpunkt steht dabei die Frage, ob heutige Studierende über ihre Mediensozialisation ein grundsätzlich anderes, proaktives und interaktionsorientiertes Lernverhalten an die Hochschule mitbringen als noch vor wenigen Jahren. Vertreter dieser These (vgl. z. B. Oblinger & Oblinger, 2005) gehen davon aus, dass Studierende der Netzgeneration neue Fertigkeiten mitbringen, die sie durch die ständige Auseinandersetzung mit netzbasierter Informationssuche (Stichwort Google), Kommunikation (Online Social Networks), Publikation von Inhalten (YouTube), Spielen usw. erworben haben. Die davon abgeleiteten lernrelevanten Fertigkeiten lassen sich mit Schlagworten wie (medienvermitteltes) selbstgesteuertes und informelles Lernen, produktives Lernen oder soziales Lernen grob umreißen. Heutige Lernende brächten also alle Voraussetzungen für einen Wandel bestehender Lehr-/Lernkulturen mit und die vorhandenen Potenziale seitens der Studierenden könnten durch die Bereitstellung entsprechender virtueller Lernräume vergleichsweise einfach genutzt werden.

Schulmeister (2009) widerspricht dieser Argumentation und weist insbesondere die Verbindung zwischen der Nutzung einzelner Medien und sich daraus ergebenden (Lern-)Kompetenzen entschieden zurück. In einem Beitrag von 2009 untermauert er sein Argument mit den Ergebnissen einer Studie von Kohlert, Schlickum und Brübach aus dem Jahr 2008, die das Mediennutzungsverhalten von über 6 000 Studierenden detailliert untersucht.[2] Dabei zeigt sich, dass die Studierenden netzbasierte Dienste, darunter auch typische Web-2.0-Anwendungen, zumindest teilweise kennen und auch nutzen. Eine genaue Betrachtung der Nutzungsweise offenbart jedoch, dass die Befragten sich in der Mehrheit eben nicht produktiv, etwa durch Bereitstellung von Inhalten oder Diskussionsbeiträgen, am Internet beteiligen. Vielmehr sind die meisten Studierenden am Zugriff auf zur Verfügung stehenden Inhalten (Fotos, Filme, Quellen) interessiert (Tab. 1).

Auch hinsichtlich des gewünschten Medieneinsatzes im Studium zeigt sich ein sehr verhaltenes Bild. Die Befragten schätzen netzbasierte Medien wie E-Mail, welche die Kommunikation erleichtern, wünschen aber keine Virtualisierung der Lehre im Sinne eines Ersatzes von Präsenzveranstaltungen durch Online-Angebote (vgl. Schulmeister, 2009). Die Verfügbarkeit sowie die Nutzung neuer digitaler Medienangebote im privaten Bereich führen also keineswegs zwangsläufig zu verändertem Lernverhalten oder neuen Erwartungen an die mediale Gestaltung der Hochschullehre.

Als *zweite Referenz* möchte ich ein Beispiel aus unserer eigenen Forschung anführen, das die komplexe Struktur von Mediennutzung, hochschulischer Lehr-/ Lernkultur und Motivlagen Studierender detaillierter durchleuchten mag (vgl. Jenert, Gebhardt & Käser, 2011; Gebhardt & Jenert, 2011): Im Rahmen der Ausbildung von Wirtschafslehrpersonen wurde an der Uni-

---

2   Die Studie ist käuflich erhältlich unter: http://www.recruitingthenextgeneration.de/
     index.php?article_id=62&clang=1 [23.01.2013].

AKTIVITÄTEN IM INTERNET	N	%
Eigene Arbeiten zu veröffentlichen	106	1.7
Ideen zu wissenschaftlichen Themen auszutauschen	507	8.1
Zugriff auf Tausende von Fotos und Filmen zu haben	764	12.1
Meine Bilder/Fotos anderen mitzuteilen	196	3.1
Diskussionen zu wissenschaftlichen Themen zu verfolgen	735	11.7
Beiträge in Diskussionsforen zu leisten	181	2.9
Personen mit ähnlichen Interessen kennenzulernen	396	6.3
Meine Ideen anderen Personen mitteilen zu können	213	3.4
Bequem und schnell an Quellen herankommen zu können	1 967	31.3
Bequem und günstig einkaufen zu können	1 226	19.5
Gesamt	**6 291**	**100**

Tab. 1   Studierende kreuzten an, welche Aktivitäten im Internet sie am meisten interessieren (angepasst nach Schulmeister, 2009, S. 136)

versität St. Gallen eine Veranstaltung mit Praxisphase durchgeführt. Die Studierenden gingen nach einer Einführungssitzung gruppenweise in Schulen, um aktuelle Problemthemen (etwa Burnout, Konflikte zwischen Schülern etc.) im Praxisfeld zu untersuchen, indem sie Lehr- und Leitungspersonen befragen. Herausforderung war dabei die bislang mangelhafte Begleitung der Teilnehmenden während der Praxisphase – die Studierenden fühlten sich verloren und alleingelassen, was zu teilweise schlechten Ergebnissen führte. Um diesem Problem zu begegnen, wurde ein Weblog eingeführt, in dem jede Gruppe über den eigenen Arbeitsfortschritt berichten, Herausforderungen schildern, Fragen stellen sowie Zwischenergebnisse (z. B. Fragebögen) zur Diskussion stellen sollte. Die Weblog-Arbeit wurde dabei umfassend strukturiert (u. a. mit Leitfragen, groben Zeitvorgaben) und von den Dozierenden intensiv begleitet (durch Kommentare im Weblog); die Blogeinträge gingen als Leistungsbestandteil in die Gesamtnote der Veranstaltung ein. Das gesamte Blog-Projekt wurde zudem mit Studierenden-Befragungen sowie Inhaltsanalysen der Blogeinträge wissenschaftlich begleitet. Im Mittelpunkt standen dabei neben den bestehenden Blogging-Erfahrungen der Studierenden vor allem deren Einstellungen zum Bloggen, die vor und nach der Lehrveranstaltung abgefragt wurden.

Die Ergebnisse des Projekts enttäuschten sowohl hinsichtlich der erzielten Arbeitsergebnisse als auch mit Bezug auf die Einstellungen der Studierenden zur Weblog-Nutzung. Die Nutzungswerte waren sowohl zu Beginn als auch nach Ende der Lehrveranstaltung niedrig; die gemachten Erfahrungen hatten also keine positiven Auswirkungen auf das Nutzungsverhalten. Studierende gaben an, Weblogs privat ebenso wenig zu nutzen wie in Beruf oder Studium. Technische Hindernisse sind dabei jedoch nicht die Ursache, vielmehr zeigte sich eine grundsätzlich skeptische bis negative Einstellungen gegenüber der Weblog-Arbeit. Es überwogen negative Emotionen in Verbindung mit der Weblog-Arbeit, positive Emotionen kamen weder vor noch nach der Lehrveranstaltung nennenswert zum Tragen (Abb. 1).

Ein Gruppeninterview mit Studierenden lieferte dazu ausgesprochen interessante Erkenntnisse. Anders als erwartet erkannten die Studierenden durchaus den Sinn und das grundsätzliche Potenzial des Bloggens während der Praxisphasen der Lehrveranstaltungen. Jedoch bemängelten sie den «aufgesetzten» und «künstlichen» Charakter, der durch den Notenzwang entstanden sei. Eine Nachfrage, ob die Studierenden bei Verzicht auf die Benotung das Weblog genutzt hätten, wurde jedoch ebenfalls negativ beantwortet: Was innerhalb von Lehrveranstaltungen nicht notenrelevant sei, werde grundsätzlich eher nicht bearbeitet, die entsprechende Zeit werde stattdessen in andere Veranstaltungen oder extracurriculare Aktivitäten investiert. Es zeigt sich also ein didaktisches Dilemma: Blogging als Zwang wird als unnatürlich und demotivierend empfunden. Zugleich widerspricht es der etablierten Lernkultur, Lernangebote zu nutzen, die über das geforderte Minimum hinausgehen bzw. deren Beitrag zum Notenergebnis nicht unmittelbar deutlich wird. Das bedeutet: Bevor nicht eine Lernkultur etabliert ist, in der Studierende bereit sind (und es ihnen möglich ist), sich außerhalb von Notenzwängen zu engagieren, wird – unabhängig von der eingesetzten Technologie – keine produktive Mediennutzung stattfinden. Das zugrunde liegende Problem ist also didaktischer und nicht medientechnischer Natur.

Natürlich geben diese beiden Referenzen – Schulmeisters Argumentation gegen die Netzgeneration sowie das Beispiel des gescheiterten Blogging-Projekts – kein umfassendes Bild der mediengestützten Bildungsforschung und -praxis an deutschsprachigen Hochschulen. Aber sie illustrieren typische Herausforderungen bei der Einführung innovativer mediendidaktischer Lehr-/Lernkonzepte. Häufig scheint der Einsatz von Web-2.0-Werkzeugen die «großen» didaktischen Probleme nicht zu lösen, sondern erst

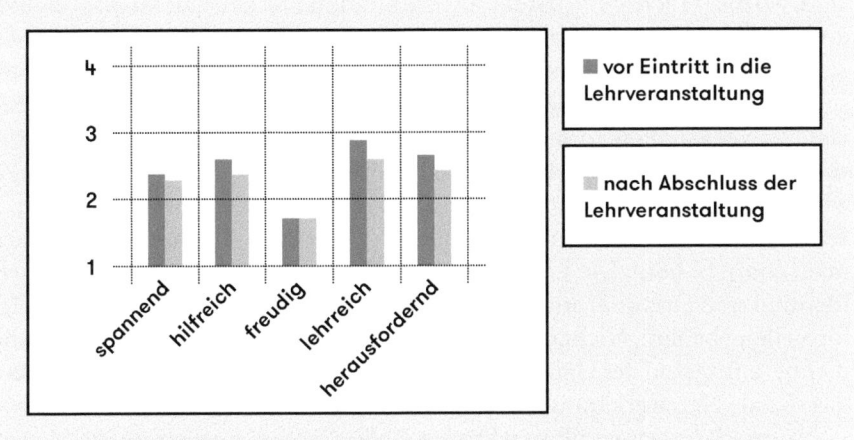

1   Positive Emotionen bei der Weblog-Nutzung auf einer Skala von «1 = trifft gar nicht zu» bis «5 = trifft völlig zu», n=31 (Daten in Gebhardt & Jenert, 2011)

besonders zu betonen (siehe dazu auch Sim & Hew, 2010; Schulmeister, 2010b): Motivation von Studierenden und Lehrenden, lehr- bzw. lernbezogene Einstellungen und Überzeugungen sowie Lernkompetenzen sind Themen, die auch und besonders bei der Einführung neuer Medien in der Hochschullehre zu beachten sind. Häufig sind es eben in der Lernkultur verankerte, fest etablierte Wahrnehmungen und Gewohnheiten, welche die umfassende Verbreitung innovativer mediendidaktischer Konzepte an der Hochschule be- bzw. verhindern.

Die eingangs gestellte Frage, welchen Beitrag digitale Medien bis heute zur Innovation hochschulischer Lernräume geleistet haben, möchte ich vor diesem Hintergrund mit einer kritischen These beantworten: Bislang ist es nicht gelungen, studentisches Lernen durch digitale Medien *in der Breite* so zu gestalten, dass daraus ein wesentlicher Innovationsbeitrag zu Lehr-/Lernkulturen an Hochschulen entstanden wäre.

4   WO SPIELEN DIGITALE TECHNOLOGIEN IM ALLTAG VON STUDIERENDEN HEUTE WELCHE ROLLE?

Die These, dass sich Lehr-/Lernkulturen an Hochschulen mithilfe neuer Medien kaum nachhaltig innovieren lassen, bedeutet im Umkehrschluss nicht, dass technologische Entwicklungen keinen Einfluss auf das studentische Lernen haben. Allerdings finden solche Entwicklungen häufig gerade dort statt, wo die (Hochschul-)Didaktik ihre blinden Flecken hat: im informellen und extracurricularen Bereich des Hochschulstudiums. Eine ethnographische Studie von Martínez Alemán und Lynk Wartman (2009) bietet aufschlussreiche Einblicke darin, wie die umfassende Nutzung von Online Social Networks (allen voran Facebook) die Studienwirklichkeit beeinflusst. «Interviewees use Facebook as a quasi-campus center in which and through which they schedule events, parties, and disseminate campus news. It [...] serves as the main directory for students» (Martínez Alemán & Lynk Wartman, 2009, S. 98f.). Die Untersuchung offenbart, dass sich die Suche nach Identität und Orientierung im Studium zu großen Teilen im Bereich des Informellen abspielt. Nicht offizielle Webseiten der Hochschule oder die Studienberatung sind der Hauptorientierungspunkt, sondern die Peers, die über das soziale Netzwerk immer und überall zu erreichen sind.

Grundsätzlich ist diese wichtige Rolle des Informellen nichts Neues; seit jeher orientieren Studierende sich an den untereinander geteilten Leitlinien des Studierens, die mitunter stark vom offiziellen Curriculum abweichen können (Stichwort: Hidden Curriculum, vgl. Bergenhenegouwen, 1987; Snyder, 1970). Neu ist, dass diese informellen Informationen über die heute verfügbaren Informationskanäle viel leichter und viel weiter verbreitet werden können. Studierende können bereits vor Studienbeginn einen Eindruck davon gewinnen, welche Studienkultur sie an einer bestimmten Hochschule und in einem bestimmten Fach wohl erwarten wird. Abbildung 2 zeigt z. B. die Facebook-Seite der Fachschaft des Augsburger Studiengangs «Medien und Kommunikation». Studienanfängern werden hier Fragen bereits vor dem ersten Besuch der Hochschule beantwortet, wobei sich hinter der Beratung nicht anonyme Namen, sondern konkrete (zumindest virtuelle) Personen und Gesichter verbergen. Abbildung 3 zeigt die Facebook-Gruppe einer Lehrveranstaltung an der Universität St. Gallen: Die Studierenden sammeln behandelte Übungsaufgaben zur Prüfungsvorbereitung.

Mit den oben dargestellten Beobachtungen verbinden sich unterschiedliche Implikationen: Zum einen werden Hochschule und das Studieren transparenter und besser zugänglich. Das «Mysterium Hochschule» verliert vielleicht etwas von seiner Rätselhaftigkeit und wird persönlicher, ganz besonders vor und beim Studienbeginn. Digitale Medien können also Orientierung bieten – ein sehr wichtiger Faktor für Studierende, besonders, aber nicht nur in der Studieneingangsphase (vgl. Kuh, Kinzie, Buckley, Bridges & Hayek, 2006). Zum anderen kann die Vielfalt an Informationen auch Probleme mit sich bringen: Widersprüche zwischen den informellen Tipps der Mitstudierenden/Peers und offiziellen Leitlinien sowie Erwartungen seitens

2 Facebook-Seite
der Augsburger
Fachschaft
«Medien und Kom-
munikation»

Lehrender oder der Hochschulleitung führen zu Unsicherheit und teils auch Angst (vgl. Jenert, 2011). Es besteht die Gefahr, sich im Informationsgewirr und der Gerüchteküche des informellen Netzwerks zu verlieren.

Unabhängig davon, ob die geschilderten Folgen der Nutzung neuer Medien aus pädagogischer Sicht positiv oder negativ bewertet werden – festzustellen ist, dass neue Medien die Lernpraxis von Studierenden beständig verändern. Diese Einflüsse werden aber nicht dort sichtbar, wohin beim Stichwort Hochschullehre üblicherweise geblickt wird – auf Lehrveranstaltungen, Prüfungen und Studienprogrammen – vielmehr spielen sich die geschilderten Phänomene in Bereichen irgendwo zwischen Privatem und studienbezogenem Leben ab, zwischen formalem Curriculum und extra curricularen Aktivitäten. Die Metapher des Raums passt hier ganz besonders: Lernen findet selten ausschließlich im virtuellen Raum statt. Aber virtuelle Räume werden genutzt, um physische Lernräume zu erweitern. Dies wird an den beiden oben vorgestellten Beispielen deutlich sichtbar, gilt aber für viele weitere Aktivitäten, z. B. die Nutzung von Online-Textverarbeitung zur Erstellung von Texten oder Recherchen, die Verwendung von kleinen mobilen Applikationen zur Organisation von Lernsituationen etc. Diese Tatsache macht die mediengestützten Aktivitäten von Studierenden so schwer greifbar und zugleich so bedeutsam. Denn die virtuellen Räume des Internets sind mittlerweile wichtige Sozialisationsgelegenheiten, die mit beeinflussen, mit welchen Vorstellungen und Haltungen Studierende an der Hochschule lernen (vgl. Martínez Alemán & Lynk Wartman, 2009).

LWA Prüfungsfragen - Bitte ausfüllen

Von ▓▓▓▓, ▓▓▓▓ und 30 weiteren Personen in Assessment 12/13 - Universität St.Gallen
(HSG) (Dateien)

Gruppe 1
-Unterschied von Einleitung/Abstract
-Wie lässt es sich erklären, dass man bei einer Dissertation nur den Hauptteil schreibt und der Doktorvater schreibt die Einleitung und das Abstract
-Unterschied induktiv/deduktiv
-Lange Zeit dachte man, die Lunge würde beim Tiefseetauchen kollabieren (also ohne Sauerstoffflasche). Erklären sie das Vorgehen von Proper
Gruppe 2
- Literaturverzeichnis beurteilen im Bezug der FF- Gliederung kommentieren im Bezug der FF- FF vom Thema Altende Gesellschaft ableiten
- offene und geschlossene Frage geben über eine gegebende Thema + definieren
- "Wie der Konstruktivismus (sicht der Dozent) kann deine Noten beinflussen?"
- 2 forschungsmethode : definieren + nachteilen/ vorteilen
- Thema: Wissenschaft und Ethik --> Forschungsfrage ableiten
- Literaturverzeichnis beurteilen
- Abstract beurteilen
- Kritik von Kuhn an Popper
- positivismus vs. Hermeneutik (Worum ging es in Werturteilsstreit, Stellung von Riklin)
- Welche soziale Ordnungssysteme gibt es & Unterscheide
- Was beudetet Wissenschaftstheorie generell?
- gute Quelle aus der eigenen Arbeit nennen
- Wie geht ein Arzt vor induktiv oder deduktiv?- Welche große wissenschaftliche Fragen gibt es?

3 Facebook-Gruppe einer Lehrveranstaltung, Universität St. Gallen

Diesen Aspekten, die nicht bewusst didaktisch gestaltet sind, aber dennoch direkt pädagogisch wirksam werden, weil sie das Lernhandeln Studierender unmittelbar beeinflussen, wurde bislang jedoch vergleichsweise wenig Aufmerksamkeit geschenkt.

Dies lässt sich in einer weiteren These so formulieren: Digitale Medien verändern studentisches Lernen ständig und vor allem dort, wo Didaktiker blind sind.

5 WIE ERREICHEN WIR EINE PASSUNG ZWISCHEN PROBLEMEN DES STUDIENALLTAGS UND MÖGLICHKEITEN VIRTUELLER LERNRÄUME?

Zu Beginn des Artikels wurde die These aufgestellt, dass die bewusste Einführung neuer digitaler Medien im Bereich der Hochschullehre keine nachhaltige Veränderung etablierter Lehr-/Lernkulturen bewirken konnte. Gleichzeitig wurde dargestellt, dass Medien einen ständigen und bedeutsamen Einfluss darauf nehmen, wie Studierende lernen. Abschließend stellt sich nun die Frage, ob virtuelle Lernräume didaktisch bewusst so gestaltet werden können, dass eine Passung zu den Problemstellungen und Herausforderungen des Studienalltags hergestellt werden kann. An dieser Stelle können und sollen keine konkreten Konzepte oder gar Umsetzungsvorschläge entworfen werden; dennoch möchte ich einige Denkanstöße formulieren, wie lernbezogene Medieninnovationen an Hochschulen auch gedacht werden könnten. Dazu möchte ich noch einmal die Raummetapher in den Mittelpunkt stellen, denn sie eignet sich meines Erachtens hervorragend dafür, die Rolle digitaler Medien im Studium zu überdenken.

Tatsächlich – und dies zeigen die Ergebnisse der Basler Workshop-Reihe sehr deutlich – scheinen Räume die Studierenden stark zu beschäftigen. Dazu gehört unter anderem das Finden sozialer und physischer Räume, die den jeweiligen Lernbedürfnissen bzw. -anforderungen angemessen sind. Beispielsweise kann der ständige Wechsel physischer Räume (z. B. zwischen den Standorten einzelner Fachbereiche) auch auf Orientierungslosigkeit in sozialen Bereichen verweisen, z. B. weil man sich nicht einem Studienprogramm und einer bestimmten Kohorte Studierender zugehörig fühlt. Lern- und Diskussionspartner sind dadurch schwierig zu finden, die Sozialisation in den Studienalltag wird erschwert. «Wann kann ich wo KommilitonInnen treffen, die sich mit ähnlichen Fragen und Anliegen beschäftigen wie ich?» wäre eine beispielhafte Frage, die sich Studierenden in diesem Zusammenhang stellt. Auch in Bezug auf die Studienorganisation sind virtuelle und physische Räume von Bedeutung: So wird das Internet mit seinen schier unendlichen Kommunikationsmöglichkeiten auch dazu genutzt, sich über die Logistik des Studierens zu informieren. «Wo sind an meiner Hochschule geeignete Lernräume, in denen ich Ruhe oder aber Geselligkeit finde?» wäre hier eine typische Frage. Zugleich besteht aber auch die Gefahr, sich in der Unendlichkeit virtueller Angebote zu verlieren und schließlich mehr der Prokrastination zu verfallen als sich zu organisieren.

All diese Beobachtungen bieten erste Ansatzpunkte für den Einsatz digitaler Medien im Studium: Applikationen, die es ermöglichen gerade passende physische Lernräume zu finden – leise oder laute, individuelle oder kooperative – oder Netzwerk-Funktionen, mit denen sich Studierende gleicher Fächerkombinationen zusammenschließen können, um das vielleicht verlorene Gefühl eines gemeinsamen Studiengangs wieder beleben zu können. Solchen Anwendungen liegt allerdings eine ganz andere technische Philosophie zugrunde als den bisherigen großen Plattformlösungen der Learning-Management-Systeme. Die oft schon bestehenden, umfassenden Plattformen könnten allenfalls durch kleine Applikationen, die nur einen begrenzten Funktionsumfang im Sinn der oben dargestellten Herausforderungen bieten, ergänzt werden. Diese Angebote würden dann auch nicht auf jahrzehntelangen Einsatz ausgelegt, sondern als situative Lösungen für lokal auftretende Bedürfnisse angeboten. Die aufkommenden Campus-Apps könnten hier erste Vorboten sein, auch wenn diese bisher eher administrative und weniger lernrelevante Informationen adressieren.

LITERATUR

Apostolopoulos, N., Hoffmann, H., Mansmann, V. & Schwill, A. (Hrsg.) (2009). *E-Learning 2009 - Lernen im Digitalen Zeitalter*. Medien in der Wissenschaft, 51. Müster/New York/München/Berlin: Waxmann.

Bachmair, B., Pachler, N. & Cook, J. (2011). Mobile Learning. Towards Curricular Validity in the Maelstrom of the Mobile Complex. *Zeitschrift für Medienpädagogik, 19*, 1-6.

Bergenhenegouwen, G. (1987). Hidden Curriculum in the University. *Higher Education, 16*, 535-543.

Gebhardt, A. & Jenert, T. (2011). Besseres Feedback, mehr Reflexion? Fertigkeiten und Einstellungen Studierender zum Bloggen in Praxisprojekten. In T. Köhler & J. Neumann (Hrsg.), *Wissensgemeinschaften. Digitale Medien – Öffnung und Offenheit in Forschung und Lehre* (S. 284-293). Medien in der Wissenschaft, 60. Müster/New York/München/Berlin: Waxmann.

Hauschildt, J. & Salomo, S. (2007). *Innovationsmanagement, 4*. Auflage. München: Vahlen.

Hornung-Prähauser, V., Schaffert, S., Hilzensauer, W. & Wieden-Bischof, D. (2007). ePortfolio-Einführung an Hochschulen: Erwartungen und Einsatzmöglichkeiten im Laufe einer akademischen Bildungsbiografie. In M. Merkt, K. Mayrberger, R. Schulmeister, A. Sommer & I. van den Berk (Hrsg.), *Studieren neu erfinden – Hochschule neu denken* (S. 126-135). Medien in der Wissenschaft, 44. Müster/New York/München/Berlin: Waxmann.

Jenert, T. (2011). Die Studierenden? - ein sozio-kultureller Blick auf das Studieren in Bologna-Strukturen. *Zeitschrift für Hochschulentwicklung, 6 (2)*, 61-77.

Jenert, T., Gebhardt, A. & Käser, R. (2011). Weblogs zur Unterstützung der Theorie-Praxis-Integration in der Wirtschaftslehrenden-Ausbildung. *Zeitschrift für e-learning, 6 (2)*, 17-29.

Jenert, T., Zellweger Moser, F., Dommen, J. & Gebhardt, A. (2009). *Lernkulturen an Hochschulen*. St. Gallen: Institut für Wirtschaftspädagogik, Universität St. Gallen.

Keller, J. M. & Kopp, T. W. (1987). An application of the ARCS model of motivational design. In C. M. Reigeluth (Hrsg.), *Instructional theories in action. Lessons illustrating selected theories and models* (S. 289-320). Hillsdale, NJ: Erlbaum.

Kuh, G. D., Kinzie, J., Buckley, J. A., Bridges, B. K. & Hayek, J. C. (2006). What Matters to Student Success: A Review of the Literature. Commissioned Report for the National Symposium on Postsecondary Student Success: Spearheading a Dialog on Student Success. National Postsecondary Education Cooperative.

Martínez Alemán, A. M. & Lynk Wartman, K. (2009). *Online Social Networking on Campus: Understanding What Matters in Student Culture*. New York & London: Routledge.

Oblinger, D. G. & Oblinger, J. (Hrsg.) (2005). *Educating the Net Generation*. Educause. Online verfügbar: http://www.educause.edu/educatingthenetgen [11.02.2014].

Reinmann, G. (2005). *Blended Learning in der Lehrerbildung: Grundlagen für die Konzeption innovativer Lernumgebungen*. Lengerich: Pabst.

Reinmann, G. & Schulmeister, R. (2011). E-Learning in Praxisphasen Forschungsergebnisse und Fallbeschreibungen aus der Praxis. *Zeitschrift für e-learning, 6 (2)*, Editorial.

Reinmann-Rothmeier, G. & Mandl, H. (1999). Implementation konstruktivistischer Lernumgebungen – Revolutionärer Wandel oder evolutionäre Veränderung? In H. Renk (Hrsg.), *Lernen und Leben aus der Welt im Kopf. Konstruktivismus in der Schule* (S. 61-78). Neuwied: Luchterhand.

Schulmeister, R. (2009). Studierende, Internet, E-Learning und Web 2.0. In N. Apostolopoulos, H. Hoffmann, V. Mansmann & A. Schwill (Hrsg.), *E-Learning 2009 – Lernen im Digitalen Zeitalter* (S. 129-140). Müster/New York/München/Berlin: Waxmann.

Schulmeister, R. (2010a). Deconstructing the Media Use of the Net Generation. *QWERTY Interdisciplinary Journal of Technology, Culture and Education, 5 (2)*, 26-60.

Schulmeister, R. (2010b). Nachdenkliches zu Web 2.0 im Hochschulunterricht. Thesenpapier zum Educamp 2010 in Hamburg. Online verfügbar: http://blogs.epb.uni-hamburg.de/educamp/files/2010/01/Schulmeister_Nachdenkliches.pdf [11.02.2014].

Sim, J. W. S. & Hew, K. F. (2010). The use of weblogs in higher education settings: A review of empirical research. *Educational Research Review, 5 (2)*, 151-163.

Snyder, B. R. (1970). *The Hidden Curriculum*. New York: Alfred A. Knopf.

Wannemacher, K. (2007). Computergestützte Prüfungsverfahren. In M. H. Breitner, B. Bruns & F. Lehner (Hrsg.), *Neue Trends im E-Learning. Aspekte der Betriebswirtschaftslehre und Informatik* (S. 427-440). Heidelberg: Physica.

«Mir ist es nie egal, wenn
ich etwas nicht verstehe»
RUTH, 21 Jahre

RUTH studiert im 2. Semester Deutsche Philologie und Französische Literatur- und Sprachwissenschaften. Sie ist sehbehindert und bewegt sich mit Hilfe eines weissen Stocks («Blindenstock») selbständig durch die Universität. Die Orientierung erfordert für sie extreme Konzentration, deshalb braucht sie unbedingt auch Ruhephasen und muss genügend Pausen einplanen. Eine zusätzliche Wahrnehmungseinschränkung macht sie besonders leicht ablenkbar und anfällig für visuelle und akustische Störungen durch andere. In der Mensa etwa ist es ihr zu voll und der Lärmpegel zu hoch, um sich erholen zu können; lieber kauft sich Ruth nur ein Sandwich und setzt sich an einen der Tische im Kollegienhaus, dem Hauptgebäude der Universität. Dort lernt sie manchmal auch zwischen Veranstaltungen, oft nutzt sie zudem die Uni-Bibliothek und Seminarbibliotheken; ihren Laptop hat sie immer im Rucksack. Meist erledigt sie Lektüre und Aufgaben jedoch im Zug oder zu Hause. Mit einer Art Diktiergerät lässt sie sich von einer Computerstimme auch manche Texte vorlesen, um ihre Augen zu entlasten.

Sie wohnt bei ihren Eltern, etwa 1,5 Stunden Fahrzeit von Basel entfernt – die Strecke legt sie fast täglich mit dem Zug zurück. Ihre Schulzeit hat sie in einem Internat in Deutschland verbracht, einer Spezialschule für sehbehinderte Schülerinnen und Schüler. An der Uni ist sie deshalb z. T. zum ersten Mal mit Unterrichtsgewohnheiten konfrontiert, die die KommilitonInnen schon aus öffentlichen Schulen kennen; fast alles geht viel schneller, Arbeitsaufträge wollen rasch verstanden sein, doch Codes und Selbstverständlichkeiten des Unterrichts sind für Ruth oft neu. Wegen ihrer Behinderung liest sie deutlich langsamer, aber genauer, kann nichts überfliegen, nicht leicht zwischen Textstellen springen und nie mehrere Dinge gleichzeitig erledigen.

Ruth plant ihr Studium viel genauer durch als die meisten anderen Studierenden, denn sie ist auf Strukturen angewiesen. Wege zwischen Veranstaltungsorten muss sie kennen, neue Orte vorher aufsuchen, um sich zurechtfinden und die nötige Zeit einschätzen zu können. Auch organisiert sie sich etwa für Seminararbeiten und Literaturrecherche Hilfe z. B. zum Vorlesen (sowie oft auch die Finanzierung dieser Unterstützung) – und muss dann die vorher definierte Aufgabe auch zu dem festgelegten Zeitpunkt angehen, statt spontan entscheiden zu können. Offene Planung macht sie nervös; sie erscheint dann oft gestresst und unflexibel und stösst damit manchmal auf Unverständnis bei Mitstudierenden.

Ruth ist darauf angewiesen, dass Dozierende sie unterstützen, indem sie etwa nicht nur gestisch Diskussionen leiten und Ruth nur

Ein Lernort von
Ruth: ihr Schreib-
tisch zuhause

per Handzeichen das Wort erteilen wollen. Noch wichtiger ist, dass
Ruth Unterrichtsmaterial wie z. B. PowerPoint-Präsentationen früher
erhält oder Arbeitsblätter für sie grösser kopiert werden; das funktioniert meist sehr gut, erfordert aber auch von den Dozierenden Disziplin und gute Planung. In der Zeit auf der Spezialschule hat Ruth
gelernt, ihre Bedürfnisse präzise zu formulieren und offen und selbst-
bewusst zu äussern.

Ruth bewegt sich zwischen zwei Polen: Einerseits ist sie sehr streng
mit sich, auch aus Verpflichtung gegenüber denen, die sie unterstützen –
«wenn ich etwas will, muss ich auch etwas geben». So ist es für sie
beispielsweise selbstverständlich, jede für sie grösser kopierte Lektüre
auch gut vorzubereiten, unabhängig von Lust und gesundheitlicher Ta-
gesform. Andererseits hat sie natürlich auch eine «normale», «gesunde»
Studierenden-Seite, möchte unabhängig und eigenständig sein, auch
einmal Aufgaben aufschieben, ihre Zeit frei einteilen und nicht ständig
Hilfe organisieren müssen.

KÖNNTE RUTH DEN CAMPUS VON MORGEN GESTALTEN, so würde sie auf jeden Fall für klare Ausschilderungen und Orientierung etwa in der Mensa sorgen sowie für eine ausreichende Ausstattung z. B. mit Steckdosen an allen Tischen innerhalb der Universität. Rückzugsorte für Gruppenarbeiten wären ihr wichtig, ebenso wie Arbeitsräume, in denen leises Sprechen miteinander erlaubt und trotzdem die Lautstärke insgesamt nicht zu hoch ist. Zudem würde sie einen Ruheraum schaffen, in dem sich Studierende während des Tages erholen und zurückziehen können. Anpassungsbedarf sucht Ruth meist zuerst bei sich selbst, denn sie ist daran gewöhnt, eigene Wege oder Lösungen finden zu müssen. Dennoch kann sie viele Details beschreiben, die ihr die Orientierung und die Bewältigung des Studienalltags erleichtern würden: von durchdachten Beschilderungen über die Lichtverhältnisse bis zur Akustik, von der Unterrichtsvorbereitung bis zur Unterstützung unterschiedlicher Lernvoraussetzungen und Bedürfnisse – von fast allen Aspekten könnten auch Studierende ohne Behinderung profitieren.

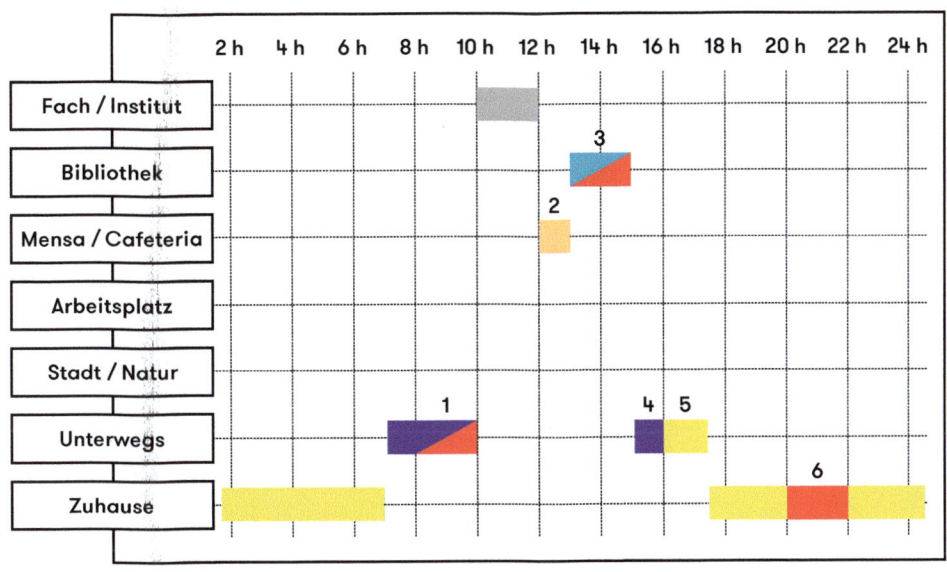

RUTHS typischer Studientag*
Bachelor Deutsch und Französisch, 2. Semester

	2 h	4 h	6 h	8 h	10 h	12 h	14 h	16 h	18 h	20 h	22 h	24 h
Fach / Institut												
Bibliothek							3					
Mensa / Cafeteria						2						
Arbeitsplatz												
Stadt / Natur												
Unterwegs				1				4 5				
Zuhause										6		

LEGENDE
- Lernen
- Lehrveranstaltung
- Austausch
- Organisieren
- Nebenjob / Familie
- Leerzeiten
- Erholung / Freizeit

2
Essen in der Cafeteria,
da die Mensa zu
laut ist; zudem optimal für
(auch spontaner)
Austausch mit
KommilitonInnen.

4
Busfahrt zum Bahnhof.

5
Auf der Rückfahrt
und zuhause ist
Entspannung wichtig
(Musik, TV, Essen).

1
Vorbereitung der
Vorlesung im Zug:
so kann die lange Zeit
zum Pendeln
genutzt werden.

3
Wegen der Sehbehinderung
müssen Texte vergrössert
kopiert oder gedruckt
werden. Wegen krumm
gescannter Texte geht oft
Lernzeit verloren: das
Vorleseprogramm am PC
funktioniert nicht richtig,
das Vergrössern ist
umständlicher.

6
Vorbereitung der
Vorlesungen
(= Lesen von Texten).

*Ruth wurde gebeten, ihre Tätigkeiten an einem «typischen» Studientag zu beschreiben und
jeweils auf damit verbundene Schwierigkeiten hinzuweisen.

RÄUME, MÖBEL UND MENSCHEN

ZUSAMMENFASSUNG

Die Vitra AG konzipiert und produziert Möbel für das Büro, das Zuhause und den öffentlichen Raum. Zum Projekt ITSI (vgl. Beitrag in diesem Buch) kam sie als Expertin für physische Räume und die Gestaltung moderner Arbeitsumgebungen. So präsentierten Maria Clusa, Market Manager Education und Jürgen Dürrbaum, Director Projects & Central Support, ihre Ideen im Workshop zu den «Lehrräumen» und organisierten einen Workshop mit Studierenden der Universität Basel rund um das Thema Lernen und informelle Kommunikation. Ferner stellte die Vitra AG dem ITSI-Projekt für die beobachtende Studie «Intervention» im Hauptgebäude der Universität Möbel zur Verfügung, aus denen sich verschiedene Szenarien von Einzel- und Gruppenarbeitsplätzen und von Zonen für den informellen Austausch ergaben. Im hier aufgezeichneten Gespräch vom 19.03.2013 mit den Projektverantwortlichen geben Dürrbaum und Clusa einen Einblick in den Design-Prozess von Möbeln bei Vitra; dabei heben sie die Ähnlichkeiten in den Ansprüchen an Raum und Möbel zwischen der Arbeitswelt und dem Hochschulsektor hervor. Sie beschreiben auch den Ablauf des Design-Prozesses, angefangen von Beobachtungen der künftigen Nutzer und Nutzerinnen bis zur Zusammenarbeit mit externen «Autoren». Nach einer Diskussion des Affordanzenkonzepts ziehen sie schliesslich Bilanz aus ihrem Engagement mit dem ITSI-Projekt.

INTERVIEW

Bachmann: Die Firma Vitra entwickelt Konzepte und produziert Möbel für das Zuhause, das Büro und den öffentlichen Raum. Neu als Sparte hinzugekommen ist der Bereich Bildung (Education). Wie kam es dazu, dass sich Vitra gerade in diese Richtung weiterentwickelt?

Dürrbaum: Wir haben bereits in den 1960er- und 1970er-Jahren Möbel an Universitäten, Hochschulen und Schulen geliefert. Wie gut und wie beständig, wie nachhaltig diese Produkte sind, sieht man daran, dass die Kantine der Universität Basel noch mit den Fiberglass Chairs von Charles and Ray Eames ausgestattet ist. Diese Stühle aus den 70ern funktionieren also heute immer noch sehr gut. Kürzlich wurden in der Universität Freiburg sogar 84 von diesen Fiberglass Chairs gestohlen![1] Die Industriegesellschaften werden in den nächsten Jahren stärker in Forschung und Lehre investieren. Gut ausgebildete Mitarbeiter werden in europäischen Volkswirtschaften zur knappen Ressource – der War-for-Talents wird weiter zunehmen. Der kreative Wissensarbeiter ist ein wichtiger Faktor, um Firmen schneller und konkurrenzfähiger zu machen. Statistisch betrachtet gehen die Bereiche Land- und Forstwirtschaft stark zurück, die Beschäftigungszahlen in Industrie sind rückläufig, aber der Anteil der Wissensarbeit nimmt zu. Diese Entwicklung zeigt, wie wichtig die gute Ausstattung von Hochschulen, Universitäten aber auch Schulen wird. Deshalb beschäftigen wir uns mit den Veränderungen in Lehre und Lernen, dafür entwickeln wir neue und relevante Produkte.

Clusa: Wir forschen und arbeiten an der Verbesserung der Arbeitswelten auf vielen Ebenen: von der Ergonomie der Möbel über die Effizienz der Prozesse bis hin zum Wohlbefinden der Mitarbeitenden. Dabei stellen wir seit Jahren fest, dass die Herausforderungen der heutigen und morgigen Arbeitsumgebungen unzählige Parallelen zu den Lernwelten aufzeigen – sei es in Richtung Wissensmanagement, Gruppen- oder Projektarbeit oder bei den informellen Kommunikationsmöglichkeiten, die in der Industrie genauso wie in Universitäten vermehrt vorhanden sein müssen. Zu den Firmen gehören heute Trainingsbereiche, genauso wie es wohl keine Universität ohne Konferenz- oder Meetingräume gibt. Unser Know-how sehen wir also als möglichen Beitrag, beim Hauptbildungsziel mitzuwirken: Die bes-

---

1   Vgl. http://www.badische-zeitung.de/freiburg/dreister-dieb-klaut-84-designerstuehle-aus-der-mensa--71052481.html [11.02.2014].

ten MitarbeiterInnen und ForscherInnen der Zukunft für unsere Gesellschaft zu finden, indem wir die notwendigen Schnittstellen und die dazugehörenden Anforderungen erforschen und nachhaltige Design-Konzepte dafür entwickeln.

Dürrbaum: Wie Maria sagte, gibt es ähnliche Entwicklungen und Veränderungen in der Industrie und an den Universitäten. Wir glauben, dass wir mit unserem Know-how die Lehre, das Lernen, die Arbeit und die Forschung an den Hochschulen unterstützen können. Die Universitäten konkurrieren miteinander um die besten Studierenden, um die besten Professoren und Professorinnen in ihren jeweiligen Fachdisziplinen, nicht zuletzt auch um an Zuschüsse zu kommen oder um mit Wirtschaftsunternehmen zusammenarbeiten zu können. Wir glauben, dass gerade im Bereich der Universität Innovationen möglich sind, wenn vorhandene Räume besser und flexibler genutzt und die Bedürfnisse der Studierenden nach mehr Raum für gemeinsames Lernen, für gemeinsame Projektarbeit und für zufällige interdisziplinäre Kommunikation und Begegnung stärker berücksichtigt würden.

Bachmann: Im Rahmen unserer Workshop-Reihe haben wir an verschiedenen Punkten immer wieder den Begriff «Design» verwendet. Was versteht die Firma Vitra unter Design, wenn auf ihrer Webseite steht: «Vitra setzt die Kraft guten Designs ein, um die Qualität von Wohnräumen, Büros und öffentlichen Einrichtungen nachhaltig zu verbessern»? Und wie lässt sich dies auf die Gestaltung eines Hochschulcampus übertragen?

Clusa: Wir entwickeln unsere Konzepte und unsere Produkte auf der Basis eines systemtheoretischen Ansatzes, in dem nicht nur Form und Funktion wichtig sind, sondern auch der Mensch als dritter Bestandteil unseres Design-Verständnis-Dreiecks. Es geht um Räume, z. B. Licht, Akustik usw., es geht auch um die Integration von ICT-Lösungen, heutzutage z. B. iPads, aber genauso geht es um den Menschen. Im hier besprochenen Thema sind dies hauptsächlich Studierende und Dozierende, die Räume und Möblierungskonzepte nutzen. Vitra versteht Design als Prozess, in dem Qualität, Relevanz, Ergonomie und Funktion wie auch Ökonomie, Gestaltung und Nachhaltigkeit optimale Lösungen für den Menschen bei der Arbeit, zuhause oder eben auch in öffentlichen Bereichen erschaffen.

Dürrbaum: Ich möchte vielleicht noch einmal etwas näher auf diesen Design-Prozess eingehen, der für das Büro gilt, aber auch für die Lösungen, die wir für das Zuhause oder auch für Lehre und Forschung für die Universitäten entwickeln. Wichtig für unsere Arbeit im ITSI-Projekt war zunächst von der Problemstellung auszugehen, also zu verstehen: Was ändert sich in der Gesellschaft, was wird benötigt, was sind die neuen funktionalen Anforderungen, was sind die gestalterischen Anforderungen und, nicht zuletzt, was sind die ökonomischen Rahmenbedingungen? Was braucht es? Was braucht es morgen? Welche Räume sollen gestaltet werden, welcher Anspruch wird an die Umweltverträglichkeit und an die Flexibilität der Lösungen gestellt? Ist beispielsweise leichte Veränderbarkeit durch die Nutzer eine Anforderung? Danach werden allererste Ideen entwickelt. Und wichtig in diesem Prozess ist auch die Frage der Relevanz: Braucht es das wirklich, gibt es diese Anforderung wirklich, und ist sie vielleicht auf dem Markt auch schon vorhanden?

Wir haben uns die Menschen angeschaut, wie sie heute lernen, wie sie am Tisch sitzen, in einer Vorlesung sitzen, in den Pausen und beim Lernen – die meiste Zeit wird im Sitzen verbracht. Welche Sitzmöbel sind heute an den Universitäten im Einsatz? Meist preiswerte, robuste Stühle, auf denen man über viele Stunden ergonomisch nicht gut sitzen kann. Das war die Beobachtung, woraus sich die Anforderung ableitet: Mach einen preiswerten, günstigen, robusten Stuhl, auf dem man mehrere Stunden beschwerdefrei sitzen, lernen und zuhören kann! Und so kam die Idee, mit den bekannten englischen Designern Barber Osgerby einen neuen Stuhl zu entwickeln. Dieser neue Stuhl – er heisst «Tip Ton» (Abb. 1) – kann etwas Besonderes: Ich kann mich ganz normal am Tisch auf diesen Stuhl setzen, kann entspannt zuhören, kann mich zurücklehnen. Ich kann mit Tip Ton auch nach vorne kippen, dann in einer aufrechten Position beschwerdefrei am Tisch lesen, schreiben, am Computer arbeiten. Gleichzeitig kommt Tip Ton dem natürlichen Bewegungsdrang entgegen, weil man verschiedene Positionen einnehmen kann. Tip Ton ist der erste Vollkunststoffstuhl, der das kann. Durch seine Materialität ist er recht preisgünstig, in grossen Mengen zu produzieren, er ist stabil, sieht gut aus. Es gibt ihn in verschiedenen Farben.

Der Prozess? Nach der Idee kommt eine Phase erster funktionaler Prototypen. An diesen Arbeitsmodellen wird gearbeitet. Danach kommt die eigentliche Produktentwicklung, anschliessend die Werkzeugvergabe und die perfekte Markteinführung. Was ganz wichtig ist: Vitra ist nur ein Teil in diesem Design-Prozess, es braucht immer einen externen Autor. Wir glauben fest daran, dass grosse Designer, die die Zukunft denken, vorausahnen können, selbständige Unternehmer sind. Das sind unsere Autoren. Vitra arbeitet mit vielen Autoren, um die besten Produkte, relevante Produkte für die unterschiedlichsten Problemstellungen zu entwickeln, zu produzieren und zu vertreiben.

1 Der neigbare Stuhl «Tip Ton» wurde speziell für langes, beschwerdefreies Sitzen konzipiert

Clusa: Eine zusätzliche Idee zu diesem Punkt: Warum empfinden wir eine Zugehörigkeit zu oder eine Identifikation mit bestimmten Orten? Und warum fühlen wir uns in manchen Räumen wohl und können uns dort entsprechend besser konzentrieren als andernorts? Wir sind überzeugt, dass die Umgebung unser Empfinden, unsere Stimmung und unser Verhalten beeinflusst. Und wir sind auch davon überzeugt, dass genau das sich im Rahmen dieser Kooperation bestätigt hat. Ich nehme als Beispiel unsere «Intervention» beim Workshop zu den «Zwischenräumen», bei der wir nach den zwei Testwochen einige Dokumentationsergebnisse und vor allem auch Rezensionen vorliegen hatten. Die Nutzer der dort eingesetzten Möbel haben sich aktiv und positiv zu dieser Veränderung geäussert. In diesem Zusammenhang sehen wir in der passenden Einrichtung der Räume viel mehr als eine blosse Ausstattung und versuchen daher die Signale von Objekten und von Räumen zu verstehen und zu verbessern, so dass die Menschen sich darin wohl fühlen und darum effizienter sind.

Bachmann: Bei einer Begehung der Universität haben wir verschiedene Räumlichkeiten angeschaut und festgestellt, dass oft unklar ist wie ein Raum oder das Mobiliar genutzt werden sollen. In diesem Zusammenhang habt ihr auf das Affordanzenkonzept verwiesen. Was steckt dahinter?

Dürrbaum: Der Begriff «Affordanz» kommt aus der Psychologie. Vereinfacht ausgedrückt senden die Objekte Botschaften und sagen uns, für was sie gut sind. Wenn man eine Kaffeetasse vor sich hat, dann sagt die Tasse: «Du kannst aus mir trinken». Der Henkel bedeutet: «Du kannst aus mir heisse Getränke trinken, denn du wirst dir dabei die Finger nicht verbrennen.» Und so ähnlich kann man sich das auch für alle Objekte des täglichen Gebrauchs vorstellen. Wenn man ein Sofa in ein Büro stellt, dann sagt dieses beispielsweise: «Auf mir kannst du arbeiten, konzentriert ein Dokument lesen oder auch einfach nur entspannen.» Und wenn zwei Sofas mit hohen Rückenlehnen gegenüber stehen: «Auf mir kannst du ungestört mit zwei, drei oder vier Kollegen ein Meeting machen.» Die Gestaltung macht die Funktion sichtbar, Farbe kann bestimmte Stimmungen hervorrufen. Dieses Affordanzenkonzept lässt sich sehr weit fassen.

Ein weiteres Beispiel: der bereits erwähnte «Tip Ton». Ein idealer Stuhl für Studierende: in der einen Hand den Rucksack, in der anderen den Tip Ton. Er ist sehr leicht, die Rückenlehne ist wie ein Griff ausgeprägt. So kann ich mich einfach zu einer Gruppe dazu setzen. Das gilt auch für die Räume, die uns umgeben; auch sie senden Botschaften. Wenn ich in einem Raum arbeite und diskutiere, der akustisch nicht geeignet ist – vielleicht hallt es wie in einer Kathedrale –, dann sagt der Raum: «In mir darf nicht gesprochen werden. Du kannst nicht diskutieren. Du kannst dich nicht austauschen.» Wenn ich möchte, dass die Studierenden diskutieren und sich austauschen, dann muss ich mit Möbeln diesen Raum so gestalten, dass verschiedene Gruppen von Menschen gleichzeitig miteinander kommunizieren können, ohne die anderen zu stören. Das ist zum Beispiel mit unserem Programm «Workbay» (Abb. 2) möglich.

Bei der Gestaltung der Lernräume ist es wichtig die Bedürfnisse der Studierenden aufzunehmen und mit grosser Sorgfalt zu konzipieren, zu planen und umzusetzen. Man kann das Möbel, die Einrichtung nicht isoliert vom Raum sehen. Möbel, Akustik, Klima und Licht bilden eine untrennbare Einheit. Zusammen mit den Nutzern werden sie zu einem soziotechnischen System. Hier können wir als Hersteller oder Partner einen wertvollen Beitrag für die Universität Basel leisten.

Škerlak: In diesem Zusammenhang würde mich interessieren, inwieweit ein Raum schon so vorgestaltet sein soll, dass klar ist, was man in ihm machen darf oder muss, und inwieweit ein Raum auch so flexibel sein darf, dass man verschiedene Dinge darin machen kann. Darf mir die Kaffeetasse erlauben, aus ihr eine Suppe zu trinken oder Blümchen reinzustellen, oder sollte sie mir klar vermitteln, dass ich nur ein heisses Getränk daraus trinken soll?

Dürrbaum: Das Affordanzenkonzept ist nicht dogmatisch. Es kann uns leiten, sinnvolle Konzepte für die unterschiedlichen Nutzungsarten von Räumen

2 Die multifunk-
tionalen «Workbays»
eignen sich zur Unter-
teilung grösserer
Räume

zu entwickeln. Man muss sich überlegen, was der Raum leisten soll, was in ihm stattfinden soll. Ein Raum, der alles bietet, unterstützt keine Tätigkeit richtig. Aber natürlich kann eine Kantine so gestaltet werden, dass sie auch ein veränderbarer Lernraum für Studierende sein kann. Das ist etwas, was sich natürlich anbietet. Vielleicht muss die Kantine akustisch, vielleicht auch vom Licht her verbessert werden. Die jeweilige Nutzung ist dabei schwer vorauszusehen. Daher lohnt es sich, einfach mal etwas auszuprobieren mit der Option, es hinterher zu verändern. Vitra verändert die meisten Büroräume alle ein bis zwei Jahre, um neue Formen auszuprobieren und so ständig zu neuen, besseren Lösungen zu kommen.

> *Bachmann: Welche Themen und Trends nimmt jetzt die Firma Vitra aus der beinahe einjährigen Zusammenarbeit mit dem Projektteam und insbesondere auch aus dem Workshop mit den Studierenden mit, und was sind die Herausforderungen für die Hochschulen in den nächsten Jahren aus eurer Sicht?*

Dürrbaum: Was für mich sehr erfrischend war, waren die vielen Gespräche mit den Studierenden, auch um deren Bedürfnisse besser kennenzulernen. Die Studierenden der Universität sind die Mitarbeiter und Mitarbeiterinnen von morgen: Sie möchten mehr Flexibilität, mehr Autonomie, mehr selbst bestimmen und gestalten können. Das ist ein genereller Trend, auch bei den Arbeitnehmenden. Spannend auch das Bild des «Lernwanderers», des mobilen Studierenden, der viel unterwegs ist und an den unterschiedlichsten Orten lernt. Was braucht dieser Lernwanderer? Aber auch in der Wirtschaft gibt es den Trend zu mobiler Arbeit. Die Mitarbeiter geben ihren festen Arbeitsplatz auf und bekommen dadurch neue Möglichkeiten im Team zu arbeiten, neue Menschen kennenzulernen, mit anderen Menschen zu arbeiten, in den richtigen Konstellationen zu arbeiten. Ich denke die Institute, die Lern- und die Lehrräume, die Büros, wo gearbeitet wird; alles wird flexibler werden. Da braucht es neue Ansätze, aber vieles ist auch schon da – vielleicht muss es für den Einsatz an den Universitäten angepasst werden.

Clusa: Ich denke, dass die Universität Basel sich mit diesem ITSI-Projekt eine einmalige Chance geschaffen hat, einen modernen Campus mit guten Lernwelten anbieten zu können, und zwar für alle gemeinsam. Das ist es, was für mich besonders interessant war. Aus meiner Perspektive war entscheidend, dass die Nutzerinnen und Nutzer der Universität zusammenkamen, um ein komplettes und wirklich sinnvolles Projekt erarbeiten zu können. Man kann von einer hervorragenden Plattform für Kommunikation sprechen, die durch diesen Projektrahmen geschaffen wurde. Warum war dies möglich? Vielleicht, weil der Wunsch nach Veränderung und Verbesserung dieser Universität generell präsent ist – und zwar nicht nur von Studierendenseite, sondern auch seitens der Verwaltung und der Dozierenden. Die Wünsche und Interessen dieser beiden Seiten sind keineswegs gegensätzlich. Insofern drängt es sich auf, dieses Projekt als einmalige Möglichkeit weiterzutreiben.

Die Firma Vitra hat dieses Projekt mit Leidenschaft begleitet. Die Trends und Thesen haben den Wunsch nach Veränderung und den Weg dazu aufgezeigt. So ist ein ganzheitliches Bild des Status Quo, der Optimierungsmöglichkeiten und von Lösungsansätzen entstanden, beispielsweise betreffend Service-Design, Räumen für Gruppenarbeit und Unterstützung der informellen Kommunikation. Die logische Konsequenz für mich und die Empfehlung von Vitra in dieser Richtung sind, dass die Universität Basel diese gute Ausgangslage als Chance nutzt und schrittweise an der Umsetzung der gemeinsam entwickelten Lösungen arbeitet, um ein universitäres Umfeld zu schaffen, das motiviert und damit auch zu mehr Effizienz beiträgt. Wir wünschen der Universität Basel den Mut, die Verantwortung zur Veränderung zu beweisen, und so zu verhindern, dass Innovation dem Festhalten an Traditionen zum Opfer fällt.

ZWISCHENRÄUME

SABINA BRANDT

KULTUR (ER)LEBEN
ZUR FUNKTION UNIVERSITÄRER «ZWISCHENRÄUME»

ZUSAMMENFASSUNG

Wie gelingt die «Planung des Unplanbaren»: das Ermöglichen von Kommunikation und Lernen jenseits definierter Ziele? Für die Campusgestaltung sind dies wichtige Fragen, denn auch das Ungeplante ist im universitären Alltag erwünscht: interdisziplinärer Austausch, informelle Begegnungen im realen und virtuellen Raum, studentische Partizipation und Identifikation mit der Universität. Vieles davon findet gerade in «Zwischenräumen» des universitären Lebens statt, und es zeigt und prägt zugleich die Kultur der Universität. Im Rahmen des Projekts ITSI der Universität Basel wurde der Frage nachgegangen, was gut funktionierende «Zwischenräume» ausmacht, die Kommunikation und Rückzug ermöglichen und Freiraum für Ungeplantes, für Improvisation und Spontaneität bieten. Wie die Beobachtungen an der Universität Basel zeigen, besteht die Kunst der Zwischenraumgestaltung gerade darin, die richtige Balance zwischen Vorgabe und Undefiniertheit, zwischen Struktur und Flexibilität zu finden, um zu Begegnung, spontaner Kommunikation und informellen Treffen einzuladen. Anhand der Frage, ob und wie die Zwischenräume einer Organisation wie der Universität funktionieren, Interaktion anregen und Identifikation fördern, lassen sich grundlegende Aussagen über die gelebte Kultur treffen – und bei Bedarf Ansatzpunkte für deren Veränderung finden.

1 EINLADUNG IN «ZWISCHENRÄUME»

Neben und zwischen Hörsälen, Seminarräumen und Büros bietet der Campus einen häufig unterschätzten weiteren Raumtypus: In Verpflegungs- und Wartezonen, auf Treppen und Korridoren und auf all den Wegen und Plätzen des Campus, drinnen wie draußen, findet ein wichtiger Teil universitären Lebens statt. Diese «Zwischenräume»[1], die im Rahmen der Workshop-Reihe des Projekts ITSI der Universität Basel in den Blick genommen wurden, könnten zunächst definiert werden als all das, was nicht in eine der anderen Kategorien von Funktionsräumen fällt: Zu den Zwischenräumen zählen demnach vor allem Verpflegungsräume (Mensa, Cafeteria), Wartezonen (offiziell etwa vor Büros oder Sekretariaten oder inoffiziell an Knotenpunkten, an denen sich Studierende untereinander verabreden) und Transferräume (wie Korridore, Treppen oder Wege zwischen Universitätsgebäuden).

Zugleich lassen sich aber typische Bedürfnisse und Verhaltensweisen definieren, die in diesen Räumen «wohnen» – Franke, Haude und Noennig beschreiben «Rückzug und Dialog» als Hauptfunktionen universitärer «Freiräume» und die darin liegende Offenheit als gemeinsames Moment: «Das (noch) Ungewisse und Unbestimmte ist eine Bedingung von Lernen, Entdeckung und Kreativität. Innovation und Wissensbildung brauchen eine Denk- und Gesprächskultur der ungewissen Ausgänge. Dafür bietet die Universität die Freiheit zum Dialog – und die Freiheit zum Rückzug. Zwischen beiden oszilliert der Wissensbetrieb; er ist auf sie angewiesen» (Franke, Haude & Noennig, 2012, S. 79). So erlaubt es eine positive Definition dieses Raumtyps, Zwischenräume, die gemeinhin gerade als Nicht-Funktionsräume wahrgenommen werden, nach ihrer Funktion für Nutzende zu beschreiben: als Räume für informelle Kommunikation und informelle Formen des Lernens, für Austausch und Erholung sowie, entgegen ihrem eher geringen Stellenwert in der Campusplanung, nicht zuletzt als Orte der Identifikation mit der Universität und akademischem Leben. Mit solch einer erweiterten Definition können weitere Angebote – im physischen wie im virtuellen Raum, und von der Universität bzw. einzelnen Fächern initiiert oder auf studentischen Initiativen beruhend – zu diesem Raumtypus gezählt werden, etwa auch Aufenthaltsräume, Sportangebote, Studierendencafés, Online-Diskussionsforen, Blogs und vieles mehr.

Die Frage nach den «Außengrenzen» dieses weit gefassten Verständnisses stellt sich schnell: Zum Beispiel erfüllen neben Angeboten wie dem vir-

---

1   Vgl. Beitrag zum Projekt ITSI in diesem Buch, Kap. 3.3.

tuellen Schwarzen Brett der Universität Basel («Marktplatz», http://markt.
unibas.ch) und dem von der Universität eingerichteten und unter Mitarbeit
von Studierenden betriebenen Weblog («Beast – Be a Student», http://beast.
unibas.ch) auch soziale Netzwerke die Zwischenraum-Funktion der informellen Kommunikation und Vernetzung, wenn dort z. B. studentische Gruppen gegründet werden. Wo verlaufen also die Grenzen des universitären «Zwischenraums»? Gehört die Facebook-Gruppe zur Vorbereitung eines Referats
dazu? Analog wären z. B. öffentliche Verkehrsmittel zu betrachten, die einzelne Universitätsgebäude miteinander verbinden – auch das sind Grenzbereiche des universitären Raums, in denen sehr häufig universitätsbezogener,
informeller Austausch z. B. zwischen Studierenden stattfindet. Diese Räume
gilt es vor allem dann mitzudenken, wenn sie das Nutzungsverhalten universitärer Räume beeinflussen oder Hinweise auf deren Verbesserung und auf
unerfüllte Bedürfnisse liefern, etwa, wenn ein universitätseigenes Social-
Media-Angebot mit Facebook konkurriert oder die Bushaltestelle dem Korridor vorgezogen wird (vielleicht, weil dort Sitzgelegenheiten fehlen). Für das
Projekt ITSI wurden die zu betrachtenden universitären Zwischenräume
darüber definiert, ob sie von der Universität eingerichtet, gestaltet und beeinflusst werden (können).

Bei allen Überlegungen zur Gestaltung von Zwischenräumen steht man
vor der paradoxen Aufgabe, eigentlich Unplanbares zu planen: Das Gelingen
informeller Kommunikation entscheidet sich situativ; es ist zwar durchaus
stark abhängig von Rahmenbedingungen, aber von ihnen nicht vorherbestimmbar. Bei der Gestaltung gilt es entsprechend eine Balance zu finden
zwischen Vorgabe und Freiraum, Struktur und Flexibilität – nur so wird ein
«Gelingen» im Sinne der gewünschten Funktionen wahrscheinlich. Die wichtigsten Zwischenraum-Funktionen sollen im Folgenden kurz aufgezeigt werden, um danach Empfehlungen zu geben, wie geeignete Voraussetzungen für
ihre Erfüllung erreicht werden können.

1.1 Austausch und Networking

Die wichtigste Funktion des universitären Zwischenraums ist unbestritten
die als Raum für informelle Kommunikation: Er dient als Informations- und
Ideenbörse, unterstützt die Vernetzung auf allen Ebenen der Universität und
ist damit auch ein Ort (und Instrument) des Wissensmanagements innerhalb
der Organisation Hochschule. Neben den körperlichen Bedürfnissen nach
Nahrung und Erholung ist es vor allem der Austausch, der diese Orte für alle
Universitätsangehörigen gleichermaßen anziehend macht (Abb. 1 und 2).

1 Kaffeeküche
im Departement
Physik an der Uni-
versität Basel

Hier wird, im Vorübergehen oder mit der vielzitierten «Kaffeetasse als Medium» in der Hand, eher beiläufig kommuniziert: Die Konzentration ist meist auf etwas anderes gerichtet, z. B. das folgende Seminar, die eben gehörte Vorlesung, die unterbrochene Arbeit oder private Kommunikation per Smartphone. Informationen werden selten ganz gezielt gesucht; häufiger ergibt sich am Rand des «eigentlich Wichtigen» ein Gespräch aus dem «spontanen Bleiben und Weiterdenken» (Franke et al., 2012, S. 81), und daraus eventuell neue Vernetzungen, Ideen und Initiativen.

Networking, hier innerhalb der wissenschaftlichen Gemeinschaft, ist eines der wichtigsten Zwischenraum-Themen (vgl. Wenger, 1998). Sozialisation und Rollenvorbilder, ein Lernen als und durch Enkulturation (vgl. Sfard, 1998), finden ebenfalls zumindest teilweise in Zwischenräumen statt, in denen sich Forschende, Lehrende und der wissenschaftliche Nachwuchs treffen. Die Grenzen zwischen den Disziplinen oder hierarchischen Positionen können in diesen Räumen scheinbar verschwimmen – oder gerade hier verhandelt werden.

Auch studentisches Engagement entsteht häufig an solch ungezwungenen Treffpunkten und braucht sie, um wachsen zu können; der Austausch in den verschiedenen physischen wie virtuellen Zwischenräumen trägt vermutlich erheblich dazu bei, Ideen im Diskurs zu erproben, zu Initiativen weiterzuentwickeln, Gleichgesinnte zu finden und für die Mitarbeit in Studierendenvertretungen und an Initiativen zu begeistern. Engagierte Studierende sind nicht nur TrägerInnen wichtiger Informationen rund um Studium und Universität, sondern auch studentischer Kultur – und gerade sie profitieren von einer Vielfalt an gut funktionierenden Zwischenräumen.

2 Gang zwischen
Hörsälen im
Kollegienhaus der
Universität Basel

1.2 Erholung, Rückzug, Bewegung

In ihrer zweiten Funktion als Raum für Rückzug und Erholung bieten Zwischenräume Möglichkeiten für geistige und körperliche Balance zur anspruchsvollen wissenschaftlichen Arbeit und tragen durch Angebote zur Verpflegung, Entspannung und Bewegung zu Gesundheit und dem Erhalt der Leistungsfähigkeit bei (Abb. 3 und 4). Gerade die «Lernwanderer», wie heutige Studierende aufgrund der Beobachtungen im Projekt ITSI bezeichnet wurden, wünschen sich für ihren Tagesablauf auf dem Campus auch Rückzugs- und Erholungsmöglichkeiten für die Zeit zwischen den verschiedenen Aktivitäten. Einige Angebote (wie z. B. der Universitätssport) fördern gleichzeitig die Begegnung der Studierenden untereinander.

Bei Themen wie «Erholung» und «Bewegung» stellt sich die Frage, inwieweit die Universität diese (generell im Privaten angesiedelten) Aspekte in ihren Planungen berücksichtigen sollte. Sind Studierende nicht «zum Arbeiten» hier? Dieses Argument stellt jedoch eine allzu einseitige Positionierung im Spannungsfeld zwischen den positiven Gegenwerten der «Universität als Arbeitsplatz» und der «Universität als Lebensort» dar.[2] Pausen tragen als Erholungszeit maßgeblich zur Qualität des Lernens bei und ermöglichen zugleich als «Zeitraum für eine Sprache der Bedürfnisse» (Muri, 2004, S. 99) und als «Eigensinnzeiträume» (ebd., S. 104) ein verstärktes Wahrnehmen des eigenen Körpers und kreativer Gedanken. Gut gestaltete Zwischenräume und Zwischenraum-Angebote können zudem, eventuell mit geeigneter Be-

---

2   Vgl. Beitrag von Gudrun Bachmann in diesem Buch, Kap. 2.6.

3 Cafeteria im
Foyer des Kollegi-
enhauses

gleitung (etwa durch ein Kursprogramm, das Entspannungstechniken vermittelt), die Aufmerksamkeit der Studierenden für das eigene Lernen und
die eigenen Bedürfnisse (gerade auch für häufig ignorierte Bewegungs- und
Ruhebedürfnisse) erhöhen, den Studienalltag sinnvoll strukturieren und zu
nachhaltigem «Lernen lernen» beitragen, also auch den Aspekt der «Universität als Arbeitsplatz» unterstützen.[3]

1.3 Identifikation

Eine gute Zwischenraum-Gestaltung, z. B. mit geeigneter Infrastruktur (Ar-
beitsmöglichkeiten, Sitzmöbel, Informationsangebot etc.), Verpflegungsangebot, lebendigen Plätzen oder selbst gestalteten Aufenthaltsräumen, kann
Anknüpfungspunkte und ein Gefühl von «Zuhause auf dem Campus» bieten.
Nicht zufällig sind es gerade die Zwischenräume des Campus, die der Universität für die Studierenden ein Gesicht geben und ihnen ein «Wir-Gefühl»
vermitteln: Hier wird studentische Kultur gelebt, hier verabredet man sich
mit KommilitonInnen zum Essen, zur gemeinsamen Freizeit oder zum Lernen, schließt Freundschaften und verbringt Zeit zwischen Lehrveranstaltungen – mal mit Vor- oder Nachbereitung fürs Studium, mal privat, mal
individuell, mal in Gemeinschaft. Hier bekommt man die wichtigsten Informationen über Wohnmöglichkeiten, Praktika oder Jobs, über Beratungs-
und Freizeitangebote, Veranstaltungen und vieles mehr. Hier bildet man
Lerngruppen, bereitet Gruppenreferate vor, tauscht sich über die Studien-

---

3   Zur Diskussion um Pausen als Bestandteil von Arbeit oder Freizeit vgl. Muri, 2004.

4 Pausenzone
hinter dem
Personalrestaurant
des Universitäts-
spitals Basel

anforderungen, Prüfungsformen oder auch über Dozierende aus. Hier wartet man vor Prüfungen oder auf die Sprechstunde von Professorinnen und Professoren.

In vielen Zwischenräumen trifft man auch Dozierende informell. Man kann fortgeschrittenere Studierende und WissenschaftlerInnen beobachten und verstehen, wie sie Herausforderungen begegnen, und so auch im Sinne Anna Sfards durch Partizipation bzw. Enkulturation lernen (vgl. Sfard, 1998). Die Sicherheit, sich selbst die fürs Studium notwendigen Informationen beschaffen und Unterstützung finden zu können, trägt erheblich zum Studienerfolg bei. Und auch ihr Selbstverständnis als WissenschaftlerInnen und als Angehörige der Universität entwickeln Studierende und Nachwuchsforscher Innen nicht nur an der «Bench» oder im Seminarraum, sondern maßgeblich in der informellen Kommunikation mit Fachkolleginnen und Fachkollegen, Studierenden, Forschenden und Lehrenden.

2 IMPROVISATION – ODER: ZUR PLANUNG DES UNPLANBAREN

In aller Strenge ist ein Satz wie ‹Ich werde gleich improvisieren› widersinnig: entweder man kann über das Kommende verfügen, es vorher-sehen (dann aber handelt es sich um keine Improvisation), oder man anerkennt, dass das, was nun folgt, un-vorhersehbar ist (dann aber entzieht es sich jeder Planung) (Bormann, Brandstetter & Matzke, 2010, S. 13).

Während Improvisation in vielen Kulturen, etwa der indischen (vgl. Kurt, 2008), eine alltägliche und geschätzte Handlungsform darstellt, steht impro-

5 Gang mit beschreibbarer Wand im Departement Informatik der Universität Basel

visiertes Agieren in der westlichen, zumal deutschen und deutsch-schweizerischen Kultur im allgemeinen Verständnis (und jenseits explizit künstlerisch-experimenteller Zusammenhänge) immer auch für zweifelhafte Qualität: Auf Improvisation wird kaum bewusst vertraut und abgezielt (es sei denn, man hielte schon «Brainstorming» für eine Improvisationsmethode); Äußerungen wie «das war etwas improvisiert» oder «da müssen wir improvisieren» deuten meist mindere Qualität aufgrund von schlechter Planung und ungünstiger Bedingungen an.

Wer «informelle Räume» gestaltet, bewegt sich jedoch stets in den Spannungsfeldern zwischen Freiraum und Kontrolle sowie zwischen Zielorientierung und Ergebnisoffenheit. Informeller Austausch ist ungeplante und unplanbare Interaktion, also gerade nicht kontrollierbar[4]; er ist «improvisus» in der Wortbedeutung: unvorhergesehen. Das sprachliche Gegenteil «providere» sowie auch das aus dem Englischen bekannte «to provide (with)» weisen auf ein Paradox in der Gestaltung informeller Räume hin, durch die Mitbedeutung «Vorkehrungen treffen» und «etwas zur Verfügung stellen». Ist Improvisiertes also das, wofür keine Vorkehrungen getroffen werden müssen oder können? Und was würde das bedeuten für die Einrichtung von Räumen für informellen Austausch?

Es muss sehr wohl darum gehen, zu planen: Möglichkeiten und geeignete Bedingungen zu schaffen, um ergebnisoffen etwas wenig Planbares, aber Gewünschtes (z. B. eben Begegnungen und Austausch) wahrscheinlicher zu machen (Abb. 5 und 6). Nicht zu viel vorzugeben und Räume zu schaffen, in

---

4   Zur Idee der Community of Practice vgl. ausführlich Wenger (1998).

6 Interdisziplinärer Austausch im Sussex Research Hive (Foto: Morten Watkins)

denen sich Nutzenden möglichst unbeobachtet bewegen und die sie flexibel umgestalten können, kann dabei mit dem Wunsch konkurrieren, den Campus von morgen nach eigenen Vorstellungen und Erkenntnissen auszugestalten und zugleich die Nutzung im Auge zu behalten, sei es, um sie zu kontrollieren, sei es, um im Sinne der kontinuierlichen Weiterentwicklung des Campus zu sehen, ob und wie das bisherige Angebot wahrgenommen wird. Zuviel Beobachtung kann hier als störende Intervention genau das verhindern, was man erreichen wollte. Auf eine zu frühe oder zu häufige Evaluation und Bewertung ist demnach zu verzichten, um den Improvisationsraum möglichst unkontrolliert und ungezwungen wachsen zu lassen und das Unvorhersehbare nicht durch den Eindruck der Kalkulation zu verhindern.

Interessante Improvisationen erfordern Freiraum, Vertrauen und Sicherheit sowie einen klaren Rahmen – nicht umsonst entstehen Improvisationsideen in verschiedenen Kunstformen oft aus Aufgaben, die die Möglichkeiten *etwas* einschränken: Restriktionen, die zugleich dazu herausfordern, von üblichen Mustern abzuweichen, und die Anregungen geben, die Fülle der Optionen neu in den Blick zu nehmen.

Übertragen auf Zwischenräume des universitären Lebens wäre hier ein Ziel, Spielräume zu definieren, deren Regeln klar sind, um Sicherheit zu schaffen und Wertschätzung, Anerkennung und Vertrauen zu vermitteln. Auf dieser Grundlage können zusätzliche Anreize gegeben werden, etwa in Form von organisierten Diskussionen und Informationsveranstaltungen zu Fragen, die für die Zielgruppe interessant sind – auch dabei sollte es vor allem darum gehen, «die spezifische Produktivität der Improvisation» (Bormann et al., 2010, S. 12) in Gang zu setzen.

3 «EINFACH EINE GUTE ATMOSPHÄRE»

*Konstruieren? Atmosphären konstruieren? Dabei geht es doch um Erleb-
nisphänomene, eher subjektive Formen von Welt [...]. Wie sollte man sie konstruieren können [...]?* (Meisenheimer, 2000, S. 52).

Der Begriff der «Atmosphäre» ist einerseits philosophisch und in Raumbe-
schreibungen beliebt und z. T. fast schon überstrapaziert, andererseits offenbar so wenig konkret fassbar, dass er in der Planung unterdefiniert und un-
terschätzt wird. Nutzende wünschen sich eine «gute Atmosphäre» in «ihren»
Räumen, und können doch selten beschreiben, was sie damit meinen. Der
Begriff, der in der Meteorologie die Lufthülle der Erde bezeichnet, in der
Ästhetik dagegen eine «Stimmung», ist für alle, PlanerInnen wie NutzerInnen, schwer fassbar: «(Atmosphären) fallen [...] quasi aus dem vernünftig
Sagbaren heraus» (Böhme, 2006, S. 25).

«Das ist eben subjektiv» ist die geläufige Einschätzung: Ob sich jemand
in kühl und funktionell gestalteten Räumen wohlfühlt oder farbige Sofas und
rustikale Holzmöbel vorzieht, hängt stark vom individuellen Geschmack, der
körperlichen und geistigen Verfassung und von vielen weiteren Faktoren ab
(Abb. 7-9). «Einfach eine gute Atmosphäre» zu schaffen, ist der diffuse und
zugleich meistgenannte Wunsch von NutzerInnen an diejenigen, die universitäre Räume - und insbesondere Zwischenräume - entwerfen und einrichten. Dabei sind grundlegende Aspekte «guter» Atmosphäre schnell genannt: Akustik und Beleuchtung, dann auch Temperatur, Material, Farbe,
Form bzw. Gestalt, Proportion, Blickführung, Bewegungsoptionen des Körpers im Raum, Ausblicke und Nähe zur Natur etc. - viele dieser Elemente
erzeugen, je nach Kombination und abhängig von der Kultur, Zeichen und
Symbole, die Erinnerungen abrufen und bei den Nutzenden eine gewisse
Stimmung hervorrufen. Nach Gernot Böhme ist Atmosphäre «dasjenige,
wodurch Umgebungsqualitäten und [menschliches] Befinden aufeinander
bezogen sind» (Böhme, 1995, S. 23) - dem Begriff ist also ein subjektives
Element unbedingt eigen.[5]

Aufgrund des individuellen Anteils (und mit der Diversität der Nutzenden zusammengedacht) ist es an dieser Stelle hilfreich, statt von «guter» eher
von «passender» Atmosphäre zu sprechen. Die «Konstruktion von Atmosphären» (Meisenheimer, 2000, S. 52) setzt vor allem eins voraus: Interesse

---

5   Vgl. dazu auch architekturpsychologische Grundüberlegungen zum «gestimmten
Raum» und zu raumbezogenem Identitätserleben; Richter, 2008.

7-9   Selbstgestal-
tete studentische
Lernräume der
Fächer Theologie
(oben) und Um-
weltwissenschaften
(Mitte) an der
Universität Basel;
Foyer im Biozent-
rum (unten)

daran, wer diese Individuen sind, die die zu schaffende Atmosphäre mit ihrem subjektiven Anteil mitkonstituieren. Detaillierte Beschreibungen der jeweiligen Elemente und Ideen über «gute Atmosphäre» (und auch über nicht Passendes) auszutauschen, kann Planende und Nutzende einem gegenseitigen Verständnis näherbringen.

Mit dem Entwicklungsansatz des Design Thinking (vgl. Kumar, 2013), durch kleinere Pilotprojekte (als frühes Gestaltungs- und Evaluationsinstrument; vgl. Doorley & Witthoft, 2012, S. 73), Nutzerbefragungen, Evaluation und Umgestaltung können sich die Beteiligten gemeinsam sogar dem mysteriösen Element des «Oomph» annähern, das gelungenen Räumen innewohnt[6] – dieses undefinierbare Besondere, das vielleicht aus der Stimmigkeit aller Elemente, vielleicht aber auch gerade aus der kleinen Abweichung von der Norm entsteht (vgl. Meisenheimer, 2000).

4 UNIVERSITÄTSKULTUR IN ZWISCHENRÄUMEN

Anschließend an die Frage der Atmosphäre lässt sich noch eine weitere, nicht explizit intendierte Funktion von Zwischenräumen diskutieren, die dennoch für das Nachdenken über die Universität und den Campus von morgen und die dort gewünschte Atmosphäre zentral werden könnte: Gerade in diesen Räumen, in denen spontan und zugleich nach ungeschriebenen Regeln kommuniziert wird und sich Lerngelegenheiten ergeben, wird die Lern- und Organisationskultur der Universität verhandelt, tradiert und zugleich sichtbar:

Wer gehört zur Universität, ab welcher Qualifikationsstufe? Sind Studierende Universitätsangehörige oder Gäste? Wer kommuniziert mit wem? Wie wichtig ist eine hierarchische Ordnung im täglichen Umgang (zwischen Studierenden unterschiedlicher Studienstufen ebenso wie zwischen Studierenden und Universitätsmitarbeitenden oder Mitarbeitenden untereinander)? Gibt es Gewohnheitsrechte oder implizite Trennlinien (z. B. durch heimliche Sitzordnungen)? Wie ist allgemein das Gesprächsklima, wer initiiert Gespräche, und finden diese auch in Gegenwart von still Lernenden ungezwungen, in ungebremster Lautstärke statt? Gibt es mehr oder weniger sozial unterstützte Lernformen? Sind Regeln eindeutig formuliert und transparent? Nehmen die Nutzenden Rücksicht aufeinander? Herrscht eine Verbots- oder eine Gebotskultur vor? Ist, was nicht explizit verboten ist, erlaubt, und wird es dann auch getan? Sind Einrichtungsgegenstände aufwendig vor Diebstahl geschützt? Wird Mobiliar gut behandelt? Wer vertraut wem?

---

6   Vgl. Beitrag von Bernhard Herrlich in diesem Buch, Kap. 4.4.

Für solche und viele andere Fragen lassen sich in Zwischenräumen Beobachtungen und Antworten gewinnen und Rückschlüsse auf die Organisationskultur ziehen – der Zwischenraum birgt Potenzial als Indikator wie als Promotor universitärer Kultur. Im Sinne von Oblinger (2006) ist es auch möglich, über das räumliche Angebot sowie Regeln und Anregungen darin auf Veränderungen der Nutzungsgewohnheiten und -bedürfnisse zu reagieren bzw. Veränderungen zu initiieren und somit den Raum als «Change Agent» zu nutzen. Nicht zuletzt fehlen in formeller genutzten Räumen oft Platz und Inspiration für die Entwicklung von Neuem – auch hier sollte das Potenzial von Zwischenräumen erkannt und intensiver genutzt werden.

5   ZWISCHENRÄUME ALS LERN-ORTE?

Sind Zwischenräume, über das informelle Lernen im Gespräch, die Enkulturation, das Wissensmanagement hinaus, auch Orte für Gruppen- und Einzelarbeit? Dass sie nicht primär dafür gedacht und konzipiert sind, ist evident. Hier ist jedoch ein klarer Trend im Verhalten von Studierenden zu beobachten, wie eine qualitative Studie zu Lern- und Zwischenräumen an der Universität Basel zeigt[7]: Neben studentischen Aufenthaltsräumen dienen den «Lernwanderern» auch Foyers und Verpflegungsräume mehr und mehr als Lernorte – auch, wenn dies nicht unbedingt lernpsychologischen Empfehlungen entspricht und Dozierende sich oft genug verwundert zeigen, warum ruhige Seminarbibliotheken leer stehen und zugleich in der angrenzenden Cafeteria viele Studierende lernen. Als Grund geben Studierende an, dass ihnen besonders die Ungezwungenheit dieser Orte gefällt, an denen mehrere Nutzungsformen parallel erlaubt sind. Dort störe man sich gegenseitig eher weniger als in einem stillen Lern- oder Bibliotheksraum, wo das eigene Leise-Sein zusätzliche Aufmerksamkeit verlangt.

Aufenthaltsräume, die für eine gemischte Nutzung aus informellem Austausch, Verpflegung, Erholung und Lernen gedacht und gestaltet sind, scheinen vor allem als «Zwischenstation» und für kürzere Lerneinheiten beliebt zu sein, bzw. für konzentrierteres Lernen nur dann, wenn die Nutzung als Lernraum etabliert ist. In diesem Fall können auch in Zwischenräumen positive Effekte wirksam werden, die aus Lernräumen bekannt sind, etwa soziale Kontrolle über Arbeitsphasen und Pausen – Joanna Ball formulierte das über die Doktorierenden im Sussex Research Hive im Rahmen des ITSI-Workshops «Zwischenräume» so: «They feel policed, but in a good way».

---

7   Vgl. Beitrag zum Projekt ITSI in diesem Buch, Kap. 4.3.

Möglicherweise wird gerade das nicht Zielgerichtete der Zwischenraum-Umgebung intuitiv genutzt, um stärker «ergebnisoffen» zu lernen: zu reflektieren, in Frage zu stellen, Neues zu denken und Dinge in den Fokus zu rücken, die nicht auf einem zielgerichteten Lernplan stehen. Anlässe für gemeinsames Lernen in Zwischenräumen ergeben sich oft auch aus zunächst privaten Gesprächen heraus, wie Studierende berichten – z. B. in der Cafeteria führe der spontane Austausch in Vorlesungspausen häufig auch (und nicht vorhersehbar) zu einem Gespräch über Studienthemen und fachliche Fragen.

6 «SO WAR DAS NICHT GEPLANT»: ZUR GESTALTUNG «GUTER» ZWISCHENRÄUME

Im Folgenden sollen einige Überlegungen zur Gestaltung von Zwischenräumen dargestellt werden, die in den Begleitstudien und Workshops des Projekts ITSI sowie aus Beobachtungen, Befragungen und der «Intervention»[8] vor und nach dem Workshop «Zwischenräume» entstanden sind und für die künftige Planung hilfreich sein können.

6.1 «Fail early, fail cheap, fail safe»[9]

Eine wichtige Empfehlung betrifft zunächst den Ort der Planung bzw. der Ausgestaltung von Zwischenräumen: Diese Planung sollte möglichst selten am vielzitierten «Reißbrett» stattfinden, sondern unbedingt auch im Raum selbst, in einem Prozess aus Beobachtung, Ausgestaltung und mehreren Feedback-Schleifen. Das Ziel sollte sein, Verbesserungsbedarf oder Fehlannahmen früh zu erkennen und mit vergleichsweise wenig Verlust Änderungen oder Anpassungen vornehmen zu können, um aus jedem (Pilot-)Projekt Erkenntnisse über den Raumtyp «Zwischenraum» und die Umstände seines Gelingens zu gewinnen. Dabei könnte sich die Campusplanung an den Methoden des «Iterativen Designs» bzw. der «Guided Evolution» orientieren (vgl. Alavi, 1984; Nickerson, 1999). Die Modelle stammen aus der Arbeitspsychologie und stellen den wechselseitigen Austausch von EntwicklerInnen und NutzerInnen in den Vordergrund: in Zyklen von Produktentwicklung, Erfahrungen mit dem Produkt und Weiterentwicklung.

Bei der Weiterentwicklung muss allerdings, vor allem in der Etablierungsphase eines neuen oder stark veränderten Raums, einer neuen Einrich-

---

8   Vgl. Beitrag zum Projekt ITSI in diesem Buch, Kap. 4.4.
9   Zitat aus Stickdorn & Schneider (2012, S. 39).

tung oder Umgebung, im Blick behalten werden, dass schon Beobachtung und Befragung Interventionen darstellen – die Balance zum vertrauensvollen «Zeit lassen» und die Anpassung etwa von Befragungsstilen und Kommunikation an diese sensiblen Umstände ist in dieser Phase wichtig.

Bei Um- und Neubauten wie auch Umzügen auf dem Campus gilt es zudem, die räumlichen Veränderungen als Herausforderung (und nicht selten auch Belastung) für die NutzerInnen anzuerkennen: «As you design spaces for and within an existing community, you'll also have to take on the burden of easing change. [...] As shiny and hopeful as it is, a new space also threatens status and arouses nostalgia for the way things were» (Doorley & Witthoft, 2012, S. 136). Intensive und wertschätzende Kommunikation, NutzerInnenbeteiligung in der Entwicklung, das frühzeitige, möglichst sinnliche Erfahren der bevorstehenden Veränderung (etwa durch Simulationen, Pläne, Prototypen und Baustellenbesuche) sowie Übergangsrituale (Abschieds- und Einweihungsfeste) sind zur positiven Bewältigung der Veränderung und zur Bindung der NutzerInnen an neue Räume notwendig (vgl. ebd.).

6.2 Beobachten, beobachten, beobachten. Und Zuhören.

Es verblüfft immer wieder, dass in Bauplanungsgremien alle erdenklichen Aspekte des Bauens durch entsprechende Experten professionell vertreten sind, einzig für die Nutzungs- und Bedürfnisaspekte fehlt dieses Fachwissen (Bühlmann & Krähenbühl, 2012, S. 9).

Der Eindruck, den Bühlmann und Krähenbühl formulieren, trifft m. E. ganz besonders auf physische Zwischenräume zu, die neben eindeutig definierbaren Funktionsräumen für Lehre und Lernen eher diffus wirken können, als «Nebenbei», nicht unwichtig zwar, aber auch nicht der Raumtyp, für den eigens ein Kreis von NutzerInnen befragt wird, um diese Räume bedürfnisgerecht zu entwickeln – schon die Frage, wer alles einen bestimmten Zwischenraum nutzen wird, ist schließlich nicht leicht zu beantworten. Der Idee von der «Planung des Unplanbaren» folgend, ist für die Zwischenraumplanung die Beobachtung der bestehenden Räume und die Kommunikation mit Nutzenden und verschiedenen Expertinnen und Experten (etwa KollegInnen aus den Fächern, die bereits eigenverantwortete studentische Lern-/ Zwischenräume eingerichtet haben) zentral. In Gesprächen sollte darauf geachtet werden, vertieft und gerne auch subjektiv zu beschreiben, was jeweils Elemente sind, die in gut funktionierenden Zwischenräumen zusammenwirken sollen. So lassen sich Einzelinformationen über die spezifischen

Anforderungen an diesen Raum zusammentragen, über das Angebot (oder Fehlen eines Angebots) in der Umgebung, und über die Arbeitsweisen, Gewohnheiten und Kultur der künftigen Nutzer und Nutzerinnen.

Doorley und Witthoft weisen darauf hin, dass oft gerade die Abweichungen zwischen formulierten Nutzungsbedürfnissen und tatsächlicher Nutzung interessant sind: «Gaps between what people say and what they do are rich sources of inspiration. One person might insist that he doesn't need much room to work. Yet you notice that in actuality he occupies several work spaces [...]. This suggests that he has an unmet need, whether or not he realizes it» (Doorley & Witthoft, 2012, S. 249). Die Beobachtung tatsächlicher Raumnutzungsgewohnheiten lässt sich mit größerem Aufwand auch systematisch erfassen, wie etwa das Projekt «My Campus Karlsruhe» zeigte (vgl. Eichholz & Kunz, 2012); so lassen sich Daten gewinnen und wichtige Aussagen treffen, die die sehr ertragreiche individuelle Befragung und Beobachtung einzelner NutzerInnen ergänzen.

Ein anderes Beispiel für Möglichkeiten, Rückmeldungen von Nutzenden zu bestimmten Zwischenräumen zu erhalten, ist das Aufstellen eines Evaluationsposters vor Ort. Nachdem im Rahmen einer «Intervention» im Hauptgebäude der Universität Basel für zwei Wochen ein bislang unmöbliertes Foyer unangekündigt und ohne begleitende Kommunikationsmaßnahmen mit verschiedenen Sitzgelegenheiten ausgestattet wurde, nahm ein solches Evaluationsplakat im wieder leeren Foyer die Gedanken und Meinungen der Vorbeigehenden auf (Abb. 10–12).

Da das Funktionieren von Zwischenräumen besonders kontextsensibel ist, sollte auch bei positiven Vorbildern auf die Methode «Copy and Paste» verzichtet werden – dies erspart dem Planungsteam viele Enttäuschungen und den Nutzenden viel Frustration. Jeder Raum muss neu gelingen – und in jedem einzelnen gilt es, neben den reinen Vorgaben zum Zweck des Raums Lösungen auch für die Gestaltung von Rhythmen und Raumfokus, Schwellen und anderen Übergangszonen zu finden, für Grenzen zwischen Nutzungsmöglichkeiten und Signale dafür (z. B. durch das Material des Bodenbelags): «[Eine Schwelle] hält die Bewegung auf; diese setzt sich nicht kontinuierlich über die Schwelle hinweg fort, weil diesseits und jenseits nicht dieselben Gesetze gelten» (Waldenfels, 2002, S. 274).

Ebenso wichtig ist es dann, Anlässe zu schaffen oder zuzulassen, damit die Nutzenden zu passendem Gebrauch und Bewegung in diesen Räumen finden, Aneignungsprozesse zu unterstützen und behutsam für geeignete Nutzungsregeln zu sorgen, wo immer möglich beispielsweise unter Einbezug der NutzerInnen («Golden Rules», die sie sich selbst geben) oder durch De-

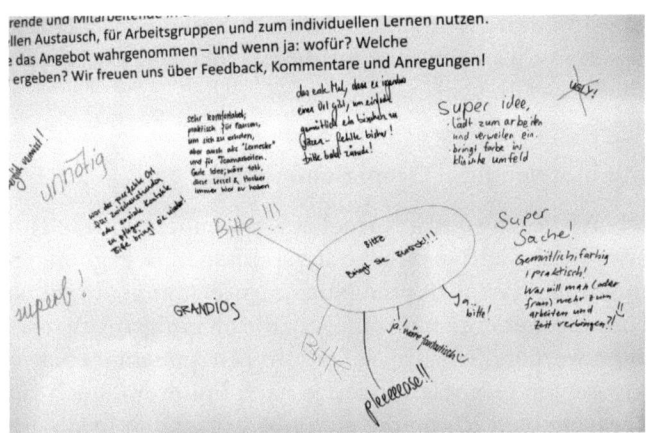

10–12 Eine «Intervention» im Zwischenraum: Zwei leere Foyers der Universität Basel wurden während zwei Wochen mit Mobiliar ausgestattet; ein Evaluationsplakat (oben) bot Platz für Rückmeldungen der BenutzerInnen

finition einer «Ausgangsituation», die in flexibel einrichtbaren Zwischenräumen bei deren Verlassen mit wenigen Handgriffen wieder herzustellen ist (vgl. Doorley & Witthoft, 2012, S. 249).

6.3 Zielgruppen und (notwendige) Grenzziehungen

Die Übergänge zwischen Rückzug und informeller Kommunikation sind im Alltag oft fließend, etwa wenn sich Gespräche aus spontanen Begegnungen entwickeln. Wo Räumen nicht explizit eine Nutzungsweise zugeordnet ist (wie etwa bei bewachten Ruheräumen mit Liegen, die an einigen Universitäten bereits angeboten werden), wo also Sofas zum Mittagsschlaf ebenso einladen wie zum angeregten Gespräch (oder, je nach Präferenz, auch zur Gruppenarbeit), da entscheiden häufig die ersten Anwesenden im Raum darüber, welche Lautstärke in der nächsten Zeit herrschen kann und darf: Der oder die Schlafende oder still Lernende wird die meisten KommilitonInnen daran hindern, unmittelbar daneben eine laute Diskussion zu führen – und umgekehrt ist konzentriertes Lesen inmitten von Gruppenaktivitäten oft nicht möglich. Die bauliche Trennung ist nicht in jedem Fall möglich und wünschenswert, daher erlaubt die Ausstattung vieler Zwischenräume, verschiedene Situationen herzustellen. Da in solchen flexibel nutzbaren Rückzugsräumen Konflikte zwischen parallelen Nutzungsweisen (vor allem zwischen solchen, die stark unterschiedliche Lautstärke mit sich bringen) auftreten und das Konzept der «Macht der Erst-Benutzung» nicht wirklich befriedigt, müssen Lösungen zur Regulierung gefunden werden – neben baulicher Trennung und «Inseln» für verschiedene Nutzungsformen auch Nutzungsregeln und flexible Signale zur Regulierung von Lautstärke und Grad der Privatheit.

Ein bewussterer Umgang mit Grenzziehungen, Ein- und Ausschlüssen würde die Qualität vieler Zwischenräume erhöhen[10], etwa auch durch die Schaffung exklusiver Räume für Angehörige eines bestimmten Faches, einer bestimmten Studiensituation oder Qualifikationsstufe mit entsprechendem Angebot. Andererseits sollten auch neue Öffnungen angedacht werden, um das universitäre Raumangebot mit unkonventionellen Ideen zu bereichern: Das Beispiel des Karlsruher Instituts für Technologie, das auf Initiative von Studierenden hin in Kooperation mit dem Badischen Staatstheater Karlsruhe einen Lernraum mit Kaffeebar im Theaterfoyer einrichtete, zeigt eine bewusste Ausweitung der Grenzen universitären Lernens in das städtische

---

10   Vgl. Beitrag von Sabina Brandt im ersten Teil dieses Buchs.

Leben hinein.[11] Initiativen wie diese zielen auf einen verstärkten Austausch der Universität mit der Öffentlichkeit und städtischen Institutionen – auch das Theater profitiert in diesem Fall von der Erschließung neuer Publikumsgruppen und Themen. Öffentliche Gebäude oder Plätze, die zeitweise oder durchgehend auch als universitäre Lern- und Erholungsräume genutzt werden können, erweitern das Raumangebot der Universität, machen universitäres Leben in der Stadt sichtbar und verstärken zudem die wechselseitige Identifikation zwischen der Hochschule und ihrem Standort.

6.4 «Eigene» Räume

Räume zur Verfügung zu stellen, die von den Studierenden selbst eingerichtet und verwaltet werden, lässt Lern-/Zwischenräume entstehen, in denen Identifikation und Zugehörigkeitsgefühl wie von selbst wachsen. Zentral scheint dabei das Vertrauen, das den Studierenden entgegengebracht wird. Fachbereiche, die solche Räume bereits ermöglicht haben, berichten von sehr positiven Ergebnissen, originellen Einfällen und viel Eigeninitiative – von der Einrichtung eines Mülltrennungssystems über die Umnutzung eines Kaugummmi- zum Geldwechselautomaten (Abb. 13) bis hin zu studiennahen Projekten, die den Raum im Sinne der sprichwörtlichen «Garage» zum Ausprobieren und Forschen nutzbar machen. Wo Studierende mit dem Zustand oder der Nutzung des Raumes unzufrieden waren, entstanden auch Initiativen zur Verbesserung des Nutzungsverhaltens. Wichtig scheint, den Raum nicht zu «fertig» zu gestalten, um wirklich Spielräume für Eigenes zu lassen – die Möblierung kann auch aus dem Lager der Universität stammen (oder vom Flohmarkt) und sollte von den Nutzenden bestimmt werden. Diese müssen dann auch das Recht haben, in solch einem Raum Gastgeber zu sein, etwa eine Ausstellung zu organisieren etc. – die Signale sollten (mit gut vermittelten Regeln zur Sicherheit und den Grenzen der Nutzung) auf «Erlaubnis» stehen. Zu vermeiden ist eine «Sei-spontan-Paradoxie»: Das Funktionieren gerade von Zwischenräumen lässt sich nicht nur nicht erzwingen, es wird durch entsprechende Versuche sogar gestört. Aussagen wie «Wenn der Raum dann nicht genutzt wird, machen wir wieder einen Seminarraum daraus» sind kontraproduktiv.

Um für engen Kontakt mit den Nutzenden zu sorgen, hat es sich z. B. an der Universität Sussex bewährt, Vertreterinnen und Vertreter zu ernen-

---

11   Informationen zum Projekt «TheaBib&Bar»: http://www.kit.edu/besuchen/12503. php sowie http://kit.enactus.de/blog/projekte/theabib [11.02.2014].

13 An der Universität Basel bauten Informatik-Studierende in einem selbstverwalteten Fachgruppen-Raum einen alten Kaugummi-Automaten zum Geldwechsel-Automaten um

nen, die gegen eine Aufwandsentschädigung – hier eingebunden als «Hive Scholars» – die Nutzung kontinuierlich begleiten und evaluieren, Bedürfnisse und Anliegen z. B. zur Ausstattung an die Universität weiterleiten, Veranstaltungen im neu gestalteten Raum organisieren, ihn bekannt machen und mit einem Blog begleiten.[12] Ein vergleichbares Beispiel wäre der «Beast-Blog» der Universität Basel: Auch studentische Blogs und andere virtuelle Angebote, deren Mitgestaltung per definitionem auf Freiwilligkeit beruht, lassen sich nicht «verordnen»; «Partizipation unter Zwang» stößt hier auf ähnliche Schwierigkeiten wie z. B. beim Einsatz sozialer Medien in der Lehre (vgl. Grell & Rau, 2010). Die anfangs angeleitete (und bezahlte) Mitarbeit einiger Studierender kann Starthilfe geben und langfristig den Kontakt in einen eigenverantworteten Raum hinein gewährleisten.

6.5 Im Grenzbereich des explizit Erlaubten

In der Diskussion mit Workshop-Teilnehmenden, die jeweils Fotos aus ihrem eigenen Arbeitsumfeld zum Workshop «Zwischenräume» austauschten und kommentierten, stellte sich das Motiv der «illegalen Kaffeemaschine» als leitend für eine ungewöhnliche und offenbar unterschätzte Form der Bedarfserhebung heraus: Wo auch immer Einrichtungen für Verpflegung, Erholung, Spiel und Austausch von Nutzenden jenseits der offiziell dafür vorgesehenen Orte entstehen, lohnt sich ein Blick auf solche «Prozesse *an den Grenzen von Regeln*» (Bormann et al., 2010, S. 9, Hervorhebung im Original). Werden zu-

---

12 Vgl. Beitrag von Joanna Ball in diesem Buch.

sätzlich aufgestellte Geräte nicht nur auf ihre Brandschutz- und Fluchtweg-Kompatibilität hin überprüft und als Ärgernis betrachtet, dann können solche Zonen wichtige Hinweise darauf geben, wo bisher Wunsch und Realität auseinanderklaffen und z. B. Ausstattung für informellen Austausch vermisst wird. Wo immer möglich, sollten daher solche kreativen Antworten der Nutzenden entweder toleriert oder sogar als Impuls für den Ausbau der entsprechenden Räume aufgenommen werden.

6.6 Sensibilisierung

Da Zwischenräume in der Regel keine offizielle Funktion erfüllen – oder ihre wichtige Funktion, die Bereitstellung von Reflexionsraum, Raum für Regeneration und informelle Kommunikation, nicht wahrgenommen oder nicht anerkannt wird –, wird über diese Räume deutlich weniger informiert als über andere. Auf Zwischenräume mit Verpflegungsangebot werden neu an die Universität kommende Studierenden, Lehrenden, ForscherInnen und Mitarbeitende meist noch hingewiesen; andere lernt man meist erst mit der Zeit kennen, und viele auch gar nicht. Es würde sich lohnen, die Blicke und die Aufmerksamkeit bewusst auf diesen Raumtypus und auch auf bestehende Mitgestaltungsmöglichkeiten zu lenken – nicht zuletzt, um mehr über die bestehenden Lern- und Organisations(teil)-Kulturen zu erfahren und bei Bedarf Veränderungen zu initiieren.

Ein lohnender Anfang zur Verbesserung der internen Kommunikation könnte in der Gestaltung von Zwischenräumen und in der Kommunikation darüber liegen. Solche Räume, ihre Entwicklung und ihr kulturelles Potenzial beispielsweise bei Umzügen und Neubauten im Austausch zwischen PlanerInnen und NutzerInnen zu thematisieren, könnte die Aufmerksamkeit für unterschiedliche Bedürfnisse und gerade auch für Fachkulturen und universitäre Sozialisation erhöhen – und dazu beitragen, den «Raum als Change Agent» zu entdecken und Veränderungspotenzial wahrzunehmen. Ein anderer wichtiger Schritt zur positiven Beeinflussung der universitären Kultur könnte sein, Zwischenraumangebote bewusst in Informationsmaterial und Rundgänge für neue Universitätsangehörige einzubeziehen, oder sie zur Einführung und zum Kennenlernen z. B. auch für kurze Veranstaltungen zu nutzen, um neuen Studierenden wie Mitarbeitenden frühzeitig die Identifikationsmöglichkeiten zu bieten, die sich in diesen Räumen besonders häufig entwickeln.

7 FAZIT

Die wichtigste Funktion von Zwischenräumen ist die der informellen Vermittlung – zwischen Studierenden, Dozierenden, Mitarbeitenden, zwischen Angehörigen verschiedener Fakultäten und Organisationsbereiche, vielleicht auch, zumindest was die öffentlich zugänglichen Bereiche betrifft, zwischen Universität und Gesellschaft. Die Balance zwischen möglichst breiter, offener Zugänglichkeit und Definiertheit zu bestimmten Zwecken bzw. für bestimmte Personengruppen sollte deshalb ein Thema für Zwischenraum-GestalterInnen sein, ebenso wie die Herausforderung, *gerade genug* und zugleich *so wenig wie möglich* zu planen und vorzugeben.

Neben der Gefahr, Zwischenräume als nebensächlich zu betrachten, besteht noch eine zweite: vor ihrer eingeschränkten Planbarkeit zu resignieren. Und eine dritte: zu denken, man hätte bereits verstanden, wie funktionierende Zwischenräume sein und was sie bieten müssen. Die Herausforderung besteht darin, die Gewohnheiten und Abläufe in diesen Nicht-Funktionsräumen auf dem Campus im Blick zu haben, und bei Neugestaltung auch ganz gezielt bestehende Zwischenräume zu beobachten, ohne sofort zu wertenden Vergleichen und schnellen Urteilen zu kommen – es gilt, nicht zu fragen, ob ein Zwischenraum «gut» oder «schlecht» sei, sondern inwiefern die gewünschte offene, vielfältige Nutzung des jeweiligen Raumes von Architektur, Einrichtung, Lage, Infrastruktur etc. unterstützt wird. Eigene Erfahrungen und subjektive Eindrücke verleiten besonders bei der Gestaltung dieses Raumtyps zu vorschnellen Annahmen – oder dazu, «gelungene» Raum-Beispiele auf ganz andere Kontexte zu übertragen.

Die Aufgabe, «einfach eine gute Atmosphäre» für jeweils verschiedene Zwischenräume zu kreieren, ist hochkomplex und vermutlich nicht endgültig lösbar. Die Leitfrage sollte sein, wozu ein bestimmter Zwischenraum neben seiner Funktion als Durchgangsweg, Verpflegungsstation, Wartezone etc. dienen kann, wie er auf die Nutzenden wirken soll und was an diesem Standort zu ihnen und ihren Bedürfnissen passt – und inwieweit man künftige Nutzerinnen und Nutzer (gerade in Bezug auf Aufenthaltsräume) in die Gestaltung einbeziehen und den Kontakt zu ihnen halten kann. Das Ziel wäre, Begegnung, Erholung, Austausch und Lernen in diesen Räumen so wahrscheinlich wie möglich zu machen, im Vertrauen auf Neugier, Improvisationskraft und Eigenverantwortung der Nutzenden. Die Hoffnung auf vollständige Planbarkeit widerspricht der Eigenlogik informeller Kommunikation: Eine Garantie gibt es nicht. Dafür bieten Zwischenräume jedoch eine Fülle an Informationen über die Kultur der Universität: Betrachtet man diese

Orte, ihre Atmosphäre, die Kommunikation und das Handeln der Universitätsangehörigen dort, so wird oft sichtbar, «wie die Universität tickt», welche Werte gelebt werden, wo Ein- und Ausschlüsse verbinden, trennen und Identitäten stiften.

Gerade einen über die Stadt verteilten Campus können gut gestaltete Zwischenräume «zusammenhalten», etwa über gemeinsame Gestaltungselemente und Wiedererkennungseffekte, Leitsysteme oder andere «Klammern» – oder umgekehrt kann anhand der Zwischenräume auch deutlich werden, wo die Fächervielfalt und verschiedene Identitäten stärker sind und eine Identifikation mit der Gesamtuniversität weniger relevant oder wünschenswert erscheinen lassen. Verbindungen zwischen Nutzungskulturen, Organisationskultur und hochschulstrategischen Überlegungen sind somit in die Planung des Campus von morgen einzubeziehen: Gerade Zwischenräume können als Ansatzpunkte verstanden werden, um die Kultur der Universität nicht nur zu leben und sichtbar und erlebbar zu machen, sondern sie auch bewusst zu prägen, zu verändern und weiterzuentwickeln.

LITERATUR

Alavi, M. (1984). An assessment of the prototyping approach to information systems development. *Communications of the ACM, 27*, 556–563.

Böhme, G. (1995). *Atmosphäre*. Frankfurt a. M.: Suhrkamp.

Böhme, G. (2006). *Architektur und Atmosphäre*. München: Wilhelm Fink.

Bormann, H.-F., Brandstetter, G. & Matzke, A. (Hrsg.) (2010). *Improvisieren. Paradoxien des Unvorhersehbaren. Kunst – Medien – Praxis*. Bielefeld: transcript.

Bühlmann, K. & Krähenbühl, S. (2012). Kommunikative Orte – die Herausforderung universitärer Architektur. *Zeitschrift für Hochschulentwicklung, 7 (1)*, 1–10.

Doorley, S. & Witthoft, S. (2012). *make space. How to Set the Stage for Creative Collaboration*. Hoboken NJ: John Wiley & Sons.

Eichholz, D. & Kunz, A. (2012). «My Campus Karlsruhe». Zur Rekonstruktion studentischer Raumnutzungsmuster mittels Logbuch-Verfahren. In H. Schröteler-von Brandt, T. Coelen, A. Zeising & A. Ziesche (Hrsg.), *Raum für Bildung. Ästhetik und Architektur von Lern- und Lebensorten* (S. 61–71). Bielefeld: transcript.

Franke, K., Haude, B. & Noennig, J. R. (2012). Rückzug und Dialog: die Aktivierung universitärer Zwischenräume. *Zeitschrift für Hochschulentwicklung, 7 (1)*, 77–86.

Grell, P. & Rau, F. (2010). Participation under compulsion. *International Journal of Emerging Technologies in Learning (i-JET), 5 (4)*, 26–30.

Kumar, V. (2013). *101 Design Methods. A Structured Approach for Driving Innovation in Your Organization*. Hoboken NJ: John Wiley & Sons.

Kurt, R. (2008). Komposition und Improvisation als Grundbegriffe einer allgemeinen Handlungstheorie. In R. Kurt & K. Näumann (Hrsg.), *Menschliches Handeln als Improvisation: Sozial- und musikwissenschaftliche Perspektiven* (S. 17–46). Bielefeld: transcript.

Meisenheimer, W. (2000). *Das Denken des Leibes und der architektonische Raum*. Köln: Walther König.

Muri, G. (2004). *Pause! Zeitordnung und Auszeiten aus alltagskultureller Sicht.* Frankfurt a. M.: Campus.

Nickerson, R. S. (1999). Engineering psychology and ergonomics. In P. A. Hancock (Hrsg.), *Human performance and Ergonomics. Handbook of Perception and Cognition* (S. 1-45). San Diego: Academic Press.

Obliger, D. G. (2006). Space as a Change Agent. In D. G. Oblinger (Hrsg.), *Learning Spaces* (Chapter I). Educause e-Book, online verfügbar: www.educause.edu/learningspaces [11.02.2014].

Richter, P. (2008). *Architekturpsychologie.* Lengerich: Pabst.

Sfard, A. (1998). On Two Metaphors for Learning and the Dangers of Choosing just one. *Educational Researcher, 27 (4),* 4-13.

Stickdorn, M. & Schneider, J. (2012). Werkzeugkiste. Service Design Methoden für kundenzentriertes Change Management. *OrganisationsEntwicklung, 2/2012,* 38-40.

Waldenfels, B. (2002). *Bruchlinien der Erfahrung.* Frankfurt a. M.: Suhrkamp.

Wenger, E. (1998). *Communities of Practice. Learning, Meaning and Identity.* Cambridge/New York: Cambridge University Press.

«Mit dem Thema
Nachhaltigkeit habe ich schon
immer alle wahnsinnig gemacht»
BARBARA, 34 Jahre

BARBARA arbeitet im 2. Jahr an ihrer Promotion im Fach Umweltwissenschaften. Nach dem Studium der Biologie mit Schwerpunkt Meeresbiologie in Basel hat sie lange in Venedig gearbeitet. Dort hat sie gelernt, dass es wichtig ist, sich nicht nur im eigenen Gebiet auszukennen, weil interdisziplinäres Denken und Kommunizieren den heutigen Wissenschaftsdiskurs mitprägt. Das damals neu geschaffene Angebot der Universität Basel, Sustainable Development als interdisziplinäre Kombination auf Master-Stufe zu studieren, kam ihr umso mehr entgegen. Neben Naturwissenschaften sind auch Gesellschafts- und Wirtschaftswissenschaften Teil dieser Ausbildung. Nach ihrer Masterarbeit, die sie in Kanada durchgeführt hat, hat sie sich dafür entschieden, in der Wissenschaft zu bleiben und ein Doktoratsangebot anzunehmen. Als Doktorandin ist sie zu 50 % an der Universität angestellt – arbeitet häufig deutlich mehr, «eher 100–120 Prozent». Um finanziell über die Runden zu kommen, gibt sie zusätzlich Nachhilfe- und Musikunterricht.

Barbara arbeitet im Moment häufig zu Hause in ihrer Wohnung auf dem Land, mit dem öffentlichen Verkehr etwa 40 Minuten von der Universität entfernt, denn dort ist es ruhig. Dies ist vor allem wichtig, wenn sie lesen will. Zwar würde sie eigentlich lieber in einem Büro an der Uni arbeiten, aber dort ist nicht genug Platz und Ruhe. Die Daten, die sie braucht und produziert, speichert sie auf ihrem eigenen PC; für die Übertragung auf andere Computer, z. B. den PC an der Uni, benutzt sie oft «Dropbox» – aus Sicherheitsgründen allerdings nie für sensible Forschungsdaten. Mit ihren Arbeitskollegen und -kolleginnen tauscht sie sich am Arbeitsplatz, in Sitzungen oder auch über das Internet aus. Einen Kaffeeraum gibt es zwar am Institut, sie benutzt ihn zurzeit aber selten. Erholen kann sich Barbara am besten zu Hause, beim Lesen, Musizieren oder mit Computerspielen.

An ihrer Dissertation arbeitet Barbara auch nachts, allerdings in der Regel nicht länger als bis 2 Uhr. Tagsüber steht die Arbeit im Labor, an der Uni und für den Nebenjob an, und zweimal in der Woche betreut sie auch ihren kleinen Patensohn am Morgen, bevor sie ihn zur Krippe bringt. So ist sie mit der Vereinbarkeitsproblematik von Studium und Familie gut vertraut; noch stärker hat sie jedoch die Frage der parallelen Organisation von Studium und Nebenjobs geprägt – insbesondere seit dem Tod ihres Vaters während des Studiums, da sie sich von da an das Studium selbst finanziert hat. Obwohl ihr die Tage manchmal zerstückelt scheinen, ist sie getragen von ihrer Freude am Fach, ihrer hohen Motivation, ihrer selbständigen Lebensführung, Vernetzung und dem Austausch mit Gleichgesinnten. Am Anfang ihres Studiums fand

Ein Lernort von
Barbara

sie sich als einzige aus Basel unter Mitstudierenden, die aus verschiedenen anderen Orten in der Schweiz kamen, und hat erlebt, wie eine solch durchmischte Gruppe schnell einen engen Zusammenhalt entwickelt. Gelegentlich fand sie damals sogar, sie selbst sei in diese Gruppe am wenigsten integriert, eben weil sie als einzige am Studienort aufgewachsen war und noch «alte» Kontakte vor Ort hatte, während sich die Studienkolleginnen und -kollegen viel stärker aneinander anschlossen. Wege und Räume der Universität waren für sie immer auch Teil der Stadt; häufig war sie zwischen unterschiedlichen Orten in der Umgebung unterwegs und stiess erst später dazu, wenn sich ihre Mitstudierenden auf dem Campus oder in der Nähe trafen.

KÖNNTE BARBARA DEN CAMPUS VON MORGEN GESTALTEN dann würde sie auf grosszügige Arbeitsplätze und Leseräume achten, besonders aber auch auf ein vielfältiges und erschwingliches Nahrungsangebot innerhalb der Universität. Ein von Studierenden organisiertes Café oder ähnliches würde neben einer gemütlichen Atmosphäre und guter, preiswerter Verpflegung auch informelle Austauschmöglichkeiten bieten. So könnten sich Angehörige verschiedener Fakultäten und Hierarchiestufen einfach und ungezwungen treffen – und gerne auch auf Servietten ihre Gedanken notieren, wenn spontan kreative Ideen entstehen. Ausserdem wäre ihr wichtig, die Anwesenheitspflicht zu reduzieren und mehr Vorlesungsaufzeichnungen zur Verfügung zu stellen (wobei auch Audio-Aufzeichnungen genügen), damit die Vereinbarkeit mit Nebenjobs und Familie erleichtert wird.

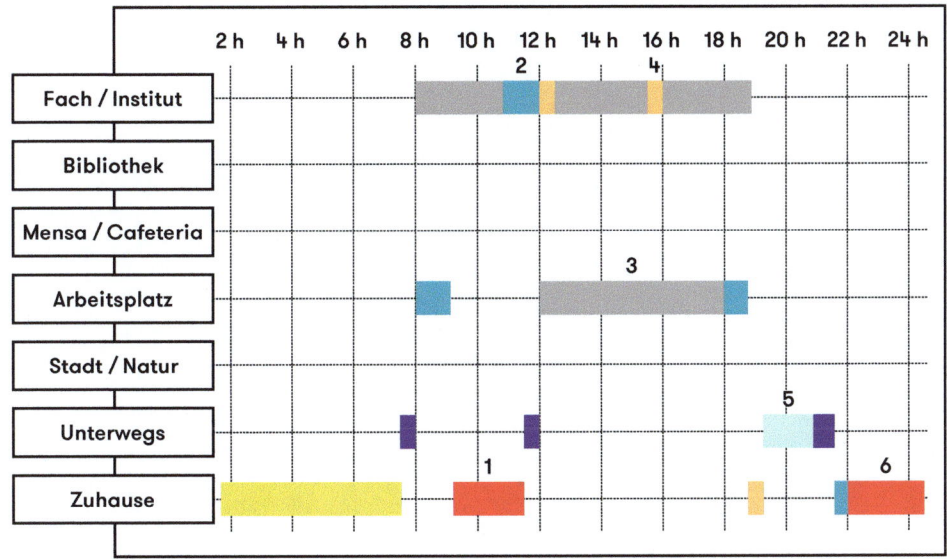

BARBARAS typischer Studientag*
Doktorat Umweltwissenschaften, 2. Jahr

LEGENDE
- 🟧 Lernen
- ⬜ Lehrveranstaltung
- 🟨 Austausch
- 🟦 Organisieren
- 🟦 Nebenjob / Familie
- 🟪 Leerzeiten
- 🟨 Erholung / Freizeit

2
Literatur (Online-Zeitschriften) organisieren: Der VPN-Client funktioniert nicht immer und die Uni hat in den Umweltwissenschaften einige wichtige Journals nicht im Abo.

4
Austausch mit anderen während des Tages, während Sitzungen und via Internet.

5
Nachhilfeunterricht: eine Art Nebenjob, um finanziell über die Runden zu kommen.

1
Lernen am Arbeitsplatz oder zu Hause: v. a. zu Hause – da ist es ruhig. Am Arbeitsplatz an der Uni ist viel los und die Räume sind voll von Kollegen.

3
Arbeitsplatz wechselt: an der Uni, im Labor oder auswärts zur Feldarbeit.

6
Lernzeiten hauptsächlich nachts: Alleine in Ruhe Papers lesen und Daten berechnen.

*Barbara wurde gebeten, ihre Tätigkeiten an einem «typischen» Tag aufzuzeichnen und jeweils auf damit verbundene Schwierigkeiten hinzuweisen.

JOANNA BALL

FACILITATING INTERDISCIPLINARY EXCHANGE
THE SUSSEX RESEARCH HIVE

SUMMARY

The Sussex Research Hive, a designated area for the research community at the University of Sussex, was established as part of a major refurbishment project within the University Library in 2010. An example of a «Zwischen-raum», designed for neither learning or teaching, it is intended as an area for both quiet study and to facilitate interdisciplinary exchange and collabora-tion. Supported by a gift from the publisher SAGE, the Research Hive has three facilitators, the Research Hive Scholars, who promote the use of the area and provide peer-led support for the research community. This chapter explores the issues that the University of Sussex has faced in creating a suc-cessful «Zwischenraum», arguing that an institution cannot dictate how in-formal areas are used, but can encourage exchange and collaboration by pro-viding peer support around an area.

1   UNIVERSITY OF SUSSEX LIBRARY

In recent years the UK has seen a number of library refurbishments and re-configurations of library space. The growth in the amount of information now available online as well as changes in students' learning habits has led to discussions about the nature of physical spaces within the changing Higher Education environment, and the development within libraries of more flexible spaces for collaborative working, improvements in technology and a focus on the remodelling of library spaces to encourage learning (JISC, 2006). This redesign in library spaces has also seen a reassignment of some areas back to researchers and the creation of dedicated spaces for the researcher community such as the Research Exchange at the University of Warwick (Carroll, 2011) and the Graduate School Reading Room in the University of Leicester Library.

The University of Sussex is the first of the new wave of UK universities established during the 1960s. It is a single site campus, which is located just outside the city of Brighton on the South coast of England. As a research-led university, it has subject strengths across the sciences, social sciences and humanities. Student numbers currently total 13 000, with a research community comprising of 1 000 doctoral researchers and several hundred academic staff. In order to strengthen and coordinate its services for researchers, the university has recently created a Doctoral School.

Designed by Basil Spence, the University Library is a focal point on campus, located just off the main campus square. It has been extended twice since it opened in the 1960s. A major refurbishment project took place from 2009 – 2011 to create «an inspirational Library that will serve as a focal point for students and staff» (University of Sussex, 2008, p. 22) as an important part of the university's strategic plan, including improved technology, wireless networking and lighting, as well as the introduction of a variety of new learning spaces, both collaborative and reflective. The refurbishment included the co-location of the University's Careers and Employability Centre and the opening of a new Library café.

The Library at Sussex has a strong tradition of providing a high level of support to the research community. Unlike many university libraries, its academic liaison structure is based on function and not subject, with a dedicated Research Support Team responsible for providing services for the research community. This team contributes a number of regular information skills group sessions as part of the Doctoral School's Researcher Development programme, as well as holding individual consultations with researchers to support their information needs. It also organises an annual seminar series on information-related issues of importance to the research community, covering topics such as the future of the book, open access publishing and effective research data management. The creation of a dedicated space for the university's research community within the Library was part of the original project plans and fitted with the Library's own mission to enhance its support for research. Finally, the Research Hive was developed in close liaison with the university's Doctoral School.

2 DEVELOPING A SPACE FOR EXCHANGE

There is currently a move to increase research interdisciplinarity within the UK, with the Research Councils supporting an increasing amount of this form of research. Sussex has a tradition of working across traditional discipline boundaries, and in 2010 five research themes were set up to foster partnership working across the university. The vision for the Research Hive was that it would form another mechanism to bring together researchers and to create an environment within which this exchange and partnership can happen, breaking down hierarchical and disciplinary boundaries.

One of the challenges faced in trying to encourage exchange between researchers is that research can – by its very nature – be isolating. Academic staff have an ever growing administrative burden and teaching commitment in addition to the research they undertake. In the UK, there has also been a steady increase in the number of doctoral students who undertake their studies part-time (HEFCE, 2011) and so may not visit the campus regularly, choosing to work remotely instead. Furthermore, with the growth in the number of library resources now available online, there is less reason for researchers to visit the Library, even amongst the humanities where it has traditionally been seen as a community base.

Members of the Sussex Library team visited two new postgraduate facilities within other UK libraries prior to the opening of the Research Hive: the Wolfson Research Exchange at the University of Warwick, and the Graduate School Reading Room in the David Wilson Library at the University of Leicester. This helped to visualise and define what we wanted to achieve within the space as well as highlight some of the potential issues:

- How much did we want to create a sense of ownership of the space from within the research community? It was important that researchers were able to feel comfortable and safe within the space, but did we want to

1 The Sussex Research Hive from the outside

create a «home from home» where they could, for example, reserve seats by leaving their belongings?

- There was a potential for tension between the use of a space for silent study required by many researchers and its use as a collaborative space, which by its very nature creates noise.
- How should we go about encouraging interdisciplinary exchange that could lead to collaboration? At Warwick, a number of «Research Exchange Advisors» had been employed. These were members of the doctoral community whose role was to provide technical and administrative support for the activities taking place within the Research Exchange as well as to encourage networking amongst the research community.
- The designated research spaces in the David Wilson Library and the Warwick Research Exchange were much larger than what was available at Sussex – 70 seats at Warwick and 200 at Leicester. Would this have implications for what we were able to achieve at Sussex?

3   THE SUSSEX RESEARCH HIVE

The Sussex Research Hive, located on the 2nd floor of the Library, was the first part of the refurbishment to be completed and opened in October 2010. It has a large glass wall separating it from the main body of the Library, and offers access to researchers via a card entry system (fig. 1). The Hive is open during Library opening hours, which includes 24 hour access during term time.

Approximately 130 m², it contains two small bookable workrooms, as well as a large open plan space, containing 24 traditional seating spaces, some

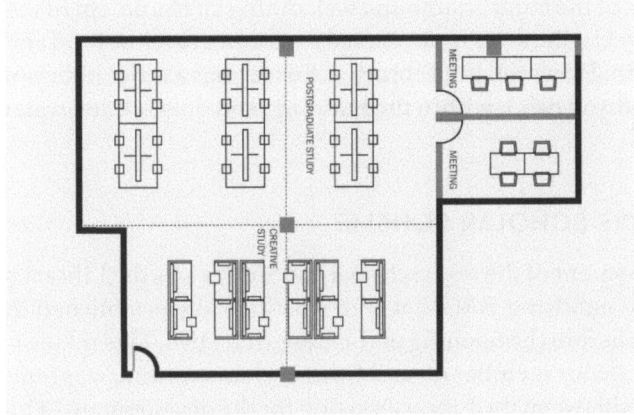

2 Learning and research spaces within the Sussex Research Hive

of which are equipped with computers, and a more comfortable seating space with large heavy sofas (fig. 2). The workrooms, which can hold up to eight people, are bookable online through the Library's room booking system and are available to all researchers. The larger of the two rooms has a PC, projector and smartboard. There is also excellent Wi-Fi throughout. Situated on the south side of the building, the Hive has large windows and benefits from good natural light. The bespoke furniture was designed to fit in with the original furniture designed for the Library by Basil Spence.

The location of the Research Hive within the Library rather than elsewhere on the university campus is an important part of its unique character. The Library is a neutral space, not owned by or biased towards one particular discipline or department. As a space it is able to bridge hierarchical and disciplinary boundaries, is open and welcoming to all members of the university. It is safe, with long opening hours, and it benefits from being a space already associated with learning and research, unlike the Students' Union, for example, which is a purely social space. On the other hand, the location of the Hive within the Library has also presented some challenges. For example, traditionally, the Library has been understood as a place for quiet study, and although a significant proportion of the Library has been designed for undergraduate social study, that idea persists with the regular users from the humanities. This can create a tension with its role as a place for exchange.

Another challenge concerns food and drink. From a general point of view, libraries are examples of «third places», a termed coined by Oldenburg (1999), spaces which are neither work or home, but which are central to a community's vitality. Oldenburg argues that the provision of refreshments is a key characteristic of the comfortable and welcoming environment of the third place, and many UK libraries have relaxed their rules to allow food and drink to be brought in. However, the Library at Sussex has a strict policy of not allowing any food and drink within the building, and only bottled water is permitted.

4   RESEARCH HIVE SCHOLAR SCHEME

Central to the development of the research space at Sussex was the Library's partnership with the publisher SAGE, which was formally established in September 2010, just before the opening of the Research Hive. This relationship, developed by a senior member of staff from each institution, was built on common interests between the Library's vision for the development of its support for researchers, and the desire of SAGE to learn more about the research process itself (Harvell & Folan, 2012). The Library benefitted from a gift from the publisher to develop its researcher support programme, which was used to fund the Research Hive Scholar scheme.

4.1   Creating support for the space

While the new research space was being developed, the Library was in the middle of a busy and noisy refurbishment and was heavily used by undergraduates. In line with many other UK universities, the number of visits by researchers to the Library at Sussex was dropping (Brown & Swan, 2007). How could they be enticed back into the Library? It was therefore vital to advocate and promote the space within the research community, and evidence from our existing liaison experience suggested that this could best be carried out by someone from inside the community, and not by a member of Library staff who might be viewed as an outsider or as representing the institution. In order to do this, the Research Hive Scholarships were created as a joint initiative between the Library and Doctoral School.

Three members of the doctoral community, selected by application and interview carry out the role in return for a bursary of £ 3 000:

- Acting as the «faces» of the Research Hive, engaging researchers in peer-led developmental activities.
- Providing an important bridge between the Library and Doctoral School and the community which they serve.
- Developing the researcher community in partnership with other units on

campus such as the Careers and Employability Centre and the Teaching and Learning Development Unit.

Designed as an annual competition, the scholarships also provide doctoral students with the opportunity to gather skills such as event-organising, marketing, presenting, and providing peer support (Ball, 2012). It was originally expected that the three scholars would cover the different subject clusters: arts and humanities, social sciences and science. However, the nine scholars appointed between 2009 and 2012 have all been from the arts and humanities and the social sciences. It is perhaps because the process of research in these subject areas is more isolating that we have received higher applications, whereas the science subjects tend to engender lab-based communities so that doctoral researchers do not feel the same need to connect with others.

4.2 The role of the Research Hive Scholars

A key role for the Scholars is to inform the Library and Doctoral School exactly how the Hive is being used, as well as to make recommendations for its future development. It has been vital to demonstrate the value and usage of the space as it was the first time that we excluded our large and demanding undergraduate population from one part of the Library. For the assessment of how the space is being used as well as to provide support and advice to the community each scholar commits approximately six hours per week, two of these hours within the Hive. The scholars work together to set up a timetable for the time they spend in the space to fit around their other commitments and also to ensure that they are able to assess usage at different times of the day.

An important role for the first generation of scholars was to raise awareness of the existence of the Research Hive and promote its use. This was carried out through visits to other teams and individuals within the university whose role was to provide support for researchers, as well as departmental induction events for new doctoral students. The scholars were quick to liaise with other users of the Hive about additional equipment needed for the space, and within the first few months of opening, a projector and smartboard were added to one of the meeting rooms, a plasma screen was installed, which provided up-to-date information about resources and events for researchers within the university, a cupboard was built for the Hive Scholars to store their records securely, and a notice board was added which gave information about the Hive Scholars and their availability.

4.3 Creating a physical and virtual space

In reaching out to the research community, it was important to recognise that not all researchers were regular visitors to the Library, or even the university campus. Sussex, like many other UK universities, has a high proportion of part-time doctoral students and also runs an international professional doctorate at its Department of Education, a distance-learning course which requires its participants to be on campus for just three to four weeks each summer. Moreover, a physical study space within the library appeals more to traditional library users from the humanities and the social sciences than to science researchers based in their laboratories.

It was therefore crucial for the Hive to have a virtual identity in addition to its physical one, and so the Hive Scholars have developed their own blog, Twitter presence and a Facebook page. This gives researchers as many opportunities as possible for contacting and engaging with the scholars and each other. The online presence is managed by the scholars, and so, is not perceived as being official or belonging to the Library or Doctoral School. The scholars have used these methods of communication not only to promote events and activities, but also to reflect on their own experiences of the research process.

4.4 Events within the Hive

In order to foster collaboration and a sense of community, a number of events have been held within the space, starting with a launch event in October 2010, to which the whole community was invited. The first generation of Hive Scholars quickly identified a need for events which were not formally organised by the university, but that provided an opportunity for discussion and learning somewhere between the formal processes of the university and the informal and social doctoral community. Peer-discussion events were set up where researchers were invited to share experiences and advice around key topics, such as «writing your thesis» and «how to get started with teaching undergraduates». Feedback for the events was very positive: the relaxed and peer-led nature of the sessions has given the attendees freedom to open up and share their concerns without fear of being judged.

The welcome event in October 2012 provided an opportunity for new researchers to start to develop their peer networks, to meet the Hive Scholars and to find out about support available to them. More experienced researchers were encouraged to share five things they wish they had known when

3   Researchers at the Hive welcome event in 2012 (photo by Morten Watkins)

starting as a doctoral researcher, and new researchers were asked to create a to-do list for their first term. Participants wrote their ideas directly onto the glass wall of the Research Hive with washable pens (fig. 3). This acted as an icebreaker, creating a focus to spark discussions amongst the attendees. By leaving the text on the glass after the event, reflections were then shared with other users of the space throughout the rest of the term. This contributed to the sense of community and shared experience of the Hive users.

5   EVALUATION OF THE RESEARCH HIVE

Evaluation of the Hive is ongoing, carried out through a mixture of methods. At the end of each academic year, the Hive Scholars run an online survey of all researchers to gather data about who is using the space, how they are using it, how it can be improved and its role in creating a research community. Entry statistics and observational data are also collected.

Most users are doctoral students who use the Hive for quiet study, reading or working on the desktop PCs or on their own laptops. They use the Hive because they have no other suitable spaces on campus, it is convenient for access to the Library's book stock, and has a studious atmosphere. It also provides them with an opportunity to meet other researchers. Although some use the meeting rooms or engage in informal discussion, most use the Hive for quiet study. Those who do not use the Hive have other places to study, live too far away or find the space too noisy. Researchers have requested more PCs and laptop locks, which the Library has since provided. There have also been requests for a coffee machine or a water dispenser.

There is evidence that the Hive has had a beneficial effect in bringing researchers together and giving them a sense of belonging. Entry statistics show that nearly a third of all doctoral researchers across all subjects in the university used the Hive in its first nine months of opening. Many current Hive users previously worked at home and rarely came onto campus before it opened. Over half of survey respondents claim that the Hive has made them feel part of the research community at Sussex.

In addition to the survey, the Hive Scholars also organise focus groups of Hive users from a range of departments across campus. These show that the Hive is valued by those who make use of it, researchers liking its «exclusivity» and claiming that they are able to draw energy from the proximity of other researchers working alongside them. One researcher said that the presence of the Hive shows that the «university values our research».

6   DISCUSSION – ISSUES IN CREATING «ZWISCHENRÄUME»

When looking at the results of evaluations so far, it is clear that creating efficient «Zwischenräume»[1] is a challenge. For planners it can be helpful to take into consideration the following issues.

6.1 Ownership of the space

In creating a space for one particular subset of the Library's users, it is natural for that group to feel an element of ownership of the space, and indeed that ownership contributes to the sense of community which the Library and Doctoral School are trying to achieve. This can, for example be seen when, occasionally, undergraduate students have entered the space and this has been very quickly reported to the Library staff by regular Hive users. However, a strong sense of ownership can also create conflict. Who has the right to decide how it should be used: the institution or the community? Individuals who use the Hive regularly for quiet study feel that it is their space and can resent being asked to leave or to have their study disturbed because of an event. For example, when the university's Teaching and Learning Development Unit ran an event for researchers within the Hive one afternoon, making use of the desktop PCs and much of the space, some regular users felt that

---

1   As there is no direct translation in the English language, the German has been used throughout. «Zwischenräume» also refers to a workshop within the ITSI project at the University of Basel (cf. article in this book).

they were being moved out in favour of «outsiders». Therefore, it is best to address users' ownership of the space through focus groups and discussions with the scholars about how to best develop the space. For it is important to remember that it is the owners of the space who are its best advocates.

6.2 Creating a «portable» Zwischenraum

The Research Hive is not an ideal space for formal events. The large sofas cannot easily be moved and so cannot be used as seating for presentations that are taking place at one end of the room. One solution to both the problem of ownership and the unsuitability of the space for holding certain types of event has been to organise Research Hive events which are not actually held within the space, for example the Research Hive Seminar Series which is held every spring elsewhere in the library. This allows us to take advantage of the Hive brand for promotional purposes, but to avoid dealing with the limitations of space and equipment that the space presents.

In November 2011, the Research Hive Scholars started a series of «shut up and write» events to encourage doctoral students to meet up for a coffee and chat, before a sustained period of intense writing. These sessions have been held in the Library café on the ground floor, where the participants can eat and drink and are inspired by the buzz of noise around them. The idea has now spread with students in different disciplines setting up their own «shut up and write» events in their departments and even taking them off campus and into Brighton city centre.

The scholars' visibility at events around campus is important in promoting the Hive, even when their activities are not related to the space itself. At a recent Doctoral School Christmas party, the scholars encouraged researchers to write a well-being tip that they would like to share with others onto coloured paper to decorate a «wellbeing» Christmas tree that was the centerpiece of the party. The tips will then be publicised by the scholars as part of the Doctoral School's «wellbeing week» later in the year.

6.3 Enabling (but not forcing) collaboration

It is evident from the evaluations of 2010 – 2012 that have been carried out that researchers do not wish to have any form of collaboration or exchange forced upon them. Observations recorded by the scholars show that very little collaboration, or even discussion, takes place within the main space on a daily basis and that it is overwhelmingly used for individual study. Organised events to encourage informal dialogue, such as small group discussions on the sofas, have failed to attract attendees. However, the small group meeting rooms are regularly booked, and one researcher indicated in the evaluations that this was where they preferred to meet to work with others. As a result of this resistance to collaboration, the Hive Scholars have stopped organising smaller events within the Hive and concentrate on occasional larger informal gatherings, such as the welcome event, to encourage researchers to engage with each other and establish networks which they can then build on at a later date.

There is evidence that the Hive has had a positive effect on researchers working together, even in small ways such as finding a colleague who can translate an article written in a foreign language. Although many users value traditional quieter study environments, the focus groups held show that they do acknowledge the need to counteract the feelings of isolation they have as researchers. One user, for example, said: «It is a pleasant light and airy workspace. I like the fact that it gives you the opportunity to meet students from across campus.»

6.4 Conflicting spaces

It is clear that the original vision for the Research Hive as both a place for exchange and a quiet study area was overambitious. The proximity of the two different types of space means that researchers having a discussion are concerned that they will be overheard or disturb others who are working quietly. Quiet can be imposed upon a space simply by unintentional peer-pressure, i.e. others who are already working quietly. Some Hive users feel rather intimidated by this quiet work atmosphere, as reflected in this student's statement: «The atmosphere in there is a bit strained, i.e. I like quiet but I was scared [...] to unzip my pencil case in case I made a noise.»

Meeting conflicting needs is a challenge Hive users are aware of:

I think the Hive is a great idea. I haven't been to any of the ‹research events› which look like they give a good sense of research community. When I do visit the Hive, it's usually to read, because it's always quiet. But this also means that it doesn't seem to be a great space for ‹community› or meeting to chat etc. Perhaps the bookable rooms would be useful for that. It's a great space and I'm glad it's there, but I think the fact it's both a ‹work› area and a ‹discussion› area doesn't quite fit. I would prefer it was more a common-room type of space, but I suppose as it's in the library it's intended more as work space. Still, it's a good space to have.

6.5 Informal spaces and refreshments

Survey and focus groups all suggest that the users of the Research Hive would like to see refreshments within the Hive, whether in the form of a coffee machine, a water fountain or merely by bringing their own drinks in with them. This conflicts with the Library's current policy, which in a recent survey was supported by a small majority of users overall.

Allowing refreshments would create a very different ambiance within the space with increased informality, exchange and discussion. At the moment, there is no plan to change the current policy, as there are many other places on campus (including the Library café) where users can eat and drink. Some people also fear that part of the Library's unique character as a place for serious study and exchange would be lost if the policy was changed.

7   CONCLUSION

Two years after opening, the Research Hive and its scholar scheme are now embedded into the research culture at the university. Information about the Hive is included in research degree handbooks, and the space is promoted to potential students as part of the suite of support for doctoral researchers in the university's postgraduate prospectus. Library concerns about lack of usage were unfounded, and the research community clearly has a sense of ownership of the space while users are at the same time also conscious that it remains a part of the Library, generally observing rules on food and drink, and not reserving individual spaces with their personal belongings.

The area itself is not ideally suited to exchange, being limited in terms of size, flexibility and to some extent by its location within the Library. At the beginning, attempts were made to encourage the use of the Hive for collaboration by holding events within the space, but this lead to tensions with researchers' preferred use of the space as an area for quiet study. Perhaps the only solution to this problem would be to clearly divide the space in two with a soundproof barrier.

The Research Hive has clearly had a beneficial effect on the identity of the research community at Sussex, mainly because it is not just a space, but comes with a support structure around it, in the form of the Research Hive Scholars. In this way, the space has been used in more imaginative ways. By enabling members of the community to lead the development of the area and provide a level of peer-support around it, a unique method of supporting the research community has been created, which reaches far beyond the walls of the Research Hive. Although interdisciplinary exchange within the space is limited, the Hive brand is synonymous with the collaborative events and discussions organised by the scholars across the university campus. As another UK library director observed: «You can't be sure how these spaces will be used: you are just creating the opportunities for things to happen» (JISC, 2006, p. 31).

BIBLIOGRAPHY

Ball, J. (2012). The Sussex Research Hive: Providing peer-led support for doctoral researchers. *SCONUL Focus, 56*, 10-13.

Brown, S. & Swan, A. (2007). Researchers' Use of Academic Libraries and their Services: a Report Commissioned by the Research Information Network and the Consortium of Research Libraries. Available online: http://eprints.soton.ac.uk/263868/1/libraries-report-2007.pdf [11.02.2014].

Carroll, D. (2011). Fostering a community of scholars at the University of Warwick: the Wolfson Research Exchange. *New Review of Academic Librarianship, 17 (1)*, 78-95.

Harvell, J. & Folan, B. (2012). Working differently: an account of how a library-publisher partnership can enhance trust and value. *Insights: the UKSG Journal, 25 (3)*, 300-304.

HEFCE, Higher Education Funding Council for England (2011). PhD Study: Trends and Profiles 1996-97 to 2009-10. Available online: http://www.hefce.ac.uk/media/hefce/content/pubs/2011/201133/11_33.pdf [11.02.2014].

JISC, Joint Information Systems Committee (2006). Designing Spaces for Effective Learning: A Guide to 21st Century Learning Space Design. Bristol: JISC. Available online: http://www.jisc.ac.uk/uploaded_documents/JISClearningspaces.pdf [11.02.2014].

Oldenburg, R. (1999). *The Great Good Place: Cafés, Coffee Shops, Community Centers, Beauty Parlors, General Stores, Bars, Hangouts, and How They Get You Through The Day*. New York: Marlowe.

University of Sussex (2008). Making the Future. Strategic Plan 2009-2015.

HARTMUT SCHULZE, ROGER BURKHARD, DANIEL KNÖPFLI,
MAGDALENA MATEESCU & THOMAS RYSER

DAS VIRTUELLE CAFÉ
EIN ANSATZ ZUR FÖRDERUNG COMPUTER-
VERMITTELTER INFORMELLER KOMMUNIKATION

ZUSAMMENFASSUNG

In verteilten Arbeitskontexten – wie dies auch an Hochschulen wie beispielsweise der Fachhochschule Nordwestschweiz häufig der Fall ist – tritt das
Problem auf, dass durch die räumliche Distanz der Mitarbeitenden die Möglichkeiten für spontane informelle Kommunikation stark eingeschränkt sind.
Informelle Kommunikation hat sich insbesondere für räumlich verteilte
Organisationen als konstitutiv erwiesen. Effekte informeller Kommunikation ergeben sich an Hochschulen u. a. für die fakultätsübergreifende, interdisziplinäre Zusammenarbeit der Dozierenden, für das standortübergreifende kollektive Lernen der Studierenden sowie generell für die Förderung von
Identifikation aller Stakeholder mit der Gesamthochschule. In diesem Beitrag werden Erfahrungen mit einer Pilotinstallation von zwei miteinander
verbundenen virtuellen Cafés vorgestellt. Als zentrale Erfolgsfaktoren für
informelle Kommunikation im verteilten Kontext haben sich die Schaffung
von einem «Verbindenden Dritten» sowie Möglichkeiten des soziotechnischen Systems zu einer «Vertraulichkeitsregulation» herausgestellt.

1   EINLEITUNG UND ZIELSETZUNG

Die Multispartenhochschule Fachhochschule Nordwestschweiz (FHNW) ist mit neun Hochschulen auf vier Standorte aufgeteilt (Basel, Brugg-Windisch, Muttenz, Olten). Die Fachhochschule hat in ihrem vierfachen Leistungsauftrag die Anforderung, angewandte und somit häufig auch interdisziplinäre Forschung in Zusammenarbeit mit Wirtschaftspartnern voranzutreiben und anwendungsorientierte Ergebnisse in Aus- und Weiterbildung zu verbreiten. Aus diesem Grunde ist die Zusammenarbeit wie z. B. in standortübergreifenden, interdisziplinären Forschungsprojekten, aber auch zwischen Studierenden unterschiedlicher Disziplinen in angewandten Studienprojekten von grosser Bedeutung. Zudem ergeben sich an der Fachhochschule durch die regionale Verteilung über verschiedene Standorte auch Anforderungen an die Gewährleistung einer übergeordneten Identifikation mit der Gesamthochschule. Schliesslich sind einige Hochschulen der FHNW stark international vernetzt. So bildet beispielsweise die Hochschule für Wirtschaft Studierende in Vietnam und China aus. Für den Erfolg solch kooperativer Szenarien ist letztlich neben der formalen v. a. die informelle Kommunikation in Form ungeplanter, spontaner und ad hoc stattfinden der Interaktionen zwischen den Beteiligten massgeblich (vgl. von Bismarck, Held, Schütze & Alex, 1999).

Als zentraler Erfolgsfaktor für das Zustandekommen informeller Kommunikation werden allgemein räumliche Nähe und die damit mögliche Face-to-Face-Kommunikation beschrieben. So hat Thomas J. Allen bereits in den späten 1970er-Jahren einen deutlich negativen Zusammenhang zwischen räumlicher Distanz und der Häufigkeit informeller Interaktion nachweisen können (vgl. Allen, 1984). Genau diese räumliche Nähe ist allerdings vor dem Hintergrund zunehmender Globalisierung und der damit verbundenen Notwendigkeit zur orts- und zeitunabhängigen Zusammenarbeit kaum noch gegeben. Damit befinden sich verteilt aufgestellte Organisationen wie u. a. auch die FHNW in einem Dilemma: Einerseits braucht es informelle Kommunikation für das Funktionieren von Teams und Organisationen, andererseits sinkt die Häufigkeit spontan-informeller Interaktionen mit abnehmender räumlicher Nähe.

In den 1990er-Jahren wurde zur Lösung dieses Dilemmas u. a. mit «virtuellen Cafés» experimentiert (siehe z. B. Kraut, Fish, Root & Chalfonte, 1990; Tollmar, Chincholle, Klasson & Stephanson, 1999; von Bismarck et al., 1999). Verschiedene Standorte und Räume wurden dabei mittels Videokonferenztools miteinander gekoppelt. Auf diese Weise wurde ein synchroner Aus-

1 Virtuelles Café in Muttenz an der FHNW

tausch mit Personen am anderen Standort möglich. Trotz vielversprechender Ansätze konnten sich diese Lösungen, nicht zuletzt aufgrund technischer Unzulänglichkeiten, nicht durchsetzen.

Vor kurzem führte das Telekommunikationsunternehmen Cisco Systems, Inc. (Cisco) eine weiterentwickelte Form des virtuellen Cafés in die Diskussion ein (vgl. Cisco, 2010). Hierbei handelt sich um ein interaktives Telepräsenz-Videosystem, das Cisco auch intern einsetzt, um informelle Kommunikation zu ermöglichen. Ob dieses System zur standortübergreifenden informellen Kommunikation an der FHNW geeignet ist, von welchen Faktoren ein erfolgreicher Einsatz des Systems abhängt und welche Potenziale es für die virtuelle Zusammenarbeit bietet, wurde im Laufe eines FHNW-internen Forschungsprojektes zu «Virtuellen Begegnungsräumen» untersucht (vgl. FHNW, 2013). Im Rahmen des 17-monatigen Forschungsprojektes (August 2011 bis Dezember 2012) wurde von März bis Juni 2012 eine Pilotanwendung des virtuellen Cafés zwischen zwei Standorten der FHNW installiert und wissenschaftlich begleitet (Abb. 1). Eine Live-Demonstration dieser Anwendung fand auch im Rahmen des ITSI-Workshops «Zwischenräume» am 07.12.2012 an der Universität Basel statt.[1]

Der vorliegende Beitrag beginnt mit einer Beschreibung des theoretischen Hintergrunds. Danach wird die Vorgehensweise zur Evaluation der Pilotversuche dargestellt, um anschliessend ausgewählte Ergebnisse und soziotechnische Anforderungen an die Gestaltung solcher Systeme aufzuzeigen. Eine Diskussion und ein Ausblick runden den Beitrag ab.

---

1 Vgl. dazu den Beitrag zum Projekt ITSI in diesem Buch, Kap. 3.3.

2 THEORETISCHER HINTERGRUND

Nachfolgend findet sich ein Blick in die bestehende Literatur zum Konzept der informellen Kommunikation sowie zu den bisher vorliegenden Erfahrungen zur Förderung informeller Kommunikation mittels Videotechnologie. Ziel ist dabei zu klären, warum informelle Kommunikation für das Funktionieren von Organisationen so essentiell ist und worin die Herausforderungen liegen, diese Art der Kommunikation auch im verteilten Kontext zu ermöglichen.

2.1 Informelle Kommunikation – Ressource für Mitarbeitende und Organisationen

Die Bedeutsamkeit informeller Kommunikation ist nicht nur für die Qualität sozialer Arbeitsbeziehungen, sondern generell für das Funktionieren jeglicher Organisationen weithin anerkannt. Informelle Kommunikation gilt «als unabdingbare Voraussetzung für das Funktionieren jedes Unternehmens» (Bungard, Spath, von Bismarck & Selinger, 1997, S. 27). Formelle und informelle Kommunikation können mit Blickle (2004) nach ihrer Quelle, den genutzten Informationskanälen, ihren Settings, der zugrundeliegenden Verbindlichkeit, dem Stil und nach ihrem Standard unterschieden werden (Tab. 1).

Kraut et al. (1990) stellen bei ihrer Unterscheidung formeller und informeller Kommunikation die Geplantheit und Spontaneität der Interaktion stärker in den Mittelpunkt. Sie gehen davon aus, dass die Konversation desto informeller ist, je weniger geplant und spontaner sie sich ereignet. Entsprechend postulieren sie vier grundsätzliche Kommunikationsformen:

- *Geplante – formelle – Kommunikation:* Mitarbeitende planen die Unterhaltung, da das Thema der Konversation wichtig ist. Dabei treffen sich alle Kommunikationspartner zu einer vereinbarten Zeit an einem vereinbarten Ort.
- *Intendierte – informelle – Kommunikation:* Ein Kommunikationspartner kontaktiert einen anderen Kommunikationspartner, da das Thema der Konversation wichtig ist und initiiert auf diese Weise die Kommunikation.
- *Opportunistische – informelle – Kommunikation:* Ein Kommunikationspartner beabsichtigt, sich irgendwann mit einem anderen Kommunikationspartner zu unterhalten. Sobald er diesem dann begegnet, erinnert er sich an die beabsichtige Unterhaltung, nutzt die Gelegenheit und initiiert die Konversation.

	FORMELLE KOMMUNIKATION	INFORMELLE KOMMUNIKATION
Quelle	eindeutig einer Quelle zuordenbar	frei flottierend (z. B. Gerüchte verbreiten sich unberechenbar)
Informationskanäle	für Kommunikation vorgesehene Kanäle	ereignen sich zwischen Bekannten und Vertrauten ohne vorgesehene Kanäle (aber: reichhaltige Kanäle)
Settings	offizielle Settings: Konferenzzimmer, Büros, Gremien, offizielle Meetings	am Rand der Organisation (z. B. an Aufzügen, am Kopierer, auf dem Gang, im Büro des Kollegen)
Verbindlichkeit	autoritativ verbindlich (Festlegungen Sitzungstermin, Agenda, etc.)	bleibt unverbindlich und tentativ (z. B. Geschichten, Anekdoten, Einfälle, Rücknahme)
Stil	ausgearbeitet förmlich, schriftlich vor Zeugen dokumentiert	spontan, alltagssprachlich, flüchtig
Standard	häufig standardisierte Abläufe (Abmahnungen, Formbriefe, Arbeitsanweisungen, Workflows)	kontextbezogen, personenabhängig

Tab. 1 Unterscheidungsmerkmale formeller und informeller Kommunikation (nach Blickle, 2004, S. 75)

- *Spontane – informelle – Kommunikation:* Hier gibt es kein Kommunikationsbedürfnis im Sinne eines wichtigen Themas oder einer offenen Frage. Durch die zufällige Begegnung, z. B. auf dem Gang oder im Pausenraum, und aufgrund sozialer Höflichkeitsnormen kann ein Gespräch mit einer Begrüssung initiiert werden, das dann in einer vollwertigen Konversation endet.

Die intendierte und die opportunistische Kommunikation verstehen Kraut et al. (1990) als informell, wobei sie die spontane Kommunikation als eine Art Reinform der informellen Kommunikation betrachten. Informelle Kommunikation kommt im betrieblichen Alltag häufig vor, findet meistens zwischen zwei Personen statt, die sich räumlich nahe sind, ist kurz und nicht geplant und betrifft sehr häufig Arbeitsthemen (vgl. Isaacs, Whittaker, Frohlich & O'Conaill, 1997). Sie erlaubt den Mitarbeitenden, sich schnell und effizient arbeitsbezogene Informationen zu holen («aufgabenbezogene Funktion») und sichert gleichzeitig Arbeitszufriedenheit und Arbeitsmotivation («soziale Funktion») (Held, von Bismarck, Bungard & Cierjacks, 1999, S. 12).

2.2 Computervermittelte informelle Kommunikation

Mit der Abnahme zufälliger und spontaner Face-to-Face-Treffen sinken die Gelegenheiten für informelle Kommunikation und es kommt zu dem «Out of sight – out of sync»-Phänomen (Hinds & Bailey, 2003, S. 615). Dies ist vor allem in räumlich verteilten Lern- und Arbeitskontexten ein Problem (vgl. Al-Zubaidi & Stevens, 2004). In diesem Zusammenhang untersuchte Hrastinski (2010), ob sich Chat, Discussion Boards und Instant Messaging für informelle Kommunikation eignen und wie sie sich darauf auswirken. In Weiterführung der Arbeiten von Kraut et al. (1990) ergänzte er sodann deren Dimensionen der informellen Kommunikation. Während sich informelle Kommunikation gemäss Kraut et al. (1990) durch Ungeplantheit, zufällige Teilnehmende, spontane Agenda, Interaktivität, angereicherten Inhalt, informelle Sprache und Wortschatz auszeichnet, kommen beim adaptierten Modell Freiwilligkeit, Selbstorganisation, der Fokus auf die Erfahrung, das Erleben und die niedrigen Kosten dazu (vgl. Hrastinski, 2010). Auffällig ist, dass die Dimension der «sozialen Präsenz» bzw. der «Telepräsenz» hier noch keine Rolle spielt. Demgegenüber kann mit Verweis auf Biocca, Harms und Burgoon (2003), die die «sensory awareness of the embodied other» (ebd., S. 55) dem Präsenzerleben zugrunde legen, Telepräsenz als Grundvoraussetzung für informelle und computervermittelte Kommunikation postuliert werden.

In der Literatur finden sich bisher nur vereinzelt Lösungsansätze zur Förderung der informellen Kommunikation im virtuellen, medienvermittelten Kontext unter Berücksichtigung einer möglichst grossen sozialen Präsenz. Genannt werden u. a. sogenannte «Media Spaces» oder auch «VideoCafés» (vgl. Fish, Kraut, Root & Rice, 1993; Tollmar et al., 1999). Im Prinzip werden dabei verschiedene Standorte und Räume mittels Videofunktionalitäten miteinander gekoppelt. Auf diese Weise werden ein «Sehen» und «Erleben» von Personen am anderen Standort wie auch eine verbale Kontaktaufnahme und Kommunikation technisch ermöglicht. Studien in diesem Kontext ergaben allerdings, dass diese frühen VideoCafés nicht so stark frequentiert wurden wie erwartet und dass es entsprechend zu einer geringen

Häufigkeit informeller Interaktionen kam. Auch erste Studien zum Virtual Café von Cisco – hier werden Telepräsenzsysteme zur Verbindung von Kantinen an verschiedenen Standorten in Kombination mit Instant Messaging Systemen eingesetzt (vgl. Cisco, 2010; Sprecher, 2011) – zeigen, dass es mit der alleinigen Aufstellung von interaktiven Videosystemen zwischen räumlich getrennten Standorten noch nicht getan ist.

Die folgenden fünf Voraussetzungen bzw. Erfolgsfaktoren zur Förderung informeller computervermittelter Kommunikation in Anlehnung an Kraut et al. (1990) bilden den Stand der Forschung noch immer gut ab:

Geringe Verhaltenskosten

Informelle Kommunikation ereignet sich ungeplant, spontan und interaktiv. Entsprechend kann diese Art der Kommunikation nicht erzwungen oder verordnet werden, es können aber Voraussetzungen geschaffen werden, so dass sie leichter stattfinden kann (vgl. von Bismarck et al., 1999). Nach Kraut et al. (1990) sollte der Aufwand für die Kommunizierenden, mediengestützt informelle Kommunikation aufzunehmen, möglichst gering gehalten werden.

Soziale Präsenz

Informelle Kommunikation basiert auf dem Wissen um die anderen; einerseits um das Verständnis für die Aktivitäten der anderen (Awareness) und andererseits um die Wahrnehmung der anderen als im gleichen Raum befindlich (Kopräsenz/Telepräsenz). Damit informelle Kommunikation auch unter Medienvermittlung stattfinden kann, ist es ferner wichtig, dass das System eine Beurteilung zulässt, ob der potentielle Kommunikationspartner bereit ist sich zu unterhalten oder nicht (vgl. Fish et al., 1993; von Bismarck et al., 1999).

Reichhaltigkeit der übertragenen Informationen

Studien zeigen, dass bei hoch auflösenden Videokonferenzsystemen, wie z. B. den Telepräsenzsystemen von Cisco, die wahrgenommene Kopräsenz in der Regel höher ausfällt als bei synchronen Kommunikationsmedien ohne eine solch realitätsgetreue Videoübertragung (vgl. Nguyen & Canny, 2007). Kraut et al. (1990) weisen in diesem Zusammenhang dem visuellen Kanal eine wichtige Rolle zu und heben hervor, dass Kommunikationssysteme zur Unterstützung der informellen Kommunikation verschiedene Sinnesmodalitäten ansprechen sollten. Auf visuelle Informationen wird vor allem bei der Gesprächsinitiierung, bei der Sprecherverteilung und bei der gemeinsamen Bearbeitung von Objekten zurückgegriffen.

Gemeinsame Arbeitsumgebung

Kraut et al. (1990) betonen die Bedeutsamkeit einer geteilten Arbeitsumgebung sowie geteilter Objekte für die Aufnahme und den Verlauf einer informellen Interaktion. Informelle Kommunikation benötigt ein gemeinsames Thema als Bezugspunkt. Dies ist insbesondere dann der Fall, wenn sich die Personen noch nicht kennen und folglich noch über keine gemeinsamen Erfahrungen oder Erlebnisse verfügen. Al-Zubaidi & Stevens (2004) schlagen an dieser Stelle die Etablierung sogenannter sozialer Attraktoren vor. Experimentiert wird dabei u. a. mit gemeinsamen Anlässen wie z. B. Lesungen an einem Standort, die an anderen Standorten mitverfolgt werden können. Auch der Einsatz von Computer Supported Cooperative Play (CSCP), einer Form virtueller Bürospiele, scheint grundsätzlich geeignet, um im verteilten Rahmen informelle Kommunikation zu fördern. Kurze, wenig komplexe Bürospiele wie z. B. kooperatives Backgammon können offensichtlich die Leistungsfähigkeit und soziale Kohäsion erhöhen, wenn sie pro Tag weniger als eine Stunde gespielt werden.

Geeignete Kommunikationspartner

Ohne eine gewisse Nähe und Dichte geeigneter Kommunikationspartner kommt auch im virtuellen Kontext in der Regel kein Gespräch zustande (vgl. Kraut et al., 1990). Dabei spielen die Gruppenzugehörigkeit und deren Formalitätsgrad eine Rolle, wobei es bei der rein informellen Kommunikation auch möglich ist, dass sich bisher Unbekannte in eine gemeinsame nicht oder noch nicht zielgerichtete Kommunikation begeben. Kommunikationssysteme sollten daher einerseits geeignete Kommunikationspartner vermitteln und andererseits Kontakte herstellen, so dass spontane Gespräche einfach initiiert werden können.

Die hier aufgeführten Voraussetzungen stellen eine gute Ausgangssituation für die Unterstützung medienvermittelter informeller Kommunikation dar. Gleichzeitig drängt sich vor dem Hintergrund der bisher noch wenig erfolgreichen Versuche, über moderne Medien informelle Kommunikation zu ermitteln, die Frage auf, ob es nicht Erweiterungen braucht. Ist beispielsweise die Forderung nach der Reichhaltigkeit der übertragenen Informationen auch im Zeitalter von Social Media noch angemessen bzw. inwieweit kann sich informelle Kommunikation auch über textbasierte Medien (z. B. Facebook oder Microblogging Tools wie Yammer) ereignen?

Kraut et al. (1990) hatten bereits erkannt, dass die Kombination verschiedener Medien und Wahrnehmungssysteme das Erleben von sozialer

Präsenz steigern kann, obwohl Social Media in der jetzigen Form damals noch nicht bekannt waren. Weiter stellte Sprecher (2011) fest, dass es für räumlich verteilte Gesprächspartner in einem Cafésystem essentiell war, regulieren zu können, wer noch zuschauen oder zuhören kann. Irritierend wirkte v. a. die Möglichkeit von sogenannten «Lurkern», also von Personen, die, ohne durch die Kameras erfasst zu werden, zuhören und zusehen können (vgl. auch Schulze, Ryser & Mateescu, 2012).

3 PILOTINSTALLATION UND METHODISCHES VORGEHEN

Wie in der Besprechung der Literatur gezeigt werden konnte, gibt es fruchtbare Analysen sowohl zur Relevanz und den Charakteristika informeller Kommunikation als auch zu Voraussetzungen und Erfolgsfaktoren für das Zustandekommen dieser Art der Kommunikation im geografisch verteilten Arbeitskontext. Verschiedentlich wurde mit videobasierten Ansätzen experimentiert, die helfen sollen, über raum-zeitliche Distanzen hinweg informelle Kommunikation zu ermöglichen. Im Anschluss an diese Arbeiten sollten in einer eigenen Pilotuntersuchung gezielt die Effekte eines virtuellen Cafés untersucht und Anforderungen an die Förderung computervermittelter virtueller Kommunikation abgeleitet werden. Folgende Forschungsfragen waren erkenntnisleitend:

1. Welche Potenziale hat das virtuelle Café für die Förderung der standortübergreifenden informellen Kommunikation an einer verteilt aufgestellten Hochschule wie der FHNW?
2. Welche technischen Voraussetzungen und Tools braucht es (z. B. Telepräsenz, interaktive Whiteboards, Augmented Reality, Spielkonsolen, Bandbreiten, 3D-Modellierung)?
3. Welche Rolle spielt insbesondere die Kontrolle von Vertraulichkeit?
4. Welche sozialen Attraktoren (z. B. kooperative Büro- und Bewegungsspiele, Lesungen, virtuelle Informationsveranstaltungen wie Transfer Transparent) können computervermittelte informelle Kommunikation fördern?
5. Welche Anforderungen an die Förderung standortübergreifender informeller Kommunikation in Organisationen können abgeleitet werden?

3.1 Aufbau des virtuellen Cafés

Zur Umsetzung der Fragestellungen wurde ein Setting aufgebaut, in dem grundsätzlich informelle Kommunikation über videobasierte Technologie möglich werden sollte. Aus dem Grunde wurden in zwei FHNW-Cafeterias (Brugg-Windisch und Muttenz) jeweils zwei Raumbereiche bestehend aus einem Tisch und vier Stühlen mit einem Cisco TelePresence System 52 Zoll (Cisco Tandberg – CTS-P55C60-K9) verbunden. Die Anlagen boten nonstop eine hochauflösende Video- und Audioverbindung zwischen den beiden Bereichen, die als «virtuelles Café» gekennzeichnet wurden. Auf zusätzliche Funktionen wie z. B. die automatische Erkennung von Personen im Aufenthaltsbereich des virtuellen Cafés oder die Anzeige in «Instant-Messenger-Systemen» von Mitarbeitenden oder Studierenden wurde aus Gründen der Komplexitätsreduktion verzichtet. Einen Überblick über den Aufbau gibt Abbildung 2.

Das virtuelle Café stand den Mitarbeitenden und Studierenden über einen Zeitraum von insgesamt drei Monaten von April bis Juni 2012 zur freien Benutzung zur Verfügung. Als zusätzlicher Attraktor wurde nach ca. einem Monat an jedem Standort eine Xbox-Kinect-Spielkonsole mit einem 84-Zoll-Fernsehbildschirm installiert, so dass im verteilten Kontext gemeinsam gespielt werden konnte. Die vorhandenen Low-cost Xbox-Kinect-Systeme standen in den Cafeterias in Brugg-Windisch und Muttenz in unmittelbarer Nähe des virtuellen Cafés. Auf diese Weise konnten sich sowohl Spielende als auch Zuschauer und Zuschauerinnen standortübergreifend sehen, unterhalten und sich gegebenenfalls gegenseitig anfeuern. Angeboten wurden sowohl kooperative Spiele wie z. B. das Xbox-«Bootspiel» wie auch kompetitive Spiele wie z. B. das Xbox-«Schlag den Ball»-Spiel.

Der Pilotversuch wurde durch eine Spezifikation der Umgebungsbedingungen sowie eine Erfassung von Erwartungen potenzieller Nutzer und Nutzerinnen mittels Workshops und Interviews vorbereitet. Nachfolgend werden die Erhebungsmethoden dargestellt.

3.2 Erhebungsmethoden und gewonnene Daten

Da zu Beginn der Pilotversuche noch völlig offen war, ob sich überhaupt informelle Kommunikation ereignen würde und da im Mittelpunkt die Frage nach dem subjektiven Erleben der Nutzerinnen und Nutzer stand, wurde eine explorierende, qualitativ-entdeckende Methodologie (vgl. Kleining, 1995) zugrunde gelegt. Im Einzelnen wurden die Methode der verdeckten und teilnehmenden Beobachtung (siehe z. B. Lamnek, 2005) eingesetzt sowie, möglichst direkt nach der Nutzung des virtuellen Cafés, offene und leitfadengestützte Interviews geführt. Parallel dazu hatten die Nutzerinnen und Nutzer Gelegenheit, dem Forscherteam Anregungen und Hinweise

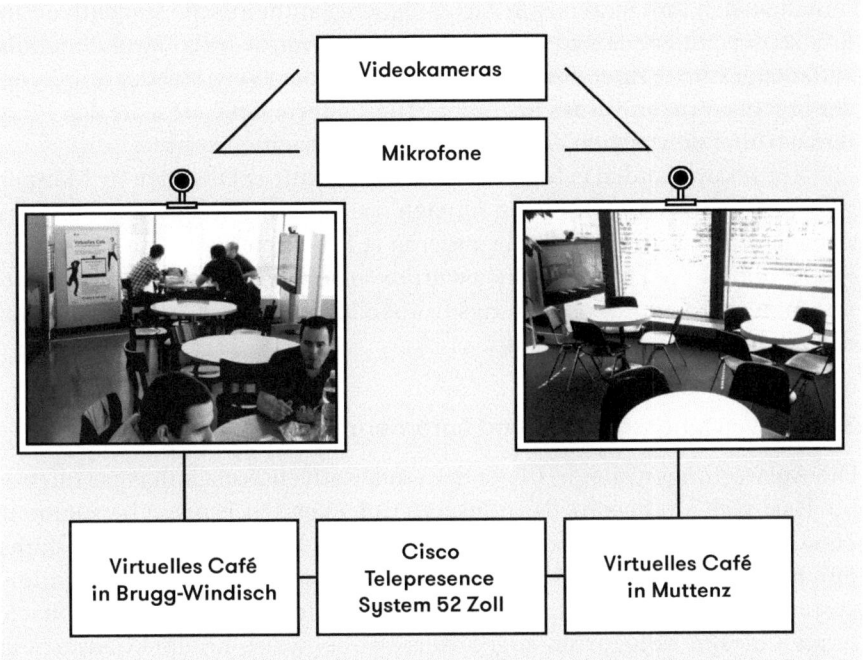

2 Aufbau des virtuellen Cafés in den Cafeterias in Brugg-Windisch und Muttenz.

über Post-its an Stellwänden mitzuteilen. Dies wurde rege genutzt. Eine besondere Herausforderung stellte die Organisation der zeitgleichen Beobachtung an zwei Standorten dar. Im Setting der verdeckten Beobachtung sass an jedem Standort je eine Beobachtungsperson, welche in Sichtnähe des virtuellen Systems scheinbar unbeteiligt in ihr Notebook vertieft die Situation beobachtete und protokollierte. Insgesamt wurden fünf halbtägige synchrone Beobachtungen mit je zwei Beobachtungspersonen an beiden Standorten und vier Beobachtungen an einem Standort durchgeführt. Die Beobachtungen wurden mittels eines parallelen Kommunikationskanals (Skype Chat, Google Docs) in Echtzeit zwischen den Beobachtungspersonen ausgetauscht. So entstanden Kontexte für die beobachteten Interaktionen.

Zur Ergänzung und zum besseren Verständnis der Beobachtungen wurden zwei Arten von Interviews durchgeführt. Zum einen wurden direkt im Anschluss an die Beobachtungen auf freiwilliger Basis 13 leitfadengestützte, ca. 15 min lange Interviews mit Nutzerinnen und Nutzern des virtuellen Cafés bzw. der Xbox-Spiele durchgeführt. Diese Interviews waren besonders verhaltensnah und hatten zum Ziel, möglichst authentische subjektive Eindrücke der Nutzenden zu erfassen. Zum anderen wurden zwei ebenfalls leitfadengestützte Interviews geführt; eines mit dem Vertreter der Studierendenorganisation und eines mit einer Mitarbeiterin des Cafés, die den Pilotversuch über den ganzen Zeitraum hinweg beobachten konnte.

Insgesamt fanden 15 Interviews mit insgesamt 22 Personen (17 Männer, 5 Frauen) statt. Neun Personen nutzten das verteilte Xbox-Game und das virtuelle Café, während sich die anderen 13 Personen nur als Zuschauer im Raum aufhielten. Die Interviews wurden anschliessend transkribiert und zusammen mit den Beobachtungsprotokollen und den Kommentaren auf den zwei Stellwänden analysiert.

3.3 Auswertungsstrategie und Anforderungsermittlung

Die Auswertungsstrategie folgte dem qualitativen Forschungsparadigma. Sie lässt sich am besten als induktiv-entdeckenden Prozess bezeichnen. Zunächst wurden die verschiedenen Daten im Rahmen eines Workshops durch die beteiligten vier Forschenden vorstrukturiert und ein Kategoriensystem (Tab. 2) entwickelt. Anschliessend wurden die Zitate und Beobachtungen diesen Kategorien zugeordnet, wobei während der Auswertung durch das Forschungsteam Kategorien sowohl angepasst als auch ergänzt wurden.

Insgesamt flossen 152 Zitate und Beobachtungen in die Auswertung ein. Die meisten Zitate und Beobachtungen finden sich in den beiden Hauptkategorien «Personen» (71 Zitate) und «Activity» (35 Zitate). Dies ist ein Hinweis, dass diese beiden Kategorien von den Interviewten als besonders relevant angesehen wurden.

Die Ergebnisse aus den Interviews und Beobachtungen wurden entlang der vier Hauptkategorien *Person*, *Activity*, *Technik* und *Kontext/Raum* zusammengestellt. Aufsetzend auf den Zitaten der «pros & cons»-Kategorie ordneten die Forschenden nach dem Konsensprinzip diesen zentralen Erkenntnissen sodann Gestaltungsanforderungen zu.

4 ERGEBNISSE

Nachfolgend werden zunächst Ergebnisse bezogen auf Auslöser und Hindernisse für computervermittelte informelle Kommunikation dargestellt. Anschliessend werden einige zentrale Anforderungen an die Gestaltung des virtuellen Cafés aufgeführt.

KATEGORIEN	ANZAHL ZITATE IN DEN HAUPT- UND SUBKATEGORIEN
pros & cons	Total Zitate: 19
Hauptkategorie	pros & cons (0)
Subkategorien	Vorschläge (4), allgemeine Einschätzungen (4), positive Nennung (2), negative Nennung (9)
Personen	Total Zitate: 71
Hauptkategorie	Personen (3)
Subkategorien	keine Personen da (6), Zurückhaltung/Unsicherheit (4), Wahrnehmung virtuelles Gegenüber (21) [mit den weiteren Subkategorien: Desinteresse (4), offen/spontan (4), Skepsis/«fremdeln» (3)], Entertainment (1), Interaktionen Virtuell (5) [mit den weiteren Subkategorien: Kontakte pflegen (3), nonverbal (1)], Motivation (1), positiv-Neugierde/Aktivierung (5), negativ-Hemmungen/Peinlichkeiten (7), Zielgruppe (3)
Activity	Total Zitate: 35
Hauptkategorie	Activity (1)
Subkategorien	Wettbewerb Situation (3), Bewegung (1), Spass an den Spielen (6), Zeitfenster (7), Spiele (4), Kommunikationsstrategie (5), Pause/Unterbruch/abschalten (8)
Technik	Total Zitate: 9
Hauptkategorie	Technik (2)
Subkategorien	Verbindung (2), Xbox Kinect (1), Akustik (4)
Kontext / Raum	Total Zitate: 18
Hauptkategorie	Kontext/Raum (1)
Subkategorien	Meidung der Plätze vor Virtuellem Café (3), Begegnungszone (1), versteckt vs. exponiert (3), Platzierung/Standort (10)
Alle Kategorien	Total zugeordnete Zitate: 152

Tab. 2 Kategorien mit zugeordneten Zitaten aus den Interviews und Beobachtungen

4.1 Auslöser der informellen Kommunikation im virtuellen Café

Die Interview- und Beobachtungsdaten zeigen zunächst, dass ein virtuelles Café computervermittelte informelle Kommunikation unterstützen kann. Es konnte ein allmählich zunehmendes Interesse festgestellt werden; dies zeigen die folgenden typischen Zitate[2] von Nutzenden exemplarisch:

> Ich würde aktiver auf die Leute zugehen. Ich habe es auch erst jetzt richtig kennengelernt, als wir es zusammen angeschaut haben. Mit den Spielen macht es natürlich auch einfacher, dies kann eine Aktivierung auslösen (Int. 11).
>
> [M]an [weiss] nicht so genau [...], was es ist. Aber ich glaube, das ergibt sich mit der Zeit (Int. 6).

Sinn und Zweck der informellen Kommunikation erschliessen sich über das virtuelle Café offensichtlich nicht unmittelbar. Es braucht ein direktes «zusammen Anschauen», es braucht Zeit und ein Sich-Einlassen, um es «richtig» kennenzulernen. Auch wurde eine aktivere Art und Weise in der Vorstellung und Bewerbung des virtuellen Cafés gewünscht als allein mittels E-Mails und Website. Schliesslich findet sich im obigen Zitat ein erster Hinweis auf das Aktivierungspotenzial durch die XBox-Spiele.

Zur Nutzung der Spiele haben sich verschiedene Personen geäussert. Auf die Frage, wie oft er die Spiele bei unbeschränktem Zugang nutzen würde, antwortete ein Befragter in typischer Art und Weise:

> Ist schwierig, so zwei-, dreimal [pro Woche]. Es kommt ein bisschen auf den Arbeitsaufwand drauf an. Aber wenn man Abends bis 20:00 lernt, dann eine halbe Stunde spielt und dann wieder weitermacht, ist sicher lustig (Int. 4).

Andere Befragte sprachen von einer wöchentlichen, wieder andere von einer monatlichen persönlichen Nutzung. Einige konnten sich die Nutzung in Pausen vorstellen, wiederum andere stärker in Randzeiten. Alles in allem sind dies Hinweise, dass das virtuelle Café inkl. des örtlich verteilten Spiels bei Studierenden und Mitarbeitenden ein Nutzungspotenzial hat.

In den Interviews finden sich häufig Hinweise darauf, dass sich informelle Kommunikation über das virtuelle Café leichter ereignet, wenn man sich schon kennt. Dies trifft sowohl für Studierende als auch für Mitarbeitende zu, wie anhand der nachfolgenden typischen Zitate deutlich wird:

> Es ist schon so, dass es interessant ist, wenn man die Leute kennt. Ich setzte mich nicht einfach so an einen Tisch wenn ich auf der anderen Seite niemand kenne. Es ist interessant, wenn man schon ein Netzwerk hat (Int. 8).

---

2   In Klammern sind jeweils der Interviewcode (Int.) oder die Nummer des Beobachtungsprotokolls (BeP) genannt.

[...] ich finde es gut, weil ich mich mit Kollegen und Kolleginnen treffen kann, die an einem anderen Standort sind, aber mit Leuten, die ich schon kenne. Dass ich meine Kontakte pflegen kann oder schnell etwas besprechen kann oder so fände ich praktisch, da man sonst telefonieren müsste. Das Schöne daran ist, dass man sich sieht. Bei meinem PC habe ich keine Kamera und um sich zu sehen müsste ich wieder den Laptop nehmen und so und das finde ich praktisch (Int. 8).

Mit «fremden» Menschen einfach so eine Kommunikation aufzunehmen, einen «Kontakt zu knüpfen», ist schon im Face-to-Face-Bereich eher die Ausnahme. Noch seltener ergibt sie sich vermittelt über die Technik. Interessanterweise finden sich in den Interviews einige Hinweise darauf, dass sich die standortübergreifende, medienvermittelte informelle Kommunikation leichter zwischen Gruppen oder «Netzwerken» ergibt. Mitarbeitende schätzen die «Kontaktpflege», das schnelle, unkomplizierte und ungezwungene Sich-Verabreden zu einem virtuellen Treffen, bei dem man sich zusätzlich auch «sehen» kann. Ausserdem kann das soziale Miteinander in einer Gruppe helfen, Mut für die Nutzung des Spielangebots zu finden, auch wenn man nicht «so der Spieletyp» ist:

Zuerst habe ich mich nicht getraut, weil ich nicht so der Spieletyp bin, weil ich Angst hatte, dass ich es nicht kann. Ich hatte jedoch keine Angst wegen den anderen Leuten hier in der Cafeteria, meine Kollegin [...] ist ja auch hier, die das auch gemacht hat (Int. 6).

Allerdings finden sich Hinweise, dass bei den Studierenden und Mitarbeitenden durchaus auch Interesse am Ad-hoc-Kennenlernen anderer Personen vorhanden ist. Dies zeigen die nachfolgenden Zitate und Beobachtungen, auch wenn sich darin ein Bedauern ausdrückt, dass am anderen Ort zu dem Zeitpunkt niemand anwesend war:

Ja, ich sass mal hier. Ich begriff aber erst später, was es ist. Es war auch niemand da. [...] Aber ja. Ich finde es cool. Ich denke man kann auch mal andere Leute kennen lernen (Int. 3).

Eine Studentin meint, sie habe schon öfters versucht mit Muttenz Kontakt aufzunehmen, es habe dort aber wenig Studierende. Sie findet es cool. Sie zeigt auf die Kamera und sagt: Schade, dass die Kamera in Muttenz verstellt ist, man sieht nur den Tisch, an dem niemand sitzt (BeP 4).

Die Brugger bedauern, dass in Muttenz niemand ist. Sie versuchen weiterhin Kontakt aufzunehmen «Muttenz», «Haaallloooo». Drei Personen gehen dann, zwei bleiben und versuchen weiter Kontakt aufzunehmen (BeP 8).

Spielereignisse mit der Xbox können eine Attraktor- oder Katalysatorwirkung für die standortübergreifende Kommunikation entwickeln, indem sie in einem ersten Schritt Aufmerksamkeit erzeugen und Zuschauerinnen und Zuschauer dazu bewegen können, mitzuspielen. Die folgende Beobachtung drückt diese Funktion exemplarisch aus:

> *Zwei Studentinnen sehen uns spielen und setzen sich ziemlich nahe an das virtuelle Café. Sie sind neugierig und bereit, auch einmal ein Spiel zu machen. Dadurch wird die Aufmerksamkeit von einigen Studenten auf die Aktivität gelenkt* (BeP 1).

Die Spielaktivität kann somit ein gemeinsames Erlebnis begründen. Interessanterweise wird der Spielpartner vom anderen Standort während des Spiels nur nebenbei und kaum bewusst wahrgenommen. Das heisst allerdings nicht, dass keine Kommunikation stattfindet. Kooperationsspiele scheinen durchaus geeignet, informelle Kommunikation auszulösen:

> *[M]an achtet während dem Spiel natürlich nicht auf ihn [den Spielpartner], weiss aber dass er dort ist. [...] Während dem Spielen ist man immer ein wenig abgelenkt und da funktioniert die Kommunikation [...] nicht so gut. Also ich kenne es sonst vom Internet. Wenn man da kooperativ spielt, kommuniziert man ja schon mehr. Gegeneinander kommuniziert man nicht so viel* (Int. 5).

Weiter kommt dem Ort, an dem die Xbox steht, wie auch der gesamten Infrastruktur eine Bedeutung zu. Auf die Frage, an welchem Ort eine Platzierung des Systems Sinn machen würde, antworteten Befragte:

> *[W]enn der Campus kommt, wenn es dort eine grosszügige Lounge hätte, dann kommt auch eher ein Kontakt zustande [...] Gefühlsmässig würde ich sagen es könnte dort eher funktionieren. Das ist wie Kicker, den wir da [in der Lounge] ab und zu spielen. Das könnte man da auch machen, so ein Tournament oder so und da könnten sich die Leute auch eintragen. In der Lounge würde das gehen. Weil dann hat man Feierabend und dann ist es auch eine Erholungssache und wenn man gegen einen anderen Standort spielt, das wäre schon noch witzig* (Int. 12).

> *Wenn man es in die Eingangshalle der Fachhochschule machen würde, wäre mehr los, da mehr Leute vorbeigehen. Hier in der Mensa sind ja auch Gymnasiasten. So ist es eigentlich gut, ein paar Tische muss es schon haben. Gut wären Automaten in der Nähe. Man holt etwas und wenn dann jemand auf der anderen Seite sichtbar ist...* (Int. 6).

> *[Cafeteria] oder die Pausenräume. Mensa wäre nicht der richtige [Ort], wegen dem Essen und so. Im Hauptgebäude ist es hier am besten. Oben hätte es noch einen Aufenthaltsraum, aber da essen die Leute auch und dann ist es nicht gut* (Int. 5).

Ein «Tournament» gegen einen anderen Standort in der «Lounge» könnte nach dem Feierabend erholsam wirken. Eine Platzierung des virtuellen Cafés in der Eingangshalle kann die Kontaktaufnahme zum anderen Standort erleichtern. Auch Verpflegungsautomaten, an denen man notwendigerweise stehenbleibt, könnten die Aufnahme einer informellen und virtuellen Kommunikation erleichtern. Von mehreren Interviewten wurde geäussert, dass ein Standort in der Mensa ungünstig wäre, da man dort nur mittags zum Essen hingehe. Demgegenüber wurde der Standort in der Cafeteria für gut befunden.

Zusammenfassend kann man folgende Auslöser für standortübergreifende informelle Kommunikation im virtuellen Café festhalten:

- Die Potenziale medienvermittelter informeller Kommunikation über das virtuelle Café erschliessen sich allmählich und aufgrund von konkreten Erfahrungen. Die Möglichkeiten und der persönliche Nutzen standortübergreifender Kommunikation müssen sich erst in der individuellen Orientierung und Handlungsausrichtung niederschlagen.
- Wenn man sich schon kennt, etabliert sich die informelle Kommunikation über das virtuelle Café schneller. Auch scheint die Initiierung informeller Kommunikationssequenzen zwischen Gruppen leichter möglich als zwischen einander unbekannten Einzelpersonen.
- Das gemeinsame, standortübergreifende Spiel mittels Xbox hat das Potenzial als Attraktor für informelle virtuelle Kommunikation wirken zu können – dies deshalb, weil die Aufnahme spontaner informeller Kommunikation offensichtlich durch ein «verbindendes Drittes» (hier in Form des Spiels) begünstigt wird.
- Auch die räumliche Situation kann informelle Kommunikation erleichtern – es braucht einen Ort, wo Mitarbeitende und/oder Studierende verweilen, aber nicht völlig von anderen Aktivitäten wie z. B. dem Mittagessen eingenommen sind.

4.2 Hindernisse für die informelle Kommunikation über das virtuelle Café

In den Interviews wird auch auf Unzulänglichkeiten und Schwächen hingewiesen. Da die Spiele mit der Xbox viel mit Bewegung zu tun haben, fühlen sich einige der Interviewten zu sehr ausgestellt und es ist ihnen «peinlich» so gesehen zu werden:

Das ist ja wirklich etwas Spielerisches. Als Ältere hat man halt nicht mehr so Lust auf so etwas. Es ist schon ein wenig schräg, dass man da solche Bewegungen macht (Int. 13).

Die Gefahr, sich in der Öffentlichkeit «schräg» hinzustellen, kann als eine Barriere für die informelle Kommunikation wirken. Eine weitere Barriere wird mit Unzulänglichkeiten des Systems in Verbindung gebracht:

> *Nein, es wäre immer noch genau das gleiche, eine Mattscheibe. Man könnte gleich Telenovela schauen. Es ist einfach zu wenig real, man sieht die Leute zu wenig. Es ist gut, um mit der anderen Seite etwas versuchen zu planen oder organisieren, aber ansonsten ist es als Begegnungsort nicht wirklich gut. Es fehlt einfach etwas* (Int. 9).

Mangelnde Immersivität, ein zu geringes Mass an erlebter sozialer Präsenz – ausgedrückt durch den Begriff der «Mattscheibe» – verhindert offensichtlich bei einigen der Befragten, dass sie sich auf informelle Begegnungen einlassen. Auch die mangelnde Kontrolle über die Situation, darüber, wer einen sehen und wer zuhören kann, wird als Barriere geschildert:

> *Es geht auch darum, dass man auf einem Bild ist, d. h. man wird gesehen von Leuten, die man nicht sieht. Es ist immer ein bisschen der Überwachungseffekt. [...] [Diesen Effekt auszuschalten] ist schwer technisch gesehen. Man müsste es eventuell in einem Raum platzieren, aber dann wäre der Sinn und Zweck nicht mehr erfüllt* (Int. 5).

Ein «Gesehen werden von Leuten, die man nicht sieht» wird von einigen der Befragten als «Überwachungseffekt» wahrgenommen. Um diesen zu umgehen, sieht der Interviewte im obigen Zitat nur die Möglichkeit, in einen öffentlich nicht zugänglichen Raum zu gehen, was dann aber wieder der Grundidee des virtuellen Cafés widerspräche.

Lärm war ein weiterer Grund zu Beanstandungen. In den Beobachtungen wurde mehrfach angesprochen, dass Geräusche aus dem anderen Raum wie Stühlerücken oder Gesprächsfetzen sehr irritierend waren, da man die Urheber nicht sehen konnte. Etwas hören was man nicht auch sehen kann, scheint besonders störend zu sein. In den Interviews kamen die Umgebungslautstärke und der beeinträchtigte Ton des virtuellen Cafés zur Sprache:

> *Was mich stört ist, dass man sehr laut sprechen muss. Man kann nicht so sprechen, wie wenn man mit jemandem einfach so Kaffeepause macht. So Klatsch-und-Tratsch-Sachen sind sicher weniger möglich* (Int. 8).
>
> *[E]ine Person, vom Habitus eher ein Dozent, gesellt sich zu uns und meint auf Dauer stören die Störgeräusche vom anderen Raum schon. Er macht einen Vorschlag: könnt ihr nicht selektivere Mikrofone nutzen, die z. B. direkt über dem Tisch hängen?* (BeP 4).

Sehr laut sprechen zu müssen widerspricht offensichtlich einer vertraulichen Kaffeesituation und erschwert ein Sich-Einlassen auf informelle Kommunikation.

Zusammenfassend können die Barrieren für informelle Kommunikation im virtuellen Café wie folgt beschrieben werden:

- Tonprobleme erschweren die Aufnahme informeller Interaktion.
- Auch «peinliche» Bewegungen/Körperhaltungen im Spiel und insbesondere das Gefühl des «Ausgestellt-Seins» behindern die Kontaktaufnahme.
- Ein geringes Mass an erlebter sozialer Präsenz verhindert ein sich Einlassen auf informelle Begegnungen.
- Die mangelnde Einflussnahme bzw. schlechte Möglichkeiten zur Regulation von Vertraulichkeit (z. B. der Lautstärke der Stimme) im Setting behindert die informelle Kommunikation (Überwachungseffekt).

4.3 Anforderungen an die Förderung virtueller informeller Kommunikation

Im Anschluss an die Auswertung der Erfahrungen und des subjektiven Erlebens von Teilnehmenden am Pilotversuch wurden vom Forschungsteam in einem zweiten Schritt Anforderungen an die Förderung computervermittelter informeller Kommunikation abgeleitet. Nachfolgend werden diese Anforderungen entlang der zuvor definierten Hauptkategorien der Person, der Activity, des räumlichen Kontextes sowie der Technik dargestellt (Tab. 3). Die Anforderungen sind dabei nicht abschliessend aufgelistet.

Bei der zusammenfassenden Darstellung der Anforderungen fällt auf, dass die Regulation von Vertraulichkeit auf jeder Ebene der Anforderungen angesprochen wird: Auf der Ebene der Person betrifft dies die Aufzeichnung der Videosequenzen, auf der Ebene der Aktivität wird das Ausgestellt-Sein infolge «peinlicher» Bewegungen angesprochen, auf der Ebene des Raums hat die Einteilung in eine Anbahnungs- und in eine Interaktions-/Sprechzone mit Vertraulichkeitsregulation zu tun. Auf der Ebene der Technologie schliesslich wird ein «Gesamtbild» für den Überblick angesprochen, wer sich im Raum befindet und potenziell zuhören kann. Somit kann abschliessend festgehalten werden, dass das virtuelle Café durchaus ein Potenzial für die Förderung computervermittelter und informeller Kommunikation besitzt. Dieses Potenzial ist für Gruppen grösser als für Einzelne und die intendierte sowie die opportunistische informelle Kommunikation werden besser gefördert als die informelle Ad-hoc-Kommunikation. Soziale Attraktoren wie z. B. verteilte Spiele können ein zunächst nicht vorhandenes «verbindendes Drittes» schaffen. Als zentrale Voraussetzung hat sich die Regulation von Vertraulichkeit im Kommunikationssetting des virtuellen Cafés herausgestellt.

EBENE	ANFORDERUNGEN
Person	• Es sollten eher Communities und Gruppen und in zweiter Priorität Einzelpersonen angesprochen werden. • Die Zugänglichkeit des virtuellen Cafés sollte an das Nutzerverhalten (Pausen, Zwischenstunden, Feierabend) der Studierenden wie auch der Mitarbeitenden angepasst werden. • Die Nutzenden sollten informiert werden, dass keine Bild- und Tonaufzeichnung stattfindet und somit Privatheit gewährleistet wird.
Activity	• Das System sollte mit anderen Bedürfnissen kombiniert werden können (z. B. Snackautomat, Infobrett, Lesematerial). • Verteilte Spiele sollten als sozialer Attraktor angeboten werden. • Die Spiele sollten unmittelbar spielbereit und ohne aufwändigen Installations-/Startaufwand betrieben werden können. • Die Spiele sollten weniger bewegungsorientiert verlaufen, um Gefühle des «Ausgestellt-Seins» zu vermeiden. Es sollten eher kooperative Spiele angeboten werden.
Kontext / Raum	• Das virtuelle Café sollte sich durch Gemütlichkeit auszeichnen. • Der Raum sollte Privatsphäre ermöglichen, die wiederum informelle Interaktionen erleichtert. • Räumlich sollte das virtuelle Café in Kommunikationsanbahnungs- und Interaktionszonen unterteilt werden.
Technik	• Das System sollte über einen qualitativ hochwertigen und grossen Bildschirm und eine HD-Kamera verfügen. • Das virtuelle Café sollte mit Richtmikrophonen oder Frequenzfilter (Audioglocken) ausgestattet werden, so dass Konversationen/Stimmen hauptsächlich aus der Sprechzone übertragen werden. • Weiter sollte ein Bild von der Umgebung des virtuellen Cafés eingeblendet werden, damit die Teilnehmenden sehen können, ob noch weitere Personen zuhören.

Tab. 3   Anforderungen an die Förderung virtueller informeller Kommunikation bezogen auf Person, Activity, Kontext/Raum und Technik

5 DISKUSSION UND AUSBLICK

Im Rahmen des Pilotversuchs hat sich eine allmählich zunehmende Nutzung und Akzeptanz des virtuellen Cafés gezeigt. Insbesondere die Einführung des verteilten Xbox-Spiels verstärkte die Neugierde und schaffte Anlässe für informellen Ad-hoc-Austausch. Bereits gegenseitig bekannten Mitarbeitenden und Studierenden der FHNW fiel die Kontaktaufnahme leichter; öfters konnte beobachtet werden, dass man sich zum ungezwungenen Café verabredete. Informelle Kommunikation findet bei den Studierenden v. a. innerhalb ihres Studiengangs und ihres Kurses statt – trotzdem wuchs das Interesse, mit den Studierenden an anderen Standorten in Kontakt zu kommen oder zu bleiben. Somit hat sich das virtuelle Café in Kombination mit sozialen Attraktoren als grundsätzlich geeignet erwiesen, informelle Kommunikation zwischen räumlich verteilten Cafeterias einer Hochschule zu fördern.

Die Realisierung des Potenzials des virtuellen Cafés zur Förderung computervermittelter informeller Kommunikation ist von bestimmten Voraussetzungen abhängig. Im Rahmen des Pilotversuchs hat sich die Stiftung oder das bereits Vorhandensein von einem «verbindenden Dritten» (z. B. einem Spiel, einem Kommunikationsgrund, einer gemeinsamen Aufgabe) als zentrale Anforderung herausgestellt. Ebenfalls zentral ist eine gute Usability; hier zeigte sich das virtuelle Café in der konkreten Installation als noch verbesserungsfähig. Eine Schwierigkeit stellte die situativ jeweils angemessene Regulation der Lautstärke dar: So wurden Umgebungsgeräusche oft zu laut und die an den beiden Tischen sitzenden Personen zu leise übertragen. Kritisch wurde insbesondere das Auseinanderfallen der visuellen und auditiven Informationen gewertet, als man zwar Geräusche vom anderen Raum hören konnte, aber deren Verursacher nicht sah. Auch der Kamerawinkel war z. T. ungünstig für die Sitzposition. Bemängelt wurden weiterhin fehlende Steuerungsmöglichkeiten des Systems (Kamera, Lautstärke).

Schliesslich hat sich die Regulation von Vertraulichkeit als zentrale Voraussetzung für die Initiierung und für den Ablauf informeller Kommunikationssequenzen gezeigt. So fehlte im aktuellen Setting ein gekennzeichneter «Anbahnungsbereich», in dem man auf sich aufmerksam machen, andere sehen und sich zuwinken und verabreden konnte, ohne bereits miteinander sprechen zu müssen. Ebenso zentral für die Vertraulichkeitsregulation ist die Transparenz darüber, ob jemand zuhört, den man nicht sehen kann. Umgebungskamerabilder könnten hier Regulationsmöglichkeiten bieten.

Basierend auf diesen Ergebnissen und in Erweiterung von Schulze, Ryser und Mateescu (2012) wird daher vorgeschlagen, die fünf von Kraut et al.

(1990) genannten Voraussetzungen für computervermittelte informelle Kommunikation um eine sechste namens «Vertraulichkeitsregulation» zu ergänzen. Darunter wird eine Eigenschaft des soziotechnischen Systems verstanden, das den Nutzerinnen und Nutzern erlaubt, den Grad der Vertraulichkeit zu regulieren. Ganz ähnlich wie dies in Face-to-Face Situationen bspw. durch das Senken der Stimme oder durch die Wahl eines Tisches in einem öffentlichen Café beobachtet werden kann. Diese Überlegung wird durch die Untersuchungen durch von Bismarck et al. (1999) gestützt, die auf der Basis eines Shadowing informeller Interaktionen im Büroalltag Anforderungen an die Kontaktaufnahme über Videokonferenz-Technologie ermittelten. Danach kommt es darauf an, dass eine «Anbahnungssituation» den Gesprächspartnern erlaubt, auf ein Gesprächsangebot einzugehen oder es ohne grossen Aufwand abzulehnen. Sie schlugen dafür eine sogenannte «Glance-Funktion» vor: Ein Videochat wird nicht überfallartig eröffnet, sondern kündigt sich durch langsames Aufblenden, eine Art Anklopfen, an und kann ohne Weiteres ignoriert werden.

Bei der Beschreibung der verwendeten Interview- und Beobachtungsmethoden wurde bereits darauf hingewiesen, dass die Organisation verteilter Beobachtungen eine technische Herausforderung darstellte und infolge des hohen Aufwands nur sehr selektiv stattfinden konnte. Es kann daher nicht ausgeschlossen werden, dass die neun halbtägigen Beobachtungen nur einen Bruchteil der Kommunikationssequenzen abbilden bzw. dass an anderen Tagen andere Muster auftraten. Relativiert wird diese methodische Limitierung allerdings durch die Feststellung, dass sowohl die Interviews wie auch die Stellwände kongruent mit den Beobachtungen sind.

In Nachfolgestudien sollte über verteilte Spiele hinaus mit weiteren sozialen Attraktoren experimentiert werden, z. B. gemeinsamen Lesungen oder Informationsveranstaltungen. Weiterführend wäre auch, systematisch die Art der Spiele zu variieren. Im Pilotversuch konnten verschiedene Spiele zwar exploriert werden, letztlich konnte jedoch nicht systematisch genug zwischen kooperativen und kompetitiven Spielen variiert werden. Schliesslich sollte die in diesem Beitrag entwickelte neue Anforderung zur Förderung computervermittelter informeller Kommunikation in Form einer «Vertraulichkeitsregulation» weiter untersucht werden. Zum Beispiel könnte man zuerst Ausprägungen einer solchen aktiven Regulation im Face-to-Face-Bereich identifizieren, um dann anschliessend zu überlegen, welche davon auch im virtuellen Setting unterstützt werden könnten.

LITERATUR

Allen, T. J. (1984). *Managing the flow of technology: Technology transfer and the dissemination of technological information within the R&D organization.* Cambridge, MA: MIT Press.

Al-Zubaidi, K. & Stevens, G. (2004). CSCP at Work. In R. Keil-Slawik, H. Selke & G. Szwillus (Hrsg.), *Mensch & Computer 2004: Allgegenwärtige Interaktion* (S. 137-146). München: Oldenbourg.

Biocca, F., Harms, C. & Burgoon, J. K. (2003). Towards a more robust theory and measure of social presence: Review and suggested criteria. *Presence: Teleoperators & virtual environments, 12*, 456-480.

Bismarck, W. von, Held, M., Schütze, H.-J. & Alex, A. (1999). Die Verbreitung, Nutzung und Wahrnehmung von Medien in Organisationen. *Mannheimer Beiträge zur Wirtschafts- und Organisationspsychologie, 1*, 68-89.

Blickle, G. (2004). Interaktion und Kommunikation. In H. Schuler (Hrsg.), *Organisationspsychologie. Gruppe und Organisation. Enzyklopädie der Psychologie, Band 4* (Serie III, S. 55-118). Göttingen: Hogrefe.

Bungard, W., Spath, D., Bismarck, W. von & Selinger, G. (1997). Brauchen wir die informelle Kommunikation? *Mannheimer Beiträge zur Wirtschafts- und Organisationspsychologie, 2/1997*, 26-31.

Cisco, Cisco Systems Inc. (2010). Cisco Virtual Coffee Room. Enabling Informal Communication across Remote Locations. Cisco-internes Arbeitspapier.

FHNW, Fachhochschule Nordwestschweiz (Hrsg.) (2013). Virtuelle Begegnungsräume. Online verfügbar: http://www.fhnw.ch/aps/ifk/projekte/abgeschlossene-projekte/virtuelle-begegnungsraeume/ [11.02.2014].

Fish, R. S., Kraut, R. E., Root, R. W. & Rice, R. E. (1993). Video as a technology for informal communication. *Communications of the ACM, 36 (1)*, 48-61. Online verfügbar: http://www.comm.ucsb.edu/faculty/rrice/A42FishKrautRootRice1993.pdf [11.02.2014].

Held, M., Bismarck, W. von, Bungard, W. & Cierjacks, M. (1999). Informelle Kommunikation und betrieblicher Wandel. *Mannheimer Beiträge zur Wirtschafts- und Organisationspsychologie, 1*, 10-20.

Hinds, P. J. & Bailey, D. E. (2003). Out of sight – out of sync: Understanding conflict in distributed teams. *Organization Science, 14*, 615-632.

Hrastinski, S. (2010). The informal and formal dimensions of computer-mediated communication: a model. *International Journal of Networking and Virtual Organisations, 7 (1)*, 23-38.

Isaacs, E. A., Whittaker, S., Frohlich, D. & O'Conaill, B. (1997). Informal communication re-examined: New functions for video in supporting opportunistic encounters. In K. Finn, A. Sellen & S. Wilbur (Hrsg.), *Video-Mediated Communication* (S. 1-30). Mahwah, NJ: Lawrence Ehrlbaum.

Kleining, G. (1995). *Lehrbuch Entdeckende Sozialforschung. Band I. Von der Hermeneutik zur qualitativen Heuristik.* Weinheim: Psychologische Verlagsunion.

Kraut, R. E., Fish, R. S., Root, R. W. & Chalfonte, B. L. (1990). Informal communication in organizations: Form, function, and technology. In I. S. Oskamp & S. Spacapan (Hrsg.), *People's Reactions to Technology in Factories, Offices, and Aerospace* (S. 2-55). Newbury Park, London: Sage.

Lamnek, S. (2005). *Qualitative Sozialforschung. Lehrbuch,* 4. vollständig überarbeitete Auflage. Basel: Beltz.

Nguyen, D. & Canny, J. (2007). MultiView: Improving trust in group video conferencing through apatial faithfulness. *Proceedings of the 2007 ACM Conference on Human Factors in Computing Systems CHI 200*, 1465-1474.

Schulze, H., Ryser, T., & Mateescu, M. (2012). Informelle virtuelle Kommunikation: Licht am Ende des Tunnels? In Gesellschaft für Arbeitswissenschaft (Hrsg.), *Gestaltung nachhaltiger Arbeitssysteme. Wege zur gesunden, effizienten und sicheren Arbeit*, Dokumentation des 58. Arbeitswissenschaftlichen Kongresses in Kassel 22.02.–24.02.2012 (S. 4). Dortmund: GfA-Press.

Sprecher, H. (2011). Informelle Kommunikation im Virtual Coffee Room. Bachelorarbeit. Olten: FHNW.

Tollmar, K., Chincholle, D., Klasson, B. & Stephanson, T. (1999). *VideoCafé–virtual Espresso-Cafés and semi-located communities (TRITA-NA-D9905)*. Stockholm: CID-47, KTH.

PRÜFUNGSRÄUME

KLAUS WANNEMACHER

ANFORDERUNGEN AN E-ASSESSMENTS AN DER UNIVERSITÄT BASEL

ZUSAMMENFASSUNG

Zu den Schwerpunkten des Projekts ITSI, das dem Konzipieren einer modernen Lernumgebung für den Campus von morgen und dem Aufzeigen von Umsetzungsmöglichkeiten diente, zählten auch (digitale) Prüfungsräume. Im Vordergrund der Auseinandersetzung mit diesem Teilaspekt einer modernen Lehr- und Lernumgebung stand die Frage, welche Voraussetzungen erforderlich sind, um an der Universität Basel schriftliche Assessments und Prüfungen mittels elektronischer Medien und Eingabegeräte durchzuführen, die das Spektrum der Prüfungsformen ergänzen und zu einer Entlastung von Lehrenden beitragen können. Die Universität Basel beauftragte das Hochschul-Informations-System (HIS) damit, im Rahmen einer gutachterlichen Stellungnahme Möglichkeiten der Einführung von E-Assessments an der Universität Basel zu sondieren. Im Verlauf einer Ist-Stands-Erhebung und Bedarfsanalyse führte HIS Leitfadeninterviews mit 41 Mitarbeitenden durch und wertete die von diesen bereitgestellten Dokumente zum Prüfungswesen der Universität Basel aus. Dieser Beitrag enthält ausgewählte Resultate dieser ersten Begutachtungsphase.

1 AUSGANGSSITUATION UND AUFGABENSTELLUNG

In Zusammenhang mit stetig wachsenden Studierendenzahlen und veränderten Rahmenbedingungen im Hochschulbereich, ausgelöst durch den Bologna-Prozess, ist ein deutlich erhöhtes Prüfungsaufkommen zu verzeichnen. Dies stellt die Hochschulen vor immer größere organisatorische und technische Herausforderungen. Die Nutzung elektronischer Medien und Eingabegeräte bei der Durchführung schriftlicher Assessments und Prüfungen kann zu einer größeren Auswertungsobjektivität, einer Ausweitung der prüfungsdidaktischen Möglichkeiten, einer Verbesserung der Feedbackqualität gegenüber Studierenden, aber auch zu einer Entlastung von Lehrenden und Prüfenden beitragen. Daher zählten die Prüfungsräume, in denen die «für den Erhalt von Kreditpunkten erforderlichen Leistungen vor (diagnostisch), während (formativ) oder am Ende (summativ) der Lehrveranstaltung erhoben» werden, zu den Kernaspekten des Lehr- und Lernprozesses, die im Rahmen des Projekts ITSI näher betrachtet wurden[1].

Ein Ziel des Projektteams bestand darin, Voraussetzungen dafür zu schaffen, dass an der Universität Basel schriftliche Assessments mittels elektronischer Medien und Eingabegeräte durchgeführt werden können. Zu den vielfältigen Maßnahmen, die in diesem Kontext ergriffen wurden und die in diesem Beitrag vorgestellt werden sollen, zählten die Durchführung eines Workshops zu Prüfungsräumen, die Gründung einer Special Interest Group (SIG) «E-Assessment» sowie die Beauftragung der Hochschul-Informations-System GmbH (HIS) mit der Erstellung einer gutachterlichen Stellungnahme zur Einführung von E-Assessments an der Universität Basel.

1.1 Workshop «Prüfungsräume»

Am 21. Mai 2012 richtete ein Projektteam an der Universität Basel den Workshop «Prüfungsräume» aus, den über 40 Teilnehmende besuchten und bei dem wichtige Aspekte, Einschränkungen, Wunschszenarien und mögliche Pilotprojekte für digitale Prüfungsräume an der Universität Basel erörtert wurden. Eingangs wurden unterschiedliche Formen der Leistungsüberprüfung vorgestellt. Anschließend stellten externe Experten mögliche Szenarien der computergestützten Erhebung studentischer Leistungen vor, darunter ein statisches und ein temporäres Testcenter sowie Prüfungen mit Learning

---

1 Vgl. http://itsi.ltn.unibas.ch/prufungsraum [11.02.2014] und Beitrag zum Projekt ITSI in diesem Buch.

Management System und gesicherter Browserumgebung. Die jeweiligen Prüfungsszenarien und -anwendungen konnten von den Teilnehmenden auch an Computer-Stationen oder Tablet-PCs getestet werden. Anschließend wurde der Leitfrage «E-Assessment an der Universität Basel?» in vier separaten Arbeitsgruppen nachgegangen, in denen diskutiert wurde, wie ein E-Assessment-Wunschszenario für die Universität aussehen und wie ein Pilotprojekt für E-Assessments beschaffen sein könnte.

Zu den Resultaten der Auseinandersetzung in den Arbeitsgruppen zählte, dass die Einführung von E-Assessments an der Universität Basel der Qualitätsentwicklung der Lehre dienen sollte. Ein E-Assessment-Angebot sollte sich nicht auf elektronische Prüfungen beschränken, sondern auch für formative und prüfungsvorbereitende Zwecke sowie für «Trainingssituationen» nutzbar sein. Es sollte das Spektrum der didaktischen Möglichkeiten erweitern, vielfältige Prüfungsformen unterstützen und zugleich den Bedürfnissen aller Fakultäten gerecht werden. Die Rückbindung an die Anforderungen der Fakultäten sollte durch dezentrale Ansprechpartnerinnen und Ansprechpartner an den Fakultäten gewährleistet werden. Darüber hinaus wurde mehrfach die Notwendigkeit von Unterstützungsangeboten bei der Einführung sowie didaktischer und technischer Beratungsangebote betont.

Die Workshop-Teilnehmenden verwiesen zudem auf bestehende Hindernisse im Prüfungswesen an der Universität Basel, darunter vor allem auf einen Mangel an Prüfungsräumen, das Problem der starken Raumauslastung während der Prüfungszeiten sowie auf enge Prüfungszeiträume. In Bezug auf die räumlich-organisatorische Lösung wurde daher mehrheitlich gewünscht, dass eine E-Assessment-Lösung möglichst groß dimensioniert sein sollte. Als Varianten wurden – wie von den externen Experten vorgestellt – ein zentrales Testzentrum auf dem oder außerhalb des Campus oder ein auf mehrere Orte verteiltes Testzentrum erörtert. Zudem fand die Option eines statischen Zentrums mit mobilen ausleihbaren Geräten für praktische Prüfungen Zuspruch. Während einzelne Teilnehmende sich für E-Assessments unter Nutzung studentischer Notebooks aussprachen, bevorzugten andere eine zentral gemanagte Umgebung. Das Wunschszenario für E-Assessments wurde abschließend in der Devise zusammengefasst: groß, breit, vielfältig und flexibel.

1.2 Gutachterliche Stellungnahme zu E-Assessments

Die Universität Basel beauftragte die HIS GmbH im Anschluss an den Workshop «Prüfungsräume» mit der Ausarbeitung einer gutachterlichen Stellungnahme zum Ausbau von E-Assessments an der Universität Basel. Im Rahmen der gutachterlichen Stellungnahme sollte die Eignung unterschiedlicher E-Assessment-Lösungen für eine mittelfristige Weiterentwicklung der Lehrqualität und des Prüfungswesens an der Universität Basel untersucht werden. Die gutachterliche Stellungnahme sollte spezifische Bedürfnisse und Rahmenbedingungen der unterschiedlichen Organisationseinheiten der Universität berücksichtigen und die Universität bei der Entscheidung für ein geeignetes E-Assessment-Szenario sowie eine Roll-Out-Strategie im Zuge eines Pilotprojekts unterstützen. Zugleich sollten gegenwärtig bestehende Probleme wie der Raummangel, die ausbaufähige Betreuung von Prüflingen oder dicht getaktete Prüfungszeiträume berücksichtigt werden. Das Gutachten umfasste eine Ist-Stands-Erhebung und Bedarfsanalyse, eine vergleichende Erhebung der E-Assessment-Nutzung an anderen deutschsprachigen Hochschulen sowie eine Konzeptions- und Dokumentationsphase, in der auch die gutachterliche Stellungnahme verfasst wurde.

Im Rahmen der Ist-Stands-Erhebung wurden zunächst Erkenntnisse zum aktuellen Prüfungswesen gewonnen, Anforderungen und Bedarfe an E-Assessment-Angebote erhoben und Einschätzungen zur Akzeptanz für E-Assessment-Lösungen in unterschiedlichen Teilbereichen der Universität eingeholt. Den Fragekomplexen «aktuelles Prüfungswesen» sowie «Anforderungen und Bedarfe an ein E-Assessment-Angebot» ging HIS zwischen Oktober 2012 und Januar 2013 im Rahmen von zehn leitfadengestützten (Gruppen-)Interviews mit insgesamt 41 Mitarbeitenden der Universität Basel nach, die im Einzelnen rund 60 bis 120 Minuten beanspruchten. Eine Fakultät beantwortete den Leitfaden schriftlich. Als Gesprächspartnerinnen und Gesprächspartner standen HIS die folgenden Personen zur Verfügung:

- Vertreterinnen und Vertreter aller Fakultäten und einzelner Departemente (Dekaninnen und Dekane, Studiengangsverantwortliche und -koordinatorInnen, Lehrende, Assistierende, Doktorierende, Mitarbeitende von Studiendekanaten und Studiensekretariaten)
- ein Mitglied des Rektorats
- Mitarbeitende zentraler Einrichtungen wie des Bereichs Bildungstechnologien und des Universitätsrechenzentrums
- weitere relevante Akteure (z. B. Mitglieder der SIG «E-Assessment»)
- sowie Studierendenvertreterinnen und -vertreter

Um die Statusgruppen der Universität Basel intensiv in die weitere Planung und Ausgestaltung von E-Assessments einzubeziehen, wurde zudem noch vor Beginn der Leitfadeninterviews die SIG «E-Assessment» gegründet.

Die SIG kam im September 2012 zu einer Auftaktsitzung zusammen. Nach einem HIS-Überblicksvortrag zu unterschiedlichen Facetten von E-Assessments im Rahmen der Auftaktsitzung formulierten die Mitglieder der SIG noch einmal spezifische Bedarfe, die im Rahmen der Begutachtung zu berücksichtigen seien.

Allgemein wurde darauf hingewiesen, dass zentrale Lösungen an der Universität Basel in der Vergangenheit vielfach zurückhaltend angenommen worden seien. Zugleich wurde der Wunsch geäußert, dass für alle Bereiche der Universität die gleiche E-Assessment-Lösung angeboten werden solle. Im Hinblick auf das räumlich-organisatorische Szenario wurden Einwände gegen die Nutzung studentischer Notebooks sowie gegen Studierende als Prüfungsaufsichten erhoben. Schließlich wurden Möglichkeiten zur Erstellung von Freihandzeichnungen sowie zur Verarbeitung gedruckter Freitexte als funktionale Anforderungen an die E-Assessment-Umgebung genannt.

2 AUSGEWÄHLTE RESULTATE DER INTERVIEW- UND DOKUMENTENANALYSE

In diesem Kapitel werden ausgewählte Resultate der zehn Leitfadeninterviews, die zwischen Oktober 2012 und Januar 2013 geführt wurden, sowie der Auswertung von Dokumenten zum Prüfungswesen an der Universität Basel, die von den Gesprächspartnerinnen und -partnern zur Verfügung gestellt wurden, vorgestellt. Die Ergebnisse wurden fünf Aspekten zugeordnet:

- Vorerfahrungen mit E-Assessments und computergestützten Prüfungen
- Herausforderungen im Prüfungswesen
- allgemeine und technische Anforderungen an eine E-Assessment-Umgebung
- Anforderungen an organisatorische Abläufe für E-Assessments
- E-Assessment-Szenarien

Die Leitfadeninterviews zeigten eine große Vielfalt an unterschiedlichen Voraussetzungen, Perspektiven, Interessen und Erwartungen auf. Ein Gesprächspartner verwies auf das außerordentlich facettenreiche Prüfungswesen an der Universität Basel, das sich eher zehn als zwei oder drei verschiedenen Szenarien zurechnen lasse. Deshalb scheint für die Universität Basel ein E-Assessment-Angebot sinnvoll, das auf reale Bedarfslagen an einzelnen Fakultäten reagiert und bei dem eine Anpassung an sehr unterschiedliche Ausgangsbedingungen möglich ist.

2.1 Vorerfahrungen mit E-Assessments und computergestützten Prüfungen

Einige Gesprächspartnerinnen und -partner hatten Vorerfahrungen mit E-Assessments und computergestützten Prüfungen, aber diese beschränkten sich auf wenige Fakultäten und hatten fast durchgängig einen sehr begrenzten Umfang. Selbst innerhalb der Fakultäten, an denen E-Assessment eingesetzt worden ist, divergierten die Erfahrungen stark. Die Juristische Fakultät nutzt im Erstjahreskurs «Juristisches Arbeiten» eine dem WebQuest ähnliche Form des E-Assessments. Es handelt sich um eine Internetrecherche, die fünf Aufgabenblätter umfasst, deren Ergebnisse die Studierenden aber auf Papier festhalten, und die so einen großen organisatorischen Aufwand verursacht. An der Philosophisch-Naturwissenschaftlichen Fakultät wurde Vorlesungsteilnehmenden die Möglichkeit gegeben, eine E-Prüfung am heimischen Computer zu schreiben. Im Studiengang Pharmazie der Philosophisch-Naturwissenschaftlichen Fakultät wurde eine eigene, abgeschottete Prüfungsumgebung eingesetzt, die auch Videoeinspielungen ermöglichte. Die Medizinische Fakultät setzt Computer für OSCE-Prüfungen[2] (d. h. praktische Prüfungen mit Checklisten, die am Computer mit Keywords und kurzen Essays umgesetzt werden) ein.

Aufgrund der eingeschränkten Nutzungserfahrung mit E-Assessments bestand in vielen Leitfadeninterviews eingangs das Bedürfnis nach Einführungsveranstaltungen oder Zusatzinformationen. Zugleich wurden wiederholt Befürchtungen gegenüber E-Assessments angeführt (Autonomieverlust der Lehrenden aufgrund der teilautomatisierten Prüfungsauswertung, Probleme beim Eintippen großer Textmengen oder von Formeln, unverhältnismäßiger Schreiblärm, Sorge vor Unübersichtlichkeit der universitären IT-Architektur etc.). Als maßgebliche Voraussetzung für eine erfolgreiche Einführung von E-Assessments wurde bezeichnet, dass das konkrete Angebot mit der disziplinären Prüfungskultur kompatibel sein und zu einer Entlastung der Prüferinnen und Prüfer führen müsse.

2.2 Herausforderungen im Prüfungswesen

In den Leitfadeninterviews wurde mehrfach auf Kapazitätsengpässe im Prüfungswesen verwiesen. An zahlreichen Fakultäten handelt es sich dabei nach Aussage der Befragten um Raumknappheit, die durch die eng gesetzten Prü-

---

2   OSCE steht für Objective Structured Clinical Evaluation.

fungszeiten noch verschärft wird. Nur kleine Fakultäten oder Departemente, die Prüfungen an Wochenenden oder außerhalb der Vorlesungszeit durchführen, bildeten dabei eine Ausnahme. Die Knappheit der Prüfungsräume bedingt Folgeprobleme wie Kapazitätsmangel beim Prüfungspersonal. Wenn größere Prüfungen simultan in mehreren Räumen durchgeführt werden müssen, erfordert dies eine Aufstockung des ohnehin knappen Personals für Prüfungsaufsichten.

Die Gesprächspartnerinnen und -partner äußerten den Wunsch, dass die Kapazitäten an großen Prüfungsräumen und im Bereich des Aufsichtspersonals ausgebaut werden sollten. An mehreren Fakultäten wurde auf teilnehmerstarke Prüfungen (mit partiell über 400 Prüflingen) verwiesen, die die Zuhilfenahme von Assistierenden und Hilfskräften für die Prüfungsdurchführung erforderlich machten. Bei großen Prüfungen sind zum Teil doppelte Durchgänge oder eine Rotationslösung nötig. Gerade Fakultäten oder Departemente mit hohem Prüfungsaufkommen gelangten zu einer positiven Bewertung von E-Assessments, sofern diese sowohl zu einer Qualitätsverbesserung der Lehre beitragen, die Studierende aus Prüfungsergebnissen lernen lässt, als auch Möglichkeiten zur Effizienzsteigerung bieten. Die gleichen Akteure befürworteten in der Regel auch eine hochgradig standardisierte E-Assessment-Lösung, die auf jeweils einen Prüfungsdurchgang beschränkt werden kann und eine rasche Rückmeldung der Prüfungsergebnisse an die Studierenden ermöglicht.

2.3 Allgemeine und technische Anforderungen an eine E-Assessment-Umgebung

Die Lehre an der Universität Basel ist durch einen hohen Individualisierungsgrad geprägt. Auch die Prüfungskulturen an einzelnen Fakultäten weichen stark voneinander ab. Während nach Angaben der befragten Personen ein Großteil der Prüfungen an der Psychologischen Fakultät dem Antwort-Wahl-Verfahren (Multiple Choice) folgt, spielen an der Juristischen Fakultät auch offene Aufgabentypen und mündliche Prüfungen eine wichtige Rolle. An der Philosophisch-Historischen Fakultät wiederum dominieren offene Aufgabenformen. Zudem sind Modulprüfungen dort selten zentral organisiert, so dass Lehrveranstaltungen meist mit einer separaten Prüfungsleistung abschließen.

Die erheblichen Unterschiede zwischen den Prüfungskulturen spiegeln sich deutlich in den differierenden Erwartungshaltungen gegenüber E-Assessments wider. Für manche Fakultäten ist vor allem entscheidend, welchen konkreten Beitrag das E-Assessment-Angebot zur Qualitätssteigerung der Lehre leisten kann. An der Philosophisch-Historischen Fakultät wurde beispielsweise besonderes Interesse an kompetenzorientierten Prüfungen und an Open-Book-Klausuren bekundet. Andere Befragte betonten, je mehr organisatorische Entlastung eine solche Umgebung biete, desto mehr Akzeptanz werde sie erzielen. Hier sollten E-Assessments vor allem ein Automatisieren wiederkehrender Workflows ermöglichen.

Insgesamt hingen die geäußerten Anforderungen deutlich von den jeweils dominierenden Prüfungsformen und der Fokussierung auf geschlossene oder offene Aufgabentypen sowie vom zeitlichen Umfang und den Teilnehmerzahlen der Prüfungen ab. Am ehesten käme mithin ein System in Frage, das ein großes Spektrum an Prüfungs- und Aufgabenformen unterstützt. Darüber hinaus bestand Bedarf an verschiedenen Zusatzfunktionen, darunter eine Möglichkeit zur Einbindung von Bildmaterial oder eine Funktion für das Zeichnen von Grafiken und Diagrammen. Das System solle auch eine Nutzung linguistischer Datenbanken und fremder Sprachdatensätze ermöglichen. Zudem wurde die mögliche Anbindung von Drittsystemen wie LaTeX, MathLab, R oder SPSS als Anforderung genannt. Das System solle ferner Open-Book-Klausuren am heimischen Computer unterstützen, deren Anfangszeit die Prüflinge variabel festlegen, die aber nach Ablauf der Prüfungszeit vom System automatisch beendet würden. Die Bedarfe nach spezifischen Zusatzfunktionen wurden allerdings durch die mehrfach vorgebrachte Einschätzung relativiert, dass von größter Bedeutung ein unkompliziertes und leicht zu bedienendes System (zumindest in einer Einstiegsphase) sei.

An Fakultäten mit einem starken Fokus auf der Arbeit mit Texten wurde teilweise auf die Problematik der schwer zu entziffernden Prüfungsantworten verwiesen. Die formale Entzifferung handschriftlicher Antworten beanspruche mitunter ebenso viel Zeit wie deren inhaltliche Bewertung. Da die Bewertung offener Aufgaben häufig mehr Zeit in Anspruch nimmt als die Bewertung geschlossener Aufgaben, würden computergestützte Prüfungen, die mit gut lesbaren Prüfungsantworten einhergingen, aus Sicht mancher Lehrenden die Korrekturzeiten effektiv reduzieren helfen.

Als besonders wichtig wurden die Sicherheitsaspekte des E-Assessment-Angebots eingeschätzt. Die Prüfungsumgebung dürfe keine technischen Schwächen aufweisen, nicht anfällig für Systemabstürze und nicht zu «knacken» sein. Ein Student verwies darauf, dass eine Protokollierung aller Eingaben, die die Prüflinge am Rechner vornehmen, sinnvoll sein könne. Neuen Formen des Betrugsversuchs (Nutzung unzulässiger digitaler Hilfs-

mittel wie USB-Sticks, Chat zwischen Prüflingen etc.) sollte durch eine robuste Absicherung der E-Assessment-Anwendung mittels einer gesicherten
Browserumgebung begegnet werden. Auch für die Archivierung von Prü-
fungsleistungen und -ergebnissen müsse ein schlüssiges Konzept entwickelt
werden. Prüfungsdaten müssten geheim gehalten werden. Sie dürften nicht
manipulierbar sein oder verloren gehen können. Sie müssten über längere
Zeiträume hinweg unabhängig vom Wandel der technischen Systeme abrufbar bleiben, damit das Recht auf Prüfungseinsicht gewahrt bleibe.

In Anbetracht einer größeren Anzahl an der Universität Basel genutzter
IT-Systeme wie EVA, TeLL, MOnA und OLAT[3] wurde schließlich die Erwar-
tung geäußert, dass eine weitere Anwendung nicht zur «Unübersichtlichkeit»
der IT-Landschaft beitragen solle. Wichtig sei eine enge Einbindung des
E-Assessment-Systems in die vorhandene IT-Landschaft. Unter anderem
sei ein Datentransfer zwischen SAP Campus Management und dem E-Assessment-System anzustreben, denn dieser würde deutlich zur Akzeptanz
eines solchen Angebots beitragen.

2.4 Anforderungen an organisatorische Abläufe für E-Assessments

In den Leitfadeninterviews wurde auf die Notwendigkeit einer intensiven
Einübung der Studierenden in die E-Assessment-Umgebung verwiesen, damit beispielsweise ein technisch anspruchsvolleres Prüfungssetting (z. B.
unter Nutzung von Formeleditoren) einzelne Prüflinge nicht überfordere.
Bereits vor der erstmaligen Durchführung einer E-Prüfung solle sich bei den
Studierenden eine gewisse Vertrautheit mit dem System eingestellt haben
(z. B. durch Self-Assessments bzw. Probeprüfungen). Gerade in einer Um-
stellungsphase erscheint es von größter Bedeutung, Studierenden eine Ein-
gewöhnung in die E-Assessment-Umgebung zu ermöglichen. Während viele Studierende medienaffin sind, existiert in manchen Studiengängen ein
signifikanter Anteil an Studierenden, die ein Fach auf dem zweiten Bildungsweg studieren und die mit der Arbeit am Computer mitunter weniger
vertraut sind. Ein Gesprächspartner schlug vor, im Anschluss an Vorlesungen
Mini-Testläufe mit ein oder zwei Fragen in einem E-Assessment-System
durchzuführen. Ebenso wichtig wie Einübungsmöglichkeiten für Studierende wäre aus studentischer Sicht, dass auch Lehrende sich vorab ausgiebig

---

3   EVA wurde am 1. Februar 2013 durch ADAM abgelöst (Anmerkung der Redaktion).
     Online verfügbar: https://adam.unibas.ch/; https://services.unibas.ch/; https://www.
     olat.uzh.ch/ [11.02.2014].

mit dem E-Assessment-System vertraut machen. Studierende wünschten sich ein gutes E-Assessment-Coaching für die Lehrenden, damit E-Assessments in einem ebenso professionellen Umfeld durchgeführt würden wie konventionelle Prüfungen. Für einen reibungslosen Prüfungsverlauf sei außerdem eine ausreichende Einweisung der Prüfungsaufsichten in die spezifischen Anforderungen von E-Assessments ausschlaggebend.

Für die organisatorische Umsetzung von E-Assessments wurde sowohl den professionalisierten Studiendekanaten als Ansprechpartnern als auch dezentralen Prüfungsbeauftragten und Studiengangsverantwortlichen große Bedeutung zugemessen. Mehrfach kam dabei die Rede auf das «Netzwerk Lehrspezialisten» der ETH Zürich, das aus Ansprechpersonen an den Departementen in Fragen der Lehre besteht, vor allem in Hinblick auf die Konzeption und Durchführung von E-Assessments sowie auf organisatorische Unterstützungsangebote. Die Lehrspezialisten der ETH Zürich unterstützen Lehrende in Fragen der Lehre, koordinieren Entwicklungen innerhalb der Studiengänge und kooperieren dabei mit der zentralen Einrichtung LET (Lehrentwicklung und -technologie). Die im «Netzwerk Lehrspezialisten» zusammengeschlossenen Expertinnen und Experten kennen Good-Practice-Szenarien, aktuelle Bildungstechnologien, Services und Instrumente zur Lehrentwicklung. Die Einrichtung eines vergleichbaren Netzwerks fakultärer Beauftragter für die Lehrentwicklung wurde auch für die Universität Basel befürwortet.

Als maßgeblich für eine erfolgreiche Einführung von E-Assessments wurde auch die Bereitstellung ausreichender Supportkapazitäten bezeichnet. Zahlreiche Fakultätsvertreterinnen und Fakultätsvertreter verwiesen darauf, dass bei der Durchführung von E-Assessments geeignete didaktische und technische Unterstützungsangebote erforderlich seien und dass ein Supportteam während der Durchführung von E-Assessments zur Verfügung stehen solle.

Da E-Assessments gleichermaßen zu diagnostischen (z. B. als Reihungstests zur Teilnehmerauswahl), formativen (Self-Assessments) und summativen Zwecken (reguläre Lernerfolgskontrolle) eingesetzt werden können, bieten sie gute Voraussetzungen für eine bessere Verzahnung von Lern- und Prüfungsprozessen. Aus Sicht mancher Befragter dominiert gegenwärtig der selektive Zweck von Prüfungen unverhältnismäßig stark gegenüber dem Lernzweck. Diesem Missverhältnis könne durch eine stärkere Nutzung von Self-Assessments begegnet werden. An mehreren Fakultäten werden Probeprüfungen angeboten, die Assistierende und Tutorinnen und Tutoren auswerten. Insgesamt aber werden die Potenziale formativer Prüfungen und

Selbsttests, die im Sinne des Prinzips «testing drives learning» zu kontinu-ierlichen und nachhaltigen Lernprozessen beitragen können, nach Einschät-zung mancher Gesprächspartnerinnen und -partner noch unzureichend ausgeschöpft.

Viele Lehrende sahen in studentischen Self-Assessments eine Chance zur Stärkung der Nachhaltigkeit der Lehre und zur Verbesserung der Lern-qualität. Aus Sicht mancher Lehrender sollten Studierende daher während der Vorlesungszeit vermehrt Probeprüfungen und Zwischentests ablegen. Ein Gesprächspartner betonte, dass es ratsam sei, die Ergebnisse von Probe-prüfungen kursorisch zu überprüfen und Studierenden unbenotete Rück-meldungen zum erreichten Leistungsstand zu geben. Self-Assessments am heimischen Computer hätten zudem den Vorteil, das bei (Probe-)Prüfungen auftretende Raumproblem nicht zu verschärfen.

2.5 E-Assessment-Szenarien

Im Hinblick auf die räumlich-organisatorische Gestaltung des E-Assess-ment-Szenarios wurde an mehreren Fakultäten aus prinzipiellen Gründen ein stationäres, multifunktionales Testzentrum mit Prüfungs-Computern bzw. ein großer zentraler Prüfungsraum mit mobilen Rechnern bevorzugt. Als Standort für ein größeres Testzentrum würde sich nach Einschätzung mancher Befragter am ehesten ein innenstadtnaher Bereich anbieten, da lange Wege für die Studierenden in den Prüfungszeiten mit Schwierigkeiten verbunden seien. Einzelne Personen sprachen sich für eine kleine Lösung mit statischen Prüfungsplätzen und einem flexiblen Angebot an Assessment- bzw. Prüfungsformen aus, die keine größeren Investitionen erforderlich mache. Eine solche Lösung könnte etwa in der Nutzung von Computer-räumen bestehen. Nach Einschätzung des Universitätsrechenzentrums ste-hen an der Universität Basel insgesamt hingegen zu wenig Computerräume bzw. -Arbeitsplätze zur Verfügung, als dass mit den vorhandenen Kapazitäten E-Assessments in größerem Umfang durchführbar wären. Die vorhandenen Räume eigneten sich nur für kleiner dimensionierte E-Assessments.

Eine Alternative zu einem stationären Testzentrum und zur Nutzung vorhandener Computerräume könnte in einem mobilen E-Assessment-An-gebot unter Nutzung von Notebooks bestehen. Ein solches mobiles Szenario wurde sehr unterschiedlich eingeschätzt. Während ein Gesprächspartner aus dem Bereich der zentralen Einrichtungen in einem portablen Szenario mit Notebooks oder Tablet-PCs die realistischste Lösung für E-Assessments größerer Dimension sah, wurde die erforderliche Ausstattung ausgewählter

Hörsäle mit portablen Prüfungs-Rechnern an manchen Fakultäten kritisch betrachtet. Die Hörsäle der Universität Basel seien gegenwärtig kaum ausreichend mit Steckdosen ausgestattet. Zusätzlich zur Elektrizität müssten die für portable E-Assessments genutzten Räume zumindest mit WLAN-Sendestationen ausgestattet werden. Darüber hinaus wurden vereinzelt hohe An- und Wiederbeschaffungskosten für Prüfungs-PCs als nachteilig bewertet.

Alternativ könnten E-Assessments an studentischen Rechnern in universitären Räumen durchgeführt werden. Diese Option stieß in den Leitfadeninterviews auf reges Interesse. Sie wäre, abgesehen von den Kosten für das technische Supportpersonal, mit einem niedrigen finanziellen Aufwand für die Fakultäten verbunden, unter anderem weil Anschaffungskosten für Prüfungs-Rechner entfielen. Außerdem könnten an einzelnen Fakultäten weiterhin fakultätseigene Räume für die Durchführung der Prüfungen genutzt werden. Als entscheidende Voraussetzung für E-Assessments auf studentischen Rechnern wurde jedoch eine geeignete Absicherung gegen Betrugsversuche durch Maßnahmen wie eine gesicherte Browserumgebung betrachtet.

An einzelnen Fakultäten lagen Erfahrungen mit Prüfungen in einem OMR-Setting vor. Optical Mark Recognition dient der computergestützten Erkennung von Markierungen auf Papier und wird häufig zur automatischen Auswertung von Prüfungsbögen bei Prüfungen mit geschlossenen Fragen und Multiple-Choice-Tests eingesetzt. In OMR-Szenarien erstellen Lehrende Prüfungsfragen am Computer. Die Prüfungen werden auf konventionellen Prüfungsbögen abgelegt, die anschließend eingescannt und am Rechner ausgewertet werden. An der Wirtschaftswissenschaftlichen Fakultät wurde darauf hingewiesen, dass dort mit Optical Mark Recognition durchgeführte Prüfungen zu Problemen bei der Authentifizierung von Prüflingen geführt hätten. An der Medizinischen Fakultät wurden OMR-Prüfungen vor dem Hintergrund eigener Nutzungserfahrungen als eher aufwändig bewertet.

3   FOLGEMASSNAHMEN IM ANSCHLUSS AN DIE BEDARFS-ERHEBUNG

Das grundsätzliche Interesse an einem E-Assessment-Angebot an der Universität Basel, das der Workshop «Prüfungsräume» und die Arbeit der SIG «E-Assessment» aufgezeigt hatten, fand in zahlreichen der Leitfadeninterviews eine Bestätigung. Ungeachtet der noch eingeschränkten Nutzungserfahrung an den Fakultäten und eines weiterhin ausgeprägten Informationsbedarfs zu Möglichkeiten von E-Assessments befürworteten Vertreterinnen und Vertreter zahlreicher Einrichtungen der Universität Basel grundsätzlich eine Ausweitung des Spektrums der Prüfungsformen um E-Assessments, sofern ein entsprechendes Angebot zur Qualitätsentwicklung der Lehre beiträgt, den Bedürfnissen aller Fakultäten Rechnung trägt, zentral gemanagt wird, mit möglichst wenig zusätzlichen Belastungen für die Fakultäten und Lehrenden einhergeht und eine Entlastung der Prüfenden in Studiengängen mit großen Teilnehmendenzahlen gewährleistet. Neben elektronischen Prüfungen im Engeren galt ein besonderes Augenmerk den formativen E-Assessments, die prüfungsvorbereitenden Zwecken dienen.

Im Hinblick auf die räumliche Dimension der E-Assessment-Szenarien zeigte sich eine Präferenz zugunsten eines stationären multifunktionalen Testzentrums, das möglichst groß dimensioniert sein sollte, oder eines mobilen Szenarios in mehreren großen Veranstaltungsräumen. In organisatorischer Hinsicht war der Wunsch erkennbar, dass ein E-Assessment-Angebot durch dezentrale Ansprechpartner eng an die Fakultäten angebunden sein sollte. Besondere Bedeutung wurde auch Maßnahmen der Einführungsunterstützung sowie didaktischen und technischen Beratungsangeboten beigemessen. Studierenden sollten Einübungsmöglichkeiten in die E-Assessment-Umgebung geboten werden. Zudem sollten während computergestützter Prüfungen ausreichende Supportkapazitäten zur Verfügung stehen. In Bezug auf die technische Umsetzung betonten mehrere Gesprächspartner übereinstimmend, dass für E-Assessments eine pragmatische Lösung im Sinne eines «Convenience Tool» mit hoher Usability gefunden werden müsse, die Lehrenden einen gestuften Einstieg in den E-Assessment-Bereich bei überschaubarem Aufwand ermögliche.

Über die Ist-Stands-Erhebung und die Bedarfsanalyse hinaus, die an dieser Stelle nur in stark kondensierter Form vorgestellt werden konnte, flossen in die gutachterliche Stellungnahme auch Vergleichsdaten von Referenzhochschulen zu Einsatzformen, Nutzungsszenarien und Assessment-Systemen ein. Auf Grundlage der Bedarfsanalyse und der verfügbaren Kapazitätsdaten von Referenzhochschulen wurde eine Modellbildung samt einer groben Aufwandsabschätzung vorgenommen. Zudem enthält die Stellungnahme konkrete Empfehlungen zur Implementierung von E-Assessments sowie Vorschläge zum Prozedere für eine mehrstufige Einführung mit begleitenden Maßnahmen der Organisationsentwicklung.

Die Resultate der gutachterlichen Stellungnahme wurden im Frühjahr 2013 zunächst im Rahmen einer Sitzung der SIG «E-Assessment» an der Universität Basel vorgestellt. Der Entscheidungsfindungsprozess zur möglichen Einführung eines E-Assessment-Angebots an der Universität Basel soll auf

Grundlage dieser Empfehlungen über die Laufzeit des ITSI-Projekts hinaus fortgeführt werden.

LITERATUR

Wannemacher, K. (2013). Gutachterliche Stellungnahme zur Implementierung von E-Assessments an der Universität Basel. HIS: Abschlussbericht. Online verfügbar: http://bbit-hsd.unibas.ch/gutachten-implementierung-von-e-assessments-an-der-universitaet-basel/ [11.02.2014].

«In meiner Familie ist ein Studium etwas Besonderes»
NORA, 25 Jahre

NORA studiert im 4. Jahr Geschichte und Germanistik, hat gerade ihr Bachelor-Studium erfolgreich abgeschlossen und mit dem Master-Studium begonnen. In ihrer Familie ist sie die erste, die ein Studium aufgenommen hat. Ihre Eltern unterstützen sie dabei sehr und haben das auch getan, als sie während der Schulzeit mit Krisen zu kämpfen hatte und ihre Leistungen nachliessen – erst kurz vor der Maturitätsprüfung ist sie «richtig durchgestartet». Schon während des Bachelor-Studiums hat sie ein Auslandssemester in Berlin absolviert, um ihre Perspektive zu erweitern, eine andere Universität kennenzulernen und Kontakte zu knüpfen – eine grosse Bereicherung. Die meisten ihrer Kommilitoninnen und Kommilitonen, so beobachtet sie, entschliessen sich erst später zu diesem Schritt – «aber es werden immer mehr».

Nora wohnt gemeinsam mit einer Freundin in einer Wohngemeinschaft in der Nähe der Universität. Um ihr Studium zu finanzieren, hat sie von Anfang an viel nebenher gearbeitet, ausserhalb der Bachelor-Abschlussphase meist 50–80 % als Mischung aus Festanstellung und mehreren flexiblen Jobs. Obwohl sie stolz darauf ist, finanziell selbständig zu sein, und auch die Erfahrung und den Ausgleich in ihren verschiedenen Aktivitäten schätzt, empfindet sie diese Kombination aus Studium und Jobs auch oft als sehr anstrengend.

Nora richtet sich ihre Studienzeiten vor allem tagsüber ein, vor allem am Vormittag, da sie dann am besten lernen kann. Je nach Anzahl der Lehrveranstaltungen lernt sie auch zwischen diesen – allerdings hat sie zwischen den Veranstaltungen ihrer Fächer auch oft relativ lange Wege zurückzulegen. Den Abend etwa zwischen 18 und 22 Uhr nutzt sie, wenn sie nicht arbeiten muss, zur Vorbereitung von Veranstaltungen; häufig lernt sie auch am Wochenende. In der Mensa trifft man Nora höchstens während sehr intensiver Lernphasen an, wenn die Zeit für Verpflegung besonders knapp ist – eigentlich findet sie die Mensa überfüllt, laut und wenig erholsam. Deshalb isst sie lieber zu Hause bzw. bei ihren Eltern, wo sie auch sehr häufig für ihre beiden Stiefgeschwister kocht und diese während der Mittagszeit betreut.

Zu Anfang fand sie es gewöhnungsbedürftig, im Studium keine feste «Klasse» und Struktur zu haben, in jeder Veranstaltung Studierende anderer Studienrichtungen zu treffen und sich sehr flexibel selbst Strukturen geben zu dürfen – und zu müssen. Inzwischen kommt sie damit gut zurecht und nutzt die Flexibilität dazu, mit den Anforderungen des Studiums, der Organisation von Stundenplänen, Lernzeiten und Lehrmaterial sowie mit mehreren Nebenjobs zu jonglieren. Ihr fällt jedoch auf, dass ihr an der Universität gelegentlich Informationen über

Ein Lernort von Nora: der Lesesaal der Universitätsbibliothek

bestehende Angebote fehlen. Erst eine gewisse Erfahrung, gute Vernetzung und Zufälle fördern manche Möglichkeiten zutage.

Treffpunkte für informellen Austausch sind neben dem Uni-Sport und digitalen sozialen Netzwerken vor allem auch die Bibliotheken. Sie sind auch Noras Haupt-Lernorte – sowohl die zentrale Universitätsbibliothek als auch die Seminarbibliotheken ihrer Fächer. Nur sehr ungern lernt Nora zu Hause, tut es aber dennoch gelegentlich, z. B. am Wochenende oder wenn auf dem Campus der Zugang zum Netzwerk der Universität via VPN-Client nicht funktioniert. Gruppenarbeiten finden ebenfalls in der WG statt, und wenn sie sehr viel Material hat, das sie nicht transportieren will und an der Uni nicht geeignet aufbewahren kann, arbeitet sie ebenfalls zu Hause. Inzwischen hat sie allerdings mehr Schliessfach-Standorte entdeckt und herausgefunden, wo sie Material auch über einen längeren Zeitraum hinweg aufbewahren kann.

KÖNNTE NORA DEN CAMPUS VON MORGEN GESTALTEN so würde sie vor allem die Kommunikation von Nutzungsmöglichkeiten verbessern: Welche Räume sind als Gruppenräume gedacht, welche für ruhige Einzelarbeit? Wo sind Schliessfächer zu finden, die über mehrere Wochen oder Monate genutzt werden können – ein Wunsch besonders für die Prüfungsvorbereitung oder das Anfertigen von Seminararbeiten? Wie erhalten Studierende zum richtigen Zeitpunkt alle relevanten Informationen, um die Möglichkeiten des Campus auszuschöpfen? Und wie kann die Universität mit Studierenden und Dozierenden über die Lehr- und Campusentwicklung im Gespräch bleiben?

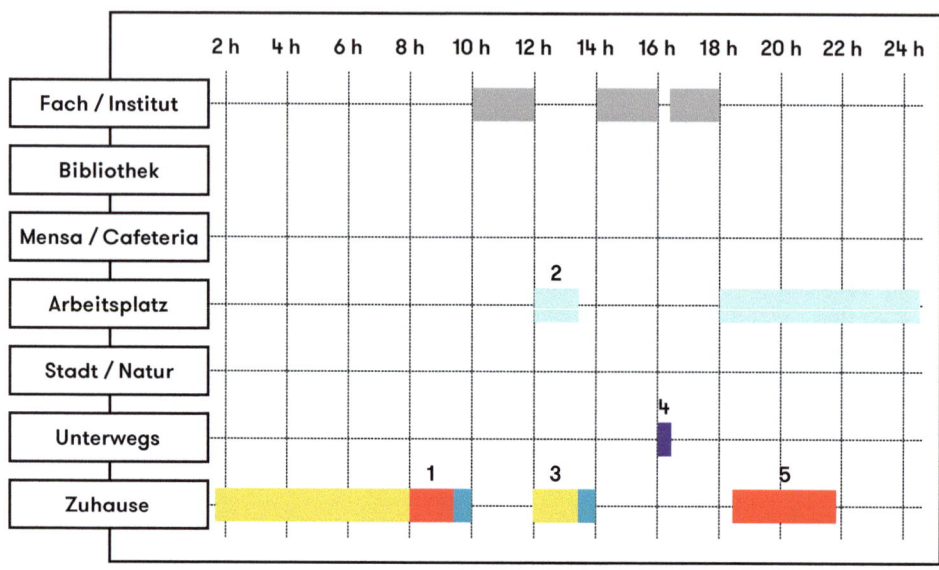

NORAS typischer Studientag*
Geschichte und Germanistik, 4. Jahr (Semesterbeginn)

LEGENDE
- 🟥 Lernen
- ⬜ Lehrveranstaltung
- 🟨 Austausch
- 🟦 Organisieren
- ⬜ Nebenjob / Familie
- 🟪 Leerzeiten
- 🟨 Erholung / Freizeit

1
Lernen / Vorbereiten:
VPN funktioniert nicht
immer, daher bleibe
ich manchmal zu
Hause. Hier treffen wir
uns auch für
Gruppenarbeiten zu
Referaten etc.

2
Arbeit:
Je nach Arbeitssituation
muss ich auch
über Mittag arbeiten, das
kann dann je nach
dem sehr stressig sein.

3
Mittag essen zu Hause
falls möglich
und falls genügend Zeit.
Dann kann man zu
Hause auch noch den Tag
organisieren. Lieber
zu Hause als in der Mensa,
die ist oft überfüllt.

4
Ortswechsel:
z. T. relativ lange
Wege zwischen
den Orten der
Veranstaltungen.

5
Lernen / Vorbereiten:
Falls ich nicht
arbeiten muss, bereite
ich meist die
Veranstaltungen vor.

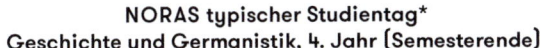

NORAS typischer Studientag*
Geschichte und Germanistik, 4. Jahr (Semesterende)

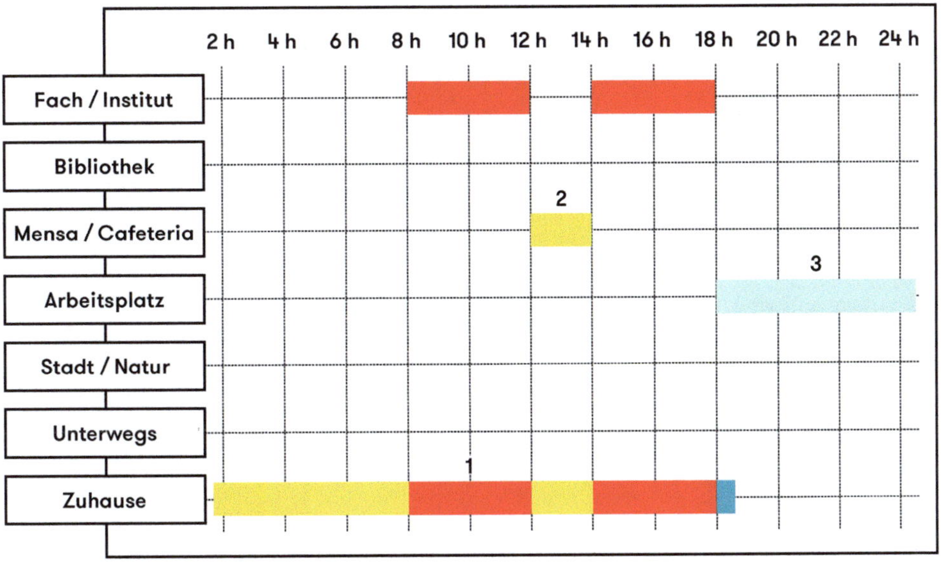

	2 h	4 h	6 h	8 h	10 h	12 h	14 h	16 h	18 h	20 h	22 h	24 h

- Fach / Institut
- Bibliothek
- Mensa / Cafeteria — 2
- Arbeitsplatz — 3
- Stadt / Natur
- Unterwegs
- Zuhause — 1

LEGENDE
- Lernen
- Lehrveranstaltung
- Austausch
- Organisieren
- Nebenjob / Familie
- Leerzeiten
- Erholung / Freizeit

1
Ich arbeite eigentlich
ungern zu Hause.
Das mache ich nur, wenn
ich viel Material
habe oder der VPN-Client
nicht funktioniert.

3
Arbeit:
Lange Arbeitszeiten
abends – oft müde am
nächsten Tag.

2
Essen in der Mensa:
Oft überfüllt und
dann weniger erholsam
als zuhause.

*Nora wurde gebeten, ihre Tätigkeiten an zwei «typischen» Studientagen aufzuzeichnen
und jeweils auf damit verbundene Schwierigkeiten hinzuweisen.

ALEXANDER SCHULZ UND NICOLAS APOSTOLOPOULOS

E-EXAMINATIONS AT A GLANCE
DIE COMPUTERISIERUNG DES PRÜFUNGS-
WESENS AN DER FREIEN UNIVERSITÄT BERLIN

ZUSAMMENFASSUNG

Die Freie Universität Berlin (FU Berlin) konnte bereits ab 2004 in Zusammenarbeit mit dem Fachbereich Statistik erste positive Erfahrungen mit computergestützten Prüfungen sammeln. Unter der Fragestellung, ob die Belastungen durch das erhöhte Prüfungsaufkommen mithilfe computergestützter Prüfungen auch in anderen Studiengängen und Fächern abgemildert werden können, wurden die positiven Erfahrungen im Rahmen des Projektes «FU E-Examinations» am Center für Digitale Systeme (CeDiS) ab 2007 sukzessive institutionalisiert und verfeinert. Im folgenden Artikel werden überblicksartig die Erfahrungen mit computergestützten Prüfungen an der FU Berlin seit dem Beginn 2004 geschildert und die Aussichten auf die nächsten Jahre eingeschätzt.

1 EINLEITUNG

Die durch den Bologna-Prozess angestoßenen Veränderungen des Abschluss-systems von Diplom- und Magisterstudiengängen hin zu Bachelor und Master sind mittlerweile an deutschen Hochschulen administrativ weitestgehend implementiert worden. Die formalen Folgen der Veränderungen sind jedoch insbesondere an Massenuniversitäten für Dozierende und Studierende noch immer deutlich zu spüren. Dozierende beklagen die hohe Zahl durchzuführ-render Prüfungen, während Studierende wochen- bis monatelang auf die Ergebnisse der Prüfungen, warten müssen.

Die Freie Universität Berlin (FU Berlin)[1] hat deshalb bereits im Jahr 2004 begonnen, sich prototypisch mit computergestützten Prüfungen im Bereich Statistik zu befassen (vgl. Ghosh & Rendtel, 2008). Zwischen 2001 und 2003 war die statistische Grundausbildung am Fachbereich Wirtschafts-wissenschaft als Blended-Learning-Szenario bereits um computergestützte Instrumente (das Medida prämierte Statistiklabor «R», das Gesamtcurricu-lum «Neue Statistik» und das Learning Management System «Blackboard») erweitert worden. Die Prüfung wurde jedoch weiterhin schriftlich durchge-führt. Dieser Medienbruch musste aus didaktischen Gründen aufgehoben werden. Es sollten die gleichen computergestützten Instrumente in der Prü-fung eingesetzt werden, die auch während des Semesters verwendet wurden.

Die erste computergestützte Statistikprüfung wurde daraufhin im Fe-bruar 2005 durchgeführt. Zwischen 2005 und 2006 wurde das Einsatzkon-zept für computergestützte Prüfungen im Bereich Statistik stetig verfeinert. Aufgrund der positiven Erfahrungen beauftragte das Lenkungsgremium E-Learning (LGEL) der FU Berlin im Jahre 2007 das Center für Digitale Systeme (CeDiS), an dem der Arbeitsbereich E-Learning seit Ende der 1990er-Jahre angesiedelt ist, mit dem Projekt «FU E-Examinations». Ziel war es, zu eruieren, ob computergestützte Prüfungen auch in Fächern und Stu-diengängen außerhalb der Statistik geeignet sein können, die Qualität und Effizienz insbesondere von Massenprüfungen zu erhöhen und die Konse-quenzen des Bologna-Prozesses für die Dozierenden und Studierenden in kohortenstarken Studiengängen erträglicher zu machen.

---

1   Die Freie Universität Berlin (FU Berlin) wurde 1948 gegründet. Mit etwa 29 000 Studierenden gehört sie zu den größten Hochschulen in Deutschland. Seit Oktober 2007 zählt sie zu den deutschen Exzellenzuniversitäten. Als Volluniversität bietet die FU Berlin etwa 150 Studiengänge in 15 Fachbereichen an. Dennoch gilt die FU Berlin als Hochschule mit stark geistes-, sozial- und wirtschaftswissenschaftlicher Aus-richtung.

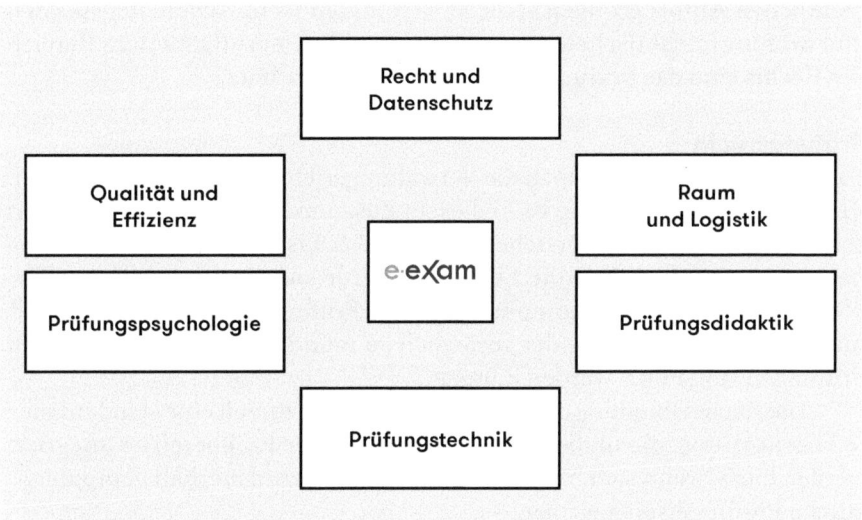

1 Themen- und Aufgabenfelder des Arbeitsbereichs E-Examinations

2 TEILTHEMEN DER E-EXAMINATIONS AN DER FU BERLIN

Im Rahmen des Projekts «FU E-Examinations» wurde das Thema computergestützter Prüfungen zunächst primär aus didaktisch-technischer und logistischer Perspektive betrachtet. Es zeigte sich jedoch schon früh, dass die wesentliche Hauptdeterminante für die FU Berlin in der Umsetzung der rechtlichen Anforderungen bestand. Der Arbeitsbereich E-Examinations am CeDiS beschäftigt sich seitdem mit computergestützten Prüfungen aus der Perspektive von insgesamt sechs miteinander verwobenen Teilthemen: Recht und Datenschutz, Raum und Logistik, Prüfungsdidaktik, Prüfungstechnik, Prüfungspsychologie sowie Qualität und Effizienz (Abb. 1).

Ausgehend von den rechtlichen Vorgaben wird im Folgenden ein kurzer Einblick in die Themen- und Aufgabenfelder gegeben und wie diese an der FU Berlin umgesetzt wurden.

2.1 Recht und Datenschutz

Die rechtlichen Anforderungen sind grundlegend, da sie dem Schutz der Prüfungsteilnehmenden dienen. Diese müssen vor Ungleichbehandlung und unzulässiger Veröffentlichung ihrer Daten bewahrt werden. Dazu müssen technische Sicherheitsvorkehrungen getroffen werden. Die Umsetzung der rechtlichen Anforderungen spiegelt sich in den technischen, logistischen und prüfungsdidaktischen Anforderungen wider. Kernthemen im Bereich des Rechts sind das Prüfungsrecht und der Datenschutz.

Prüfungsrecht

Zum Prüfungsrecht schreiben die Verwaltungsrichter Niehues und Fischer: «[D]ie *elektronische* Prüfung ist in diesem Zusammenhang nicht als eine Art schriftliche Prüfung zu verstehen» (Niehues & Fischer, 2010, S. 12, Hervorhebung im Original). Für die FU Berlin wurde aus dieser rechtlichen Einschätzung deutlich, dass computergestützte Prüfungen in den Prüfungsordnungen der Fachbereiche der zusätzlich zu mündlichen und schriftlichen Prüfungen aufgeführt werden müssen.

Die Rechtsabteilung der FU Berlin erarbeitet zurzeit eine standardisierte Formulierung, die in die Studienordnungen der Fachbereiche integriert werden muss, wenn sich Fachbereiche entschließen, dauerhaft computergestützte Prüfungen einzusetzen.

Datenschutz

Datenschutz und Informationssicherheit sind von höchster Wichtigkeit, da in computergestützten Prüfungen personenbezogene Daten verarbeitet werden. Die FU Berlin setzt die in Deutschland[2] verbindlichen Prinzipien der *Datensparsamkeit* und der *Datenvermeidung* konsequent um. Das bedeutet, dass Stamm- und Bewegungsdaten, die nicht unmittelbar zur Durchführung computergestützter Prüfungen benötigt werden, nicht in der Prüfungsplattform gespeichert werden.

Zu den gespeicherten Stammdaten gehören Name, Vorname und Matrikelnummer. Diese reichen aus, um einen Prüfungsteilnehmenden innerhalb der Plattform eindeutig identifizierbar zu machen. Weitere Stammdaten werden nicht in der Plattform gespeichert, da diese bereits an anderer administrativer Stelle der Hochschule vorhanden sind (z. B. im Immatrikulationsbüro oder im zentralen Campus-Management-System).

An Bewegungsdaten werden in der computergestützten Prüfungsplattform die erreichten Punkte für einzelne Aufgaben und die Gesamtpunkte gespeichert. Eine Zuordnung der erreichten Punkte zu einer Note erfolgt aus Gründen der Datensparsamkeit nicht innerhalb der Prüfungsplattform, sondern erst im zentralen Campus-Management-System der FU Berlin.

---

2   Vgl. §3a des Bundesdatenschutzgesetzes (BDSG).

2.2 Raum und Logistik

Als eine der größten Hochschulen Deutschlands hat die FU Berlin viele Massenprüfungen mit mittlerweile bis zu 700 Teilnehmenden. Um diese computergestützt durchführen zu können, sind große Räume mit technischer Mindestausstattung erforderlich.

Räumlich-technische Möglichkeiten

Wie an vielen Hochschulen Deutschlands herrscht auch an der FU Berlin Raumknappheit, sodass im Jahr 2008 zunächst vier bestehende Seminarräume technisch zu *temporär nutzbaren Prüfungsräumen* umgerüstet wurden. Insgesamt wurden so 221 Plätze geschaffen, an denen Studierende mit ihren eigenen Notebooks an Open-Book-Prüfungen[3] teilnehmen können (Abb. 2-3). Ausgestattet wurden die Räume mit festinstallierten Tischen, in die Netz- und Stromanschlüsse eingelassen sind.

Der Vorteil dieser Lösung ist, dass die temporären Prüfungsräume für den normalen Seminar- und Vorlesungsbetrieb weitestgehend nutzbar bleiben. Dagegen spricht, dass das temporäre Aufbauen von Laptops zusätzlichen technischen und administrativen Overhead in der Phase der Prüfungsvorbereitung generiert, da hier gewährleistet werden muss, dass das studentische Gerät mit der technischen Prüfungskonfiguration der Hochschule kompatibel ist. Nachteilig ist ferner, dass es sich um mehrere Räume handelt. In Prüfungssituationen müssen qua Prüfungsrecht ein bis zwei Dozierende pro Raum die didaktische Prüfungsaufsicht gewährleisten. Daraus resultiert ein ziemlich hoher Personalaufwand.

Neben diesen temporären Prüfungsräumen kamen zwischen 2007 und 2012 als Übergangslösung sieben *PC-Pool-Räume des zentralen Rechenzentrums* mit insgesamt 181 Plätzen zum Einsatz. Die zentralen PC-Pools sind öffentliche Arbeitsräume mit dem Hauptzweck, dass Studierende dort Hausaufgaben und Recherchen machen können. Ähnlich wie bei den Notebook-Räumen handelt es sich bei den PC-Pools des Rechenzentrums um ziemlich kleine Räume, jeweils mit einer Kapazität von 20–60 Plätzen (Abb. 4), sodass bei der Nutzung dieser Räume für Massenprüfungen hoher Personalaufwand entsteht. Ferner sind sie hinsichtlich der Lautstärke der Technik und des Raumkonzepts nicht an Prüfungssituationen angepasst.

Die Erfahrungen mit den temporären Notebook-Prüfungsräumen und den PC-Pools des Rechenzentrums haben dazu geführt, dass sich das Präsi-

---

3   Zu den Prüfungsformen Open-Book und Closed-Book siehe Kap. 2.3.

2 Notebook-
prüfungsräume
mit 221 Plätzen
in der Silberlaube
der FU Berlin

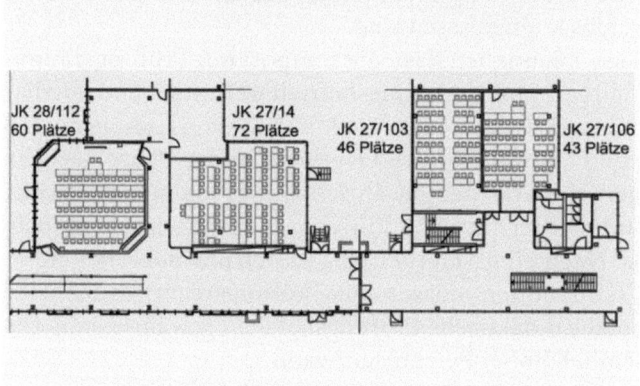

3 Lageplan und
Aufteilung der
insgesamt 221
Prüfungspätze

dium und das Lenkungsgremium E-Learning (LGEL) der FU Berlin 2011 entschieden haben, ein *genuines Prüfungszentrum* in einem ehemaligen Großraumlabor der anorganischen Chemie einzurichten. Der E-Examination Center (EEC) getaufte Saal befindet sich seit Dezember 2011 im Aufbau (Abb. 5). Die Fertigstellung ist für das Wintersemester 2012/2013 anvisiert.

Das EEC wird eine Kapazität von mehr als 150 Plätzen in einem einzigen Saal haben. Besonderes Augenmerk wurde bei der Konzeption auf die Minimierung der Lautstärke gelegt. Im Gegensatz zu vielen PC-Pool-Räumen mit kleinen Platzkapazitäten, bei denen in jedem Raum Aufsichtspersonen erforderlich sind, werden im EEC große Kohorten mit genauso wenig Aufsichtspersonal geprüft werden können, wie es bei schriftlichen Massenprüfungen in großen Hörsälen der Fall ist.

4 PC-Pool des
Rechenzentrums

5 E-Examination
Center im Aufbau
im Dezember 2012

Logistik

Aus den an der FU Berlin gegebenen räumlichen Kapazitäten resultiert für computergestützte Prüfungen, dass Massenprüfungen mit mehreren hundert Prüfungsteilnehmenden überwiegend in mehrere *Zyklen* geteilt werden müssen. Die Teilung in *mehrere Zeitgruppen und Räume* bedingt, dass die dafür notwendige Planung und die Mitteilung an die Prüfungsteilnehmenden, in welcher Zeitgruppe und in welchem Raum sie die Prüfung absolvieren werden, schon weit im Vorfeld der Prüfung ergehen muss.

An der FU Berlin hat es sich bewährt, zwei Monate vor Prüfungsdurchführung die logistische Planung durchzuführen und die Studierenden über das an der FU Berlin im Einsatz befindliche Learning Management System (LMS) zu informieren.

2.3 Prüfungsdidaktik

Der Arbeitsbereich E-Examinations unterstützt und berät Dozierende der FU Berlin in unterschiedlichen prüfungsdidaktischen Szenarien.[4] Es werden sowohl die Prüfungsformen Open-Book und Closed-Book unterstützt als auch die nach Crisp (2009) unterschiedenen Prüfungstypen: diagnostische Prüfungen, formative Prüfungen und summative Prüfungen. Im Folgenden finden sich kurze Erläuterungen dieser prüfungsdidaktischen Grundbegriffe.

Prüfungsformen

In Open-Book-Prüfungen dürfen die Prüfungsteilnehmenden in der Regel alle verfügbaren Aufzeichnungen, Unterlagen und Materialien verwenden. Diese Prüfungsform zielt auf die Syntheseleistung ab, die sich aus dem gelernten Faktenwissen erst ableitet. Closed-Book-Prüfungen erwarten demgegenüber meist die Reproduktion vorhandenen Faktenwissens und verbieten die Nutzung von Aufzeichnungen, Unterlagen und Materialien.

Prüfungstypen

Nach Crisp (2009) können grundsätzlich drei Prüfungstypen unterschieden werden: diagnostische Prüfungen, formative Prüfungen und summative Prüfungen. Diagnostische Prüfungen werden meist vor oder zu Beginn des Semesters durchgeführt. Für Dozierende dienen diagnostische Prüfungen der Ermittlung des Wissensstandes und der Kompetenzen der Studierenden. Formative Prüfungen dienen der Überprüfung des Wissensstandes während des Semesters. Summative Prüfungen werden auch Semesterabschlussprüfungen genannt. Diese dienen der zertifizierenden Bewertung des Wissensstandes.

Der derzeit am häufigsten computergestützt eingesetzte Prüfungstyp an der FU Berlin ist die summative Semesterabschlussprüfung. Danach folgen die computergestützten diagnostischen Prüfungen, die häufig für vorbereitende Einstufungstests in Studiengängen eingesetzt werden, die Sprachkompetenzen voraussetzen. Obgleich computergestützte formative Prüfungen qualitätssichernd für die Lehre verwendet werden können, finden sie an der FU Berlin bislang praktisch nur marginale Verwendung.

Aus den bereits angesprochenen logistischen Szenarien und der rechtlichen Vorgabe der Gleichbehandlung leitet sich ab, dass Dozierende in sum-

---

4   Prüfungsdidaktik wird im Anschluss an Tinnefeld als das «*Was* und das *Wie* des Prüfens auf theoretischer Grundlage mit Orientierung an der Praxis und der jeweiligen Zielgruppe» (Tinnefeld, 2013, S. 82, Hervorheb. i.O.) verstanden.

mativen Prüfungen im Vorfeld für jede Zeitgruppe eine eigene Klausur vorbereiten müssen, sodass keine Zeitgruppe Vorteile gegenüber einer anderen hat. Dies bedeutet didaktisch, dass die Dozierenden gewährleisten müssen, dass äquivalent schwere Prüfungsaufgaben in den unterschiedlichen Zeitgruppen zum Einsatz kommen.

Aufgabenformate

Schulz und Apostolopoulos (2010, S. 28) unterscheiden in Anschluss an Vogt und Schneider (2009, S. 8ff.) offene und geschlossene Aufgabenformate. Bei der Verwendung von offenen Aufgabenformaten wird meist beabsichtigt, die Prüfungsteilnehmenden Texte frei schreiben oder Rechenwege frei wählen zu lassen. Bei computergestützten Prüfungen kann außerdem Drittsoftware eingesetzt werden, mit Hilfe derer Anwendungsfälle gelöst werden sollen. Ein Beispiel ist der Einsatz des Statistiklabors in Prüfungen am Fachbereich Wirtschaftswissenschaft der FU Berlin, bei dem die Prüfungsteilnehmenden eine Syntheseleistung erbringen und das gelernte Wissen auf einen konkreten Fall anwenden müssen.

Bei offenen Aufgabenformaten ist der Freiheitsgrad, der den Prüfungsteilnehmenden zum Beantworten der Fragen eingeräumt wird, hoch. Deshalb ist eine automatisierte Auswertung solcher Aufgabenformate nur bedingt oder gar nicht möglich. Bei geschlossenen Aufgabenformaten ist demgegenüber der Freiheitsgrad bei der Beantwortung der Fragen gering. Beispiele sind Multiple-Choice-Aufgaben, Auswahlaufgaben oder Lückentexte. Wegen des geringen Freiheitsgrades sind geschlossene Aufgabenformate weitgehend automatisiert auswertbar. In den bisher durchgeführten computergestützten Prüfungen an der FU Berlin verwendeten die Dozierenden jedoch überwiegend offene Aufgabenformate.

2.4 Prüfungstechnik

Computergestützte Prüfungen betreffen drei technische Ebenen: die Prüfungsplattform (Software), die Server- und das Netzwerk (Hardware) und die PC-Clients (Soft- und Hardware), an denen die Teilnehmenden die Prüfungen absolvieren. Hauptaugenmerk liegt im folgenden technischen Teil auf:

- den Kriterien, die für die Wahl der Prüfungsplattform an der FU Berlin ausschlaggebend waren,
- der Konfiguration des Netzwerks, in dem die Prüfungsplattform betrieben wird, und

- der Konfiguration der PC-Clients, an denen die Teilnehmenden die Prüfungen absolvieren.

Prüfungsplattform

Computergestützte Prüfungen für Hochschulen können mit einer Vielzahl an Prüfungsplattformen durchgeführt werden. Im deutschsprachigen Raum gehören die Produkte der Unternehmen LPLUS, Questionmark und Codi-Plan zu den am meisten anzutreffenden Prüfungsplattformen. An einigen Hochschulen werden auch bereits eingesetzte Learning-Management-Systeme wie Moodle oder Blackboard zweckentfremdet und für computergestützte Prüfungen eingesetzt. Die FU Berlin ist die Wahl der am besten passenden Prüfungsplattform aus mehreren Perspektiven angegangen.

Die Ausgangsfrage für die FU Berlin als Hochschule mit Massenprüfungen war, wie die jeweilige Prüfungsplattform mit hohen gleichzeitigen Nutzerzahlen skaliert. Aus datenschutzrechtlicher Perspektive folgt, dass für Prüfungsplattformen die Ausfallsicherheit und Datenintegrität oberste Priorität haben muss. Konkret bedeutet dies, dass die von den Prüfungsteilnehmenden eingegebenen Daten andauernd und redundant gespeichert werden müssen. Um computergestützte Massenprüfungen durchführen zu können, war für die FU Berlin entsprechend wichtig, dass die Prüfungsplattform serverseitig Datenbankspiegelungen und Lastenverteilung unterstützt. Die rechtliche Anforderung an Ausfallsicherheit und Datenintegrität trifft demgegenüber nicht in der gleichen Stärke auf den Hauptzweck von Learning-Management-Systemen zu. Dieser liegt im Bereithalten von Informationen oder Unterrichtsmaterialien. Ein Datenfehler in einem LMS ist rechtlich eher verkraftbar, nicht jedoch in einer Prüfungsplattform.

Der unterschiedliche Haupteinsatzzweck einer Prüfungsplattform und eines LMS bedingt unterschiedliche *Applikationscharakteristika.* Das Beantworten der Prüfungsfragen durch mehrere hundert Teilnehmende bedeutet technisch, dass sehr viele kleinteilige Schreibprozesse auf der Datenbank der Prüfungsplattform stattfinden. Servergestützte Prüfungsplattformen sind deshalb datenbankseitig auf Speicherungsprozesse optimiert. Learning-Management-Systeme liefern demgegenüber viele kleinteilige Informationen aus der Datenbank aus und sind tendenziell eher auf Leseprozesse optimiert.

Sicherlich lassen sich auch LMSe hinsichtlich ihrer Eigenschaften, auf die Datenbank zu schreiben, optimieren. Verlässliche Aussagen, wieweit eine solche Herangehensweise mit steigenden Zahlen an Prüfungsteilnehmenden noch skaliert, sind bei entsprechenden Herstellern oder Consultants jedoch nicht zu erhalten. Hersteller von Prüfungsplattformen wie LPLUS hingegen haben über das Internet bereits Prüfungen mit mehr als 2 500 parallel zugreifenden Teilnehmenden durchgeführt.

Der Vorteil von *Open-Source-Software* liegt darin, dass der Source-Code einsehbar ist und nach Belieben geändert werden kann. Bei Open-Source-Software entstehen keine Anfangsinvestitionen für den Softwarekauf, da diese kostenlos ist. Im Falle von Client-Software wie Textverarbeitungen hat dies häufig für den Endanwender mehr Vor- als Nachteile. Prüfungsplattformen sind im Gegensatz zu Textverarbeitungen jedoch Nischenprodukte, für die es nur wenige Spezialisten gibt. Sofern eine Open-Source-Lösung wie «ElateExam» oder «OpenMark» zum Einsatz käme, bedeutet dies, dass entweder dauerhaftes Entwickler-Know-how innerhalb der Hochschule aufgebaut werden müsste oder dauerhaft externe Consultants für die Weiterentwicklung und Pflege einer solchen Plattform beauftragt werden müssten.

Kommerzielle *Closed-Source-Lösungen* wie «LPLUS TestStudio» oder «Questionmark Perception» weisen demgegenüber meist einen Anschaffungspreis und jährliche Supportkosten auf.[5] Sofern der Hersteller einer kommerziellen Prüfungsplattform eine breite Kundenbasis hat, ist aber davon auszugehen, dass er ein ökonomisch nachhaltiges Interesse daran hat, dass die Prüfungsplattform weiterentwickelt wird und dass er im Rahmen von verbindlichen Supportverträgen das benötigte Entwickler- und Administrations-Know-how verfügbar machen wird. Schätzungen an der FU Berlin über etwaige Vollkosten für eine Prüfungsplattform ergaben, dass eine Open-Souce-Lösung für einen Einsatz an der Hochschule nicht wirtschaftlich wäre.

Aus den prüfungsdidaktischen Vorgaben ergab sich, dass die Prüfungsplattform die bereits angesprochenen Prüfungsformen (Open-Book und Closed-Book) und die drei Prüfungstypen (diagnostische, formative und summative Prüfungen) unterstützten und somit bestimmte *Features* aufweisen muss. Da die FU Berlin als Volluniversität etwa 150 Studiengänge anbietet, sollte sich diese Vielfalt in der Prüfungsplattform auch in den vorhandenen Vorlagen von geschlossenen und offenen Aufgabenformaten wiederspiegeln. Aus rechtlicher Perspektive kam hinzu, dass bei allen Aufgabenformaten die Eingaben der Prüfungsteilnehmenden sofort nach Eingabe auf der Prüfungs-

---

5   Viele Hersteller kommerzieller Prüfungsplattformen wie z. B. LPLUS, Questionmark oder CodiPlan bieten auch Mietverträge und externes Hosting an. Aus Gründen des Datenschutzes hat die FU Berlin solche Lösungen jedoch nicht detailliert betrachtet, da in diesem Fall sensible, personenbezogene Daten der Prüfungsteilnehmenden bei einem externen Dienstleister gespeichert würden.

plattform gespeichert werden müssen, um Datenverluste, die aus etwaigen Abstürzen der Client-PCs resultieren, zu verhindern.

Ein besonderer Fall sind Freitextaufgaben. In vielen geistes-, sozial- und wirtschaftswissenschaftlichen Prüfungen müssen von den Teilnehmenden lange Freitexte verfasst werden. Die Möglichkeit, Texte zu erfassen, ist mittlerweile bei vielen Prüfungsplattformen enthalten, auch wenn sich die Formatierungsmöglichkeiten und Speicherungsmechanismen stark unterscheiden. Hier mussten aus Sicht der Rechtsabteilung der FU Berlin weitere technische Sicherungsmaßnahmen integriert sein, um das versehentliche Löschen von Text zu verhindern. Im «LPLUS TestStudio» ist für Freitextaufgaben ein Revisionsmanagement integriert, das alle 15 Sekunden die Eingaben der Prüfungsteilnehmenden vollständig als eigenen Eintrag in der Datenbank speichert. Somit lässt sich in Havariefällen die Genese des Freitextes anhand der Textrevisionen nachvollziehen und für die Prüfungsteilnehmenden zum Weiterbearbeiten wieder verfügbar machen.

Netzwerk

An Hochschulen werden Prüfungsplattformen überwiegend für summative Prüfungen eingesetzt. Da die Daten, die bei summativen Prüfungen gespeichert werden, aus rechtlicher Sicht als besonders sensibel eingestuft werden, hat die FU Berlin sich entschieden, die Prüfungsplattform nur im internen Universitätsnetzwerk verfügbar zu machen. Dozierende, die auch im Home-Office arbeiten, können auf die Plattform von außerhalb des Universitätsnetzwerks zusätzlich mittels eines vom Rechenzentrum zur Verfügung gestellten VPN-Clients zugreifen.

PC-Clients

Die Konfiguration der PC-Clients wurde von CeDiS ebenfalls aus den prüfungsdidaktischen und den rechtlichen Vorgaben abgeleitet. Bei der Wahl der PC-Clients für das EEC der FU Berlin wurde außerdem darauf geachtet, Geräte zu beschaffen, die besonders leise sind. Aus Sicht der Prüfungsdidaktik mussten die PC-Clients so konfiguriert werden, dass beide Prüfungstypen (Open- und Closed-Book) durchgeführt werden können.

Bei Open-Book-Prüfungen haben die Teilnehmenden die Möglichkeit, eigene digitale Materialien von mitgebrachten USB-Sticks und CDs zu verwenden und Software von Drittherstellern für einzelne Aufgaben zu verwenden. Bei Closed-Book-Prüfungen ist die Nutzung von mitgebrachten digitalen Materialien nicht möglich. Von den PC-Clients können während der Prüfung keine Internetdienste aufgerufen werden. Das Verwenden von Online-Nachschlagewerken wie Wikipedia oder Kommunikationsdiensten wie Mail oder Chat werden damit vollständig unterbunden.

2.5 Prüfungspsychologie

Die Generation der heutigen Studierenden sind überwiegend Digital Natives (vgl. Palfrey & Gasser, 2008). Computer oder Smartphones werden von dieser Generation als normale Alltagsinstrumente betrachtet. Das klassische Thema der Prüfungsangst (vgl. Beiner & Niermann, 1982) ist jedoch auch weiterhin bei computergestützten Prüfungen anzutreffen.

Die Frage, wie diese neue Form der Prüfung als Veränderung einer gewohnten äußeren Bedingung von den Studierenden erlebt wird, wird vom CeDiS unter dem Begriff der Prüfungspsychologie gefasst. Im Rahmen einer einführenden Beratung in computergestützte Prüfungen werden die Dozierenden über mögliche Ängste und Befürchtungen der Studierenden bei computergestützten Prüfungen informiert.

2.6 Qualität und Effizienz

Zwei Argumente sprechen für die Durchführung computergestützter Prüfungen. Erstens können sie qualitätssteigernd wirken, indem sie einen im Rahmen der Modernisierung der Lehre bereits eingeführten Blended-Learning-Einsatz wie im Falle der Statistik an der FU Berlin vervollständigen (vgl. Kap. 1). Die computergestützten Instrumente, die während des Semesters in der Lehre eingesetzt werden, werden auch in der Prüfung verwendet. Zweitens können computergestützte Prüfungen effizienzsteigernd wirken, weil sie in der Auswertungsphase Zeit sparen. Von Seiten der Dozierenden wird jedoch zuweilen das Vorurteil vorgebracht, dass computergestützte Prüfungen nur im Falle von formalen Multiple-Choice-Fragen effizienzsteigernd wirken können, während computergestützte Freitextprüfungen kaum Zeitersparnisse entfalten würden.

Um die Potenziale computergestützter Prüfungen für die Dozierenden präzisieren zu können, wurden vom CeDiS bereits im Sommer 2009 Dozierende befragt und komparative Messungen vorgenommen (vgl. Schulz & Apostolopoulos, 2011). Diese Messungen wurden zur Vergleichbarkeit auf prototypische Modellprüfungen umgerechnet, die folgende Merkmale aufweisen:

- Größe der Prüfungskohorte: 100 Teilnehmende
- Prüfungsdauer: 60 Minuten

Die Modellprüfungen ergaben, dass computergestützte Prüfungen mit Multiple-Choice-Aufgaben gegenüber klassisch schriftlichen Prüfungen mit Multiple-Choice-Aufgaben zwar bei der Prüfungsauswertung eine hohe prozentuale Zeitersparnis (95 %) entfalten können, die effektive Zeitersparnis jedoch nur gering ausfällt (ca. 1 Stunde statt 6 Stunden). Bei Prüfungen mit Freitextaufgaben zeigte sich demgegenüber, dass die prozentuale Zeitersparnis nur gering (33 %), die effektive Zeitersparnis jedoch ziemlich hoch ausfällt (Tab. 1).

Auch wenn die Reichweite der Ergebnisse begrenzt ist, da sie auf Mittelwerten und Befragungen der Dozierenden beruhen, sind tendenzielle Aussagen zum Potenzial computergestützter Prüfungen möglich. Aus Sicht des CeDiS ist es «realistisch, dass das effektive Zeitrationalisierungspotenzial bei der Migration von schriftlichen zu computergestützten Freitextprüfungen tendenziell höher ist als bei der Migration von Multiple-Choice-Prüfungen» (Schulz & Apostolopoulos, 2011, S. 39). Wir gehen auch weiterhin davon aus, dass die Ursache für diesen Effekt darin liegt, dass bei computergestützten Prüfungen das Problem unleserlicher Handschriften nicht mehr auftritt.

3 FAZIT

Computergestützte Prüfungen an der Freien Universität Berlin sind ein komplexer Teilbereich in der Strategie der ganzheitlichen Modernisierung der Lehre. Mit ihnen können zeitgemäße didaktische Szenarien umgesetzt und Potenziale zur Effizienzsteigerung entfaltet werden.

3.1 Bilanz und Ausblick

Von großem Nutzen bei der Einführung computergestützter Prüfungen war die kontinuierliche Unterstützung durch das Präsidium und das Lenkungsgremium E-Learning der FU Berlin ab 2007. Hilfreich war auch, dass das Fach Statistik am Fachbereich Wirtschaftswissenschaft bereits 2004 weitgehend als Blended-Learning-Szenario realisiert wurde. Insbesondere die Dozierenden aber auch die Studierenden der Statistik waren und sind neuen technischen Entwicklungen gegenüber aufgeschlossen. Bislang wurde die universitätsweite Verbreitung computergestützter Prüfungen jedoch dadurch gebremst, dass viele kleine PC-Pool-Räume des Rechenzentrums für Prüfungen temporär umfunktioniert werden mussten. Die hohe Anzahl an benötigten Aufsichtspersonen, die rechtliche Unklarheit und das Vorurteil, dass computergestützte Prüfungen nur bei Multiple-Choice effizienz-

	PROZENTUALE ZEITERSPARNIS	EFFEKTIVE ZEITERSPARNIS
Multiple-Choice	95 %	1 Stunde statt 6 Stunden
Freitext	33 %	11,5 Tage statt 17 Tage

Tab.1 Prozentuale vs. effektive Zeitersparnis

steigernd wirken können, führte dazu, dass Dozierende zum Teil zögerlich darauf reagierten.

Unter Einbezug der Erfahrungen bei der Entwicklung an den Universitäten Bremen und Duisburg-Essen[6], die ebenfalls genuine Prüfungssäle errichtet haben, werden computergestützte Prüfungen an der FU Berlin in den nächsten Jahren nach derzeitiger Schätzung starken Zuwachs haben. Das im Aufbau befindliche E-Examination Center wird dieses Wachstum optimal unterstützen. Im Wintersemester 2012/2013 werden nach derzeitiger Planung rund 2 100 Teilnehmende computergestützt geprüft. Das Center für digitale Systeme rechnet mit mindestens 5 900 Prüfungsteilnehmenden im Sommersemester 2015.

Im Gegensatz zu computergestützten Massenprüfungen in den PC-Pools des Rechenzentrums der FU Berlin werden im E-Examination Center ähnlich wenige Aufsichtspersonen benötigt wie bei klassisch schriftlichen Massenprüfungen in Hörsälen. Die Einschätzung der Rechtsabteilung der FU Berlin und die standardisierten Formulierungsbausteine senken den Aufwand für Dozierende bei der erforderlichen Änderung der jeweiligen Prüfungsordnung. Zuletzt ist durch die komparativen Messungen der Effizienzsteigerung das zeitliche Einsparpotenzial deutlich geworden.

3.2 Empfehlungen für die Universität Basel

Hochschulen, die ähnlich wie die FU Berlin Volluniversitäten mit mehr als zehntausend Studierenden sind und computergestützte Prüfungen einführen möchten, würden wir empfehlen, frühzeitig die rechtlichen Bedingungen und die didaktischen Bedürfnisse der Dozierenden einschätzen zu lassen. Aus diesen Vorarbeiten lassen sich die technischen Bedingungen, die die Prüfungsplattform erfüllen muss, ableiten. Danach sollten in niedrigschwel-

---

6   Vgl. http://www.eassessment.uni-bremen.de/index.php; http://www.uni-due.de/imperia/md/images/zim/projekte/lplus-jahresstatistik.jpg [11.02.2014].

ligen Pilotversuchen über mehrere Semester mit einem oder mehreren technikaffinen Fachbereichen erste praktische Erfahrungen mit computergestützten Prüfungen gesammelt und dokumentiert werden. Aufgrund des logistischen Aufwands empfehlen wir, die Prüfungen in Abhängigkeit der zur Verfügung stehenden räumlichen PC-Pool-Ressourcen zunächst in Fächern zu erproben, bei denen die Prüfung nicht in mehreren Zyklen durchgeführt werden muss.

LITERATUR

Beiner, F. & Niermann, J. (1982). *Prüfungsdidaktik und Prüfungspsychologie: Leistungsmessung und Leistungsbewertung.* Bonn: Carl Heymanns Verlag.

Crisp, G. (2009). Interactive e-Assessment: moving beyond multiple-choice questions. Centre for Learning and Professional Development, University of Adelaide, South Australia.

Ghosh, A. & Rendtel, U. (2008). Unterrichten und Prüfen mit dem Statistiklabor: Ein Erfahrungsbericht. In R. Münnich (Hrsg.), *ASTA Wirtschafts- und Sozialstatistisches Archiv, 2,* 145-164. Berlin: Springer.

Niehues, N. & Fischer, E. (2010). *Prüfungsrecht.* München: C. H. Beck.

Palfrey, J. & Gasser, U. (2008). *Born Digital: Understanding the First Generation of Digital Natives.* New York: Basic Books.

Schulz, A. & Apostolopoulos, N. (2010). FU E-Examinations: E-Prüfungen am eigenen Notebook an der Freien Universität Berlin. In C. Ruedel & S. Mandel (Hrsg.), *E-Assessment. Einsatzszenarien und Erfahrungen an Hochschulen* (S. 23-46). Müster/New York/München/Berlin: Waxmann.

Schulz, A. & Apostolopoulos, N. (2011). E-Examinations Put To Test – Potenziale computergestützer Prüfungen. *Hamburger eLearning Magazin, 7,* 37-39.

Tinnefeld, T. (2013). Dimensionen der Prüfungsdidaktik – Analysen und Reflexionen zur Leistungsbewertung in den modernen Fremdsprachen. Online verfügbar: https://docs.google.com/file/d/0B-2HUXwM3-xiYXhXQndnSTVCcDg/edit?pli=1 [11.02.2014].

Vogt, M. & Schneider, S. (2009). E-Klausuren an Hochschulen. Online verfügbar: http://cms.uni-kassel.de/unicms/fileadmin/groups/w_430000/Download/E-Klausuren-an-Hochschulen.pdf [11.02.2014].

THOMAS PIENDL, TOBIAS HALBHERR & DANIEL SCHNEIDER

ONLINE-PRÜFUNGEN AN DER ETH ZÜRICH VOM PROJEKT ZUM SERVICE

ZUSAMMENFASSUNG

Das Projekt «Online-Prüfungen an der ETH Zürich» wurde in den Jahren 2007 bis 2009 durchgeführt und mündete 2010 in die hochschulweite Dienstleistung «Online-Prüfungen», die alle Prüfungen dieser Art koordiniert und in grossen Teilen auch zu deren Realisation beiträgt. In diesem Bericht werden die wesentlichen strategischen, rechtlichen, organisatorischen und technischen Rahmenbedingungen für den Aufbau der Dienstleistung beleuchtet Darüber hinaus wird deren heutiger Stand (Beratungsprozess, Organisation und Durchführung von Prüfungen) beschrieben. Die Ausbauplanung widmet sich vor allem den Herausforderungen des kompetenzorientierten Online-Prüfens und dem möglichen Einsatz von Tablets.

1   EINLEITUNG

Lehrentwicklung und -technologie (LET) ist der Stabsbereich des Rektors der ETH Zürich, der unter anderem alle Online-Prüfungen der Hochschule im Rahmen einer regulären Dienstleistung koordiniert und in grossen Teilen auch organisiert. Es handelt sich dabei immer um summative Prüfungen. Diese werden in hochschuleigenen Räumen unter Aufsicht und Identitäts-kontrolle in einer gemanagten IT-Infrastruktur auf hochschuleigener Hardware durchgeführt.

Im Jahr 2007 startete das Projekt «Online-Prüfungen an der ETH Zürich» mit dem Ziel, «innerhalb der gegebenen Prüfungsorganisation und IT-Infrastruktur, die technischen Grundlagen zu schaffen sowie die didaktischen, juristischen und organisatorischen Fragen zu klären, um elektronisch unterstützte Prüfungen an der ETH Zürich in das Standardrepertoire der Leistungsmessungsmethoden aufzunehmen» (Schmucki, 2010, S. 1). Mit dem Projektende 2009 konnte als vermutlich wichtigstes Ergebnis die Dienstleistung «Online-Prüfungen» aufgebaut werden, die 2010 den regulären Betrieb aufgenommen hat und seither, basierend auf der zunehmenden Nachfrage der Dozierenden, kontinuierlich ausgebaut wird (vgl. LET, 2013). In diesem Bericht werden die Rahmenbedingungen und Ergebnisse des Projektes sowie die Dienstleistung, wie sie heute aussieht, vorgestellt und anstehende Entwicklungen und Trends bei Online-Prüfungen erläutert.

2   DAS PROJEKT «ONLINE-PRÜFUNGEN AN DER ETH ZÜRICH»

Im Vorfeld des Projektes bereiteten vor allem die Bereiche Prüfungsordnung, Auswahl einer E-Assessment-Suite und IT-Infrastruktur einiges an Kopf-zerbrechen. Zu Unrecht, wie wir heute wissen. Diese Bereiche konnten ebenso zügig wie nachhaltig bearbeitet werden. Wirklich knifflig blieben die Bereiche Immobilieninfrastruktur sowie dort, wo die entwickelten Online-Prüfungen erfolgreich waren und in grösserem Rahmen wiederholt werden sollten, die Skalierungs- und Ausbauoptionen der IT-Infrastruktur.

2.1 Prüfungsrechtliche Aspekte

An der ETH gab und gibt es bisher keine spezielle Erwähnung von Online-Prüfungen in der allgemeinen Prüfungsordnung (vgl. ETHZ, 2012). Die Klärung der rechtlichen Fragestellungen mit dem Rektoratsadjunkten und dem Rechtsdienst der Hochschule bildete deshalb im Jahr 2007 den Ausgangspunkt des Projekts «Online-Prüfungen an der ETH Zürich». Sie ergab, dass Prüfungen am Computer eine zulässige Form der Leistungskontrolle sind, wobei diese wie folgt definiert wird: «jedes Verfahren, mit dem die Leistung von Studierenden gemessen und bewertet wird, insbesondere Prüfungen, Prüfungsblöcke und schriftliche Arbeiten» (ETHZ, 2012, Art. 2, d). Dies ist aber ein Punkt, der an jeder Hochschule neu abgeklärt werden muss, weil Prüfungsordnungen in übergeordnete Gesetzgebungen eingeordnet sind und die Situation von Land zu Land verschieden ist (vgl. Speiser, 2012). Unter Umständen sind auch mehrere auf individuelle Fakultäten bezogene Prüfungsordnungen zu beachten.

Eine andere rechtliche Frage ist, ob Studierende für Prüfungen zur Mitnahme und Bereitstellung ihrer Hardware (Notebook, Tablet) verpflichtet werden können. Diese Frage tangiert zumeist sowohl die Bereiche der Prüfungsordnung als auch der allgemeinen Zulassungsordnung für das Studium. Falls eine solche Verpflichtung zulässig ist, gilt es weiter Softwarelizenzfragen zu klären, wenn das Prüfungsszenario lizenzpflichtige Software erfordert. An der ETH Zürich ergaben die juristischen Abklärungen, dass der verpflichtende Einsatz von privater studentischer Hardware nur im Rahmen der Wahlpflichtfachprüfungen, nicht aber bei den Prüfungen in Basisfächern (grosse Studierendenzahlen) möglich ist.

Auf jeden Fall ist es ratsam, die Fragen des Prüfungsrechts zu Beginn anzugehen. Sollten Änderungen erforderlich sein, benötigen entsprechende Anpassungen zumeist grössere Zeiträume (vgl. Speiser, 2012).

2.2 Technische Rahmenbedingungen

Auf die Frage, ob Online-Prüfungen eher in einem eigenständigen Prüfungssystem (E-Assessment-Suites wie beispielsweise SIOUX, LPlus, Questionmark Perception, i-qbox) oder in einem Learning Management System (LMS; z. B. ILIAS, Moodle) durchgeführt werden sollen, gibt es keine einfache Antwort. Diese hängt vielmehr von den Rahmenbedingungen der Hochschule in den Bereichen E-Learning, IT-Infrastruktur, Integration in Lehrbetriebsapplikationen, Diversität der Prüfungsszenarien und anderen ab.

Verfügt die Hochschule über ein breit eingeführtes LMS, liegt es auf der Hand, dieses auch für Prüfungen zu benutzen, da Studierende, Dozierende und das E-Learning Supportzentrum durch die tägliche Arbeit mit dem System vertraut sind und deshalb für diese wesentlichen Nutzergruppen nahezu keine Einstiegshürden entstehen. Ferner kann man Online-Prüfungen in einem LMS mit relativ geringem Aufwand in die Landschaft der bereits bestehenden Lehrbetriebsapplikationen (Portale für Studierende und Dozierende, Notenverwaltung, E-Portfolio usw.) integrieren. Ein weiterer Vorteil der Nutzung von LMS für Online-Prüfungen ergibt sich bei der Entwicklung von Prüfungsszenarien und Administrationsfunktionen: Diese werden oft auf Open-Source-Basis, nicht selten in Kooperation mit anderen Hochschulen, entwickelt, sind flexibel und mit geringem Aufwand verbunden.

Es bleibt noch die Frage zu klären, ob es eine eigenständige LMS-Installation ausschliesslich für Prüfungszwecke geben muss oder ob die Prüfungen auf dem regulären LMS der Hochschule durchgeführt werden können. In diesem Zusammenhang müssen Skalierung, Absicherung, Betrieb, Management, Support und eventuell bestehende gesetzliche Rahmenbedingungen berücksichtigt werden. Je nach Grösse der durchgeführten Prüfungen muss das LMS beispielsweise auf mehrere hundert nahezu zeitgleiche Zugriffe skaliert werden. Letztlich sind die Unterschiede zu einem regulären, an einer ganzen Hochschule eingesetzten LMS jedoch gering.

An der ETH fiel die Entscheidung im Jahr 2008 zugunsten eines regulären LMS aus, d. h. Prüfungen als auch andere lehrbezogene Aktivitäten finden auf einem einzigen Learning Management System statt. Für die Absicherung der Prüfungs-PCs vertraute man sich dem Safe Exam Browser (SEB), einem sogenannten «Lockdown-Browsersystem», an. Hauptgründe für die Entscheidung waren der niederschwellige Zugang zum Themenbereich Online-Prüfungen für Dozierende und Studierende, Effizienzüberlegungen im Management nur einer Plattform sowie die Vermeidung von Betriebs-, Support- und Schulungsaufwand für eine eigenständige Prüfungsplattform.

Neben dem generellen Ansatz LMS-SEB gab und gibt es an der ETH Prüfungen auf einem für diesen Zweck speziell präparierten Linux-Setup. Insbesondere wird dies im Bereich der Numerik (Matlab), Statistik (Statistikpaket R) und Software Engineering (komplette Softwareentwicklungsumgebungen) eingesetzt. Darüber hinaus wird die E-Assessment-Suite SIOUX in der Lehrveranstaltung «Einsatz von Informatikmitteln» für Studierende der Studiengänge Umweltnaturwissenschaften, Erdwissenschaften, Agrar- und Lebensmittelwissenschaften eingesetzt (vgl. Dahinden & Hinterberger, 2010).

Der Safe Exam Browser

Beim Safe Exam Browser (SEB, 2013) handelt es sich um eine Software-Applikation, die analog zu einem Webbrowser eine plattformunabhängige Darstellung und interaktive Nutzung von webbasierten Inhalten ermöglicht. SEB macht dabei jeden Rechner zu einer abgesicherten Arbeitsstation (Lockdown Browser), indem verschiedene Systemfunktionen wie zum Beispiel das Umschalten auf andere (unerwünschte) Applikationen, gewisse Tastenkombinationen zur Systemsteuerung oder die Nutzung des Internets temporär eingeschränkt oder gänzlich ausgeschaltet werden können. Der abgesicherte Browser ist mit den Open-Source-LMS Moodle und ILIAS sofort einsetzbar und eine Anbindung weiterer browserbasierter Prüfungsumgebungen ist einfach. Durch den hohen Sicherheitsstandard des SEB und dessen einfache Installation ist es möglich, unterschiedliche Hardware wie zum Beispiel öffentliche Computerräume oder sogar studentische Notebooks für Prüfungen zu nutzen, denn mit dem Beenden des SEB wird der Computer in seinen ursprünglichen Zustand zurückversetzt, und es ist daher nicht nötig, Räume mit spezieller Hardwareausstattung eigens für Prüfungen einzurichten und zu verwalten.

Technisch gesehen besteht der Safe Exam Browser aus einer Kiosk-Software (vgl. Miller, Vandome & McBrewster, 2010), die eine abgesicherte Steuerung von in den SEB integrierten Browser-Komponenten ermöglicht. Verfügbar ist der SEB für die zwei Plattformen Windows und Mac OS X, wobei als integrierte Browser XULRunner (Firefox-Engine) beziehungsweise WebKit (Safari-Engine) verwendet werden. Da die Applikation während der Ausführung diverse Systemfunktionen unterbinden oder steuern muss, ist sie systemnah programmiert: Die Windows-Version verwendet C++ und C#/.NET, die Mac OS X-Version ist in Objective-C / Cocoa programmiert. Der SEB als reine Kiosk-Applikation (ohne Einsatz der Browser-Komponente) kann auch einfach und flexibel zum Absichern der Computer für Prüfungen mit ausgewählten Drittapplikationen wie spezialisierten Prüfungsapplikationen oder fachspezifischer Testsoftware eingesetzt werden. Insbesondere kann er auch mit virtueller Desktop-Infrastruktur (VDI) kombiniert werden, wobei der SEB die Prüfungsrechner absichert und auf einem zentralen VDI-Server zugelassene Drittapplikationen laufen.

Die Vorteile des SEB liegen vor allem in der Tatsache, dass es sich um eine einfach zu installierende, flexible und kompatible Applikation für Windows- und Mac-OS-X-Computer handelt. Flexibel ist der SEB insbesondere im Vergleich zu Programmen, die für Prüfungen ein speziell konfiguriertes und damit abgesichertes Betriebssystem (Boot-Image) starten. Diese Lösungen versprechen zwar eine relativ hohe Sicherheit, sind jedoch mit einem grossen Aufwand beim Erstellen und Austesten der individuellen Boot-Images behaftet (Treiber-Problematik bei Netzwerkkarten, Grafik, Tastatur etc.).

Der SEB ging aus einem Open-Source Projekt an der Universität Giessen und der ETH Zürich (2008–2010) hervor (vgl. LET, 2012). Die Weiterentwicklung an der ETH Zürich wird seit 2010 durch das Förderprogramm «AAA/ SWITCH – e-Infrastructure for e-Science» (http://www.switch.ch/aaa/) unterstützt. Die SEB-Community ist über den deutschsprachigen Bereich (z. B. Universitäten Giessen, Marburg, Köln, Hamburg) hinaus vor allem im englischsprachigen Raum (z. B. zahlreiche Hochschulen in den USA) gewachsen. International wird der SEB nicht nur an einer wachsenden Zahl von Hochschulen und Bildungsanbietern eingesetzt (z. B. ebenso in den Niederlanden, Israel, Indien und weiteren Ländern), sondern auch in Unternehmen wie der Skyguide AG, die bei der Fluglotsenausbildung auf die Kombination von SEB mit dem LMS ILIAS setzt. Seit 2012 verwendet auch die Firma Questionmark SEB als Basis für «Questionmark Secure for Mac» (vgl. Questionmark, 2012).

2.3 Infrastruktur: Räume und IT

Für die Durchführung und den Support sind Online-Prüfungen in den eigenen Computerräumen mit der hochschuleigenen IT-Infrastruktur am einfachsten, da hier alles von der Hochschule zur Verfügung gestellt, gewartet und mit Support versorgt wird. Bei standardisierten Prüfungsumgebungen hält sich der Aufwand (Software-Deployment-Systeme, bekannte Hardware, Lizenzierungsfragen usw.) in Grenzen. Sobald man jedoch Online-Prüfungen im grösseren Stil durchführen will, reichen die vorhandenen Kapazitäten an hochschuleigenen, prüfungsgeeigneten Computerarbeitsplätzen meistens nicht mehr aus (wenn es solche Arbeitsplätze überhaupt gibt). Dann rückt die Frage ins Zentrum, ob Online-Prüfungen auch auf privaten studentischen Notebooks, auf Tablets in der Hochschule oder gar zuhause bei den Studierenden durchgeführt werden können. Dabei ist allerdings zu beachten, dass eine technische Absicherung der Prüfungsumgebung, z. B. durch SEB, die Prüfungsaufsicht grundsätzlich nicht ersetzen, sondern lediglich erleichtern kann.

Mit dem Einsatz studentischer Hardware verschwindet immerhin das Problem der Raumknappheit, denn nun kann prinzipiell jeder Lehrraum der Hochschule für Prüfungen genutzt werden, sofern er über eine passende Strom- und Netzwerkversorgung verfügt. Dafür nimmt der Support- und Managementaufwand zu. Private studentische Hardware ist sehr heterogen (unterschiedliche Hersteller, Grösse und Form usw.) und, da sie Privateigentum ist, kann sie auch beliebig manipuliert werden. Ferner erwarten die Studierenden zu Recht, dass ihre Notebooks bzw. Tablets nach einer Prüfung wieder in demselben Zustand sind wie vor der Prüfung. Dies ist neben Lizenzierungsfragen beim Einsatz von Softwareprodukten speziell für eine Prüfung eine grosse Herausforderung, denn ein entsprechendes Supportangebot ist oftmals mit beträchtlichem Aufwand verbunden.

Temporäre Online-Prüfungsräume, d. h. eine zeitlich befristete Umnutzung vorhandener, grosser Lehrräume während der Prüfungsperioden in der vorlesungsfreien Zeit, können eine interessante Option zur Aufstockung der Prüfungskapazitäten sein. Diese bedingt zwar eine gewisse logistische Planung sowohl für Auf- und Abbau als auch für die Lagerung von PCs und deren Peripherie, dafür entstehen Einsparungen beim Support und IT-Management, da die Prüfungen so auf hochschuleigenen Rechnern durchgeführt werden können. An der ETH Zürich ist im Januar 2013 ein solcher Raum in Betrieb genommen worden, der während der Prüfungsperiode die bestehenden Kapazitäten von 114 Plätzen um zusätzliche 160 Plätze erweitert. Somit können nun bei Lerneinheiten mit gut 500 Studierenden Online-Prüfungen durchgeführt werden, indem die Studierenden in zwei Kohorten nacheinander geprüft werden.

2.4 Projektpartner

Beim Projekt «Online-Prüfungen an der ETH Zürich» stand ganz am Anfang die Abklärung der prüfungsrechtlichen Situation. So waren die ersten Anlaufstellen die dafür zuständigen Stellen des Rektorats – an der ETH sind dies der Rektoratsadjunkt sowie die Prüfungsplanstelle – sowie der Rechtsdienst der Hochschule. Diese Abklärung war auch deshalb wichtig, weil sich klare und überzeugende Aussagen zur rechtlichen Situation beim Aufbau von späteren Projektpartnerschaften als zentral erwiesen.

Konzeptionell gehörte das Projekt an der ETH zur Hochschuldidaktik und war im damaligen E-Learning-Supportzentrum angesiedelt. Denn trotz der grossen IT-Komponente standen didaktisch fundierte Prüfungsszenarien im Zentrum des Projekts. Das Kurswesen der Hochschuldidaktik trug denn auch zum Gelingen des Projekts bei, indem Online-Prüfungen bereits während des Projekts Teil des Kursangebots wurden bzw. eigene Kursangebote zu diesem Thema entstanden (z. B. «Einsatz von Online-Prüfungen» im Rahmen des didactica-Programms[1] zur hochschuldidaktischen Weiterbildung an Universität und ETH Zürich). In solchen Kursen konnten die Kursteilnehmenden auch eine «reale» Online-Prüfung aus der Sicht der Studie-

---

1   Vgl. http://hochschuldidaktik.medioag.ch/ [11.02.2014].

renden durchführen, was half, Einstiegsängste und Bedenken abzubauen. Ein weiterer wichtiger Projektpartner waren die Informatikdienstleister der ETH. Sie wurden von Beginn an in die Planung miteinbezogen und waren auch bei jeder Projektentwicklungsstufe dabei. So wurde sichergestellt, dass man sich entlang deren Möglichkeiten bewegt, beispielsweise im Management der Computerräume und Prüfungsplätze, bei Hardware, bei der Paketierung von Softwareprodukten oder der Softwarelizensierung. Schliesslich bedeuten Online-Prüfungen für die IT-Dienstleister immer einen erhöhten Aufwand, z. B. bei der Service-Delivery, Client-Delivery, im Netzwerkbereich oder in der Computerraumbewirtschaftung.

Bei der Auswahl von Räumen und der Erwägung von möglichen Ausbauplänen für Räume, die für Online-Prüfungen verwendet werden könnten, war der Immobilienbereich der ETH ein wichtiger Ansprechpartner. Gerade an dem Punkt, an dem sich eine Tendenz zu mehr und grösseren Online-Prüfungen zu entwickeln begann, sich also erste Erfolge des Projekts zeigten, war es wichtig, die Planung der zusätzlichen Infrastruktur anzusprechen, da bauliche Massnahmen zumeist Realisierungshorizonte im Bereich von Jahren haben.

2.5 Kommunikation

Öffentlichkeitsarbeit innerhalb wie ausserhalb der Hochschule war von Beginn an ein wichtiger Eckpfeiler des Projekts «Online-Prüfungen». So sollte das Thema bei der Zielgruppe bekannt und mit einer positiven Konnotation versehen werden. Beispielsweise wurden von Beginn an zielgruppenspezifische Workshops innerhalb der Hochschule organisiert. Aus den Rückmeldungen dazu ergaben sich weitere Ideen. Zusätzlich half eine Vernetzung im deutschsprachigen Raum (z. B. an nationalen Tagungen, in thematisch fokussierten Arbeitsgruppen), das Projekt einem grösseren Kreis von Interessierten bekannt zu machen.

Eine besondere Art, das Projekt innerhalb der ETH bekannt zu machen, ergab sich durch den «Projektpaten», der das Projekt von Anfang an und unaufgefordert begleitete. Zu Beginn war die Situation für die Projektbeteiligten als auch für den Paten gewöhnungsbedürftig. Als Professor für angewandte Mathematik ist er ein Pionier im Bereich der computergestützten Prüfungen unserer Hochschule. Er vertrat und vertritt die Interessen der Online-Prüfungen in den verschiedenen Gremien, etablierte einen guten Draht zur Rektorin und förderte so das Projekt durch alle Instanzen hindurch. Aufgrund unserer Erfahrungen können wir Projektpatenschaften durch einflussreiche Vertreter und Vertreterinnen des Lehrkörpers oder gar einen Auftrag aus dem Rektorat ausdrücklich empfehlen.

2.6 Die ersten Online-Prüfungen

Gerade für die ersten Prüfungen, bei denen es naturgemäss noch an Routine fehlt, müssen die Dozierenden bzw. Prüfungsszenarien geschickt ausgewählt oder sogar gezielt akquiriert werden. Einerseits sollten die Szenarien die Anforderungen verschiedener Fakultäten bzw. Departemente in mehr oder weniger idealtypischer Weise abdecken. Dies ist für die Glaubwürdigkeit und den Anspruch des Projekts innerhalb der Hochschule wesentlich. Aus Gründen der Glaubwürdigkeit wurden auch von Projektbeginn an benotete Prüfungen durchgeführt, und auf öffentlichkeitswirksame Testprüfungen und Prototypen u. a. m. gänzlich verzichtet.

Natürlich braucht es Testläufe, aber gerade in frühen Phasen eignen sich Simulationswerkzeuge für Lasttests sowie andere computergestützte Testwerkzeuge, die zu einem späteren Zeitpunkt von realen Massentests mit dafür bezahlten studentischen Hilfskräften in klaren Testchoreografien komplettiert werden. So kann vor den ersten richtigen Prüfungen in einem kontrollierten und gut durchgeplanten Rahmen und gleichzeitig möglichst real getestet werden.

3   DIE DIENSTLEISTUNG «ONLINE-PRÜFUNGEN» HEUTE

Zwischenzeitlich wurde im Bereich LET die Position eines «Fachexperten Prüfen und Online-Prüfen» etabliert, dessen Aufgabe unter anderem die Koordination aller Online-Prüfungen an der ETH Zürich ist. Dazu wurde der Prozess Online-Prüfungen im Qualitätssicherungssystem Lehre der Hochschule entsprechend dokumentiert. Damit verloren Online-Prüfungen ihren zunächst eher exotischen Status und wurden Teil des normalen Prüfungsbetriebs der Hochschule. Dies bildete die Grundlage für den weiteren Ausbau der Dienstleistung.

Derzeit sind drei verschiedene technische Setups im regulären Einsatz: Online-Prüfungen mit LMS, Prüfungen mit der E-Assessment-Suite SIOUX sowie Prüfungen auf einem spezialisierten Fedora-Linux Setup. Die LMS- sowie SIOUX-Prüfungen werden durch den SEB abgesichert, die Fedora-Linux Prüfungen durch Eingriffe auf der Ebene des Betriebssystems. Prüfungen mit SEB/LMS oder SIOUX werden vom LET koordiniert und mit Prüfungssupport vor Ort begleitet, während bei den Linux-Prüfungen die

Dozierenden in Zusammenarbeit mit Mitarbeitenden der Informatikdienste diese Aufgaben übernehmen. Die grösste Wachstumsrate weisen derzeit Prüfungen mit der Kombination SEB/LMS auf.

3.1 Der Beratungsprozess

Neben den Koordinations- und Supportarbeiten ist der gut strukturierte Beratungsprozess ein Grundpfeiler der Dienstleistung «Online-Prüfungen». Im Mittelpunkt des Beratungsprozesses stehen die Zielsetzungen des/der Prüfenden sowie die prüfungsmethodischen Möglichkeiten in der Umsetzung. Mitberücksichtigt werden dabei auch die technischen und organisatorischen Gegebenheiten. Ziel des Beratungsprozesses ist es, aufgrund dieser individuellen Voraussetzungen eine möglichst hochwertige und effiziente Online-Prüfung zu entwerfen.

Online-Prüfungen bieten eine Vielzahl an Aufgabenformaten zur Auswahl: Geschlossene Aufgabenformate wie Multiple-Choice oder Zuordnungsfragen, halboffe Formate wie Kurzantwortfragen oder Lückentexte, offene Formate wie Aufsätze (Freitextfragen) sowie das Bearbeiten von Aufgaben in Drittapplikationen wie Excel, Matlab oder R. Bei jedem dieser Aufgabenformate bietet der Wechsel von einer Papier- zu einer Online-Prüfung jeweils andere Vorteile. Bei den geschlossenen und halboffenen Aufgabenformaten liegen die Vorteile insbesondere in der (teil-)automatisierten Auswertung der Prüfungsaufgaben; bei Aufsätzen in der ergonomischeren, übersichtlicheren und einfacher editierbaren Art des Verfassens von Texten am Computer sowie deren bessere Lesbarkeit; bei Prüfungen mit Drittapplikationen in der unmittelbareren und damit valideren Messung der angestrebten Zielkompetenzen, was zu einer massiven Verbesserung der Qualität, meist aber auch der Effizienz und Akzeptanz der Prüfung führt.

Im Beratungsprozess werden die allgemeinen Vor- und Nachteile eines Wechsels zu Online-Prüfungen sorgfältig abgewogen. Wichtige Vorteile sind die vereinfachte Administration der Prüfung und die verbesserte Skalierbarkeit von Prozessen durch das Wegfallen von Papier sowie die besseren Möglichkeiten im Einsatz von Multimediainhalten. Der nennenswerteste Nachteil von Online-Prüfungen gegenüber Papier liegt in den naturgemäss ungleich höheren technischen Anforderungen.

Da auch mit der fortschrittlichsten Technik eine Prüfung höchstens so gut sein kann wie ihr Inhalt und ihr methodisches Design, müssen in einem ganzheitlichen Beratungsprozess auch diese Aspekte ihren Platz finden. Hierbei haben sich insbesondere das Constructive Alignment nach Biggs und Tang (2011), die überarbeitete Taxonomie von Bloom (vgl. Krathwohl, 2002), die klassischen psychometrischen Gütekriterien Objektivität, Reliabilität und Validität sowie ein auf den modernen kognitiven Wissenschaften basierendes Verständnis von Lernprozessen (vgl. z. B. Schneider & Stern, 2010) für die Diskussion und das gemeinsame Ausarbeiten einer Blaupause der Prüfung als hilfreich erwiesen.

3.2 Organisation und Durchführung von Prüfungen

Im Beratungsprozess werden auch die administrativen, logistischen und organisatorischen Fragen geklärt. Für die Prüfung sowie für sämtliche Aufgaben und Prozesse, welche auch bei einer anderen Prüfungsform anfallen würden, bleiben die Dozierenden verantwortlich. Der Bereich LET ist seinerseits verantwortlich für die Online-Prüfungssysteme und unterstützt die Prüfenden in deren Handhabung bei Planung, Durchführung und Nachbereitung der Prüfung. Diese Unterstützungsfunktion wird durch den technischen Support für allgemeine Anfragen sowie den Fachexperten Online-Prüfen gemeinsam wahrgenommen.

Insbesondere bei der Durchführung lohnt sich eine Unterstützung und Begleitung vor Ort. Dieser technische Support vor Ort soll erstens gewährleisten, dass mögliche Probleme schnell gelöst werden können, und soll zweitens bei allen Beteiligten Vertrauen für die neue Prüfungsform schaffen. Die bei Weitem am häufigsten auftretenden Probleme sind dabei nicht technischer Natur, sondern kleine Unsicherheiten und Unklarheiten in der Handhabung der Prüfungsumgebung. Probeprüfungen, Online-Übungen und ausgedruckte Prüfungsanleitungen können hier eine gewisse Abhilfe schaffen, denn Prüfungen sind Ausnahmesituationen, und die Nerven der Beteiligten liegen schnell «blank». Deshalb kann die Wichtigkeit einer reibungslosen Durchführung bzw. ein ruhiges und zuversichtliches Eingreifen durch den technischen Support beim Lösen aufgetretener Probleme nicht genug betont werden. In aller Regel finden sich die Dozierenden nach der ersten Beratung im neuen Prüfungsmodus gut zurecht und weitere Beratungsbedürfnisse ergeben sich erst wieder bei Änderungen eines Prüfungsszenarios.

4 DIE NÄHERE ZUKUNFT VON «ONLINE-PRÜFEN» AN DER ETH ZÜRICH

Der wichtigste Trend ist das kompetenzorientierte Online-Prüfen, d. h. Online-Prüfungen jenseits der klassischen Fragetypen (verschiedene Multiple-

Choice-Fragetypen, Freitextfragen, Fragen mit Multimedia-Elementen etc.) wie sie in einem LMS oder einer klassischen E-Assessment-Suite Standard sind. Gefragt sind also applikationsbasierte Szenarien, die das praxisnahe Überprüfen von Kompetenzen erlauben. Beispiele sind die Arbeit mit einem Statistikpaket wie R, Numerik in Matlab, Programmiertechniken für Ingenieure oder Aufgaben im Bereich Softwareentwicklung, die eine integrierte Entwicklungsumgebung voraussetzen. Derzeit handelt es sich bei ungefähr der Hälfte aller Anfragen für Online-Prüfungen an der ETH um solche kompetenzorientierten Prüfungsszenarien mit Drittapplikationen. Bisher benötigten solche Szenarien spezialisierte und im Allgemeinen aufwändig hergestellte Linux- oder Windows-Setups, um sie sinnvoll in einem Prüfungsrahmen anbieten zu können. Als neue Alternative hierzu bietet sich der Einsatz virtueller Desktops im Rahmen einer virtuellen Desktop Infrastruktur der Hochschule an. Nach ersten erfolgreichen Tests im Rahmen eines Pilotprojekts an der ETH Zürich (vgl. ID, 2011) zeigt sich das Potenzial dieser Technologie immer deutlicher, denn einerseits lässt sich damit der Aufwand bei der technischen Vorbereitung und Durchführung einer Prüfung reduzieren und andererseits können damit die mannigfaltigen Szenarien kompetenzorientierter Prüfungen gut skaliert und gemanagt werden.

Potenzial zur Weiterentwicklung von Online-Prüfungen liegt auch in der Verbesserung der Umsetzung von Freihandskizzen (z. B. Strukturformeln, Stoffwechselwegen, mathematischen Formeln und kurzen Herleitungen, Schemadiagrammen, Blattquerschnitten), denn bisherige Eingabegeräte und -technologien sind für ungeübte Nutzer und Nutzerinnen nicht einfach und intuitiv genug zu bedienen, um sie in Prüfungen einsetzen zu können. Möglicherweise könnten Tablets hier eine Lösung bieten, aber eine Untersuchung der technischen und logistischen Anforderungen (zusätzlich zur Usability) steht noch aus.

Ferner muss der Ausbau gemanagter Infrastruktur für Online-Prüfungen, sei es in Form weiterer öffentlicher Computerräume, eines dezidierten Prüfungszentrums (vgl. z. B. das Testzentrum der Universität Bremen; ZMML, 2013) oder auch hinsichtlich der Verfügbarkeit temporärer Online-Prüfungsräume, in Angriff genommen werden.

Bei der Skalierung von Online-Prüfungen wird die Frage der Rationalisierung, insbesondere personeller Ressourcen, immer wichtiger. Das Ziel ist, bei der Prüfungsvorbereitung, -koordination und -bereitstellung sowie dem Prüfungssupport vor Ort auf ähnliche Zahlen an personellem Aufwand zu kommen wie bei traditionellen Papierprüfungen. Weitere Vereinfachungen in der IT-Infrastruktur für Prüfungen, standardisierte Abläufe und eine online-prüfungsspezifische Schulung der Prüfungsaufsichten (Assistierende, studentische Hilfskräfte) können helfen, den organisatorischen und technischen Betreuungsaufwand zu reduzieren.

Der Weg der Online-Prüfungen von einem in der Wahrnehmung aussergewöhnlichen Ereignis zu einem regulären Bestandteil der Leistungsmessmethoden der ETH Zürich ist bereits weit vorangeschritten, aber noch nicht ganz zu Ende. Es stehen noch einige Pionierarbeiten in den zuvor beschriebenen Entwicklungsfeldern an, welche die Schweizer Hochschulen individuell, in bestimmten Gebieten aber auch gemeinsam angehen werden, wie es im gerade angelaufenen nationalen Projekt «Learning Infrastructure 2013» (vgl. Brugger, 2013) eindrücklich dokumentiert ist.

LITERATUR

Biggs, J. & Tang, C. (2011). *Teaching for Quality Learning at University; What the Student Does*, 3. Auflage. Maidenhead: McGraw-Hill & Open University Press.

Brugger, R. (2013). Learning Infrastructure 2013. A project of accès à l'information scientifique, Präsentation an den eduhub days 2013, St. Gallen. Online verfügbar: https://cast.switch.ch/vod/channels/1rngmdwoyu [11.02.2014].

Dahinden, M. & Hinterberger, H. (2010). Computer-basierte high-stake Leistungskontrolle mit SIOUX. Planung, Durchführung und Auswertung einer Basisprüfung mit 269 Studierenden. ETH, Department of Computer Science, Technical Report. Online verfügbar: http://e-collection.library.ethz.ch/view/eth:5111 [11.02.2014].

ETHZ, Eidgenössische Technische Hochschule Zürich (2012). Verordnung der ETH Zürich über Lerneinheiten und Leistungskontrollen an der ETH Zürich, RSETHZ 322.021 (Stand 1. August 2012). Rechtssammlung der ETH Zürich. Online verfügbar: http://www.rechtssammlung.ethz.ch/ [11.02.2014].

ID, Informatikdienste (Hrsg.) (2011). Pilot virtuelle Desktops. Online verfügbar: https://www1.ethz.ch/id/projects/aktuell/virtual_desktop [11.02.2014].

Krathwohl, D. R. (2002). A revision of Bloom's Taxonomy: an overview. *Theory Into Practice*, *41 (4)*, 212–237.

LET, Lehrentwicklung und -technologie (2012). Safe Exam Browser (SEB). Online verfügbar: http://www.let.ethz.ch/projekte/closed/seb [11.02.2014].

LET, Lehrentwicklung und -technologie (2013). Dienstleistungen zu Online-Prüfungen. Online verfügbar: http://www.let.ethz.ch/pruefungen/onlinepruefungen/dienstleistungen [11.01.2013].

Miller, F. P., Vandome, A. F. & McBrewster, J. (Hrsg.) (2010). *Kiosk Software*. Saarbrücken: VDM.

Questionmark (2012). Questionmark Secure Now Available for Use with Mac PCs, Online verfügbar: https://www.questionmark.com/us/news/pressreleases/Pages/questionmark-secure-mac-august-2012.aspx [11.02.2014].

Schmucki, B. (2010). Abschlussbericht Projekt «Online-Prüfungen an der ETH Zürich». LET, ETH Zürich. Online verfügbar: http://www.let.ethz.ch/projekte/closed/onlinepruefungen [11.02.2014].

Schneider, M. & Stern, E. (2010). The cognitive perspective on learning: ten cornerstone findings. In H. Dumont, D. Istance & F. Benavides (Hrsg.), *The Nature of Learning: Using Research to Inspire Practice* (S. 69–90). Paris: OECD Publishing.

SEB, Safe Exam Browser (2013). Safe Exam Browser (SEB). Online verfügbar: http://www.safeexambrowser.org/ [11.02.2014].

Speiser, I. (2012). Elektronische Prüfungen rechtlich absichern – was die Organisatoren beachten müssen. Online verfügbar: http://www.e-teaching.org/community/communityevents/ringvorlesung/elektronische_pruefungen_rechtlich_absichern [11.02.2014].

ZMML, Zentrum für Multimedia in der Lehre (2013). Das Testcenter der Universität Bremen. Online verfügbar: http://www.eassessment.uni-bremen.de/testcenter.php [11.02.2014].

SPIELRÄUME

THOMAS LEHMANN

WENN SPIELE NEUE RÄUME EROBERN

ZUSAMMENFASSUNG

Die digitale Durchdringung der meisten Lebensbereiche hat auch im Lehren und Lernen tiefe Spuren hinterlassen. Die technologischen Räume, die wir virtuell schaffen, beeinflussen unseren Umgang mit Wissen, mit dessen Aneignung und Mitteilung. Dem Spieltrieb eröffnen sich im Web zum Beispiel neue Dimensionen, die sich darauf auswirken, wie wir neue Einsichten gewinnen oder uns Zugang zu Unbekanntem schaffen. Das Schlagwort «Gamification» bezeichnet dabei eine Strömung, die Elemente aus Videospielen in andere Kontexte übersetzt. Der Workshop «Spielräume» des Projekts ITSI stellte mittels Referaten und einem Spieleparcours die Frage zur Diskussion, was diese Strömung für die Hochschule bedeuten kann. Dabei zeigt sich, dass die spielerische Annäherung die Kraft besitzt, das Gegebene zu hinterfragen und damit innovative Räume zu öffnen. Der folgende Artikel fasst in einem Rückblick einzelne Punkte zusammen.

1 INNOVATION

Sucht man in einschlägigen Publikationen nach Antworten, wie sich Lehren und Lernen in Zukunft verändern werden, ist viel von Abbau der Institution und Demokratisierung zu lesen. Der Vorlesungssaal öffnet sich der Welt dank Web und Multimedia. Das Einbinden von Social-Media-Anwendungen erlaubt den Studierenden den dialogischen Zugang zu globalen Lehr- und Lernressourcen. Dadurch ändert sich die Rolle von Professor oder Professorin konsequent weiter in eine Richtung, die in der Logik des weltumspannenden Datenzugriffs angelegt ist. Garantierten Lehrende einst primär den Zugang zu Informationen und Wissensinhalten, obliegt es ihnen heute vermehrt, Leitsysteme durch einen Informationsdschungel vorzuschlagen, in dem Ungeübte schnell verloren gehen können, weil ihnen alles gleich wissenswert erscheint.

Meist werden diese Entwicklungen unter dem Vorzeichen der Technologie beschrieben. Sie ist das Werkzeug, das den Wandel ermöglicht und formt. Dabei kommt ein Blick zum Tragen, der die virtuellen Räume vor allem als Fortsetzung der physischen Räume behandelt. So betrachtet geschieht Innovation dort, wo Gegebenes in andere Sphären übersetzt, beschleunigt und gegebenenfalls perfektioniert wird. Dies ist allerdings bloss eine Möglichkeit innovativen Handelns. Und auch wenn gerade diese Art der Innovation die globalisierten ökonomischen Realitäten der letzten Jahre bestimmt hat, ist sie nicht das einzig mögliche Verfahren. Statt das Gegebene in neue Kontexte zu übertragen, lässt sich auch fragen, wie die neuen Kontexte sich auf das auswirken, was als gegeben verstanden wird. So nährt sich die Suche nach Innovation aus Bruchstellen; sie hinterfragt Prämissen und entwickelt neue Perspektiven.

An dieser umgekehrten Blickrichtung orientierte sich der Workshop «Spielräume»[1] schon vom behandelten Thema her. Im Zentrum stand die durchaus kritische Auseinandersetzung mit dem Begriff «Gamification» – jenem Schlagwort also, das den Einsatz von spieltypischen Elementen in Bereichen bezeichnet, die in der allgemeinen Vorstellung wenig mit Spiel zu tun haben. Auch im Lehren und Lernen können entsprechende Elemente den Wissenserwerb fördern. Insbesondere dort, wo es darum geht, Räume so neu zu definieren, dass sie Innovation und Wissenserweiterung unterstützen, indem sie das Vergnügen nicht mit Generalverdacht belegen. Oder, wie es Tim O'Reilly mit einem viel zitierten Satz sagt: «Innovation happens, when

---

1   Vgl. Beitrag zum Projekt ITSI in diesem Buch, Kap. 3.5.

people are having fun» (Berg, 2011, nicht paginiert). Ausgehend von der digitalen Kultur der Videospiele untersucht der Gamification-Ansatz deren Systeme, Elemente und Inhalte und überträgt die Erkenntnisse auch auf Prozesse der Welt *offline*. Damit ermöglicht der Ansatz die Hinterfragung und Neuinterpretation von Gegebenem. Insbesondere lässt sich hier paradigmatisch beobachten, wie das Virtuelle im Physischen seine Spuren hinterlässt.

2   ZUM SIEGESZUG DES SPIELERISCHEN

Der Begriff «Gamification» bringt formelhaft einen digitalen Trend auf den Punkt, der die Wahrnehmungsschwelle der Öffentlichkeit überwunden hat. Seit Kurzem gehen Analysten sogar davon aus, dass «Gamification» den ersten *Hype* hinter sich lässt: Die ihm geschenkte Aufmerksamkeit nimmt ab. Bei dem zyklischen Modell, das in diesen Analysen zum Tragen kommt, entspricht dies dem Moment, in dem ein Konzept sozusagen auf Herz und Nieren überprüft wird und jene Ausformungen entwickelt werden, die Bestand haben werden (vgl. Gopaladesikan, 2012).

So oder so stellt sich die Frage, weshalb das Ludische heute wieder an Bedeutung gewinnt. Zunächst lässt sich dies demographisch begründen. Das Publikum jeglichen Alters für Videospiele wächst stetig; die Veröffentlichung eines neuen Games erreicht heute im Schnitt mehr Leute als der Start eines Hollywood-Blockbusters. Das bedeutet, dass ein immer grösserer Bevölkerungsanteil immer mehr Zeit mit Spielen verbringt, die der digitalen Kultur angehören. Dadurch gewinnen Erfahrungen, Fähigkeiten und Lösungsansätze an Boden, die in früheren Generationen entweder fehlten oder unter anderem Blickwinkel behandelt wurden. Eine zweite Begründung nimmt Bezug auf die Logik der Medienentwicklung. Die Digitalisierung multipliziert unseren Kontakt mit komplexen Informationssystemen und das globale Datenvolumen wächst beschleunigt und exponentiell. Die Frage nach dem Umgang mit «Big Data» – welche neuen Erkenntnisse lassen sich wie aus diesem wachsenden Datenberg gewinnen? – beschäftigt aktuell Wissenschaft, Medien und Politik. Ein Ansatz, der davon ausgeht, das Detail im Auge behalten zu können, greift hier zu kurz. Im Gegenteil – in diesen Informationssystemen delegieren wir die Verantwortung für das Detail gerne an das digitale Netz. Bezogen auf unseren Wissenshaushalt besagt die bekannte Formel, dass wir heute weniger über mehr wissen als frühere Generationen.

Das Spiel entspricht nun gerade einem Modus, der schon traditionell auf den Umgang mit komplexen Systemen und mit schwierig vorhersagbaren Wahrscheinlichkeiten ausgerichtet ist. Das Spiel erlaubt es, diesen Umgang in geschütztem Rahmen zu üben. Es ermöglicht im besten Fall, dem Komplexen neue Einsichten abzugewinnen. Also ist es nicht erstaunlich, wenn wir auf die wachsende Komplexität unserer Lebenswelten spielerisch reagieren.

3 DER SKEPTISCHE BLICK

Dass neue Technologien auf die eine oder andere Art in die Prozesse unserer Lebenswelt tief eingreifen und sie verändern, leuchtet ein. Trotzdem nehmen wir entsprechende Veränderungen zuerst als rein äusserlich wahr, reduzieren sie auf ihren Werkzeugcharakter. Unsere Wahrnehmung reagiert träge. Fortschritt und Veränderung erleben wir schnell als eindimensionale Erweiterung des Gestern und Jetzt. Technologie ist in ihrer Komplexität etwas Fremdes, Abgespaltenes, dessen wir uns bedienen, um bequemer so weiter zu machen wie bisher. Allerdings wissen wir auch, dass *Social Media* nicht einfach den *Small Talk* im Café ersetzt, sondern den Begriff beeinflusst, den wir uns von unserer sozialen Dimension machen.

Wenn es darum geht, Zukunftsräume nachhaltig zu gestalten, braucht es die Bereitschaft, sich – und sei es nur in der Simulation – von Sicherheiten zu verabschieden. Der Zweifel an dem, was wir zu wissen glauben, muss an die Stelle der Behauptung treten, etwas mit Erfahrung bewiesen zu haben. Nur so öffnen wir uns neuen Erfahrungen und Räumen.

Diese Haltung sollte gerade im wissenschaftlichen Umfeld leichter fallen, wo Zweifel als Kardinaltugend angesehen wird und als Triebfeder des Fortschritts gilt. Das Spielerische ist den Wissenschaften auch nicht fremd. Es beeinflusst die Ideenfindung beim naturwissenschaftlichen Experiment. Es hilft in den Kulturwissenschaften, Perspektiven zu hinterfragen und einen Blickwinkel zu finden, der neue Bedeutungszusammenhänge enthüllt. Interessanterweise ist das Spielerische im Wissensgewinn aber besser akzeptiert als bei der Wissensvermittlung. Hier gerät es schnell unter den Verdacht, ernst zu nehmenden Inhalten nicht mit dem gebührenden Respekt zu begegnen.

4 SPIELRÄUME ALS INNOVATIONSRÄUME

Räume, in denen gespielt wird, können der Innovation zuträglich sein. Im Rahmen des Projekts ITSI zeigte der Workshop «Spielräume» wo die Vorstellung, Spiele dienten bloss der Unterhaltung, zu kurz greift. Die Referenten, Dr. Steffen P. Walz und Cornelius Müller, ermöglichten fundierte Einblicke in den Siegeszug des Spielerischen und in die Herausforderungen, die sich an Entwickler von Spielen mit didaktischen Zielen stellen.

Serious Games finden sich in den unterschiedlichsten Kontexten und bedienen ein breites thematisches Spektrum – von der Medizin bis zu Gesellschaftsfragen. Ihnen gemeinsam ist, dass sie durchaus tiefgründige Inhalte spielerisch vermitteln. Sie verbinden damit zwei Positionen, die – aus klassischer Perspektive betrachtet – der Gegensatz zwischen Ernst und Unterhaltung trennt. Dass diese Trennung wenig zielführend ist, zeigte der Blick auf die Vielfalt der didaktisch orientierten Spiele, die Cornelius Müller von der Zürcher Hochschule der Künste (ZHdK) vorstellte.[2] Müller erläuterte auch, wie überholt gewisse Vorstellungen sind, die bezüglich der Spieler und Spielerinnen kursieren. Drei Viertel der Jugendlichen zwischen 12 und 19 Jahren spielen Videospiele – bereits die Menge spricht gegen das Klischee, wer sich mit so genannten *Games* beschäftige, sei ein kontaktscheuer Einzelgänger.[3] Wie heterogen inzwischen das Publikum ist, das durch Serious Games angesprochen wird, demonstrierte Müller anhand eines Spiels, das sich an Senioren und Seniorinnen richtet.

Obwohl die Einführung von Spielelementen in nicht spielerische Kontexte bereits in den 1930er-Jahren wissenschaftlich untersucht wurde, eröffnet die digitale Kultur dem Spielerischen gänzlich neue Dimensionen, potenziert Verbreitung, Partizipationsmöglichkeiten, Interaktionsgeschwindigkeit ebenso wie sie diese messbar macht. Wenn das Spielerische, so verstärkt, die Kultur durchdringt, wirkt sich dies auch auf das Lernen und die Lehre aus. Dr. Steffen P. Walz, Associate Professor an der RMIT University in Australien, erläuterte in seinem Referat mehrere Ausformungen dieser Entwicklung, die im globalen Kontext an Gewicht gewinnen.[4] Sie reichen von Simulationen, welche die gesamte Institution der Universität im Netz abbilden, über die spielerische Ausrichtung ganzer Kurse oder die Anreicherung von Lehrveranstaltungen mit Serious Games. Spielerische Ansätze können aber auch das Leben der Studierenden auf dem Campus strukturieren, zur Lösung wissenschaftlicher Probleme eingesetzt werden oder aber Lernprozesse gänzlich von der Universität als physischem Ort abkoppeln, zum Beispiel an Fernuniversitäten oder offenen Onlinekursen.

Anregend war hier Walz' Hinweis, dass das Spielerische eher verdeckt Rollen neu definiert. Wenn Forschende dem Publikum im Spiel Einblicke in ihre Wissenschaft gewähren, gewinnt die Welt an Transparenz. Wenn das

---

2   Vgl. Beitrag von Cornelius Müller in diesem Buch.

3   Ein Bild, übrigens, das in der Mediengeschichte bei jeder Neuentwicklung regelmässig auftaucht, eventuell weil die so genannten Erstnutzer eines Mediums oder einer Medienspielart oft auch eher Technik-affin sind.

4   Vgl. Interview mit Steffen P. Walz in diesem Buch.

Publikum in diesem Spiel Antworten findet und so die Forschung vorantreibt, folgt dies durchaus einer aufklärerischen Logik.[5] Aber die Wissenschaft lagert hier auch Aufgaben aus, die in ihr eigentliches Kerngebiet gehören.

Hier eröffnen sich spannende Fragen, wenn es um den Campus von morgen geht. Walz zeigte auf, dass klassisch orientierte Universitäten in der digitalen Kultur gefordert sind, ihre Kernwerte zu reflektieren. Welche Möglichkeiten bietet die physische Verortung, die einer Universität, die sich allein im Netz befindet, abgehen? Die Antworten auf diese Frage sollten beeinflussen, wie sich moderne Lernumgebungen künftig präsentieren. Gleichzeitig ermöglicht das Spielerische «kleine Freiräume», die es erlauben, Bestehendes zu hinterfragen und nach alternativen Lösungen zu suchen – Freiräume also, die dafür sorgen, dass sich Wissen weiter entwickeln und erneuern kann. Auch Cornelius Müller kam in seinem Referat zum Schluss, dass das Spielerische im Campus von morgen sicher eine wichtige Rolle einnehmen wird. Er warnt allerdings davor, blind Inhalte in einen Spielmodus zu übertragen, und zeigt stattdessen auf, wie wichtig es ist, die Erkenntnisse der Spieltheorie zu berücksichtigen. Gefordert ist ein Ansatz, der auch den spielerischen Umgang mit dem System selbst erlaubt und dem Individuum, das sich mit diesem System auseinandersetzt, Autonomie und Kreativität zugesteht.

Im Kleinen konnten Besucher und Besucherinnen des Workshops «Spielräume» direkte Erfahrungen mit dem Thema Gamification sammeln. In Gruppen galt es, an den einzelnen Posten typische Aufgaben aus der Spielentwicklung zu lösen und in Serious Games sein Können zu messen (Abb. 1). Die Aufgaben orientierten sich an gängigen Lehrbüchern für Spielentwickler (vgl. Salen & Zimmermann, 2004; Zichermann & Cunningham, 2011; Dignan, 2011) und bezogen auch aktuelle Spielformate wie die *Pervasive Games* ein, die eine gegebene, meist städtische Topographie bespielen und dabei uminterpretieren (vgl. Montola, Stenros & Waern, 2009; Spiele «Momentum» und «PacManhattan»[6]). So konnten die Teilnehmer und Teilnehmerinnen erfahren, wie das Spielerische gestützt durch die digitale Kultur in immer neue Räume vordringt.

---

5 Im Zentrum der spielerischen Applikation «Foldit» zum Beispiel stehen die Faltmuster von Proteinen. Indem sich Besucherinnen und Besucher des Portals spielerisch und in grosser Zahl mit diesen Faltmustern auseinandersetzten, fanden sie die Struktur eines komplexen Enzyms schnell heraus und verhalfen so der Forschung zu einem Durchbruch (vgl. http://fold.it/portal/info/science [11.02.2014]).

6 Vgl. http://iperg.sics.se/iperg_games9.php; http://momentum.sics.se; http://pacmanhattan.com [11.02.2014].

1 Workshop-Teil-
nehmende an der
Pervasive-Games-
Spielstation

LITERATUR

Berg, C. R. (2011). SXSW // Tag 1: Innovation happens when people are having fun!, weave-Blogbeitrag vom 12. März 2011: http://www.weave.de/sxsw-tag-1/ [11.02.2014].

Dignan, A. (2011). *Game Frame: Using Games as a Strategy for Success.* New York: Free Press.

Gopaladesikan, S. (2012). Following Gamification Through Gartner's Hype Cycle. Blogbeitrag vom 11.12.2012 auf GamificationCorp: http://www.gamification.co/2012/12/11/following-gamification-through-gartners-hype-cycle/ [11.02.2014].

Montola, M., Stenros, J. & Waern, A. (2009). *Pervasive Games: Theory and Design.* San Francisco: Morgan Kaufmann Publishers.

Salen, K. & Zimmerman, E. (2004). *Rules of Play: Game Design Fundamentals.* Cambridge: The MIT Press.

Zichermann, G. & Cunningham, Ch. (2011). *Gamification by Design. Implementing Game Mechanics in Web and Mobile Apps.* Sebastopol: O'Reilly Media.

«Gelegentlich werde ich von meinen Kommilitonen gesiezt»
BJÖRN, 38 Jahre

BJÖRN studiert im 2. Jahr im Masterstudium Rechtswissenschaften und arbeitet zugleich mit einem 70 %-Pensum als Lehrer für Geschichte, Geographie und Englisch an einem Gymnasium. Sein Erststudium hat er an der Universität Basel 2003 mit der Promotion im Fach Geschichte abgeschlossen. 2006 begann er aus Interesse am Fach ein zweites Studium in Jura an der Fernuniversität Schweiz. Für die Master-Ausbildung wechselte er an die Universität Basel. An den Rechtswissenschaften reizt ihn nicht zuletzt die Verbindung aus Theorie und pragmatischen Antworten – dennoch hat er nach eigener Beobachtung nie die Fachsozialisation des Historikers verloren, vielmehr stets versucht, seine beiden Fachperspektiven zu reflektieren und für die Beschäftigung mit seinen Themen zu nutzen.

Björn wohnt mit seiner Frau in einer eigenen Wohnung ausserhalb von Basel und pendelt per Fahrrad zwischen der Uni, seinem Arbeitsplatz und dem Wohnort – das sind etwa 12 km pro Tag. Für sein Studium arbeitet Björn vor allem zu Hause oder in der Bibliothek und nur gelegentlich, wenn es sich logistisch nicht anders einrichten lässt, auch an seinem Arbeitsplatz in der Schule. Im Vergleich zu anderen Studierenden kauft er sich sehr viele Bücher, statt sie auszuleihen – damit ist er unabhängiger. Seine Lernzeiten richten sich nach seinem Job – er versucht, ca. 15 Stunden pro Woche für das Studium aufzuwenden, davon fünf bis sechs Stunden am Samstag. Die anderen Stunden verteilt er auf die anderen Tage und versucht sich möglichst Blöcke von zwei Stunden freizuschaufeln. Sein straff durchorganisierter Arbeitstag beginnt um 7:30 Uhr und endet gegen 20 Uhr; Nachtschichten versucht er zu vermeiden.

Björn studiert anders als viele seiner Kommilitoninnen und Kommilitonen, wie er selbst beobachtet: Da er sich Prüfungsspitzen nicht leisten kann, lernt er konstant – so, wie er es sich auch durch das stark strukturierte Studium an der Fernuniversität angewöhnt hat. Sein Studienplan richtet sich nach dem Stundenplan der Schule, was auch heisst, dass die Kursauswahl jeweils frühzeitig, effizient und kaum nach persönlichen Vorlieben stattfindet. Ein nachträglicher Kurswechsel steht für ihn nie zur Diskussion. Durch seine grosse Erfahrung mit Geschichtsstudium und Promotion fällt es ihm leicht, sich schnell einen Überblick über grosse Stoffmengen zu verschaffen; er liest schnell und arbeitet konzentriert, ohne Ablenkung etwa durch den Austausch in digitalen sozialen Netzwerken. Sein Studium ist aus Zeitknappheit sehr «nutzenoptimiert».

Die beiden Lern-
orte von Björn: am
Arbeitsplatz und
zuhause

Am Studierendenleben jenseits der formalen Lehre und des individuellen Lernens nimmt er kaum teil. Während er früher noch den Uni-Sport nutzte und sich lange als Karate-Trainer engagierte, hat der soziale Aspekt des Studiums für Björn heute nur noch geringe Bedeutung; der Austausch mit anderen Studierenden findet praktisch nicht statt.

Anders als die meisten seiner Mitstudierenden hat Björn das Studieren an der Universität Basel sowohl vor als auch nach den Bologna-Reformen erlebt. Das Bologna-System mit dem modularen Aufbau erlebt der Teilzeitstudent als «praktisch», beurteilt es aber (auch aufgrund seiner eigenen Erfahrung als Lehrer) mit Blick auf den Wissenserwerb eher als schlechter, da eine Zusammenführung der Wissens-Bausteine in einen grösseren Zusammenhang fehle. Den breiteren Kontext müssten Studierende nun häufiger selbst und in der Kommunikation untereinander herstellen, ohne dass das curricular eingeplant wäre – für ihn eine Schwierigkeit, da der intensive Austausch mit Kommilitoninnen und Kommilitonen beim Teilzeitstudium eindeutig auf der Strecke bleibt. Er hat das Gefühl, mehr Austausch hätte sein Studium vertieft und den breiteren Kontext klarer gemacht.

KÖNNTE BJÖRN DEN CAMPUS VON MORGEN GESTALTEN so würde er zunächst dafür sorgen, dass die Präsenzpflicht in Veranstaltungen abgeschafft wird. Flexiblere Curricula und eine längerfristige Planung von Veranstaltungen sowie flexiblere Fristen für Externe beim Übergang zwischen Bachelor- und Master-Studium stünden für ihn ebenfalls im Fokus. Zudem müssten Anforderungen und Öffnungzeiten der Administration an das knappere Zeit-Budget von Teilzeitstudierenden angepasst werden. Um den Zusammenhang zwischen einzelnen Wissensbausteinen deutlich zu machen und eine breitere Perspektive zu ermöglichen, würde Björn mehr Austauschmöglichkeiten etwa durch Projektarbeit und auf virtuellen Plattformen in das Studium einbauen – als fest vorgesehene Treffpunkte auch über hierarchische und disziplinäre Grenzen hinweg.

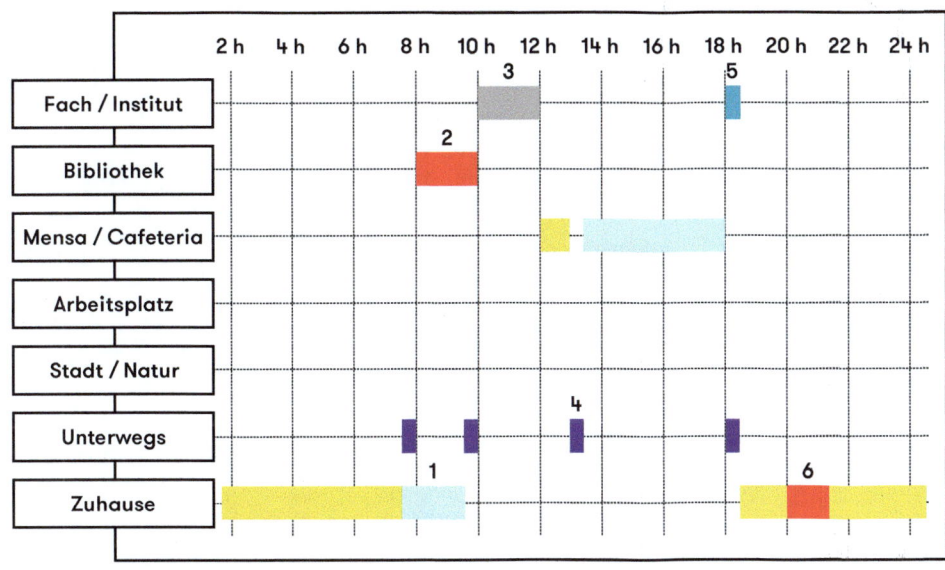

BJÖRNS typischer Studientag*
Master Rechtswissenschaften, 4. Semester

	2 h	4 h	6 h	8 h	10 h	12 h	14 h	16 h	18 h	20 h	22 h	24 h
Fach / Institut						3			5			
Bibliothek					2							
Mensa / Cafeteria												
Arbeitsplatz												
Stadt / Natur												
Unterwegs							4					
Zuhause			1							6		

LEGENDE
- 🟧 Lernen
- ⬜ Lehrveranstaltung
- 🟨 Austausch
- 🟦 Organisieren
- 🟦 Nebenjob / Familie
- 🟪 Leerzeiten
- 🟨 Erholung / Freizeit

1
Arbeit / Job
(wenn nicht Lernen):
Relativ kurzes
Zeitfenster für Arbeit
(einarbeiten...).

2
Lernen
(wenn nicht Arbeit):
Oft VPN-Probleme, kann
mit Outlook keine Mails
verschicken.

3
Bei schlechter Vorlesung
ist es eine Frage der
Effizienz, da für mich als
Teilzeitstudi der soziale
Aspekt keine Bedeutung
hat. Es hilft, wenn Material
online bereitgestellt wird.

4
Pendeln zwischen Uni
und Arbeitsplatz.

5
Grösste Problematik
im Studium: restriktive
Öffnungszeiten von
Sekretariaten etc.
Es ist eine grosse Hilfe,
wenn alle Angebote
online sind.

6
Lernen: kurzes
Zeitfenster fürs Lernen
(einarbeiten...).

*Björn wurde gebeten, seine Tätigkeiten an einem «typischen» Studientag aufzuzeichnen und jeweils auf damit verbundene Schwierigkeiten hinzuweisen.

CORNELIUS MÜLLER

DAS KANNST DU BESSER – VERSUCH'S GLEICH NOCH EINMAL!
APPLIED GAMES UND IHRE ENTWICKLUNG

ZUSAMMENFASSUNG

Der vorliegende Artikel erläutert anhand konkreter Beispiele die erfolgreiche Integration von Lern- und Trainingsinhalten in digitale Spiele und verdeutlicht damit den Nutzen von zweckgebundenen Spielen in spezifischen Anwendungskontexten. Neben der Diskussion um das Verhältnis von Spielen und Lernen werden Überlegungen zu grundlegenden Spieleigenschaften angestellt. Vorgestellt werden ausserdem die Voraussetzungen für eine erfolgreiche Entwicklung von Applied Games zum Einsatz in modernen Lernumgebungen anhand von Erfolgsfaktoren sowie einem auf die Zielgruppe optimierten, iterativen Vorgehen.

1 APPLIED GAME DESIGN AN DER ZÜRCHER HOCHSCHULE DER KÜNSTE

Die Zürcher Hochschule der Künste (ZHdK) bildet seit 2004 in der Studienvertiefung «Game Design» Studierende im Rahmen eines generalistischen Bachelor- und Master-Curriculums aus. Die Lerninhalte des sechssemestrigen Bachelor-Studiums fokussieren gleichermassen auf sämtliche Gestaltungsgrundlagen von Spielen, insbesondere die visuelle Gestaltung, die Narration wie auch auf Spielregeln und -mechaniken, das Gameplay[1] und die Spielkonzeption. Neben den Grundlagen der (Video-)Spielgestaltung zählen allerdings auch Anwendungsfelder für Spiele jenseits des reinen Entertainments zum Lehrumfang. Diese unter dem Label «Serious Games» bekannt gewordene Gattung steht für eine noch junge, an Bedeutung gewinnende Ausprägung von (digitalen) Spielen. Das wesentliche Unterscheidungsmerkmal zur klassischen Variante von Spielen besteht darin, nicht nur dem Anspruch auf Unterhaltung gerecht werden zu wollen, sondern zudem Inhalte zu transportieren, die ausserhalb der Spielwelt von Bedeutung sind.

Serious Games werden daher dort angewendet, wo Wissen oder Fähigkeiten transferiert bzw. vertieft werden sollen oder wenn Einfluss auf soziales wie persönliches Verhalten genommen werden soll (vgl. Iuppa & Borst, 2010). Im Falle digitaler Umsetzungen sind Serious Games dabei nicht an ein festes Spielgenre oder eine bestimmte Technologie gebunden. Auch in Bezug auf die jeweils anvisierten Zielgruppen oder die spezifischen Anwendungsbereiche sind Serious Games nicht eingeschränkt. So findet sich diese Spielart heute in äusserst diversen Anwendungskontexten wieder, z. B. in der Medizin und im Gesundheitswesen, in der Bildung und Weiterbildung, in Ausbildung und Schulung von Mitarbeitenden sowie in Politik und Gesellschaft oder der Werbung (vgl. Michael & Chen, 2006). Aufgrund des i. d. R. stark zielgruppen-, anwendungskontext- und themenbezogenen Charakters dieser Lern-, Trainings- und Vermittlungsspiele soll im Folgenden der Begriff «Applied Games»[2] verwendet werden.

Die Studienvertiefung Game Design der ZHdK ist seit 2006 im Themenfeld des Applied Game Design kontinuierlich aktiv. Zahlreiche computerba-

---

1 Mit Gameplay wird die Gesamtheit der Erfahrungen, die ein (Video-) Spiel ermöglicht, beschrieben. Dazu gehören insbesondere auch die Aktionen, mit denen ein Spieler auf die Herausforderungen des Spiels reagieren kann.

2 Applied Games umschreibt im weiteren Verlauf jede Ausprägung dieser angewandten Spiele, also Brettspiele gleichermassen wie Videospiele oder «Pervasive Games» (Spiele, die die reale Umgebung mit virtuellen Elementen verbinden).

sierte und analoge Spiele wurden erfolgreich umgesetzt und befinden sich heute in der Anwendung. Die zumeist in interdisziplinären Kooperationen mit Partnern aus anderen Hochschulen oder aus der Wirtschaft realisierten Projekte sind fester Bestandteil der Lehre und Forschung, wobei letztere seit 2011 am Institut für Designforschung der ZHdK verortet ist. Beispielhaft für die unterschiedlichen Disziplinen der akademischen Kooperationspartner seien hier die Universitätskinderkliniken Zürich, das Institut für Neuroinformatik der ETH Zürich, die Direktion für Entwicklung und Zusammenarbeit (DEZA) sowie das Oeschger-Zentrum der Universität Bern genannt.[3]

Ebenso unterschiedlich wie die genannten Partner und deren Fachbereiche können die Zielgruppen und die Anwendungsbereiche bzw. die Vermittlungs- oder die Trainingsabsichten ausfallen. Während sich bspw. einige der bisher entwickelten Applied Games als Gegenstand in der medienpädagogischen oder neuropsychologischen Forschung beweisen müssen, dienen andere als zeitgemässes Medium, um gewonnene Forschungsdaten in der Lehre einzusetzen. Im letztgenannten Kontext gründen Spiele ihren Erfolg auch in der Unverfänglichkeit, mit der ihnen seitens der Rezipienten in ernsthaften Kontexten begegnet wird. So kann bspw. die Thematik «CO_2-Reduktion in der Landwirtschaft» im Lehrspiel «Emission Impossible» (2012) in einem für die Zielgruppe der Landwirtschaftsschülerinnen und -schüler ansprechenden Rahmen dargeboten werden, ohne dass die komplexen, zugrundeliegenden Parameter und Statistiken abschrecken und den Zugang zum Thema erschweren; vielmehr können die konkreten Ursache-Wirkungs-Prinzipien in einem explorierbaren Handlungsraum und ohne ernsthafte Konsequenzen unmittelbar erfahren werden.

Die erwähnte Unbefangenheit und die damit einhergehende Zugänglichkeit des Mediums begründen sich auch in der Tatsache, dass sich Videospiele in den vergangenen zwei bis drei Jahrzehnten zu einer festen Grösse in der Alltagskultur entwickelt haben. Das Klischee, das sich mit dem Aufkommen der Spiele-PCs und Heimkonsolen gebildet hat und vermittelt, dass sich besonders männliche Jugendliche isoliert von jeglichen sozialen Strukturen mit dem Medium Videospiel auseinandersetzen, ist somit überholt. Laut der repräsentativen JAMES-Studie[4] geben 68 % der befragten Schweizer Jugendlichen zwischen 12 und 19 Jahren an, Videospiele zu spielen

---

3   Weitere Informationen zu den bisherigen Arbeiten und Kooperationspartnern sind unter http://gamedesign.zhdk.ch und http://ide.zhdk.ch [11.02.2014] abrufbar.

4   Die JAMES-Studie 2012 «zeigt das Medienverhalten von Schweizer Jugendlichen auf und bietet eine empirische Grundlage für zahlreiche Fachbereiche wie die Psychologie, die Pädagogik und die Politik» (Willemse et al., 2012, S. 2).

(vgl. Willemse, Waller, Süss, Genner & Huber, 2012). Das Angebot hat sich längst auf alle Altersgruppen und unabhängig vom Geschlecht[5] ausgedehnt und so der Computerspiele-Industrie einen astronomischen Umsatz ermöglicht.[6]

Im Hinblick auf den Verbreitungs- und Bekanntheitsgrad des Mediums und die Vertrautheit im Umgang mit den verwendeten Spielmechanismen kann daher postuliert werden, dass Videospiele grundsätzlich wie andere, ähnlich verankerte Medien geeignet sind, um in Vermittlungskontexten eingesetzt zu werden. Diese Vielfalt der Anwendungsbereiche in Kombination mit der jeweiligen Lehr- oder Trainingsintention soll im nachfolgenden Abschnitt anhand konkreter, in den vergangenen Jahren an der ZHdK umgesetzter Applied Games vorgestellt werden.

2 GAME IT – ERFOLGSFAKTOREN IN APPLIED GAMES

Die erfolgreiche Verknüpfung von Lern- und Trainingsinhalten mit den für Spiele typischen Charakteristiken oder einzelnen Aspekten der Spielmechanik sollen exemplarisch folgende vier Beispiele verdeutlichen. Diese Entwicklungen von Applied Games entstammen allesamt Kooperationen der ZHdK mit Fachbereichen oder interdisziplinären Forschungszweigen anderer Hochschulen. Daher sind die folgenden Spiele jeweils zur Anwendung in einem spezifischen Kontext entworfen worden und sollen gezielt bei den z. T. heterogenen Zielgruppen Wirkung hervorrufen.

Die für die Wirkungsabsicht verwendeten, spielimmanenten (Erfolgs-) Faktoren lassen sich in dem Begriff GAME zusammenfassen und beinhalten die Teilaspekte «Goals», «Actions», «Motivation» und «Emotions». In den folgenden Beispielen sollen diese Kategorien jeweils für die Integration von Lern- bzw. Vermittlungsaspekten in Spielumgebungen stehen. Weitere, gleichwertige Spieleigenschaften wie z. B. die Regelsysteme oder gezielt platzierte Herausforderungen und Belohnungsmechanismen sind damit nicht genannt. Auch bei diesen Beispielen steht das wiederholte Trainieren oder Ausprobieren von Lösungsalternativen im Vordergrund: «Das kannst du besser. Versuch's noch mal» (Probst, 2012, S. 3).

---

5   Das Geschlechterverhältnis ist mit 44 % Frauen zu 56 % Männern in der Schweiz nahezu ausgeglichen (vgl. ISFE, 2012).
6   Im Jahr 2013 werden weltweit geschätzte 73 Milliarden US Dollar von der Videospielindustrie umgesetzt (vgl. De Prato, Feijóo, Nepelski, Bogdanowicz & Simon, 2010, S. 61).

1 «MINT-Land»: Spielerisches Erfahren von Aspekten der Naturwissenschaften und Technik im Alltag; entworfen für Mädchen unter 13 Jahren

G Goals – Spielziele sind deckungsgleich mit Vermittlungszielen

Das Spiel «MINT-Land» (2011) wurde entwickelt, um in der Schweiz mittel- bis langfristig mehr weibliche Fachkräfte in den MINT-Bereichen Mathematik, Informatik, Naturwissenschaften und Technik auszubilden. Dazu soll das in Zusammenarbeit mit der Stelle für Chancengleichheit «Equal!» der ETH Zürich entwickelte Spiel das Interesse von bis zu 13-jährigen Mädchen für Technik wecken, welches vor allem während der Primarschuljahre ausgeprägt wird. «MINT-Land» ist daher so angelegt, dass es dieser Zielgruppe verdeutlicht, «dass Naturwissenschaften und Technik in unserem Alltag eine wichtige Rolle spielen, und dass die Beschäftigung mit solchen Themen viel Spass machen kann» (Equal!, 2013, nicht paginiert).

Dementsprechend findet sich die Spielerin auf einer visuell ansprechenden Phantasieinsel wieder, auf welcher der Strom ausgefallen ist. Die Spielerin wird nun gebeten den Inselbewohnern zu helfen, indem sie den Strom anhand von zu sammelnden Energiesternen wiederherstellt (Abb. 1). Das Erreichen dieses übergeordneten Spielziels ist insbesondere im Hinblick auf den weiteren Spielverlauf wichtig, der vorsieht, die Insel zu verlassen, um im Verlauf der Spielgeschichte das nächste Level auf einer anderen Insel in Angriff nehmen zu können.

Das Gameplay beinhaltet verschiedene, in das Setting eingebundene Minispiele, deren erfolgreiche Bewältigung Voraussetzung für das Erlangen von Energiesternen ist. Das Bewältigen der einzelnen Aufgaben gelingt allerdings nur mit einer gewissen Kenntnis von Themen aus den MINT-Be-

2 «Hotel Plastisse»: Tägliches Ausführen eines kognitiven Trainings für die Gedächtnisleistung von Senioren und Seniorinnen

reichen – z. B. der Lichtreflektion und -brechung oder der Leitfähigkeit von unterschiedlichen Materialien. So ist das Minispiel «Solarpanel» einerseits nur eine Zwischenstation auf dem Weg zum nächsten Spielabschnitt, andererseits kann man es aber erst dann erfolgreich absolvieren, wenn man ausreichend erfolgreich mit den Lichtstrahlen und Prismen experimentiert hat.

A Actions – Aktionen und Tätigkeiten im Spiel erzielen messbare Transfereffekte

«Hotel Plastisse» (2012) umfasst die Entwicklung einer Sammlung von Minispielen zum Training kognitiver und sensomotorischer Funktionen bei Senioren und Seniorinnen. Ziel des im Rahmen des Forschungsprojektes INAPIC[7] der Universität Zürich eingesetzten Applied Games ist die Erforschung des Effekts von Videospielen auf die Neuroplastizität im Alter. Erfolgreiches Spielen von Videospielen erfordert Fähigkeiten, die in unterschiedlichen Bereichen des Gehirns verortet sind (vgl. Bavelier & Davidson, 2013). Während z. B. die Inhibition (die Fähigkeit zur Unterdrückung ungewollter Reaktionen) eine Reaktion auf falsche oder irrelevante Informationen verhindert, ist die Auge-Hand-Koordination eine Voraussetzung für die Steuerung von Spielen.

«Actions» umfasst hier das tägliche Ausführen gewisser Aktionen in verschieden gestalteten Minispielen mit der Absicht, die Gedächtnisleistung im Alter beizubehalten oder gar positiv zu beeinflussen. Damit Veränderun-

---

7   INAPIC steht für International Normal Aging and Plasticity Imaging Center.

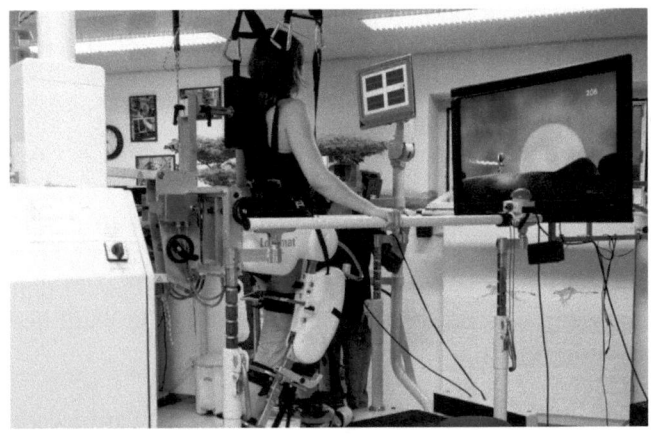

3 «Gabarello» im Einsatz mit dem Lokomat am Rehabilitationszentrum Affoltern am Albis

gen der Gedächtnisleistung gemessen werden können, ist «Hotel Plastisse» in der Lage, einzelne Fähigkeiten separat anzusprechen. Das Spiel beinhaltet infolgedessen zu jeder Rubrik eine Anzahl von Minispielen, deren Schwierigkeitsgrad adaptiv zur Lernkurve der Trainierenden steigt oder fällt.

Ein narrativer Rahmen verknüpft die Minispiele und sorgt zudem für das nötige Feedback über die 50 in der Studie anberaumten Trainingstage. Dazu wurde ein Hotelsetting ausgewählt (Abb. 2) und dieses mit einer Hintergrundgeschichte versehen. Ausserdem sind die Spiele realitätsnah auf die Zielgruppe der Senioren und Seniorinnen hin konzipiert. In den Minispielen muss der Spieler bspw. Laub sammeln oder helfen, den richtigen Wein im Keller zu finden.

M   Motivations – das Spiel motiviert zur aktiven Teilnahme an einer Tätigkeit

«Gabarello – Game based Rehabilitation für Lokomat®» (2009) ist ein Motivationsspiel, das in der Rehabilitation von Kindern therapeutische Ziele mit Elementen des Game Design verbindet. Der Physiotherapie-Roboter Lokomat wird zur motorischen Rehabilitation von Patienten und Patientinnen eingesetzt, die aufgrund von Verletzungen oder Störungen der Hirnregionen für die Steuerung des Bewegungsapparates nicht mehr gehen können. Durch andauerndes Üben kann die Gehfähigkeit jedoch wiedererlangt werden, indem andere Hirnregionen aktiviert werden. Eingesetzt wird der Lokomat bei Erwachsenen wie bei Kindern. Bei letzteren stellt die Motivation als Voraussetzung für intensives Training im Lokomat (Abb. 3) indes einen kritischen Faktor dar. Oft kann die aktive Teilnahme der Kinder am Bewegungsablauf nur durch wiederholtes Zureden des Therapeuten oder der Therapeutin erreicht werden.

«Gabarello»[8], als exakt auf die Situation hin entwickeltes Applied Game, verknüpft Spiel- und Therapieebene, indem es den Geh-Roboter als Controller zur Spielsteuerung einsetzt, den Fokus des Trainings auf die Spielziele lenkt und kognitive wie koordinative Fähigkeiten gleichermassen anspricht. Ausschliesslich durch das eigene, vom Lokomat unterstützte Gehen und insbesondere die Intensität der Beinbewegungen, beeinflusst der Patient den Spielverlauf. Die gemessene Anstrengung entscheidet über die Wahl des Weges und die Fähigkeiten resp. den Zustand des Avatars; bei starker Anstrengung kann dieser sichtbar weiter springen oder schneller laufen.

Das stressfreie, freundliche Szenario sorgt für ausreichend Wettbewerb und bietet ausschliesslich positive Anreize. Ziel des Spiels ist es, auf einem sonderbaren Planeten möglichst viele herumschwirrende Lichter zu sammeln. «Gabarello» motiviert die jungen Patienten und Patientinnen und bewirkt eine aktive Teilnahme an der Physiotherapie, während die Trainingssituation in den Hintergrund tritt.

E Emotions – Feedback und Emotionen im Spiel unterstützen den Lerneffekt

«AWWWARE»[9] (2011) ist ein Lernspiel zur Vermittlung von Medienkompetenz im Internet für Primarschüler. Das Spiel ist browserbasiert, ausschliesslich online zu spielen und primär für den Einsatz in Schulstunden vorgesehen. Pädagoginnen und Pädagogen können mit Hilfe der geschützten Spielumgebung von «AWWWARE» Schülerinnen und Schüler auf spielerische Art und Weise für verschiedene Gefahren im Internet sensibilisieren, ohne dass der Jugendschutz gefährdet ist. Dazu verwendet das Spiel Abbilder realer Websites, ohne potenziell gefährdende Bilder tatsächlich anzuzeigen. Durch die indirekte Steuerung des Mauszeigers wird das Surfen im Internet gedrosselt und es bleibt Zeit zum Reflektieren der hinter den Links verborgenen Inhalte.

Die spielerischen Elemente bestehen in der Spielfigur eines Raben, der über eine Drachenschnur einen im Wind schwebenden Mauszeiger durch das

---

8   «Gabarello» wurde in Kooperation mit den Universitätskinderkliniken Zürich, dem Sensory Motor Systems Lab der ETH Zürich und dem Psychologischen Institut der Universität Zürich entwickelt.

9   Ein Projekt des Instituts für Medien und Schule der PHZ Schwyz in Kooperation mit der ZHdK.

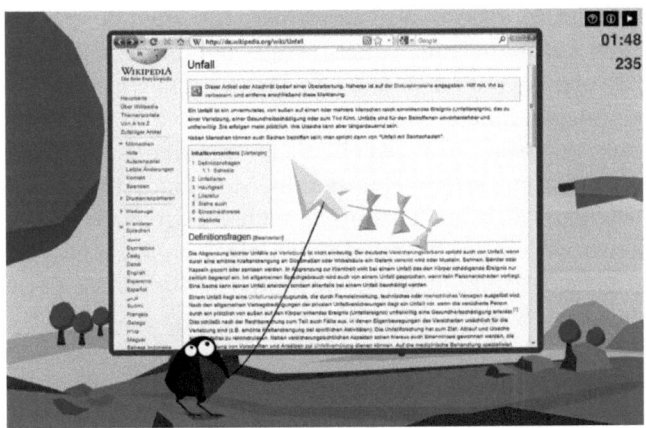

4 «AWWWARE»: Feedback-Elemente, um Emotionen zu transportieren und anzusprechen

Labyrinth von Websites steuert (Abb. 4). Dabei sind die zuvor von einer Lehrkraft gestellten Aufgaben zu lösen, beispielsweise unwichtige von aussagekräftigen Inhalten zu unterscheiden oder problematische Themen zu vermeiden.

Anhand der erreichten Punktzahl und einer detaillierten Auswertung aber auch über die Emotionen, die der animierte Rabe zeigt, erhalten die Spieler und Spielerinnen Feedback zu ihren Kenntnissen im Umgang mit dem Internet. Die Reaktionen des Avatars korrespondieren mit den Einstufungen über den pädagogischen Wert der Websites und sind mit dem ebenfalls emotionalisierten visuellen Ausdruck des Settings – einer stilisierten Herbstlandschaft, die Impressionen von Sonnenschein bis zum Gewittersturm bereit hält – verknüpft.

3 SPIELEN VS. LERNEN

In der Diskussion um den Einsatz von Digital Game-Based Learning steht seit etwa einer Dekade die Verknüpfung von Wissensvermittlung und dem Gameplay von Videospielen im Vordergrund (vgl. Prensky, 2007). Es sind in erster Linie die Eigenschaften von (Video-)Spielen, Spielende über einen oft längeren Zeitraum zu motivieren und sie völlig in ihren Bann zu ziehen, die sie für Lehr- und Vermittlungskontexte so attraktiv erscheinen lassen (vgl. Prensky, 2002). Oder anders formuliert: Gelingt der Transfer in den Lehrkontext, so wirken die Spielelemente so motivierend wie in einem Entertainment-Spiel und transportieren zugleich Themen, die ausserhalb des Spielkontextes von Bedeutung sind.

Es mag überraschend klingen, dass bereits unterhaltende (digitale) Spiele über einen didaktischen Aufbau verfügen und so eine Abgrenzung von Spielen zu Lernen teilweise obsolet erscheinen lassen. Denn Lernen ist eine Voraussetzung für erfolgreiches Spielen oder um es mit McLuhan auszudrücken: «Anyone who makes a distinction between education and entertainment, doesn't know the first thing about either» (Herbert M. McLuhan, zitiert nach Prensky, 2002, S. 7). Allein um die zum Teil umfangreichen Regeln oder Spielwelten kennenzulernen bzw. dem wachsenden Schwierigkeitsgrad begegnen zu können, finden in diesem Medium «mehr oder weniger bewusste Lernprozesse [statt]» (Bopp, 2005, S. 1).

Bopp spricht aufgrund der beabsichtigten Unauffälligkeit der didaktischen Inhalte in Videospielen von «*immersiver Didaktik*». Denn gerade diese für den Spielerfolg notwendigen, spielimmanenten Lernaspekte dürfen das «Eintauchen ins Spielgeschehen, das zeitweise Vergessen des Selbst und der Spielumgebung, die sogenannte *Immersion* bzw. den Spiel-*Flow* nicht [...] gefährden» (Bopp, 2005, S. 1). Spiel-Flow beschreibt hier den als Glücksgefühl empfundenen, emotionalen Zustand unter hoher Konzentration, der in Situationen eintreten kann, in denen Anforderungen und Fähigkeiten in einem ausgewogenen Verhältnis stehen und weder Langeweile noch Überforderung erlebt werden (vgl. Csikszentmihalyi, 1990).

Im Kontext von Spielen ist der Spiel-Flow meist an den Schwierigkeitsgrad gebunden, der bei Applied Games sowohl die spielerische als auch die thematisch-didaktische Ebene umfasst. Die Verknüpfung und Abstimmung dieser beiden a priori ungleichen Dimensionen verweist auf das Spannungsfeld, in dem die Entwicklung von Applied Games stattfindet: Zum einen sollen sie durch Spannung für Motivation sorgen, sämtliche «Zutaten» eines Spiels mitbringen und so das «Spielen als Zweck an sich» suggerieren. Zum anderen dienen sie der Vermittlung von Lerninhalten oder dem Training bestimmter Fähigkeiten, die für sich alleine meist wenig Spielcharakter aufweisen, und sind daher im Sinne ihrer Wirkungsabsicht ergebnisorientiert. Folglich ist die gelungene Abstimmung dieser Ebenen bzw. ihrer Lernkurven zentral, damit sich Spielaspekte positiv auf den verknüpften Lern- oder Trainingsinhalt auswirken können.

Zunächst einmal ist ja das Spiel eine freiwillige Beschäftigung ohne Zwang, die laut Huizinga (1955) getrennt von den Regeln und Zielen des realen Lebens eine imaginäre Welt erschafft. Darüber hinaus ist es in Zeit und Raum beschränkt und nicht selten im Falle des Wettbewerbs zwischen Spielern mit einer starken sozialen Komponente versehen (vgl. Michael & Chen, 2006). Hinzu kommt für Videospiele die entscheidende Kombination von

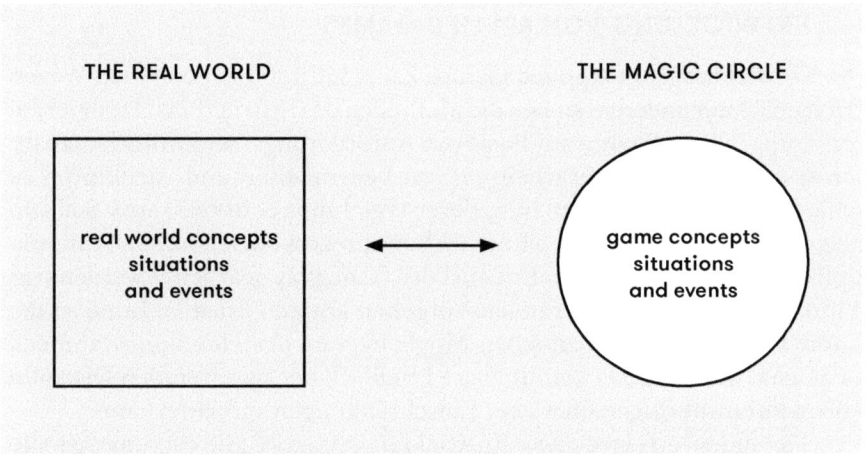

5 Bei der Verknüpfung von Wissens- mit Spielinhalten ist die Grenze des «Magic Circle» (Huizinga, 1955, S. 10) in Gefahr

narrativen, partizipativen und interaktiven Elementen zu einem Gameplay, das den Spielenden einen erweiterten Handlungsraum vermittelt. Dieser Handlungsraum drückt sich auch durch die Möglichkeit des wiederholten Ausprobierens von Lösungsstrategien und des Optimierens von Abläufen aus («Versuchs gleich noch einmal»), ein Aspekt, der sich gut in Spielen abbilden lässt. Jansz vergleicht Spiele mit einem «safe, private laboratory» (Jansz, 2005, S. 221). Fehlen die erweiternden Elemente oder werden sie durch andere, spielfremde Aspekte überlagert, ist das subjektive Erfahren von Herausforderung, Freude und Spielspass in Gefahr, und der Spielraum, abgegrenzt durch den «Magic Circle» (Abb. 5), wird von der realen Welt aufgebrochen. Denn in Huizingas Modell symbolisiert der magische Kreis die für das Spiel wichtige Abgrenzung des Spielraums mit seinen eigenen Regeln, Zielen und Bedeutungen von denen der realen Welt.

Das Verhältnis zwischen Spielelementen und Lerninhalten entscheidet daher über Effektivität und Unterhaltungswert von Lernspielen; der «pädagogische Zeigefinger» ist in jedem Fall zu vermeiden. «Balancing», das aus der Entwicklung von Entertainment-Spielen bekannte, finale Austarieren u. a. des Schwierigkeitsgrads oder der «Spielfairness» (vgl. z. B. Adams & Rollings, 2007; Salen & Zimmermann, 2004) ist hier in doppeltem Masse von Bedeutung. Die Entwicklung von Spielen zur Lern- oder Wissensvermittlung ist also entlang der idealen Balance zwischen Spiel- und Lerninhalten sowie Spiel- und Lernanforderungen auszurichten.

4   ENTWICKLUNG VON APPLIED GAMES

Die Entwicklung von Applied Games kann auf unterschiedlichen Wegen erfolgen. Unter anderem stehen die Methoden des Instructional Design[10] zur Verfügung, um zu Beginn auf Basis von Anforderungs- und Aufgabenanalysen systematisch die Ausarbeitung von Lehrinhalten und -strukturen zu schärfen und in ein Spiel zu integrieren (vgl. Iuppa & Borst, 2010). Soll von Beginn an die Spielebene den Entwicklungsprozess begleiten, kann interdisziplinär und gemeinsam am Entwurf des Gameplay gearbeitet werden (vgl. Winn, 2009). In einem iterativen Vorgehen können kreative Impulse der Game Designer die prinzipiellen Möglichkeiten des Handlungsrahmens aufzeigen, während das unmittelbare Feedback der spielfremden Disziplin Korrekturen anbringen oder über Einschränkungen aufklären kann.

Für einen erfolgreichen Entwicklungsprozess gilt es zunächst die grundlegenden Bedürfnisse der «spielfremden Disziplin», die anhand des Spiels zu vermittelnden Inhalte und das zu erreichende Ziel des Applied Game aufzubereiten (Abb. 6). In dieser wichtigen Analyse- und Definitionsphase können Game Designer und die Experten und Expertinnen des Anwendungskontextes und der Zielgruppen erste Ansätze zur Verbindung der zunächst gegensätzlichen Vorstellungen finden und auch die Bildung des interdisziplinären Entwicklungsteams vorantreiben. Meist bestehen nämlich erste Vorstellungen über das zu verwendende Spielgenre und die Spielgestaltung, aber Art und Weise der didaktisch wertvollen Vermittlung im und durch das Spiel sind nur vage formuliert. Bevor mit der Verknüpfung von Lern- und Spielebene begonnen werden kann, sind daher die zugrundeliegenden Theorien, Methoden und Praktiken der «spielfremden Disziplin» zu reflektieren. Zu klären ist beispielsweise, ob und wie bisher Lern- oder Trainingsinhalte definiert sind, wie diese bislang vermittelt werden und auf welche Art und Weise sich Lern- oder Trainingserfolge feststellen lassen.

Ebenfalls in der Analysephase zu erläutern sind die Eigenschaften der Zielgruppe, deren Vorkenntnisse in Bezug auf die Lerninhalte und auf Spiele im Allgemeinen sowie ihre generelle Affinität zum Thema. Weiterhin spielen der jeweilige Nutzungskontext und die technischen Abhängigkeiten eine wichtige Rolle für die Auswahl der Technologie und die Komplexität oder Spieldauer. Entscheidend ist, wie stark das Applied Game in einen Lehr- oder Trainingskontext eingebunden werden soll oder ob es für sich alleine stehend eine ausreichende Aussagekraft beansprucht. Schliesslich geben

---

10   Dt. «Didaktisches Design», nach Robert Gagné.

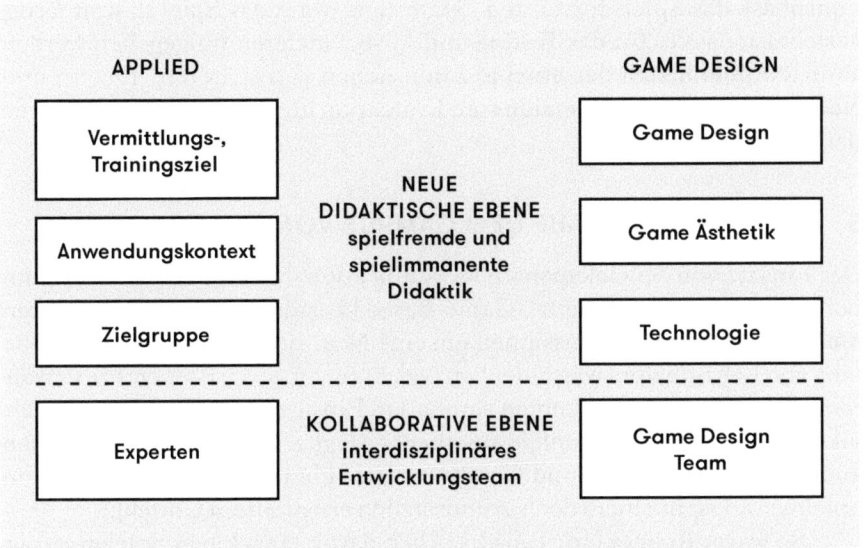

6   Die Verknüpfung spielspezifischer Inhalte mit den Vermittlungs- oder Trainingsinhalten erfordert die Bildung einer neuen didaktischen Ebene (vgl. Winn, 2006, S. 7)

die die Spiel-Gestaltungsfreiheit einschränkenden Faktoren, z. B. Restriktionen oder Tabus in Bezug auf die narrative, grafische oder interaktive Gestaltung, Aufschluss über das Spielsetting. In einigen Fällen sind bspw. angsteinflössende oder irritierende Elemente oder eine schnelle Spielgeschwindigkeit zu vermeiden.

Ist die Analysephase abgeschlossen, lassen sich aus den erhobenen Aspekten erste Skizzen zum Spielkonzept inkl. Gameplay für eine oder mehrere Varianten entwerfen. Entscheidend im Hinblick auf die Vermittlung der didaktischen Inhalte durch geeignete Spielelemente und eine für den Spieler attraktive Spielwelt ist die Berücksichtigung grundlegender Kriterien des (Video-)Spiels. Die Synthese der Bildungs- oder Trainingsabsichten lässt sich im Applied Game Design anhand erster Prototypen visualisieren und schrittweise schärfen. Während sich einfache Prototypen besser mit Vertretern und Vertreterinnen der «spielfremden Disziplin» überprüfen lassen und so die grundlegende Ausrichtung korrigiert werden kann, können Prototypen auf einem weniger abstrakten Entwicklungsstand hinsichtlich Playability und Lern- wie Trainingseffekt bereits mit Nutzern und Nutzerinnen der Zielgruppe evaluiert werden (Abb. 7). Diese iterative Vorgehensweise lässt sich bis zum Erreichen eines «modus operandi» für die eigentliche Produktionsphase des Spiels fortführen. Spätestens wenn das Spiel so weit fertiggestellt ist, dass es für das Testing und Ausbalancieren freigegeben werden kann, empfiehlt sich das erneute Einbeziehen von späteren Nutzern und Nutzerinnen inkl. einer detaillierten Evaluation hinsichtlich des Erreichens der definierten Lernziele.

5   APPLIED GAMES AUF DEM CAMPUS VON MORGEN

Der Einsatz von Spielelementen («Gamification») oder Serious Games im Lernkontext bzw. das (Digital) Game-Based Learning ist seit einigen Jahren nicht mehr aus den Diskussionen um eine Neuorientierung in der Vermittlung von Lehrinhalten wegzudenken (vgl. Prensky, 2007; Breuer, 2010). Während sich Befürworter für einen sinnhaften Einsatz «gamifizierender» Techniken im Lehr- und Lernumfeld aussprechen (vgl. z. B. Kapp, 2012), verweisen andere auf die Grenzen und Gefahren eines übermässigen Einsatzes von Spieltechniken in einem doch grundsätzlich ernsthaftem Umfeld.[11]

So warnt Reimer (2011) ausdrücklich davor, einzelne in Spielen erfolgreiche Bausteine blind auf den Kontext von Lernumgebungen zu übertragen, ohne die Grundsätze der Spieltheorie zu berücksichtigen. Er verweist auf Huizinga (1955), nach dem das Spielen «auf Anweisung» eben gerade kein Spielen mehr sein kann, auch wenn der «Magic Circle» natürlich nicht in einer von der Realität losgelösten Sphäre schwebt, sondern sich mit ihr in einem ständigen Dialog befindet (vgl. Abb. 5).

Aussichtsreiche Ansätze bestehen nach Reimer (2011) vielmehr darin, Spieleigenschaften mit einer deutlich gewendeten Perspektive auf den Lernverlauf in den Studienalltag zu übertragen. Klare und konstante Feedback-Regeln geben den Studierenden beispielsweise jederzeit Aufschluss über Stand und Verlauf ihres Studiums. Dazu stellt er auch Überlegungen zu einem «talent tree» (Reimer, 2011, S. 274) an, der Studierenden Aufschluss über die bereits erlangten und die noch benötigten Kenntnisse und Fähigkeiten als auch über den weiteren Verlauf des Curriculums geben kann.

Aus der Entwicklungspsychologie ist bekannt, dass zwischen dem Spielen und Lernprozessen strukturelle Übereinstimmungen bestehen (vgl. Oerter & Montada, 1995). Direkte Parallelen zwischen Spielen und Lernszenarien, die als erste Anknüpfungspunkte für eine erfolgreiche Integration dienen

---

11   Siehe auch die Studie von Fitz-Walter, Tjondronegoro und Wyeth (2011) zu Gamification-Elementen im Kontext einer Software für neue Studierende, die u. a. das Spannungsverhältnis von Spiel- und Nicht-Spielinhalten diskutiert.

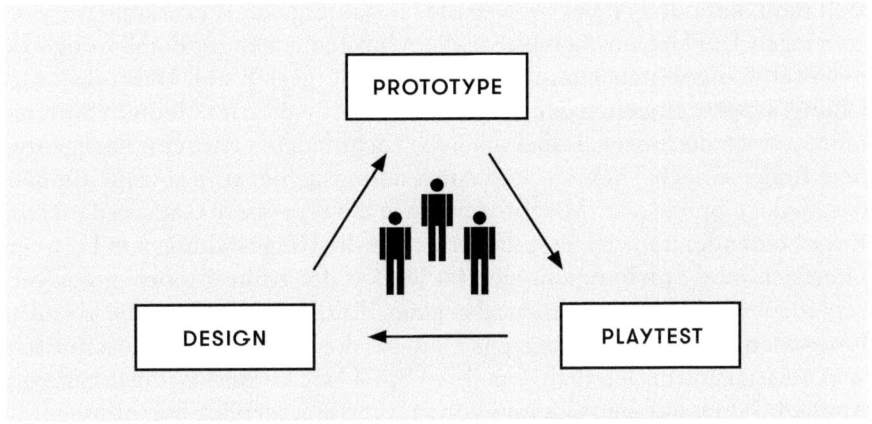

7   Die Entwicklung sollte unter Einbezug sämtlicher Akteure und anhand fortdauernder Evaluation erfolgen (vgl. Winn, 2006; Salen & Zimmermann, 2004)

können, lassen sich ebenfalls und überraschend zahlreich beschreiben. Eine offensichtlich künstliche Trennung von Spielen und Lernen scheint also eher kontraproduktiv für den Lernerfolg.

Diese These stützt Breuer anhand einer Auflistung von Aspekten, die seiner Auffassung nach für beide Dimensionen gleichermassen gelten (Breuer, 2010, S. 12):

1. «Es gibt zuvor verbindlich formulierte Ziele
2. Spieler/Lerner widmen im Idealfall ihre ganze Aufmerksamkeit der Aufgabe
3. Erfolgserlebnisse vermitteln ein Gefühl der Selbstwirksamkeit
4. Fortschritte sind für den Spieler/Lerner spürbar
5. Spieler/Lerner erhalten eine Rückmeldung über ihre Leistung
6. Spieler/Lerner sind idealiter motiviert, die Ziele zu erreichen
7. Die Schwierigkeit der Aufgaben nimmt mit dem Fortschritt der Spieler/ Lerner zu
8. Das Lösen der Aufgaben erfordert ein bestimmtes Mass an Anstrengung
9. Spieler/Lerner sollen weder unter- noch überfordert werden
10. Spieler/Lerner müssen selbst aktiv sein»

Ausgehend von diesen Überlegungen liessen sich gezielt Spielformen für zunächst isolierte Themenbereiche (z. B. eine Campus-Orientierung für Erstsemester-Studierende) entwickeln, um allgemein spielerische oder gezielt motivierende Perspektiven in die Gestaltung von «Lernräumen»[12] einzubringen. Denkbar erscheinen vor allem Mechanismen zur Etablierung von explorativ angelegten Handlungsräumen, die gezielt auf Trainings- wie Übungsaspekte eingehen oder bestimmte Lernthemen im Medium Spiel erfahrbarer werden lassen. Dabei spielt die Technologie sicher eine nachgeordnete Rolle; je nach Themen- und Anwendungsgebiet sind sowohl digitale wie analoge Spiele oder Mischformen wie die «Pervasive Games» denkbar. Entscheidender und vielversprechender als die Umgestaltung von Lern- in oberflächliche Spielumgebungen ist jedoch der frühe Einbezug der verschiedenen Interessengruppen, also jener, die die Inhalte für neue Vermittlungsarten definieren, als auch jener, auf die die Lernformen zugeschnitten sein müssen und die letztlich über ihren Spiel- wie Lernerfolg die Bilanz von Applied Games auf dem Campus von morgen massgeblich beeinflussen.

Einen vielversprechenden Ansatz zur Erforschung der Lern- und Lehraspekte von kommerziellen Spielen wie auch der Entwicklung von innovativen Ansätzen für Lernspiele verfolgt das MIT mit der «Education Arcade» (vgl. Klopfer, Osterweil & Salen, 2009). Innerhalb dieses Programms wird gegenwärtig, unterstützt von der Bill & Melinda Gates Foundation, ein Massive Multiplayer Online Game (MMOG) konzipiert und umgesetzt, das High School Schülerinnen und Schüler in den Fächern Mathematik und Biologie unterstützen soll.[13]

LITERATUR

Adams, E. & Rollings, A. (2007). *Game Design and Development. Fundamentals of Game Design*. New Jersey: Pearson.

Bavelier, D. & Davidson, R. J. (2013). Games to do you good. *Nature 494*, 425–426.

Bopp, M. (2005). Immersive Didaktik: Verdeckte Lernhilfen und Framingprozesse in Computerspielen. *kommunikation@gesellschaft, 6 (2)*. Online verfügbar: http://www.soz.uni-frankfurt.de/K.G/B2_2005_Bopp.pdf [11.02.2014].

Breuer, J. (2010). *Spielend lernen? Eine Bestandsaufnahme zum (Digital) Game-Based Learning*. Düsseldorf: Landesanstalt für Medien Nordrhein-Westfalen.

Csikszentmihalyi, M. (1990). *Flow: The Psychology of Optimal Experience*. New York: Harper Perennial.

De Prato, G., Feijóo, C., Nepelski, D., Bogdanowicz, M. & Simon, J. P. (2010). Born Digital/Grown Digital: Assessing the Future Competitiveness of the EU Video Games Software Industry. Luxemburg: European Union. Online verfügbar: http://ipts.jrc.ec.europa.eu/publications/pub.cfm?id=3759 [11.02.2014].

---

12   Siehe Definition «Lernräume» im Beitrag zum Projekt ITSI in diesem Buch.

13   Vgl. http://education.mit.edu/blogs/louisa/2012/pressrelease [11.02.2014].

Equal!, Stelle für Chancengleichheit der ETH Zürich (2013). ETH4Kids - MINT-Land. Online verfügbar: http://www.equal.ethz.ch/kinder_mint/mint-game [11.02.2014].

Fitz-Walter, Z., Tjondronegoro, D. W. & Wyeth, P. (2011). Orientation passport: using gamification to engage university students. Proceedings of the 23rd Australian Computer-Human Interaction Conference, 122-125.

Huizinga, J. (1955). *Homo Ludens: A Study of the Play-Element in Culture.* Boston: The Beacon Press.

ISFE, Interactive Software Federation of Europe (2012). Videogames in Europe: Consumer Study. Switzerland, November 2012. Online verfügbar: http://www.isfe.eu/sites/isfe.eu/files/attachments/switzerland_-_isfe_consumer_study.pdf [11.02.2014].

Iuppa, N. & Borst, T. (2010). *End-to-End Game Development. Creating Independent Serious Games and Simulations from Start to Finish.* Oxford: Focal Press.

Jansz, J. (2005). The Emotional Appeal of Violent Video Games for Adolescent Males. *Communication Theory, 15 (3),* 219-241.

Kapp, K. M. (2012). *The Gamification of Learning and Instruction. Game-based Methods and Strategies for Training and Education.* San Francisco: Pfeiffer.

Klopfer, E., Osterweil, S. & Salen, K. (2009). Moving Learning Games Forward. Obstacles, Opportunities & Openness. Online verfügbar: http://education.mit.edu/papers/MovingLearningGamesForward_EdArcade.pdf [11.02.2014].

Michael, D. & Chen, S. (2006). *Serious Games. Games that Educate, Train and Inform.* Boston, MA: Thomson Course Technology.

Oerter, R. & Montada, L. (1995). *Entwicklungspsychologie.* Weinheim: Psychologie Verlags Union.

Prensky, M. (2002). The motivation of gameplay or, the real twenty-first century learning revolution. *On The Horizon, 10 (1),* 5-11.

Prensky, M. (2007). *Digital Game-Based Learning.* St. Paul, MN: Paragon House.

Probst, M. (2012). Ballern ist nicht alles, *DIE ZEIT, 6.12.2012, Nr. 50.* Online verfügbar: http://www.zeit.de/2012/50/Computerspiele-Medium-Zukunft/seite-1 [11.02.2014].

Reimer, C. (2011). Play to order: what Huizinga has to say about gamification. GLS'11 Proceedings of the 7th International Conference on Games + Learning + Society Conference, 272-274.

Salen, K. & Zimmermann, E. (2004). *Rules of Play - Game Design Fundamentals.* Cambridge, Massachusetts: The MIT Press.

Willemse, I., Waller, G., Süss, D., Genner, S. & Huber, A.-L. (2012). *JAMES - Jugend, Aktivitäten, Medien - Erhebung Schweiz.* Zürich: Zürcher Hochschule für Angewandte Wissenschaften.

Winn, B. (2009). The Design, Play, and Experience Framework. In R. E. Ferdig (Hrsg.), *Handbook of Research on Effective Electronic Gaming in Education* (S. 1010-1024). Hershey, PA: Information Science Reference. Online verfügbar: http://gel.msu.edu/winn/Winn_DPE_chapter_final.pdf [11.02.2014].

LUDOGRAFIE

AWWWARE (2011). Spielerisches und geschütztes Erlernen von Medienkompetenz. Online verfügbar: http://www.awwware.ch [11.02.2014].

Emission Impossible (2012). Ein Klimaspiel für die Landwirtschaft. Online verfügbar: http://www.emission-impossible.ch [11.02.2014].

Gabarello (2009). Spielumgebung als Motivation in der Physiotherapie von Kindern. Weitere Informationen: http://gabarello.zhdk.ch [11.02.2014].

Hotel Plastisse (2012). Kognitives Training für Senioren. Weitere Informationen: http://www.nzz.ch/nachrichten/digital/konsolen_fuer_senioren_1.14536466.html; Kurzbericht in der Radiosendung Rendez-vous vom 04.07.2012, 12:30 Uhr, online verfügbar: http://www.srf.ch/player/radio [11.02.2014].

MINT-Land (2011). Mehr Mädchen in technische Berufe. Weitere Informationen: http://www.equal.ethz.ch/kinder_mint/mint-game [11.02.2014].

SPIELEND LERNEN, LERNEND SPIELEN

ZUSAMMENFASSUNG

Dr. Steffen P. Walz lehrt als Associate Professor an der School of Media and Communication der RMIT University in Australien und wurde im Rahmen des ITSI-Workshops «Spielräume» (siehe Beitrag in diesem Buch) als Referent eingeladen. Im hier aufgezeichneten Gespräch vom 17.01.2013 mit dem Workshop-Leiter zeigt er, dass der Begriff «Gamification» in den letzten Jahren stark durch dessen Verwendung im Marketing geprägt ist, und schlägt stattdessen den Begriff «Gamefulness» vor, wenn es darum geht, die Anreicherung von Situationen mit Elementen regelbasierter Spiele zu beschreiben. Walz führt dabei vor Augen, dass die Einführung von Spielelementen in nicht-spielerische Kontexte durchaus nicht neu ist; allerdings eröffnet die digitale Kultur dem Spielerischen gänzlich neue Dimensionen. Wenn das Spielerische, so verstärkt, den Alltag durchdringt, wirkt sich dies auch auf das Lernen und die Lehre aus. Walz erläutert unterschiedliche Ausformungen dieser Entwicklung, z. B. Simulationen, die die gesamte Universität im Netz abbilden, oder «Serious Games», die als Lehrmittel eingesetzt werden. Er zeigt auch auf, dass traditionell orientierte Universitäten in und ob der digitalen Kultur gefordert sind, ihre Kernwerte zu reflektieren: Was sind akademische Werte und Währungen? Und welche Alleinstellungsmerkmale hat eine Präsenzuniversität gegenüber rein virtueller Angebote?

INTERVIEW

Lehmann: Was bedeutet Gamification für Sie?

Walz: Das ist ein Schlagwort, das in den letzten zwei bis drei Jahren stark von Marketingexperten besetzt worden ist; so z. B. von Gabe Zichermann, dem Organisator des Gamification-Summits (GSummit). Gabe und andere vertreten «Gamification» vor allem als Incentivierungskultur, also der Kultivierung von Anreizen, wie man sie auch anderswo findet: wenn Kunden und Kundinnen zum Beispiel bei einem Supermarkt Punkte gutgeschrieben bekommen oder Flugmeilen sammeln und sich später etwas davon kaufen können. In dieser Lesart nutzt «Gamification» dafür einfach digitale Mittel. In diesem Verständnis motiviert das Punktesammeln oder das Erringen von Abzeichen – auf Englisch: Badges – die Kundschaft, sich auf eine bestimmte Art zu verhalten, nämlich so, wie es sich der Designer des Badges oder des Punktesystems wünscht. Das ist der dominierende Diskurs, der in den Marketingköpfen herrscht.

Daneben gibt es aber einen akademischen Diskurs über den Begriff, zu dem ich mich zähle. Hier findet eine stärkere Reflexion und auch eine Kritik des Begriffs statt, denn eigentlich geht es bei «Gamification» in der Marketingauffassung hauptsächlich um Rhetorik, und nun, da der Hype darum etwas abebbt, beginnt die Öffentlichkeit Fragen zu stellen: Was ist das eigentlich und gibt es konkrete Anwendungsfälle, die wirklich erfolgreich waren? Weil ich den Begriff «Gamification» schwierig finde, versuche ich, zusammen mit Kollegen, die schon eine Weile auf dem Gebiet forschen, einen neuen Begriff zu platzieren, und zwar «Gamefulness». Damit meinen wir eine Sache, eine Idee, ein Produkt, das auf irgendeine Weise mit Spielelementen, und zwar mit Regelspielelementen, oder mit Spielerischem angereichert ist, im Gegensatz zur ebenfalls spannenden «Playfulness». Im Deutschen fehlt ja die Unterscheidung zwischen regelbasiertem Spiel (game) und freiem Spiel (play), die es im Englischen gibt.

Die Begriffe «Gamefulness» und «Playfulness» nehmen einen viel älteren Diskurs wieder auf, nämlich die Auffassung des Spiels als anthropologischer Konstante: Spiel ändert unser Verhalten, wir verfestigen Ideen über Spielen, zuerst das freie Spielen, dann das Regelspielen. So entsteht zum Beispiel aus einer spontan gesungenen, emotionalen Melodie ein Lied für eine Gruppe und sobald dieses in Noten niedergeschrieben wird, entsteht ein Regelwerk und eine Systematik dazu. In den 1930er-Jahren gab es in den Niederlanden eine Schule von Kulturanthropologen und Verhaltenswissenschaftlern wie Johann Huizinga und Frederik Jacobus Johannes Buytendijk, letzterer ein Schüler von Kurt Lewin, die sich mit dem Spiel in der Kultur befassten und feststellten, welche Phänomene bereits im Spiel angelegt sind: Poetik, Gesang, Tanzen, auch das Rechtssystem, das Erzählen von Geschichten und das Aufführen von Ritualen. Das heißt: «Gamefulness», also das Verwenden von Spielelementen in nicht-spielerischen Kontexten, ist eigentlich ein alter Hut, jedoch neu im Kontext des algorithmisierten, digitalen Zeitalters.

Lehmann: Was ist denn neu an der jetzigen Debatte?

Walz: Was neu ist, ist das digitale Zeitalter und ein Wertewandel, der damit einhergeht, dass so vieles – postfordistisch – messbar, verarbeitbar, wiederverwendbar, archivierbar, manipulierbar wird, z. B. Informationen über eine Person. Wenn ein Onlinehändler beispielsweise weiß, dass Sie einen bestimmten Fernseher gekauft haben und dass Sie mit mir befreundet sind, wird er mir, wenn ich mich nach einem Fernseher umschaue, bestimmt jenen anzeigen, den Sie erworben haben, weil er davon ausgeht, dass ich Ihnen vertraue. Das heißt: Informationen über eine Person werden wertvoll, denn man kann in dem Beispiel das Kaufverhalten über den sozialen Graphen und andere Metriken stark beeinflussen.

Was die Gamefulness-Debatte so spannend macht: Durch die Verbreitung des Internets, durch die hohe Geräteanzahl an Computern, die wir benutzen, durch die Vernetzung der Dinge mit uns und jener unter uns, und durch die Einflussnahme der Videospielkultur ist ein – wortwörtlich – riesiger Spielplatz entstanden, auf dem Spielelemente eingesetzt und Regelspiele ausgeführt werden können. Beispiele dieses Einsatzes findet man gerade in der Gründerszene; es gibt zudem bekannte kommerzielle Produkte wie «Foursquare» oder «Nike+».

Das Versprechen einer vergnüglichen, geglückten Gamifizierung des Alltags – wenn ein Spiel-Alltag nicht bereits ein Widerspruch in sich selbst ist – müssen wir dennoch kritisch sehen. Es wird oft vergessen, dass der Übertrag von Spielelementen nicht zugleich – etwas romantisierend – die Schönheit und Wirkmächtigkeit eines ganzen Spiels überträgt. Letztere kann man eben nicht automatisch oder nur mit Hilfe eines Punktesystems übertragen, sondern mit Hilfe eines wohlgestalteten Systems kann man maximal eine Erfahrung positiv rahmen. Hier bin ich sehr gespannt, wie es weitergeht, wie sich die Versprechen erfüllen und wie wir mit den Enttäuschungen, die es geben wird, umgehen.

Lehmann: Was bedeutet diese Debatte nun für die Wissensvermittlung an der Universität, das Lehren und Lernen? Wie findet Gamefulness dort statt?

Walz: Um auf Ihre Frage einzugehen, würde ich gern vom Allgemeinen zum Spezifischen gehen. Also, Gamefulness scheint mir nur ein Teil des allgemeineren Diskurses über die Verspielisierung oder Ludifizierung der Kultur zu sein: Eric Zimmerman bezeichnet das Phänomen als «ludic century» (vgl. Zimmerman, 2007), ich selbst erstmals als «ludofication of society» (vgl. Walz, 2006); im Verlauf der Debatte hat sich der Begriff der «ludification» durchgesetzt. Als Ausdruck dieser Ludifizierung haben wir in den letzten Jahren das Feld der «Serious Games» wachsen sehen, d. h. spielerische Simulationen von Problemen zu Trainingszwecken. Dann gibt es den Ansatz, dass man ein wirkliches, wissenschaftliches Problem nimmt, in ein Spiel gießt und den Menschen weltweit zum Lösen weiterreicht; das nennt sich «Human Computation». Auch die so genannten «Pervasive Games» sind ein Zeichen der Ludifizierung, d. h. Spiele, die mit Hilfe von Technologie und oft über Medien hinweg das Spielerlebnis räumlich, zeitlich und sozial erweitern, vom Bildschirm des Desktopcomputers weg, z. B. mit Hilfe von mobilen Endgeräten. Und schließlich gibt es Produkte, die bei der Verwendung spielerische Qualitäten entfalten. Dabei denke ich beispielsweise an das mittlerweile vom Markt verschwundene Nabaztag, einen Plastikhasen mit Internetverbindung und einem eingebauten RFID-Leser in der Nase des Hasen. Sobald man mit RFIDs versehene Objekte an die Nase hielt, reagierte das Nabaztag mit Lichtsignalen, wechselnder Farbe und Geräuschen; zudem konnte man auch den Eingang von E-Mails so quittieren lassen – ein ludisches Objekt, eben. Doch zurück zu Ihrer Frage: Was bedeutet eine Ludifizierung der Kultur für das Lernen? Ich sehe hier mehrere Linsen, durch welche hindurch besehen sich Antworten ergeben (Abb. 1).

Erstens, man verwandelt die Universität in eine Managementsimulation (L1). Dazu gibt es ein Beispiel: «Virtual U» aus dem Jahr 2000 von der Firma Enlight Software, gemeinsam produziert mit Partnern wie Ben Sawyer, einem der Gründerväter der neueren Serious-Games-Bewegung und Kurator des Serious Games Summit sowie der Games for Health-Konferenzserie. Im Spiel geht es darum, eine Uni zu entwerfen, aufzubauen, zu betreiben und zu erweitern, ähnlich den Mechaniken, die wir von «SimCity» kennen. Man versucht zum Beispiel, ein Stadion zu bauen, damit die gesamte Uni attraktiver wird; Bauen kostet, Geld kann man durch Studiengebühren einnehmen usw. Wie Sie sehen, ist das sehr amerikanisch und auf die Infrastruktur fokussiert. Vielleicht könnte man ja die gesamte Uni (Betriebs-

L1 SIMULATIONEN FÜR HOCHSCHULMANAGEMENT
Virtual U

L2 LEHRVERANSTALTUNG ALS SPIEL
Multiplayerspiel, Lee Sheldon

L4 EXTRA-CURRICULARE AKTIVITÄTEN ALS SPIEL
Just Press Play

L3 SERIOUS GAMES ALS LEHRMITTEL
Save your skin!

L6 LERNEN ALS FORSCHEN ALS SPIEL
Foldit, ESP Game

L5 GANZE BILDUNGSINSTITUTION BASIERT AUF IDEEN DES GAME-DESIGNS
Quest to Learn

L7 LERNEN LAGERT SICH AUS DER UNIVERSITÄT AUS
Khan Academy, Codecademy.com, MOOCs

1   In welchen Bereichen des Lernens wird eine Ludifizierung der Kultur deutlich? Die Walz'schen Linsen (L) der «Gamefulness» mit Beispielen (Illustration T. Škerlak)

mittel, Software, Beschaffungsmaßnahmen, Qualitätsmanagement) in ein Softwaresystem überführen: Das wäre dann zugleich spielerischer als auch mehr an der eigentlichen Planung orientiert, denn der große Vorteil von Simulationen ist, dass man mit ihnen Projektionen schaffen kann. So könnte man eine Spielumgebung als Simulations- und Projektionsmöglichkeit des Lernens schaffen, um in ihnen verschiedene Szenarien zu erproben.

Zweite Linse: Man macht ein Universitätsseminar zum Spiel (L2). Lee Sheldon hat beispielsweise einen Kurs an der Indiana University in Bloomington in ein Multiplayerspiel verwandelt. Dort gab es verschiedene «level», die mit den Noten assoziiert wurden: Es gab Punkte für Gruppenarbeiten, Essays, Projekte usw. Der Clou: Der Kurs hatte Multiplayerspiele selbst zum Thema. Lee Sheldon hat also die Funktion des Kurses in der Form abgebildet, den Inhalt zur Form und die Form zum Inhalt gemacht. Das ist sicherlich eine interessante Vision für die Curriculumsplanung eines Studienganges, der sich mit Games beschäftigt. Natürlich, im besprochenen Fall waren die Studierenden bereits an Games interessiert, denn ein Kurs wird nicht automatisch spannender, nur weil er ein Spiel ist oder Spielelemente enthält. Ob das auch mit anderen Themen funktioniert, müsste man empirisch zeigen.

Drittens, eine recht klassische Linse: Man setzt im Rahmen des Unterrichts Serious Games ein, also vollständige Spiele, Regelspiele, Systeme, innerhalb derer es ganz klar definierte Ziele gibt und die videospielähnliche Qualitäten haben (L3). Davon gibt es mittlerweile zig Beispiele, auch in Europa. Es gibt Spiele, welche die amerikanische Revolution erklären und nachspielbar machen, zum Beispiel. Ich selbst habe eines für die Dermatologische Klinik der Universität Zürich produziert: «Save your skin!» basiert eigentlich auf einer Multiple-Choice-Prüfungsdatenbank, die wir dann in eine 2,5D-Umgebungsisometrie übersetzt und mit Regeln versehen haben. Das Game wird mittlerweile in vielen Sprachen angeboten und in vielen Kliniken als prüfungsbegleitendes Angebot benutzt.

Serious Games sind überhaupt ein Trend geworden: Man kann Serious Games als Studiengang studieren, z. B. an der Michigan State University in den USA; es gibt dort gar eine private Serious Games University. Die Dispositionen und Erwartungshaltungen der Spielerinnen und Spieler sind dabei stets eine Herausforderung, denn diese haben bestimmte Vorstellungen, was die Grafik angeht (3D, Hollywood-Niveau, «Action»), wenn irgendwo «Game» draufsteht. In den letzten Jahren ist es etwas besser geworden, weil die Spiele auf den Smartphones weniger naturalistische Grafiken haben und auch, weil es einige unabhängige Spielentwickler gibt, die Kleineres, Experimentelleres machen, das auch gut ankommt, die so genannten Indies, ähnlich wie in der populären Musik. Man darf jedoch nicht vergessen: Die Vorerwartungen der Studierenden sind durch eine Industrie definiert, die durch bessere Produkte Profit machen will und deshalb viel in die Gestaltung und v. a. den Look der Spiele investiert. Da muss man sich fragen, ob man nicht lieber von Anfang an sagt, dass man sich gar nicht messen will mit dem Aufwand, der da draußen betrieben wird, sondern es lieber mit Charme und Einzigartigkeit versucht.

Durch diese Linse besehen werden Serious Games als unterrichtsbegleitende Lehrmittel eingesetzt, d. h. man kann von Game-Based Learning sprechen. Mittlerweile gibt es auch Studien sowie Doktoratsarbeiten über den Einsatz solcher Serious Games. Ein wichtiges Ergebnis zumindest meiner eigenen empirischen Arbeit ist, dass solche Serious Games am besten funktionieren, wenn sie von einer Lehrkraft vor- und nachbereitet werden. Gleichzeitig sind diese Games schnell sehr aufwändig in der Produktion und können gleichzeitig oft nur einen Ausschnitt eines Wissenskomplexes abbilden. Da muss man das Kosten-Nutzen-Verhältnis erwägen.

Viertens gibt es das Modell, dass man den akademischen und auch den nicht-akademischen Alltag der Studierenden mit einem Spiel begleitet oder sogar strukturiert, wobei gamebasiertes Lernen hier nebensächlich ist (L4). Man bekommt als Studierender zum Beispiel dann Punkte, wenn man Sport treibt oder in der Mensa einen Kaffee kauft und erfährt auch noch, welche Freunde ebenfalls Kaffee gekauft haben. Dies ist ein Ansatz, der am Rochester Institute of Technology (RIT) umgesetzt worden ist und laufend getestet wird. Die Initiative heißt «Just Press Play», richtet sich an Game-Design-Studierende und wird von Microsoft finanziell unterstützt, womöglich in der Hoffnung, dass sich solche Modelle auch an anderen amerikanischen Unis durchsetzen könnten. Die Teilnahme an Kursen wird zwar auch verbucht, das Lernen qua Spiel ist jedoch nicht zwingend eingebunden. Hier weben die Kolleginnen und Kollegen des RIT also eine extracurriculare Spiel-Textur um den Alltag der Studierenden herum und in ihn hinein. Dabei fällt auf, dass auch hier mit den Mitteln von Games ein Game-Topos – der des Studierens von Spielgestaltung – gerahmt wird, analog zu Lee Sheldons Seminar.

Ein weiterer, sehr spannender, weil ganzheitlicher Ansatz kommt aus dem High-School-Bereich, ebenfalls aus den USA. Es handelt sich um das Beispiel «Quest to Learn». Das unabhängige Institute of Play in New York hat mit finanzieller Unterstützung der MacArthur-Foundation eine ganze High School in New York konzipiert und umgesetzt (L5). In der Spielkultur, das sollte man erklären, ist eine «Quest» eine Aufgabe, vor die die Spielerinnen und Spieler durch das Spielsystem gestellt werden und die sie dann alleine oder gemeinsam mit anderen lösen. In der «Quest to learn»-Schule geht es darum, dass sich die Schüler und Schülerinnen in Gruppen Stoff erarbeiten und in Lösungssysteme gießen; dabei gibt es Punkte für gute Performance. Man muss selber kreativ sein, Games entwickeln, Systeme kennenlernen, die Komplexität von Systemen, genau das, was uns im digitalen Zeitalter jeden Tag begegnet. «Quest to learn» richtet sich, das wird auch deutlich formuliert, an eine «neue», digitale Generation. Hinter der Idee steht eine beeindruckende Systematik mit Kerndisziplinen aus dem New Yorker Curriculumsplan wie Mathematik, Sport etc., die in Designfächer übersetzt mit diesen kombiniert werden, z.B. Game-Design, aber auch in Projektübungen überführt werden, bei welchen man z.B. die Stadt auf spielerische Weise erkundet. Die Schüler- und Elternschaft sind begeistert, so liest man, und das Ganze läuft bereits drei Jahre. Hier wird also das ganze System sozusagen systematisch mit Ideen aus dem Game-Design durchzogen.

Lehmann: Während der Vorbereitungsphase des Workshops «Spielräume» kam nicht selten die spielerische Dimension des Forschens zur Sprache. Können Sie dies ausführen?

Walz: Ja, es gibt die Sichtweise, dass man «Lernen» als «Forschen» versteht. Ich als Forscher lerne ja, so wird einem bewusst, durch das Forschen. Und es gibt Beispiele, wo das Forschen zum Spiel gemacht wurde (L6). Sie erinnern sich an die erwähnte Praxis der Human Computation? Ein Beispiel ist «Foldit» von Forschern der University of Washington. Bei diesem Spiel geht es darum, Proteine auf eine bestimmte Weise zu falten. Es handelt sich also, aus ludischer Perspektive, um räumliche Puzzles. Computer sind nicht gut im räumlichen Puzzeln, wohl aber Menschen, und da wird es interessant, denn das Spiel lässt uns Spielende nicht nur echte wissenschaftliche Daten bearbeiten, sondern wir lösen gleichzeitig auch ein Kernproblem eines Datensatzes, indem wir ihn bespielen. Wirklich clever.

«Foldit» spricht uns als Bürgerinnen und Bürger an: Wir alle, so eine Botschaft des Projektes, können Wissenschaftlerinnen und Wissenschaftler werden. Ich kenne die Einstellung der Kollegen von der UWash gut, Seth Cooper, Dave Baker und andere; sie sehen «Foldit» als Demokratisierungswerkzeug, das Partizipation am Wissenschaftsbetrieb ermöglicht. Andererseits sollten wir reflektieren, dass die Teilnehmenden, die so ein Protein-Puzzle für das Wohl der Gemeinschaft lösen, eigentlich arbeiten.

Auch im Gamefulness-Diskurs gibt es die Ansicht, dass wir heute nicht nur erleben, wie das Selbst metrisiert und quantifiziert wird, sondern dass wir dabei auch von anderen quasi benutzt werden. Probleme werden ge-crowd-sourced, in die Menge hinausgegeben, und die Leute, die sie bearbeiten, verdienen kein Geld, sondern z.B. sozialen Status, Prestige. Die Werte ändern sich also. Zwar gibt es noch gefühlt ein «tit for tat», aber eigentlich lösen Menschen hier Probleme, die Computer nicht lösen können.

Es gibt noch weitere einflussreiche Beispiele der Human Computation, z.B. das «ESP Game», ein Spiel von Luis von Ahn, das er selbst auch «a game with a purpose» genannt hat. Im Spiel werden zwei Menschen, die sich nicht kennen, auf der Projektwebsite, die sie – jeder für sich – gerade besuchen, identische Fotos präsentiert. Die Spieler beschreiben die Fotos, z.B. kriege ich einen Schäferhund zu sehen und tippe «Schäferhund». Wenn mein Gegenüber auch «Schäferhund» tippt, gibt das einen Punkt. Besonders interessant ist es, wenn wir einen Schäferhund sehen, aber die eine Person «Marienkäfer» tippt und die andere dann auch. So haben sich offenbar schon einige Seelenverwandte gefunden. Jedenfalls wird das Spiel hier als Vehikel verwendet, um wiederum ein Problem zu lösen, das für Computer derzeit noch unüberwindbar ist, nämlich die Beschreibung, die Semantisierung von Bildinhalten.

Das ist also der Blick durch diese Linse: Aus Hochschulsicht könnte man sagen, dass wir unsere wissenschaftlichen Probleme auslagern und der Gemeinschaft übergeben. Dies könnte uns auch helfen, unsere Forschung besser verständlich zu machen, was als Angestellte öffentlicher Einrichtungen zu unseren Aufgaben gehört. Wir müssen uns dabei aber auch stets verdeutlichen, unter welchen (Arbeits-)Bedingungen die Probleme gelöst werden, zu wessen (Un-)Gunsten. Transparenz gehört bei Human-Computation-Projekten unbedingt dazu.

Lehmann: Die meisten Beispiele, die Sie genannt haben, kommen aus den USA. Warum? Wie steht es um Gamefulness in Europa?

Walz: Sicherlich gibt es in Europa auch eine Hinwendung zu Serious Games und auch zur akademischen Reflexion der Gamification und der Digitalisierung des Lernens. Es gibt an der Zürcher Hochschule der Künste (ZHdK) einen Game-Design-Studiengang, den ich 2004 mitgegründet habe; da wird über Game-Design in jeder Facette nachgedacht.[1] Wir haben auch hier herausragende Forschung, aber ja, es ist schon auffällig, dass die Beispiele wie auch der Gamification-Diskurs aus dem anglo-amerikanischen Bereich stammen; dort wird auch, Hype hin oder her, professioneller und angewandter diskutiert und getestet. Wir müssen uns eben fragen: Wie passt das hierher, wie passt das in die Kultur der Schweiz, in die Deutschlands, wie passt das in die Kultur Europas? Wir ticken anders, wir sind kritischer und auch langsamer im Vergleich zu den USA, gerade was Technologieadaption im Internetbereich angeht.

Lehmann: Welche weiteren Entwicklungen zeichnen sich zurzeit ab?

Walz: Als weiteres Szenario ist durch unsere siebte Linse zu beobachten, dass sich das Lernen immer mehr aus der Universität herausverlagert, denn andere bieten online ein Set an Lerndienstleistungen an, welche womöglich die Uni selbst leisten sollte (L7). Durch die Digitalität und das Verfügbarsein von Information auf den Endgeräten – überall, zu jeder Zeit – braucht es die Uni als physischen Ort vielleicht gar nicht mehr. In diesem Bereich gibt es priva-

---

1   Vgl. Beitrag von Cornelius Müller in diesem Buch.

te Institutionen, z. B. die Khan Academy und Codecademy.com, wo das Lernen auf deren Website mit Spielelementen angereichert ist: So bekommt man Punkte, Badges, Belohnungen, sozialen Status von den Mitstudierenden, ohne dass wir uns persönlich treffen. Denken Sie auch an Massive Open Online Course-Anbieter wie Coursera, Udacity oder edX, die den Zugang zu Lernangeboten verbessert haben und, im Gegensatz zu den meisten Universitäten, nicht nach Schulabschlüssen fragen. Es ist nur eine Frage der Zeit, bis diese mit MOOC abgekürzten Angebote auch Spielelemente integrieren werden.

Lehmann: Wo liegen denn die Chancen und Gefahren dieser Entwicklung für die Universität und wie sollte sie darauf reagieren?

Walz: Die Universität als Institution – sowie alle Universitäten für sich – muss sich vor allem klar werden, was akademische Werte und Währungen sind und wie diese sinnvoll in die digitale Welt übersetzt werden können. Denn zurzeit erleben wir, dass digitale Kultur schnelllebig ist und Dynamiken entwickelt, mit denen der Riesentanker Universität nicht mithalten kann. An meiner Universität heißt es: «Unsere Währung sind die Abschlüsse und Titel!» – aber man muss sich fragen, wie wichtig diese im digitalen Zeitalter noch sind und ob nicht auch Universitäten egalitärer werden und sich öffnen müssen, ohne Elitismus.

Allgemein stellt sich die Frage, was denn die Uni in der intellektuellen Schulung der Studierenden immer noch leisten kann, was wir auch als Gesellschaft benötigen, und was die Alleinstellungsmerkmale der Universität sind, aber bitteschön einer, die gegenüber digitalen Möglichkeiten offen und auch in der Lage ist, diese einigermaßen rasch zu integrieren. Nach wie vor sind der Diskurs von Angesicht zu Angesicht, das ausgiebige, abwägende, gemeinsame, intrinsisch mit Lernen verbundene Sprechen über eine Sache, das qualifizierte Diskutieren – auch das Zulassen von Gegenmeinungen – Alleinstellungsmerkmale. In der digitalen Kultur wird zwar auch sehr viel debattiert, aber wer am lautesten schreit und die meisten Follower hat, der wird halt gehört, und obwohl es natürlich Nischendiskussionen gibt (nicht zuletzt dank des Internets!), müssen wir eben auch den Leuten, die still gute Arbeit machen, Raum, Zeit, Förderung und Vernetzung geben; denn gut Ding will Weile haben.

Weiter hat die Uni immer mit «rites of passage», also Übergangsriten zu tun. Zum Beispiel habe ich auch studiert, um eben nicht mehr zuhause zu wohnen, Menschen zu treffen, die Interesse hatten an einem ähnlichen Thema, mit denen abends ein Bier trinken zu gehen, eine Freundin kennenzulernen, und eben gemeinsam über Dinge in der Gruppe nachzudenken, und zwar persönlich, spontan. Wir müssen debattieren, wie wir das mit den virtuellen, digitalen Möglichkeiten zusammenbringen können, damit die Attraktivität des Angebots sichtbarer wird. MOOCs, die es ja auch von US-Universitäten gibt, muss man durchaus ernst nehmen und sich Maßnahmen überlegen, wie man ihnen begegnet.

Andererseits besteht die Gefahr, dass wir uns der algorithmischen Verregelung unterwerfen. Um es mit dem Beispiel meines Kollegen Sebastian Deterding (2012) zu sagen: Wenn Sie beispielsweise an einem Bankautomaten Geld abheben möchten, aber etwas nicht so ist wie erwartet – sagen wir: Sie haben Ihren PIN vergessen –, dann erhalten Sie keine Auszahlung, während die Sache am Schalter verhandelbar gewesen wäre. Damit möchte ich sagen, dass die Chance und die Gefahr der Gamefulness und auch der MOOCs ist, dass sie algorithmischen Regeln unterliegen, die uns als Menschen nicht zulassen. Gerade das Spiel bietet wiederum die Chance, aus den Alltagsregeln und den algorithmischen Regeln auszutreten, sie sogar zu kritisieren. Dieses Menschliche, allzu Menschliche, das ist ja unser aller Alleinstellungsmerkmal, um es einmal sarkastisch zu sagen – und jenes dürfen wir nicht verlieren.

Das ist die große Gefahr, die ich in der Gamification-Debatte erblicke: dass sie nach einer Selbstbestätigung der laufenden Systeme strebt. Gerade die Universität muss aber das Bestehende in Frage stellen. Und da sehe ich eben die Chance, dass man nicht nur Punkte verteilt, sondern motivierte Forschende und Lehrende könnten sich überlegen, wie man mithilfe von Spielelementen Freiräume schaffen kann, um das Bestehende in Frage zu stellen, oder wie man mit einer spielerischen Einstellung ein Experiment unternehmen könnte, das noch keiner gewagt hat.

Lehmann: Das Internet fördert ja eine Kultur der Ähnlichkeit, während Wissenserweiterung von Brüchen und Paradigmenwechseln lebt. Wenn sich nun ganze Universitäten nach den digitalen Netzen ausrichten, kann eine gefährliche Systematisierung des Wissens stattfinden, die dazu führt, dass es versteinern, fossilieren könnte. Das ist jedenfalls eine These. Könnte Gamefulness hier Gegensteuer geben?

Walz: Das ist eine sehr gute Frage. Tatsächlich versteinern Regeln, auch Regeln, wie man das Wissen erlangen kann, wenn auch nicht ein oder das Wissen selbst. Um ein wenig auszuholen: Der Kulturanthropologe Victor Turner hat aufbauend auf die Ritualtheorien von Arnold van Gennep zwei Formen von Gesellschaften beschrieben: liminoide und liminale. Liminale Gesellschaften sind selbstreproduzierende Systeme, die versteinern, da sie sich immer nur selber bestätigen wollen; in ihnen durchlaufen wir eine Veränderung, landen aber schlussendlich da, wo wir (bzw. diejenigen, die unser universitäres System angelegt haben) loslegten. Und in einer algorithmischen Kultur ist m. E. die Gefahr groß, dass genau das eintritt. Zwar wird ständig etwas erfunden, aber in jede Erfindung müssen wir genau einpassen, um mitmachen zu dürfen (wie im Bankomatbeispiel von oben). In liminoiden – wenn Sie so wollen: «verspielten» – Gesellschaften stellt man eben mit Hilfe von Spiel das Bestehende in Frage, nicht unbedingt, um das System zu verändern, denn Spiele sind nur kleine Freiräume, «kleine Feste im Alltag», wie sie mein akademischer Lehrer in Tübingen, Herrmann Bausinger (2000), genannt hat.

Beim Lernen könnte man das Liminoide fördern, indem man Studierende ermuntert, Paradigmen zu hinterfragen oder Alternativen durchzuspielen – ähnlich wie dies «Quest to learn» beabsichtigt, nur eben unter universitärer Haube. Zum Beispiel könnte das in der Geschichtswissenschaft so aussehen: Sagen wir, die Stände haben sich bekriegt. Jetzt fordere ich die Studierenden auf, allein und in der Gruppe andere Ständeformen und Gesellschaftsformen durchzudenken und durchzuspielen. Sie sollen mir nachher berichten, was gut ging, was weniger. Das ist eigentlich ein klassisches Rollenspiel, bei dem es um «learning by doing» geht. Dies ist auch bei «Quest to learn» ein Grundprinzip: Die Schüler und Schülerinnen müssen selber herausfinden, wie sie zur Lösung gelangen. Dazu braucht es Werkzeuge. Die Lernenden erhalten ein Basiswissen vermittelt, das sie bei der Lösungsfindung unterstützt.

In einem meiner Lieblingsbücher, Ken Bains «What the Best College Teachers Do» (2004), stellt der Autor auf Basis von Befragungen von Studierenden und Dozierenden fest, dass jene Dozierenden am meisten gelobt werden und erfolgreich zum Lernen motivieren, die als ausgewiesene Expertinnen und Experten nicht einfach schablonierte Fakten liefern, die auswendig gelernt werden sollen, sondern die ihren Studierenden einen vertrauensvollen Rahmen anbieten, in dem letztere selbst forschend tätig werden können, um Lösungen zu finden, diese zu erfinden – im Wissen, dass Wissen eben konstruiert wird und zugleich werden muss. Dieses Selbst-Erfinden, ein System zu durchschauen, es zu meistern: Das ist die zentrale Botschaft, das Potenzial, das Spiele und Gamefulness uns bieten können.

LITERATUR

Bain, K. (2004). *What the Best College Teachers Do*. Cambridge: Harvard University Press.

Bausinger, H. (2000). Kleine Feste im Alltag: Zur Bedeutung des Fußballs. In W. Schlicht & W. Lang (Hrsg.), *Über Fußball. Ein Lesebuch zur wichtigsten Nebensache der Welt* (S. 42-58). Schorndorf: Hofmann.

Deterding, S. (2012). Ruling the world: When life gets gamed, *Lift'12*. Online verfügbar: http://codingconduct.cc/Ruling-the-World [11.02.2014].

Walz, S. P. (2006). PLAYCE. Steffen P Walz's works. Online verfügbar: http://spw.playbe.com [11.02.2014].

Zimmermann, E. (2007). Introduction to FIGMENT, a game designed for *Switching Codes*. Online verfügbar: http://ericzimmerman.com/files/texts/Essay.07.05.final.pdf [11.02.2014].

AUTORINNEN UND AUTOREN

Prof. Dr. Nicolas Apostolopoulos ist Gründer und Leiter des Center für Digitale Systeme (CeDiS) – Kompetenzzentrum für E-Learning, E-Research und Multimedia der Freien Universität Berlin. Zu seinen Aufgaben gehört die Erstellung einer Gesamtstrategie für E-Learning an der Freien Universität. 2008 wurde er Honorarprofessor am Fachbereich Erziehungswissenschaft und Psychologie der Freien Universität Berlin, Arbeitsbereich Medienpädagogik. Im Januar 2013 wurde er in den Fachausschuss Kommunikation und Information der Deutschen UNESCO-Kommission berufen.

Dr. Gudrun Bachmann leitet seit 1999 den Bereich Bildungstechnologien (BBiT) der Universität Basel, unter dessen Federführung 2001 das dortige Kompetenznetzwerk für neue Medien in Lehre und Studium (LearnTech-Net) aufgebaut wurde. Das LearnTechNet hat den Auftrag «e»-Bildungsinnovationen einzuführen sowie die damit erforderlichen Veränderungen zu gestalten, umzusetzen und zu begleiten. Gudrun Bachmann ist promovierte Neurowissenschaftlerin. Sie hat an der Universität Tübingen Biologie und Psychologie mit den Schwerpunkten Kybernetik und Kognitionswissenschaften studiert.

Joanna Ball leads a team in the library at the University of Sussex dedicated to enhancing services and information resources to support the university's postgraduate and postdoctoral researchers, including the management of the Sussex Research Hive. As a qualified and chartered librarian, she has previously had experience of supporting researchers in a variety of roles in college and departmental libraries in the University of Cambridge.

Sabina Brandt, Mag.art., M.A., ist wissenschaftliche Mitarbeiterin im Bereich Bildungstechnologien (BBiT) der Universität Basel mit den Tätigkeitsschwerpunkten Change Management und Diversity in der Lehre. Sie studierte Theater- und Medienwissenschaften, Geschichte sowie Choreographie und Darstellende Kunst in Köln, London und Berlin, forschte im Bereich der Bildwissenschaften im Basler NCCR eikones und war als Studiengangentwicklerin und Dozentin u. a. an der Zürcher Hochschule der Künste tätig. Seit 2008 arbeitet sie zudem als selbstständige Beraterin und Dozentin in Wissenschaft und Privatwirtschaft zu den Themenfeldern Kommunikation, Teamentwicklung und Change Management.

Roger Burkhard, BSc. Angew. Psych., begann nach mehrjähriger Berufstätigkeit im Bereich der Marketingkommunikation und einem abgeschlosse-

nem Bachelor-Studium in Angewandter Psychologie an der Fachhochschule Nordwestschweiz (FHNW) in Olten im September 2011 sein Mastersту-
dium im Bereich der Arbeits-, Organisations- und Personalpsychologie und
arbeitet als wissenschaftlicher Assistent am Institut für Kooperationsforschung und -entwicklung. Seine Tätigkeitsgebiete befinden sich hier in
verschiedenen Projekten der Usability-Evaluation und der medienvermittelten Kommunikation.

Maria Clusa studierte zwischen 1986 und 2006 Germanistik und Italienisch,
Personalwesen, Tourismus, Aussenhandel und Internationale Beziehungen
an der Universidad Complutense de Madrid, der Università Dante Alighieri
(Siena) und der Albert-Ludwigs-Universität Freiburg. Danach arbeitete sie
als International Marketing Manager bei Anamnesia Sarl, Strassbourg, als
Junior Sales Manager bei Vitra International AG und trägt seit 2012 bei
Vitra International AG als Education Market Manager die Verantwortung für
die Tätigkeiten von Vitra im Bildungssektor.

Jürgen Dürrbaum arbeitet seit mehr als 40 Jahren bei Vitra AG und ist heute für das Internationale Projektgeschäft verantwortlich. Im Rahmen dieser
Tätigkeit ist er zusätzlich in verschiedenen Forschungsprojekten tätig, bei
denen es um kreative und allgemeine Wissensarbeit in der Zukunft geht.

Tobias Halbherr studierte kognitive Psychologie und Informatik an der Universität Zürich und forschte im Bereich adaptiver computergestützter Trainings und Assessments. Er ist Fachexperte für Prüfungen des Bereichs
Lehrentwicklung und -technologie der ETH Zürich (www.let.ethz.ch/prue-
fungen). Als Serviceverantwortlicher für Online-Prüfungen ist er zuständig
für die Weiterentwicklung der Prüfungsumgebungen, Beratung der Dozierenden sowie Koordination und Supervision von Planung und Durchführung
der Online-Prüfungen.

Dr. iur. Bernhard Herrlich, MA (LIS), studierte Rechtswissenschaften an der
Universität Basel. Neben der Promotion im Bereich Sprachphilosophie und
Recht in Basel absolvierte er ein Studium in Bibliotheks- und Informations-
wissenschaften an der Humboldt-Universität zu Berlin. Nach Stationen an
der Universitätsbibliothek Freiburg im Breisgau und dem Staatsarchiv des
Kantons Aargau ist er heute an der Universitätsbibliothek Basel für Bibliotheksplanung und -entwicklung zuständig. Er ist Mitbegründer und Mit-
herausgeber der Open-Access-Zeitschrift 027.7 (www.0277.ch).

Dr. Tobias Jenert ist Projektleiter am Institut für Wirtschaftspädagogik der Universität St. Gallen. Er arbeitet im Team Hochschulentwicklung sowie an Projekten in den Bereichen betriebliche Bildung und Berufsbildung. Seine Arbeitsschwerpunkte sind Hochschulentwicklung, Gestaltung von Bildungsprogrammen und technologieunterstütztes Lernen.

Dr. Helen Kaufmann arbeitet als freie Mitarbeiterin im Bereich Bildungstechnologien (BBiT) der Universität Basel, wo sie ihre Erfahrungen an verschiedenen Universitäten im In- und Ausland einsetzt und ihre hochschuldidaktischen Kenntnisse erweitert. Daneben lehrt und erforscht die klassische Philologin antike Sprachen, Literatur und Kultur an wechselnden Institutionen, zurzeit an der Universität Oxford.

Daniel Knöpfli, MSc. Angew. Psych., studierte ab 2006 Arbeits- und Organisationspsychologie an der FHNW. Der thematische Schwerpunkt Neue Arbeitswelten und Architekturpsychologie führte ihn zu einer Zusammenarbeit mit Novartis Campus, wo Aspekte von Wissensarbeit, Innovation und Raumgestaltung im Kontext von Veränderungsprozessen erarbeitet werden. Er arbeitet als wissenschaftlicher Mitarbeiter am Institut für Kooperationsforschung und -entwicklung der FHNW.

Dr. Thomas Lehmann leitet das New Media Center der Universität Basel. Das New Media Center realisiert kreative Multimedialösungen für Hochschullehre und Wissenschaftskommunikation. Unter anderem setzte das Team 2008 den preisgekrönten, interaktiven Wissensthriller Reverse-Forward als «Alternate Reality Game» um, das die Spielenden auf eine Schatzsuche durch Basel und die Wissenschaftsgeschichte schickt. Thomas Lehman verfügt über breite Erfahrung in der Kommunikation von Wissen – auch als Autor und Regisseur im Fernsehen. Lehmann ist promovierter Literaturwissenschaftler, hat einen MBA der Berlin School of Creative Leadership und ist seit Kurzem zertifizierter Scrum-Master.

Magdalena Mateescu, Dipl.-Psych., ist seit Februar 2012 wissenschaftliche Mitarbeiterin am Institut für Kooperationsforschung und -entwicklung der FHNW, wo sie im Bereich Mensch-Computer-Interaktion forscht, und strebt eine Promotion an der Eberhard-Karls-Universität Tübingen an. Davor war sie im Usability-Bereich tätig und hat sich mit zahlreichen Fragestellungen der Software-Usability, insbesondere mit Touchscreen Interfaces (Nokia Smartphone Interfaces, iPad Apps) auseinandergesetzt. Sie studierte Psychologie an der Universität Bukarest und anschliessend Human Factors an der Technischen Universität Berlin.

Cornelius Müller, Dipl.-Psych., ist Dozent in der Studienvertiefung Game Design an der Zürcher Hochschule der Künste und Leiter des Forschungsschwerpunkts Serious Game Design am Institut für Designforschung. Seit 1999 beschäftigt sich der studierte Medienpsychologe mit der Gestaltung benutzungsfreundlicher und begeisternder Interfaces; seit 2006 erfüllt er Lehraufträge im Bereich Mensch-Maschine-Interaktion. Er war zuvor als Usability Consultant und Leiter der Abteilung User Interface Design für Privatkunden der Swisscom Schweiz AG tätig.

Dr. Thomas Piendl arbeitet im Bereich Lehrentwickung und -technologie an der ETH Zürich. Er ist dort mit seinem Team für die IT-Services Lehre verantwortlich (www.let.ethz.ch/itservices). Thomas Piendl studierte Biologie an der Universität Freiburg im Breisgau und wechselte zur Promotion an die ETH Zürich. Im Anschluss daran absolvierte er den Nachdiplomstudiengang Informationswissenschaft an der Universität Konstanz.

Heidi Röder, Dipl.-Psych., ist wissenschaftliche Mitarbeiterin im Bereich Bildungstechnologien (BBiT) der Universität Basel und dort Ansprechperson für die Themen Lernpsychologie und Usability. Sie unterstützt Lehrentwicklungsprojekte bezüglich Konzeption, Projektmanagement, Evaluation sowie Funding. Auch im Bereich der Wissensvermittlung trägt sie mittels Schulungen und Informationsmaterialien dazu bei, dass Dozierende und andere Personen, die Lehre mitgestalten, eine informierte Entscheidung bezüglich des Einsatzes von neuen Medien in Studium und Lehre treffen können.

Thomas Ryser, lic. phil., hat an der Universität Zürich Psychologie, Ethnologie und Soziologie studiert. Seit Januar 2007 ist er als wissenschaftlicher Mitarbeitender im Institut für Kooperationsforschung und -entwicklung der FHNW tätig. Seine Forschungsschwerpunkte liegen in der angewandten Forschung im Themenbereich mediengestützte Kooperationsprozesse und die dazu benötigten Kompetenzen auf Teamebene sowie verteilte Zusammenarbeit in Innovationsprojekten. Im Rahmen der Lehre und Weiterbildung (Ko-Leitung des CAS Kommunikations- und Medienpsychologie) unterrichtet er erfahrungsgeleitete Module zur Vermittlung von Kompetenzen für mediengestützte Kooperationsprozesse.

Daniel Schneider studierte neben Informatik auch Soziologie und Politikwissenschaft an der Universität Zürich und hat als selbstständiger Softwareentwickler, Grafiker, Art Director, Kinofilmdistributor und Journalist gearbeitet. Als Projektleiter Safe Exam Browser (SEB) koordiniert er technische Aspekte, die Öffentlichkeitsarbeit und Kontakte zu anderen Institutionen, welche diese im Bereich Lehrentwicklung und -technologie der ETH Zürich entwickelte Software einsetzen. Er ist maßgeblich für die Erarbeitung von Konzepten zur Weiterentwicklung von SEB und als Entwickler der Version für Mac OS X auch für deren praktische Umsetzung verantwortlich.

Dipl.-Soz. Alexander Schulz studierte nach einer Ausbildung als Bankkaufmann Soziologie, Psychologie, Informatik und Statistik an der Freien Universität Berlin und der Universität Potsdam. Nach dem Studium war er zuerst als Koordinator für das Projekt Neue Statistik und als Koordinator für das Projekt FU E-Examinations tätig. Seit 2013 koordiniert er das E-Examination Center (EEC) des Center für Digitale Systeme (CeDiS) der Freien Universität Berlin.

Prof. Dr. phil. Hartmut Schulze promovierte an der Universität Hamburg im Arbeitsbereich Arbeits-, Betriebs- und Umweltpsychologie zu einem Thema aus dem Kontext des Wissensmanagements («Erfahrungsförderlichkeit als Leitbild für Technikgestaltung»). Erfahrungen in der Praxis sammelte er bei der DaimlerChrysler AG in deren zentraler Forschungsdirektion als wissenschaftlicher Mitarbeiter und dann als Teamleiter. Seit 2006 ist er als Dozent an der Hochschule für Angewandte Psychologie der FHNW tätig und leitet seit 2011 zusätzlich das Institut für Kooperationsforschung und -entwicklung. Seine Lehr- und Forschungsschwerpunkte sind die standort-, organisations- und kulturübergreifende Zusammenarbeit und die flexible und mobile Wissensarbeit unter Berücksichtigung der räumlichen Gestaltung.

Ursula Schwander, B.A., ist wissenschaftliche Mitarbeiterin im Bereich Bildungstechnologien (BBiT) der Universität Basel mit den Arbeitsschwerpunkten Mediendidaktik und Qualität in der Lehre. Sie studierte Bildungswissenschaft an der FernUniversität in Hagen, an der sie aktuell den Master-Studiengang Bildung und Medien - eEducation mit einer Arbeit zu Personal Learning Environments abschliesst. Ferner gilt ihr besonderes Interesse den Themen Social Media, computervermittelte Kommunikation, E-Assessment und Lifelong Learning.

Tina Škerlak, M.A./M.Sc., ist wissenschaftliche Mitarbeiterin im Bereich Bildungstechnologien (BBiT) der Universität Basel und koordinierte das in diesem Buch vorgestellte Projekt ITSI. Im Anschluss an das Studium der Medien- und Kommunikationswissenschaften, Wirtschaft und Psychologie in Fribourg und Ljubljana schloss sie 2012 den interdisziplinären Masterstudiengang Sustainable Development an der Universität Basel ab. Während ihres Studiums engagierte sie sich in verschiedenen universitären Gremien und gründete mit KommilitonInnen die Studierendeninitiative SDUBS, welche sich für eine nachhaltigere Entwicklung der Universität Basel einsetzt.

Dr. Steffen P. Walz ist Associate Professor und Vice-Chancellor's Senior Research Fellow an der Royal Melbourne Institute of Technology (RMIT) University in Australien. Er ist Gründer und Leiter des RMIT Games & Experimental Entertainment Laboratory (GEElab) sowie der Leiter des RMIT GEElab Europe in Karlsruhe. Nach einer Promotion an der ETH Zürich über die Zukunft von Spielen und Spiel-ähnlichen Aktivitäten in Räumen und Medien war er als Spiel- und Interaction-Designer sowie als Wissenschaftler, Buchautor, Unternehmensberater und Unternehmer mit einem Hintergrund in Computer Aided Architectural Design, Kulturanthropologie, Webkonzeption und der Produktion von Unterhaltungsmedien tätig.

Dr. Klaus Wannemacher ist wissenschaftlicher Mitarbeiter des Arbeitsbereichs Hochschulmanagement der Hochschul-Informations-System GmbH in Hannover. Als Organisationsberater unterstützt er Hochschulen, ausseruniversitäre Forschungseinrichtungen und Wissenschaftsministerien mit Grundlagenarbeit, Beratungsleistungen und in gutachterlicher Funktion. Seit 2011 betreut er zudem als Leiter des Editorial Boards der Gesellschaft für Medien in der Wissenschaft (GMW) die im Waxmann Verlag erscheinende wissenschaftliche Buchreihe «Medien in der Wissenschaft».

Gesellschaft für Medien in der Wissenschaft (GMW)

Im Kontext des wissenschaftlichen Lehrens und Forschens gewinnen die so genannten Neuen Medien mehr und mehr an Bedeutung. Die GMW hat sich zur Aufgabe gemacht, diesen Prozess reflektierend, gestaltend und beratend zu begleiten. Die GMW begreift sich als Netzwerk zur interdisziplinären Kommunikation zwischen Theorie und Praxis im deutschsprachigen Raum. Anwender und Forschende aus den verschiedensten Disziplinen kommen durch die GMW miteinander in Kontakt.

Mitte der neunziger Jahre begründete die GMW zusammen mit dem Waxmann Verlag die Buchreihe „Medien in der Wissenschaft", aus der Ihnen hier der Band 66 vorliegt. Im Fokus der Buchreihe liegen hochschulspezifische Fragestellungen zum Einsatz Neuer Medien. Für die GMW stehen dabei die gestalterischen, didaktischen und evaluativen Aspekte der Neuen Medien sowie deren strategisches Potenzial für die Hochschulentwicklung im Vordergrund des Interesses, weniger die technische Seite. Autoren und Herausgeber mit diesen Schwerpunkten sind eingeladen, die Reihe für ihre Veröffentlichungen zu nutzen. Informationen zu Aufnahmekriterien und -modalitäten sind auf der GMW-Webseite zu finden.

Jährlicher Höhepunkt der GMW-Aktivitäten ist die europäische Fachtagung im September. Im Wechsel sind deutsche, österreichische und Schweizer Veranstaltungsorte Gastgeber. Die Konferenz fördert die Entwicklung medienspezifischer Kompetenzen, unterstützt innovative Prozesse an Hochschulen und Bildungseinrichtungen, verdeutlicht das Innovationspotenzial Neuer Medien für Reformen an den Hochschulen, stellt strategische Fragen in den Blickpunkt des Interesses und bietet ein Forum, um neue Mitglieder zu gewinnen. Seit 1997 werden die Beiträge der Tagungen in der vorliegenden Buchreihe publiziert.

Eng verbunden mit der Tagung ist die jährliche Ausrichtung und Verleihung des MEDIDA-PRIX durch die GMW für herausragende mediendidaktische Konzepte und Entwicklungen. Seit dem Jahr 2000 ist es damit gelungen, unter Schirmherrschaft und mit Förderung der Bundesministerien aus Deutschland, Österreich und der Schweiz gemeinsame Kriterien für gute Praxis zu entwickeln und zu verbreiten. Der Preis hat mittlerweile in der E-Learning-Gemeinschaft große Anerkennung gefunden und setzt richtungsweisende Impulse für Projekt- und Produktentwicklungen. Die jährliche Preisverleihung lenkt die öffentliche Aufmerksamkeit auf mediendidaktische Innovationen und Entwicklungen, wie dies kaum einer anderen Auszeichnung gelingt.

Die GMW ist offen für Mitglieder aus allen Fachgruppierungen und Berufsfeldern, die Medien in der Wissenschaft erforschen, entwickeln, herstellen, nutzen und vertreiben. Für diese Zielgruppen bietet die GMW ein gemeinsames Dach, um die Interessen ihrer Mitglieder gegenüber Öffentlichkeit, Politik und Wirtschaft zu bündeln. GMW-Mitglieder profitieren von folgenden Leistungen:

• Reduzierter Beitrag bei den GMW-Tagungen
• Gratis Tagungsband unabhängig vom Besuch der Tagungen

Informieren Sie sich, fragen Sie nach und bringen Sie Ihre Anregungen und Wünsche ein. Werden Sie Mitglied in der GMW! [www.gmw-online.de]

März 2014, für den Vorstand
Prof. Dr. Thomas Köhler